1 MONTH OF
FREE
READING

at

www.ForgottenBooks.com

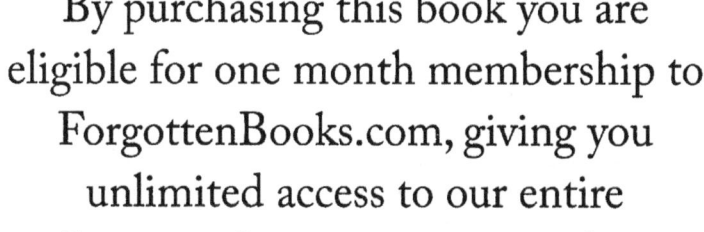

By purchasing this book you are eligible for one month membership to ForgottenBooks.com, giving you unlimited access to our entire collection of over 1,000,000 titles via our web site and mobile apps.

To claim your free month visit:

www.forgottenbooks.com/free990945

ISBN 978-0-364-17981-9
PIBN 10990945

For support please visit www.forgottenbooks.com

Grundriß der Taktik.

Dritte durchgearbeitete Auflage

der

„Elemente der Taktik“.

Von

J. Meckel,

Generalmajor und Abtheilungschef im großen Generalstabe.

Mit Abbildungen im Text und zwei Kartenbeilagen in Steindruck.

Berlin 1895.
Ernst Siegfried Mittler und Sohn
Königliche Hofbuchhandlung
Kochstraße 68—70.

Allgemeine Inhalts-Angabe.

Einleitung.

Erster Theil.

Formen-Taktik.

Zweiter Theil.

Angewandte Taktik.

Anhang.

Besonderes Inhalts-Verzeichniß.

Einleitung.

Erster Abschnitt.

Die Kriegführung.

Zweiter Abschnitt.

Die Taktik.

Erster Theil. Formen-Taktik.

Dritter Abschnitt.
Taktik der Infanterie.
Allgemeines.

Vierter Abschnitt.

Taktik der Kavallerie.

Allgemeines.

Die Formen der Eskadron und des Regiments.

Fünfter Abschnitt.

Taktik der Feldartillerie.

Allgemeines.

Sechster Abschnitt.

Die Verbindung der Waffen.

Zweiter Theil. Angewandte Taktik.

Siebenter Abschnitt.

Märsche, Unterkunft, Verpflegung, Eisenbahnen und Telegraphen.

Achter Abschnitt.

Der Sicherheits= und Kundschaftsdienst.

Marſchſicherungen.

Vorpoſten.

Neunter Abschnitt.

Allgemeine Gefechtslehre.

Zehnter Abschnitt.
Die Ortsgefechte (das lokalisirte Gefecht).

Elfter Abschnitt.

Die Grundzüge des kleinen Krieges.

— — · ·

Anhang.

Einleitung.

———

Erster Abschnitt.

Die Kriegführung.

---

a. Allgemeine Begriffe der Kriegführung.

1. Nothwendigkeit und Zweck des Krieges.

Die Bestimmung des Soldaten ist der Krieg; auf diesen muß jede militärische Thätigkeit und Arbeit des Friedens gerichtet sein.

Der Krieg ist die gewaltsame Lösung politischer Streitigkeiten mehrerer Staaten. Kann bei bestehenden Verschiedenheiten der Anschauungen und Bestrebungen ein gütlicher Ausgleich nicht gefunden werden, so tritt der Kampf ein, in welchem jeder der beiden Streitenden den anderen durch Gewalt zur Annahme seines Willens zu zwingen sucht. Manchmal ist nur auf der einen Seite die Absicht der Vergewaltigung vorhanden, während der andere (dann meist schwächere) Theil nur die Abwehr des feindlichen Willens bezweckt.

Im Leben der Völker besteht der Begriff des Rechts nur so lange, wie jeder Theil sich gutwillig demselben fügt. Im Uebrigen geht Macht vor Recht. Der Krieg ist im Verkehr der Völker unvermeidlich: er liegt in der menschlichen Natur tief begründet, seine Nothwendigkeit wird durch jedes Blatt der Geschichte zweifellos dargethan. Außerdem ist der Krieg für die Fortentwickelung und Lebensfähigkeit der Völker von der höchsten Bedeutung: ein jedes Volk, welches auf die Dauer dem Kriege entsagt und das kriegerische Bewußtsein verliert, geht in innere Fäulniß über.

Der Zweck jedes Krieges ist zweifacher, und zwar politischer und militärischer Natur. Der Krieg ist das letzte Mittel der Politik; durch ihn will diese ihre Ziele gewaltsam erreichen. Er wird daher auch von den Gesichtspunkten der Politik dauernd beeinflußt, und die politischen Zwecke des Krieges, die an und für sich der mannigfachsten Art sind (Eroberung von Landstrichen, Erkämpfung der dauernden politischen Ober=

herrschaft, bezw. der Unabhängigkeit), können im Laufe eines und desselben Krieges mehrfach wechseln, weitergehende und bescheidenere werden.

In soldatischer Hinsicht kann jedoch der Krieg nur einen einzigen Zweck haben, d. i. die Niederwerfung des Gegners. Durch diese wird der Feind gezwungen, den ferneren Kampf aufzugeben und sich dem politischen Willen des Siegers zu beugen.

Die Niederwerfung des Gegners muß daher die Richtschnur einer jeden militärischen Handlung des Krieges sein. Sie wird erreicht:

1) durch den Sieg über das feindliche Heer,
2) durch die Besetzung des feindlichen Landes und die Beschlagnahme der feindlichen Hülfsquellen.

Ersteres Mittel soll den augenblicklichen Widerstand des Gegners brechen, durch letzteres soll demselben auf die Dauer die Möglichkeit genommen werden, neue Mittel des Widerstandes herzustellen. Ersteres, die Besiegung des feindlichen Heeres, ist die Vorbedingung und das in erster Linie zu erstrebende Ziel.

Uebrigens wird der politische Zweck eines Krieges in der Mehrheit der Fälle erreicht, ohne daß die soldatische Kriegsabsicht völlig durchgeführt zu werden braucht, und zwar deshalb, weil dem Unterliegenden in der Regel jenes Uebermaß von Erbitterung abgeht, welches den Kampf bis zum Alleräußersten führt. Ist die Niederlage der Heere entschieden, ein Theil des Landes vom Feinde überschwemmt, so pflegt man Frieden zu schließen, um zu retten, was noch zu retten ist.

2. Die Kriegführung.

Die Kriegführung, sowohl im Großen die Heerführung als im Kleinen die Truppenführung, ist eine Kunst. Sie hat wie jede Kunst ihre wissenschaftliche Seite, doch ist sie keineswegs ein Wissen allein, sie ist vielmehr Sache des Könnens.*)

Der Krieg fordert die That; die Befähigung zur That aber beruht in dem Drange des Willens und in der Kraft des Gemüths.

Gleichwohl ist die Wissenschaft nicht unnütz. Sie stellt Gesichtspunkte auf, zieht Lehren aus früheren Kriegsereignissen, befähigt zu schnellem Ueberblicke und zeigt dem begabten Geiste den richtigen Weg. Sie hütet vor Oberflächlichkeit, welche im Kriege sehr gefährlich ist.

Die Kriegführung ist eine freie geistige Thätigkeit. Es lassen sich bindende Gesetze und Regeln für die einzelnen Fälle des Krieges nicht aufstellen, weil die letzteren unendlich mannigfaltig sind, und die verschiedenen

---

*) Das Wort „Kunst" ist von „Können" hergeleitet.

Lagen des Krieges wie des Gefechtes sich niemals genau in derselben Weise wiederholen. Ein schnelles, sachgemäßes Erkennen der einzelnen Kriegslagen, eine schnelle Entschlußfassung ist somit Sache jenes soldatischen Empfindens, welches einestheils aus der Beanlagung, anderntheils aus der Erziehung und Uebung hervorgeht.

Somit unterscheidet sich die Kriegskunst von allen übrigen Künsten sehr wesentlich dadurch, daß sie vor allen Dingen und in erster Linie mit hohen Anforderungen an den Charakter sich wendet: Schnelligkeit und Kraft beim Erfassen des Entschlusses, Festigkeit und Thatkraft bei der Durch= führung, Gleichmuth der Seele bei unerwarteten Glücksfällen wie bei großem Unglück, vor allen Dingen aber eine Seelengröße, welche es möglich macht, die große Last der Verantwortung für Tausende von Menschenleben und für das Geschick des Landes ganz zu fühlen, ohne ihr selbst in den ernstesten und schlimmsten Lagen zu unterliegen.

Die Kriegskunst ist daher stets als eine der vornehmsten, edelsten und rühmlichsten aller Seiten menschlicher Thätigkeit betrachtet worden.

3. Die Kriegsmacht.

Das Heer, die bewaffnete Landmacht des Staates, bildet im Land= kriege das Mittel, durch welches der Feldherr die Zwecke des Krieges zu erreichen strebt. Die Kriegsmacht eines Staates wird nach folgenden Hauptgesichtspunkten gemessen:

a. nach der Stärke und der Güte des Heeres, sowie nach der Dauer der Zeit, welche erforderlich ist, um dasselbe an der feindlichen Grenze zu entwickeln;

b. ob und inwiefern durch das Gelände und durch Festungen an der bedrohten Grenze die Vertheidigungskraft erhöht wird;

c. welche Streitmittel an Menschen und Kriegsbedarf im Innern des Landes zum Ersatz der Verluste an Menschen, Pferden, Schieß= bedarf, Waffen u. s. w. zur Verfügung stehen und mit welcher Schnelligkeit dieselben aufzubringen und heranzuschaffen sind.

4. Die Wissenschaften der Kriegführung.

Die Lehre des Krieges ist getheilt in die Strategie und die Taktik.

Die Strategie ist die Kriegführung;

die Taktik ist die Gefechtsführung.

Doch haben Strategie und Taktik sich gegenseitig zu ergänzen und lassen sich nicht immer durch eine scharfe Grenzlinie trennen. Sie greifen vielfach ineinander über, so daß sie sich gegenseitig dauernd beeinflussen.

Da die Lehren der höheren und der niederen Truppenführung haupt=
sächlich auf den Erfahrungen früherer Kriege beruhen, so ist die Kriegs=
geschichte als eine der ersten Grundlagen für die Erlernung der Truppen=
führung zu betrachten.

b. Angriff und Vertheidigung im Kriege.

1. Kennzeichnung des Angriffs und der Vertheidigung.

Man kann einen jeden Kampf, sei er nun Krieg im Allgemeinen oder
Gefecht im Besonderen, angriffsweise oder vertheidigungsweise führen.

Der Angriff (die Offensive) kennzeichnet sich dadurch, daß man
den Gegner aufsucht, um ihn zu bekämpfen;

die Vertheidigung (die Defensive), daß man den Feind er=
wartet, um ihm Widerstand zu leisten.

Der Angriff ist das Austheilen des Stoßes, die Vertheidigung die
Abwehr desselben.

Es ist keineswegs nöthig, daß Angriff (bezw. Vertheidigung) in der
Kriegführung — strategische Offensive (bezw. Defensive) — mit Angriff
(bezw. Vertheidigung) im Gefecht — taktischer Offensive (bezw. Defen=
sive) — Hand in Hand geht, wenn dies auch die Regel ist. Man kann
z. B. den Angriffskrieg führen und doch beim Zusammenstoß mit dem
Gegner sich vertheidigungsweise verhalten.

Angriff und Vertheidigung wechseln häufig zwischen den beiden
Parteien ab. Auch kann es vorkommen, sowohl in der Kriegführung wie
im Gefecht, daß beide Theile gleichzeitig zum Angriffe schreiten. Eine
gleichzeitige Vertheidigung auf beiden Seiten würde dagegen nicht zum
Kampfe führen.

2. Angriffs= und Vertheidigungskrieg.

Derjenige, welcher in das feindliche Land einrückt, führt den Angriffs=
krieg; derjenige, welcher im eigenen Lande das Erscheinen des Gegners
erwartet, den Vertheidigungskrieg.

Vortheile des Vertheidigungskrieges:

1) Genauere Kenntniß, leichtere Benutzung des Kriegstheaters.
2) Beistand der eigenen Festungen
   a. als Zufluchtsstätten des etwa geschlagenen Heeres (Metz und
      Paris 1870/71, Olmütz 1866);
   b. als Sperrpunkte wichtiger Verkehrswege (Eisenbahnen: Toul
      1870, Gebirgspässe: Pfalzburg 1870);

c. als Stützpunkte großer Vertheidigungslinien, besonders Fluß=
linien (Rhein=Festungen);

d. als Anziehungspunkte für die feindlichen Streitkräfte, indem
sie den weiter vordringenden Angreifer nöthigen, durch Ein=
schließung oder Belagerung seine Feldarmee zu schwächen.

3) Beistand der Bevölkerung, bessere Nachrichten, eintretendenfalls
auch Volksbewaffnung.

4) Nähe und leichtere Heranschaffung aller Hülfsmittel, — während
der Angriff genöthigt ist, durch Zurücklassung von Etappen= und
Besatzungstruppen beim Vorschreiten sich fortgesetzt zu schwächen.

Vortheile des Angriffskrieges:

1) Belebung des Geistes der Truppen (des seelischen Elementes)
durch das Eindringen in Feindesland und durch die ersten (selbst
kleinen) Erfolge (Zurücktreiben der feindlichen Beobachtungstruppen:
Weißenburg 1870).

2) Die freie Wahl der Handlung in Bezug auf Ort und Zeit
(Initiative), die Möglichkeit, den Feind zu täuschen, zu überraschen,
mit gesammter Macht ihn anzufallen, während Letzterer, in dem
Zustande der Ungewißheit, der Gefahr unterliegt, seine Kräfte zu
zersplittern.

3) Billige Erhaltung des Heeres auf Kosten des Feindes, Schonung
des eigenen Landes.

4) Der Angreifer hat im Falle des Erfolges den greifbaren Vortheil
der Besitznahme des feindlichen Landes, der Vertheidiger nur den
bescheidenen der Abwehr des Gegners.

Daraus folgt: jede dieser beiden Seiten der Kriegführung hat ihre
Vortheile, jede gewisse Nachtheile. Im Allgemeinen überwiegen die Vor=
theile des Angriffskrieges, besonders für denjenigen, der sich für den
Stärkeren hält, der zuerst gerüstet ist und das thatkräftige Bestreben nach
Entscheidung besitzt. Der Schwächere, Unterstützung Erwartende (Zeit=
gewinn) wird die Vertheidigung wählen, namentlich wenn die Beschaffenheit
des Landes dieselbe begünstigt.

Der Angriffskrieg ist altpreußische Ueberlieferung.

c. **Erklärung einiger besonderer Begriffe der Kriegführung.**

Kriegsschauplatz oder Kriegstheater nennt man den Landstrich,
in welchem der Krieg geführt wird.

„Operationen" sind die Unternehmungen größerer Heereskörper.

„Operationsobjekt" heißt derjenige Gegenstand, gegen welchen die Unternehmungen gerichtet sind, z. B. die feindliche Armee, die feindliche Hauptstadt (Moskau 1812, Paris 1814, 1815 und 1870, Wien 1866 u. f. w.).

Unter „Operationsbasis" versteht man denjenigen rückwärtigen Landstrich, aus welchem die Armee ihre Bedürfnisse bezieht. Es ist dies in der Regel das nächstgelegene eigene Grenzland; bei Landungskriegen die rückwärtige Küste mit der dort befindlichen Flotte (Krim 1854).

„Operationslinien" heißen diejenigen großen Verbindungen (Heerstraßen, Eisenbahnen), welche von der Operationsbasis zum Operations= objekt führen.

Unter rückwärtigen Verbindungslinien, auch Etappenlinien genannt, versteht man diejenigen Verkehrswege (Straßen, besonders Eisen= bahnen), welche von der Armee zur Operationsbasis führen.

Unter strategischem Aufmarsche einer Armee versteht man die Ver= sammlung (Konzentration) derselben aus den Friedensstandorten und ihre Bereitstellung zum Beginn des Feldzuges.

Strategisch wichtige Punkte sind in der Regel „Operationsobjekte", meist Festungen, befestigte Positionen, Hauptstädte, wichtige Sammelplätze (Metz, Paris 1870).

Strategisch wichtige Linien sind in der Regel ausgedehnte Hinder= nisse, welche ganze Länderstriche abschließen (strategische Barrieren), z. B. große Flußläufe, Gebirgslinien u. f. w.

Taktisch wichtige Punkte sind beispielsweise überhöhende Punkte, starke Stützpunkte, Engwege u. f. w. Ist in einer Vertheidigungsstellung ein Punkt derartig beschaffen (überhöhend und stark), daß von seinem Besitz der Besitz der ganzen Stellung abhängt, so nennt man denselben den Schlüsselpunkt der Stellung (Fröschwiller bei Wörth 1870, Chlum bei Königgrätz 1866).

Taktisch wichtige Linien sind Hindernisse, Abschnitte, Höhenlinien, an welche sich eine Vertheidigung anknüpfen läßt.

„Demonstration" ist ein Scheinangriff, eine Scheinbewegung, durch welche man einen Gegner zu beschäftigen und festzuhalten sucht.

„Diversion" nennt man eine Scheinbewegung, durch welche ein in einer bestimmten Bewegungsrichtung befindlicher Gegner nach einer anderen Richtung gezogen, irregeleitet werden soll.

Die „Initiative" hat derjenige, welcher dem Gegner in der Er= öffnung einer kriegerischen Handlung zuvorkommt.

Man unterscheidet in der Kriegführung einen großen Krieg, d. h. alle auf die Entscheidung des Krieges hinzielenden großen Unternehmungen, und einen kleinen Krieg, unter welchem man diejenigen kleinen Unternehmungen versteht (Zerstörung von Eisenbahnen, Aufheben von Wagen- und Gefangenenzügen, Ueberfälle, Verstecke, Hinterhalte), welche eine Entscheidung im Großen nicht suchen und nur eine Schädigung des Gegners bezwecken.

Zweiter Abschnitt.
Die Taktik.

a. Eintheilung der taktischen Lehre.

Die Lehre der Taktik, mit welcher wir es hier zu thun haben, handelt von der Verwendung der Truppen im Gefecht und zum Gefecht. Der Kampf ist der Ausgangspunkt jeder taktischen Betrachtung; die Rücksicht auf denselben ist der rothe Faden, welcher sich von Anfang bis zu Ende durch das ganze Gebiet der Taktik hindurchzieht.

Die Lehre der Taktik kann wiederum in zwei Haupttheile getrennt werden:

    1) **die Formen-** (elementare) **Taktik**,
    2) **die angewandte** (intellektuelle) **Taktik**.

Die Formentaktik, die Formenlehre, ist, wie schon der Name besagt, die Lehre von denjenigen Formen, in welchen die Truppen sich aufstellen, sich bewegen und kämpfen. Die Bestimmungen für diese taktischen Formen finden sich in den Exerzir-Reglements.

Die angewandte Taktik wendet diese Formen an: sie wählt dieselben je nach ihren Eigenthümlichkeiten mit Rücksicht auf die jedesmalige Kriegs- oder Gefechtslage, auf die Maßregeln des Gegners, auf die eigenen Absichten u. s. w. und paßt sie dem Gelände an.

Die Formentaktik ist daher als die Grundlage der angewandten zu betrachten. Die letztere dagegen ist die eigentliche Gefechtsführung, sie umfaßt das Feld der freien Geistesthätigkeit in der Truppenführung.

In der Formentaktik ist mehr die wissenschaftliche, in der angewandten vorzugsweise die künstlerische Seite der Taktik vertreten.

b. Aufklärung über einige besondere Begriffe der Formenlehre.

Unter taktischer Einheit versteht man diejenige größte Truppenabtheilung, welche, zu einem Körper vereinigt, durch die Kommandostimme eines Mannes geleitet werden kann. Bei der Kavallerie ist dies die Schwadron, bei der Artillerie die Batterie, bei der Infanterie das Bataillon.

Stellt man mehrere Leute in geschlossener Ordnung nebeneinander, so entsteht ein Glied.

Stellt man mehrere Glieder ohne großen Abstand hintereinander, so bilden diejenigen Leute der verschiedenen Glieder, welche hintereinander stehen, eine Rotte.

Derjenige Raum, welcher zwischen zwei nebeneinander stehenden Leuten oder Abtheilungen sich befindet, heißt Zwischenraum, derjenige zwischen zwei hintereinander stehenden heißt Abstand.

Der Ausdruck Front bedeutet stets die Richtung nach dem Feinde hin, den Gegensatz dazu bildet die Kehrseite. Ist somit die Frontlinie einer Truppenaufstellung stets nach dem Feinde gerichtet, so nennt man die Seiten derselben die Flanken (nicht zu verwechseln mit „Flügel“, siehe unten), es giebt also eine rechte und eine linke Flanke.

Es giebt zwei Hauptformen der geschlossenen Ordnung:

Die Linie, d. i. diejenige Aufstellung, in welcher alle Unterabthei= lungen nebeneinander stehen (nur die verschiedenen Glieder hintereinander),

die Kolonne, eine Form, in welcher alle Unterabtheilungen einer bestimmten Art, z. B. Züge, hintereinander stehen.

Die Kolonnen zerfallen in verschiedene Unterarten. Man unterscheidet:

1) Reihenkolonnen, welche aus zusammenhängenden Reihen ge= bildet sind, z. B. die Wendungskolonne.
2) Abtheilungskolonnen, in welchen geschlossene Abtheilungen mit Abstand hintereinander stehen, z. B. die Zugkolonne.

Die Abtheilungskolonnen können sein: 1) geöffnet oder 2) ge= schlossen. Im ersteren Falle ist der Abstand der Unterabtheilungen so groß, daß dieselben zur Linie einschwenken können, im letzteren Falle ist der Abstand kleiner.

In Bezug auf den Abmarsch unterscheidet man ferner:

1) Flügelkolonnen, bei welchen eine Flügelabtheilung voran ist, die anderen nach der Reihe sich folgen. Diese Kolonnen sind rechts abmarschirt, wenn die rechte, links abmarschirt, wenn die linke Flügelabtheilung an der Spitze der Kolonne (an der Tete) sich befindet, aus der Mitte abmarschirt, wenn die mittleren Abtheilungen an der Tete stehen.
2) Doppelkolonnen, welche aus zwei nebeneinander stehenden Ko= lonnen gebildet sind.

In Bezug auf den Zweck unterscheidet man schließlich:

1) Marschkolonnen, welche zu Märschen, d. h. zu Bewegungen außerhalb des Gefechtsfeldes auf gebahnten Wegen benutzt werden;

2) Verſammlungskolonnen, welche zur Verſammlung der Truppen, zu deren Bereitſtellung vor dem Gefecht, zur gedeckten Aufſtellung und auch zu Bewegungen auf dem Gefechtsfelde außerhalb des wirkſamen Feuer= und Attackenbereichs des Gegners verwendet werden;

3) Bewegungskolonnen, welche zu Bewegungen im Bereich des Feindes auf dem Gefechtsfelde dienen;

4) Gefechtskolonnen (=Formationen), welche zum eigentlichen Waffengebrauch beſtimmt ſind.

Zerfällt bei der Aufſtellung größerer Truppenkörper die Frontlinie in mehrere Theile, ſo nennt man den mittleren: das Centrum, die Mitte, — die ſeitwärtigen Theile: die Flügel der Stellung.

Stellt man mehrere taktiſche Einheiten nebeneinander, ſo entſteht ein Treffen (Gefechtslinie). Stehen mehrere Treffen hintereinander, ſo heißt das vordere das erſte, das folgende das zweite u. ſ. f.

Eine Truppe, welche im Gefecht zur Verfügung des Oberbefehlshabers zurückgehalten (reſervirt) wird, heißt Reſerve.

Steht das zweite Treffen hinter den Zwiſchenräumen des erſten, ſo entſteht die ſchachbrettförmige Aufſtellung.

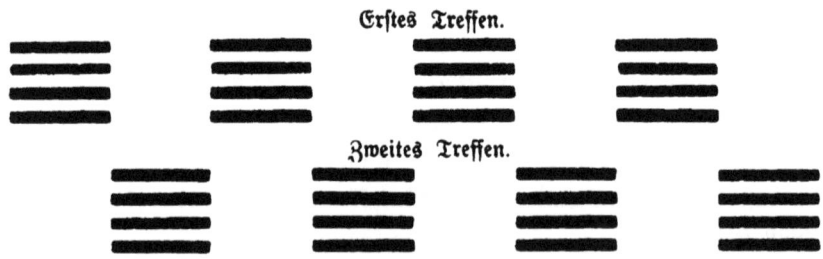

Erſtes Treffen.

Zweites Treffen.

Ueberragt (debordirt) dagegen eine hintere Truppenabtheilung die vordere vollſtändig auf einer Seite, ſo entſteht eine Staffel (Echelon).

Staffeln vom rechten Flügel.

Staffeln vom linken Flügel.

Staffeln aus der Mitte.

c. Allgemeine Begriffe des Gefechts (Fern- und Nahkampf, geschlossene und geöffnete Kampfesform).

1. Kennzeichnung.

Man kann den Feind auf zwei verschiedene Arten bekämpfen: durch die Schußwaffe, indem man bestrebt ist, ihn aus der Entfernung zu treffen: Fernkampf; — oder durch die blanke Waffe, indem man sucht, ihn zu erreichen und in der Nähe durch Stoß oder Hieb zu überwältigen: Nahkampf.

Außerdem kann das Gefecht in zwei verschiedenen Grundformen geführt werden: in der geschlossenen Ordnung, in welcher die Mannschaft derart dicht zusammengehalten ist, daß die Kräfte gemeinsam und gleichmäßig nach Kommando wirken, — und in der geöffneten Form (Einzelordnung), in welcher die Zusammenfügung lockerer ist und der Einzelne eine größere Selbständigkeit des Handelns besitzt.

Aus dem Wesen dieser vier Elemente des Gefechts, der beiden Kampfarten (Fern- und Nahkampf) und der beiden Kampfesformen (geschlossene und geöffnete Ordnung), setzt sich das Wesen des Gefechts zusammen. Es ist daher eine klare Auffassung ihrer Eigenthümlichkeiten und ihrer Beziehungen zu einander als die nothwendigste Grundlage für eine richtige Anschauung des Gefechts zu betrachten.

2. Nah- und Fernkampf.

Der Nahkampf beruht auf der Bewegung, denn der Gegner muß erreicht werden, bevor die Nahwaffen zum Gebrauch kommen können. Seine Wirkung auf den Gegner ist erschütternd. Er ist bei der Kürze der Zeit, welche er in Anspruch nimmt, besonders geeignet, darüber rasch zu entscheiden, welcher Theil der stärkere ist, und da er ferner durch seinen beweglichen Charakter das Mittel bietet, dem Feinde Gelände abzugewinnen, ihn aus dem Felde zu schlagen, so ist der Nahkampf vorzugsweise der Kampf der Entscheidung.

Der Fernkampf, das Feuergefecht, ist stehender Natur, da eine Treffwahrscheinlichkeit nur bei ruhiger Lage der Schußwaffe vorhanden ist. Die Verluste, welche dem Feinde durch das Feuer beigebracht werden, haben an und für sich nichts Entscheidendes, sie sind nur geeignet, den Feind zu schwächen. Allerdings können sie sich derart steigern, daß der Gegner freiwillig sich zurückzieht, aber wenn das Letztere nicht stattfindet, kann die Entscheidung nur dadurch erzwungen werden, daß man zum Nahkampfe übergeht.

Im Fernkampfe liegt daher durchweg die Absicht, die Ent=
scheidung, welche durch den Nahkampf stattfinden soll, vorzu=
bereiten und zu unterstützen, oder nach herbeigeführter Entscheidung
das Ergebniß durch verfolgendes Feuer zu erhöhen.

Mit dieser Kennzeichnung des Fern= und des Nahkampfes ist zugleich
die der Artillerie und der Kavallerie verknüpft, als der beiden Truppen=
gattungen, welche den Eigenthümlichkeiten je einer dieser Kampfarten im
vollsten Maße entsprechen: die Kavallerie, erste Vertreterin des beweglichen
Nahkampfes, die Artillerie, mächtig im stehenden, weithin wirkenden Fern=
kampfe. Die Infanterie vereinigt beide Kampfarten in sich.

3. Geschlossene und geöffnete Kampfesform.

Die geschlossene Form hat vor der geöffneten folgende Vortheile:
1) Die Leitung ist leichter, Zucht und Ordnung mehr verbürgt, der
   Einfluß der Führer durchgreifender. Es ist dies der bedeutungs=
   vollste Vortheil, da ohne Führung ein geordneter Kampf und ein
   Zusammenwirken der Kräfte nicht möglich ist, Alles dem unberechen=
   baren Zufalle anheim fällt.
2) Die Massenverwendung in geschlossener Form bringt auf den
   Feind einen größeren Eindruck hervor.
3) Die geschlossene Ordnung bewirkt einen größeren Drang beim Vor=
   gehen, stärkere Festigkeit beim Widerstande. Sie hat eine größere
   Stoßkraft, ein Umstand, der besonders bei Kavallerieangriffen
   schwer ins Gewicht fällt.

Die Vorzüge der **geöffneten Form**, des zerstreuten Gefechts, sind
folgende:
1) Leichtere Benutzung der Vortheile des Geländes
   a. in Bezug auf Deckung,
   b. für den eigenen Waffengebrauch (Anstreichen, Auflegen des
      Gewehrs u. s. w.).
2) Freierer Gebrauch der Feuerwaffen: der Schießende ist nicht durch
   vor= oder nebenstehende Leute gehindert.
3) Kleinheit der Ziele für das feindliche Feuer.
4) Größere Schnelligkeit und Freiheit in der Bewegung, besonders
   in schwierigem Gelände.

Daraus ergeben sich zwei Hauptvorzüge der geöffneten Form:
besserer Gebrauch der eigenen Feuerwaffen,
geringere Wirkung des feindlichen Feuers.

4. Schlußfolgerung.

Aus dem Vorhergehenden folgt, daß die geöffnete, dem Gelände sich anschmiegende Form den Fernwaffen gegenüber in ihrem vortheilhaftesten Verhältnisse sich befindet; sie schließt sich dem Fernkampfe an und muß mit der Vervollkommnung der Schußwaffen steigend an Bedeutung gewinnen.

Die geschlossene Form mit ihrer Massenwirkung und ihrer erschütternden Einwirkung trägt den Charakter des Ueberwältigenden und schließt sich vornehmlich dem Nahkampfe an. Ihre Anwendung in der vorderen (Gefechts=) Linie ist durch die Vervollkommnung der Feuerwaffen eine seltenere geworden, aber ihre Bedeutung für entscheidende Angriffe wird sie niemals verlieren. Auch wird man mit Rücksicht auf die Führung grundsätzlich alle Truppen so lange in geschlossener Ordnung halten, wie die Gefechtslage ein Auflösen nicht gebietet; hat Letzteres aber stattgefunden, so muß immer das Bestreben obwalten, sobald der Zweck erreicht ist, die geschlossene Form möglichst schnell wieder herzustellen (Sammeln).

Die Infanterie bedient sich in der eigentlichen Gefechtslinie biegsamer, geöffneter Formen (Schützenschwarm), bei den zurückgehaltenen, zur Unterstützung bestimmten Truppen stets der geschlossenen Ordnung. Nur in entscheidenden Augenblicken, auf kurze Zeit, gegen einen erschütterten Feind werden die Truppen rückwärtiger Linien unter Beibehalt letzterer Ordnung in das Gefecht eingreifen.*) Die einzige Gefechtsform der Artillerie, welche nur durch Feuer wirkt, ist die geöffnete Linie, während die Kavallerie, welche durch ihre Attacke niederwerfen soll, hauptsächlich in geschlossener Form kämpft.

d. Das Wesen und die Gefechtsbedeutung der verschiedenen Waffengattungen.

1. Die Infanterie.

Die wesentlichen Eigenschaften der Infanterie sind folgende:

α. Sie ist gleich befähigt für den Fernkampf wie für den Nahkampf, für das geschlossene wie für das zerstreute Gefecht. Sie ist die vielseitigste Waffe, gleich geschickt zum Angriff wie zur Vertheidigung, wenn sie auch von der Artillerie an Wirkungsweite und Feuerkraft, von der Kavallerie an Schnelligkeit (Aufklärungsdienst) und Stoßkraft (Attacke) bei Weitem übertroffen wird.

---

*) Taf. I, Bild 5; Taf. II, Bild 3.

β. Die Infanterie kann in jedem dem Menschen überhaupt zugäng=
lichen Gelände sich bewegen und kämpfen. Das Gelände mit seinen Uneben=
heiten und Bedeckungen ist geradezu als der natürliche Bundesgenoffe der
Infanterie zu betrachten. Auch ist die Infanterie in der Nacht fast allein
verwendbar.

γ. Die Infanterie ist die billigste Waffe, am leichtesten in Masse zu
beschaffen, auszurüsten, auszubilden und zu ergänzen, am leichtesten im
Nothfalle unvorbereitet aufzustellen und auch im Felde am leichtesten zu
ernähren.

Es folgt hieraus:

daß die Infanterie eine an sich selbständige Waffe ist, wenn sie
auch in Verbindung mit der Kavallerie und Artillerie ihre Gefechtskraft
freier und besser entfalten kann;

daß die Infanterie die zahlreichste und wichtigste, die Hauptwaffe ist.

Man unterschied früher schwere und leichte Infanterie, auch heute be=
stehen noch Unterschiede in der Benennung: Grenadiere (schwere) und
Füsiliere (leichte). In der Wirklichkeit giebt es einen derartigen Unter=
schied nicht. Die ganze Infanterie ist gleichmäßig ausgerüstet und wird
gleichmäßig zum Kriegsdienste ausgebildet.

Nur die **Jäger** bilden eine durch besondere Eigenthümlichkeiten von der
übrigen Infanterie geschiedene Truppe. Indem der Ersatz aus gelernten
Jägern und ausgesucht aufgeweckten und gewandten Leuten besteht, ihre
Ausbildung besonders auf Schießfertigkeit und Findigkeit in Feld und
Wald gerichtet ist, sind die Jäger ganz besonders verwendbar in schwierigem
Gelände sowohl zum Gefecht wie zum Patrouillendienst, außerdem auch an
solchen Punkten des Kampfes, wo es auf eine besonders gute, weithin
reichende Feuerwirkung ankommt.

Im Uebrigen werden sie wie jede andere Infanterie verwendet.

2. Die Kavallerie.

Die Eigenschaften der Kavallerie sind Schnelligkeit und Stoßkraft.

Durch die Schnelligkeit ist sie im Stande, den Gegner zu über=
raschen, günstige Augenblicke rechtzeitig auszunutzen und im Falle des Miß=
lingens sich dem Bereiche des Feindes wieder zu entziehen. Sie erhält
durch diese Eigenschaft einen hohen Werth für die Verfolgung und eine
hervorragende Bedeutung für den Sicherheits= und Kundschaftsdienst.

Durch die Stoßkraft ist die Kavallerie im Stande, feindliche Ab=
theilungen gewaltsam auseinander zu sprengen und dann zu vernichten.

Hieraus folgt:

Das Gefechtselement der Kavallerie ist der Angriff mit der blanken Waffe. Sie ist die Angriffswaffe par excellence, aber auch nur Angriffswaffe und zwar in solchem Maße und in solcher Einseitigkeit, daß selbst ihre Vertheidigung wieder in der Attacke, dem Gegenangriff, besteht.

Die Schußwaffen haben für die Kavallerie nur untergeordnete Bedeutung, es sei denn, daß sie zu Fuß kämpft und die Eigenthümlichkeiten der Infanterie annimmt. Der Schuß vom Pferde ist unsicher, der Reiter bietet ein großes Ziel und kann nicht das Gelände in gleicher Weise zur Deckung ausnutzen wie der Fußsoldat. —

Die Einseitigkeit der Kavallerie wird dadurch erhöht, daß diese Waffe in hohem Grade vom Boden und von der Gefechtslage abhängig ist.

Wenn auch der einzelne Kavallerist dahin erzogen werden muß, daß er ungangbares Gelände gar nicht kennt, so braucht doch die Kavallerie für den Angriff, besonders in geschlossener Abtheilung, ein freies und ziemlich ebenes Feld, sofern sie ihre Schnelligkeit und Stoßkraft ausbeuten soll.

Gegen andere Waffen hängt der Erfolg wesentlich davon ab, ob die Kavallerie einen kampfesmuthigen oder einen erschütterten Feind, ob Front oder Flanke, ob einen vorbereiteten oder überraschten Gegner angreift, denn selber ist sie nicht im Stande, durch vorbereitendes Feuer den letzteren in eine derartige Verfassung zu setzen, daß der Erfolg des Angriffs sichergestellt ist.

Endlich ist die Kavallerie im Vergleich zur Infanterie weit schwieriger und kostspieliger zu beschaffen (Leute und Pferde), auszubilden (der Mann allein, das Pferd allein und der Mann zu Pferde), zu ergänzen und, besonders im Kriege, zu unterhalten.

Man findet in allen größeren Heeren die Unterarten von schwerer und leichter Kavallerie. Erstere erhält die schwereren Pferde und Mannschaften.

Die Husaren und Dragoner haben in der deutschen Armee den leichtesten Pferdeschlag. Bei den Kürassieren ist in letzter Zeit der Küraß für die feldmäßige Ausrüstung in Wegfall gekommen.

Die gesammte deutsche Kavallerie ist mit Lanze und Karabiner bewaffnet und wird derart ausgebildet, daß jede Gattung derselben zu jedem Dienst, der von der Kavallerie gefordert wird, befähigt ist.

3. Die Feldartillerie.

Die Eigenschaft der Artillerie ist hervorragende Feuerkraft. In letzterer übertrifft sie die Infanterie an Wirkungsweite, an Gewalt des Eindrucks und an Zerstörungskraft. Hindernisse, Deckungen sind von fern nur durch Artilleriefeuer zu zerstören, ein Umstand, welcher bei dem Angriff auf verschanzte Stellungen, auf Oertlichkeiten (Dörfer, Gehöfte) die Mit= wirkung der Artillerie vielfach unentbehrlich macht.

Dagegen fehlt der Kampf mit der blanken Waffe, ausgenommen eine kurze Nothwehr der Artilleristen selbst. Die Artillerie ist gegen feindlichen Angriff wehrlos, wenn sie nicht mit richtiger Feuerfront ins Feuer gesetzt werden kann. Sie ist daher die unselbständigste Waffe, besonders so= lange sie sich bewegt, und bedarf vor dem Feinde stets des Schutzes an= derer Truppen.

Die Artillerie ist in ihren Bewegungen die vom Gelände am meisten beeinflußte Waffe. Sie kann bei günstigem Boden wohl mit der Kavallerie auf kurze Strecken an Schnelligkeit sich messen, selbst Hindernisse im Wett= eifer mit größeren geschlossenen Kavalleriekörpern überwinden; aber ein schwieriges Gelände kann längeren Bewegungen der schweren Fahrzeuge die erheblichsten, manchmal unüberwindliche Hindernisse bereiten.*)

Dazu kommt, daß Dunkelheit und Nebel die Verwendung der Artillerie fast völlig aufheben und daß der große Troß schwerbeladener Fahrzeuge, deren diese Waffe bedarf, die Marschkolonnen in hohem Grade verlängert, schwerfällig macht, in wenig wegsamen Gegenden aber zu einem großen Hindernisse für die Bewegung der Heere werden kann.

Endlich ist die Artillerie sehr kostspielig, schwer zu beschaffen, aus= zubilden (Mannschaften und Pferde, erstere zu Fuß, im Reiten, Fahren und am Geschütz), schwierig zu unterhalten, besonders im Felde.

Die Feldartillerie zerfällt in fahrende Batterien und reitende Batterien. Bei ersteren werden die Bedienungsmannschaften auf Geschütz und Protze fortgeschafft, bei letzteren sind sämmtliche Mannschaften beritten. Beide haben in der deutschen Artillerie gleiche Munition und gleiches Kaliber, doch sind die Geschütze der reitenden Artillerie etwas leichter.

Die fahrenden Batterien haben vor den reitenden den Vortheil, daß sie dem feindlichen Feuer, solange die Protzen sich bei den Geschützen be= finden, ein geringeres Ziel bieten. Die reitenden Batterien haben dagegen, weil die Geschütze nicht durch die Bedienungsmannschaften beschwert sind, eine bedeutend geringere Belastung des Geschützes voraus, so daß sie bei schwierigen Bodenverhältnissen den fahrenden Batterien an Ausdauer und Schnelligkeit überlegen sind.

Die reitenden Batterien, deren Beschaffung und Unterhaltung im Vergleich zu den fahrenden Batterien kostspielig ist, sind ihrem Wesen nach

---

*) Vor Metz 1870, wo ein langes Regenwetter den Boden gänzlich durchweicht hatte, ist es vorgekommen, daß 12 und selbst 20 Pferde vor ein im Sturzacker steckendes Geschütz gespannt werden mußten, um dasselbe von der Stelle zu bewegen.

zur Beigabe an größere Kavalleriekörper bestimmt. Die nicht zu den Kavallerie=Divisionen abgegebenen reitenden Abtheilungen treten zur Korps=artillerie.

Für den Krieg im Hochgebirge braucht man besonders leichte, zerleg=bare, auf Saumpfaden vermittelst Tragthieren fortzuschaffende Geschütze. Solche Gebirgsartillerie besteht in Frankreich (Algier), Oesterreich, Rußland, Italien u. s. w.*)

4. Das Zusammenwirken der drei Waffen.

Aus den besonderen Eigenthümlichkeiten der drei verschiedenen Waffen=gattungen geht hervor, daß die größte Kraftäußerung, der höchste Grad der Gefechtsthätigkeit nur durch das Zusammenwirken, die gegenseitige Unter=stützung aller Waffen erreicht werden kann.

Die Artillerie soll mit ihrer verheerenden Feuerwirkung **den Kampf vorbereiten** und unterstützen, außerdem mit ihren weittragenden Geschossen den Feind verfolgen.

Die Infanterie, allein befähigt sich an den Boden mit seinen Be=deckungen anzuklammern, soll den Kampf um die Stellungen, um Dörfer, Höhen, Wälder u. s. w. **durchführen**, indem sie das vorbereitende Feuer mit dem nachstoßenden Bajonett verbindet.

Die Kavallerie ist das Auge des Feldherrn. Sie findet ihre wichtigste Verwendung in der **Kundschaftsthätigkeit** vor dem Gefecht, in der Aufklärung des Seitengeländes, in der Erspähung und Beunruhigung der feindlichen Flanken während des Gefechts. Außerdem soll sie im Laufe des Kampfes bereit stehen, um Erfolge des Gefechts der anderen Waffen durch überraschende Attacken auszubeuten, die Verfolgung zu übernehmen und **den Sieg zu vollenden** oder die eigenen geschlagenen Truppen vor der Verfolgung feindlicher Kavallerie zu decken.

Eine besondere Truppengattung neben den drei Waffen bilden **die Pioniere.** Sie sind die technischen Truppen für den Lager= und Schanzen=bau, Feldbrückenbau, für die Vertheidigungseinrichtung von Gehöften, Dörfern, Wäldern, Ausbesserung von Wegen u. s. w., kurz für alle Arten von Arbeiten, welche der Krieg erfordert. Das Nähere ihrer Ver=wendung ergiebt sich aus den einzelnen Abschnitten der angewandten Taktik.

------

*) In Bosnien und der Herzegowina 1879 haben die Gebirgsbatterien den Oesterreichern gute Dienste geleistet.

Besondere Abtheilungen der Pioniere sind zum Bau und zum Betriebe der Feldtelegraphen im Bereiche der Feldarmee bestimmt und ausgerüstet (Feldtelegraphen-Abtheilungen).

Die Eisenbahntruppen werden zur Zerstörung von Eisenbahnen, zur Wiederherstellung und zum Betrieb derselben in Feindesland verwendet.

Für das Fuhrwesen im Kriege ist der **Train** bestimmt. Außer den Fahrzeugen, welche die Truppen mit sich führen: Bagage (Truppenfahrzeuge), folgt den größeren Heerestheilen ein ausgedehntes, in geschlossene Truppentheile gegliedertes Fuhrwesen: die „Munitionskolonnen", welche einen Ersatz an Infanterie- und Artillerieschießbedarf nachführen, und die „Trains", welche zur Fortschaffung von Verpflegungsgegenständen und sonstigen Heeresbedürfnissen bestimmt sind (vergl. sechsten Abschnitt, b).

Erster Theil.

Formen-Taktik.

[Bei der Besprechung der Formenlehre sind die bezüglichen Ziffern der Reglements unter der Ueberschrift oder seitwärts des Textes in eckiger Klammer angegeben.]

Dritter Abschnitt.

Taktik der Infanterie.

(Exerzir-Reglement für die Infanterie vom 1. September 1888, Abbruck 1889.)

Allgemeines.

a. Eintheilung und Aufstellung.
[I, 7. 77. 78. 140.]

1. Eintheilung.

Die taktische Einheit der Infanterie ist das Bataillon.

Das Bataillon hat eine Kriegsstärke von 22 Offizieren und 1002 Mann in Reih und Glied. Es besteht aus 4 Kompagnien zu 5 Offizieren (1 Hauptmann, 1 Premierlieutenant, 3 Sekondlieutenants) und 250 Mann, worunter 20 Unteroffiziere und 4 Spielleute.

Die Kompagnien sind nicht innerhalb des Bataillons, sondern innerhalb des Regiments numerirt, so daß die 1., 2, 3. und 4. im I. Bataillon, die 5., 6., 7. und 8. im II. Bataillon, die 9., 10., 11. und 12. im III. oder Füsilier-Bataillon, die 13., 14., 15. und 16. im IV. Bataillon sich befinden.

Die Kompagnie zerfällt in drei Züge, welche in der Grundaufstellung der Kompagnie in Linie vom rechten Flügel mit „erster, zweiter, dritter" Zug numerirt sind.

[I. Nr. 78.] Die Züge werden in Halbzüge und Sektionen getheilt; in Halbzüge dann, wenn sie 16 Rotten und mehr stark sind, sonst gleich in Sektionen zu mindestens 4, höchstens 6 Rotten. Die Halbzüge werden ebenfalls vom rechten Flügel innerhalb der Kompagnie, die Sektionen jedoch innerhalb eines jeden Zuges numerirt.

2. Aufstellung (Rangirung).

Die Infanterie stellt sich zu zwei Gliedern auf. Das zweite Glied steht genau auf Vordermann in gleichlaufender Richtung mit dem ersten.

Der Gliederabstand, vom Rücken des Vordermanns bis zur Brust des Hintermanns gerechnet, beträgt 64 cm. Die Fühlung ist lose Arm an Arm. Dabei nimmt jeder Mann etwa einen Schritt (0,80 m) Frontbreite ein. Die Richtung ist im Allgemeinen nach rechts.

Die Leute werden innerhalb einer Kompagnie der Größe nach rotten= weise vom rechten Flügel geordnet; die rechte Flügelrotte bilden die beiden größten Leute, die zweite Rotte die beiden nächstgrößten u. s. w. bis zum linken Flügel der Kompagnie. Der größere Mann steht im ersten Gliede. Geringe Abweichungen sind gestattet.

b. Vergleich zwischen Linie und Kolonne als Gefechtsformen der Infanterie.

Die beiden Grundformen der geschlossenen Ordnung sind die Linie und die Kolonne.

Die Linie bietet den Hauptvortheil, daß sie, besonders beim Feuer= gefecht, die meisten Waffen zur Anwendung bringt. Außerdem erleidet sie, frontalem Feuer ausgesetzt, wegen ihrer geringen Tiefe im Vergleich zur Kolonne weniger Verlust, besonders durch wirklich treffende Artilleriegeschosse, auch durch weites Infanteriefeuer.

Dagegen ist die Linie schwer beweglich, zumal in unebenem, hinderniß= reichem Gelände. Sie geräth leicht ins Schwanken, besonders bei stärkeren Verlusten. Jede Aenderung der Bewegungsrichtung, vor Allem aber jede Schwenkung ist sehr schwierig, zeitraubend und bei ungünstigem Boden und feindlichem Feuer auch gefährlich für die Ordnung.

Die Kolonne ist beweglicher, wegen ihrer geringen Frontbreite be= sonders befähigt zu schnellen Aenderungen der Marschrichtung, sie kann sich dem Gelände leicht anschmiegen. Sie ist daher besonders geeignet zur Unterstützung der Schützenlinie. Außerdem ist sie mehr in der Hand des Führers, erleichtert die Uebersicht, hat einen größeren inneren Halt, einen größeren Drang nach vorwärts beim Angriff, mehr Widerstandskraft nach der Flanke. Wenn auch durch ihre Tiefe in manchen Fällen dem feindlichen Feuer ein günstiges Ziel bietend, so hat die Kolonne doch in ihrer Be= weglichkeit und leichten Geländebenutzung das Mittel, sich dem Feuer zu entziehen. Außerdem vereinigt die geschlossene Kolonne die Truppen auf dem kleinsten Raume (Bereitschaft, Versammlung).

Daraus folgt:

Die geschlossene Linie findet ihre Verwendung auf dem Gefechtsfelde in folgenden Fällen:

1) zum Feuergefecht in geschlossener Form;
2) ausnahmsweise zum Bajonettangriff, in dem Falle, wo man den Erfolg eines gelungenen Massenfeuers in Linie durch den sofortigen Anfall des Feindes ausbeuten will;
3) zur Bewegung geradeaus im wirksamen Feuer, besonders der feind= lichen Artillerie, wenn das Gelände keine Deckung bietet (Kom= pagnielinien).

Die Kolonne wird verwendet:
1) zur Versammlung und Bereitstellung der Truppen;
2) für die Bewegungen auf dem Gefechtsfelde;
3) für den Bajonettangriff.

c. Schulbewegungen (Elementarbewegungen).
[I, 7—17.]

Die Ausführung der Schulbewegungen des einzelnen Mannes und des Trupps muß als bekannt vorausgesetzt werden. Es sind hierher zu rechnen: die Wendungen (rechtsum, linksum und Kehrtwendungen), der Marsch, das Rückwärtsrichten, die Schwenkungen u. s. w.

Das Rückwärtsrichten wird nur auf ganz kurze Entfernungen an= gewendet, hauptsächlich beim Abstandnehmen im Halten.

Die Gangarten der Infanterie bestehen in dem Schritt, dem Sturm= marsch, dem Laufschritt und dem vollen Lauf.

Der Schritt ist 0,80 m lang, die vorgeschriebene Schnelligkeit ist 114 Schritt in der Minute.

Der Sturmmarsch, 120 Schritt in der Minute, wird bei be= schleunigter Bewegung, im Besonderen beim Anmarsche zum Bajonettangriff angewendet.

Der Laufschritt dient zu schnellen Bewegungen geschlossener Ab= theilungen; die Geschlossenheit erfordert das Festhalten eines bestimmten Maßes der Geschwindigkeit (165—175 Schritt in der Minute, jeder Schritt 1 m lang). Er ist von kriegsmäßig ausgerüsteter Infanterie nicht auf längere Strecken und in schwierigem Boden zu fordern.

Der volle Lauf ist auf eine gewisse Entfernung nur in geöffneter oder lockerer Form anwendbar (Schützenanläufe, sprungweises Vorgehen), in geschlossener Ordnung nur auf ganz kurze Entfernung bei Form= veränderungen und beim Bajonettangriff zum Einbruch in den Feind.

Die Kompagnie.

Aufstellung, Bewegungen und Formen der Kompagnie.

d. Die Linie.
[I, 139—149.]

1. Aufstellung in Linie.

[I, 139—141.] Die drei Züge einer Kompagnie stehen der Nummer nach vom rechten Flügel nebeneinander (Normalaufstellung). Vergl. Abbild. 1.

Abbild. 1.
Die Kompagnie in Linie. (Normalaufstellung.)

Bedeutung der Zeichen:

Kompagnieführer	Rechter Flügelunteroffiz
Lieutenant	Linker
Feldwebel	Mann des 1 Gliedes
Portepeefähnrich (Offizier-Dienstthuer)	2.
Vizefeldwebel	Hornist
Schließender	Tambour

Im Uebrigen können die Züge auch in jeder anderen Reihenfolge neben=
einander aufgestellt werden.

Wenn sich bei ungerader Mannschaftszahl die Kompagnie nicht in volle
Rotten eintheilen läßt, so bleibt am linken Flügel der Züge im zweiten
Gliede ein Platz offen (blinde Rotte). Ist in der Kompagnie die An=
zahl der Rotten nicht durch drei theilbar, so wird zunächst der linke, dem=
nächst der rechte Flügelzug um eine Rotte schwächer gemacht.

Die Frontbreite einer Kompagnie in Linie beträgt bei voller Kriegs=
stärke etwa 90 m.

2. Bewegungen in Linie.

[I, 147.] Die Bewegungen bestehen in Vormarsch (Frontmarsch), Rück=
marsch, in Veränderung der Marschrichtung (Schrägmarsch, Ziehen) und
in Veränderungen der Front (Schwenken).

[I, 148.] Eine Veränderung der Marschrichtung durch Ziehen findet ent=
weder auf Kommando oder auf Angabe eines neuen Marschrichtungspunktes,
eine Frontveränderung (Schwenken) nur ohne Tritt oder im Lauf durch
Kommandirung der Schwenkung oder Angabe der neu anzunehmenden
Front statt.

[I, 143.] Die Richtung ist nach dem Zugführer des mittleren Zuges, beim
Marsche nur zweier Züge nebeneinander nach dem Zugführer in der Mitte.

[I, 149.] Bedingt das Gelände das Abbrechen eines Zuges, so setzt sich
der betreffende Zug auf Kommando des Zugführers mit sieben Schritt
Abstand hinter den mittleren, bezw. einen Flügelzug. Der Aufmarsch
geschieht auf das Kommando des Zugführers.

e. Die Kolonnen der Kompagnie.
[I, 142. 150—174.]

1. Herstellung der Kolonnen.

Die Kolonnen der Kompagnie sind:

    a. Die Reihenkolonne.
    b. Die Sektionskolonne.
    c. Die Kompagniekolonne.
    d. Das Karree.

[I, 105. 150.] a. Die Reihenkolonne entsteht durch die halbe Wendung.
Sie kann rechts oder links abmarschirt sein, je nachdem sie durch die
Wendung rechts= oder linksum entstanden ist. Die Richtung ist nach

dem erſten Gliede. Da der Raum, deſſen der Mann auf die Dauer zum Marſchiren ohne Tritt bedarf, bedeutend größer iſt als der, welchen er in der Front einnimmt, ſo iſt die Reihenkolonne bei längeren Bewegungen ſehr unbequem und verlängert ſich über die Gebühr. Sie wird daher nur im Nothfalle, auf ſchmalen Wegen, zum Marſche benutzt. Sonſt dient ſie zu kurzen Seitwärtsbewegungen.

[I, 107. 109. 150.] b. Die Sektionskolonne wird gebildet, indem entweder auf der Stelle oder in der Bewegung alle Sektionen gleichzeitig in ſich dieſelbe Schwenkung ausführen oder indem von der Stelle zur Bewegung durch Abmarſch von einem Flügel die Flügelſektion gerade= aus bleibt und ſich die übrigen Sektionen nacheinander durch Schrägmarſch hinter die Flügelſektion ſetzen.

Im erſteren Falle entſteht die Sektionskolonne mit der Marſchrichtung nach der Flanke, im letzteren Falle wird die urſprüngliche Marſchrichtung beibehalten.

Die Sektionskolonne iſt eine geöffnete Kolonne und, zu vier Rotten mit erweitertem Gliederabſtande (1,10 m), als Marſchform der Infanterie von großer Bedeutung für den Feldgebrauch. Ihre Tiefe iſt etwa 100 m. Ohne daß ihre Tiefe vergrößert wird, geſtattet ſie die für Märſche zur Schonung der Kräfte nöthige Lockerung und eine ſchnelle Entwickelung zum Gefecht.

[I, 142. 151—154.] c. Die Kompagniekolonne wird in der Regel hergeſtellt, indem ſich die beiden Flügelzüge der Kompagnie nach der Links= bezw. Rechtswendung bei der Herſtellung auf der Stelle unter Hakenſchwenkungen der Spitzen, bei der Herſtellung in der Bewegung durch Schrägmarſch mit 7 bezw. 14 Schritt Abſtand hinter den mittleren Zug ſetzen, welcher ſteht, bezw. im Marſche geblieben iſt. Der rechte Flügelzug kommt in die Mitte, der linke Flügelzug an das Ende der Kolonne.

Bei der Normalaufſtellung (vergl. Abbild. 2) bildet der 2. Zug die Spitze, der 3. den Schluß der Kolonne. Im Uebrigen iſt jede andere Reihenfolge der Züge erlaubt.

Die Kompagniekolonne kann auch auf einen der Flügelzüge gebildet werden. Zu dieſem Zweck ſetzen ſich auf das bezügl. Kommando des Kompagnieführers die beiden anderen Züge nach der nöthigen Wendung durch Hakenſchwenkungen bezw. Schrägmarſch mit 7 bezw. 14 Schritt Abſtand hinter den Zug des benannten Flügels.

Die Kompagniekolonne iſt eine geſchloſſene Zugkolonne. Der Ab= ſtand der Züge beträgt 7 Schritt, vom 1. Gliede des vorderen Zuges bis

zum 1. Gliede des folgenden gerechnet. Soll die Tiefe der Kolonne ver=
ringert werden, so schließen die Züge auf 4 Schritt Abstand auf. Durch
Abstandnehmen wird das frühere Verhältniß wieder hergestellt.

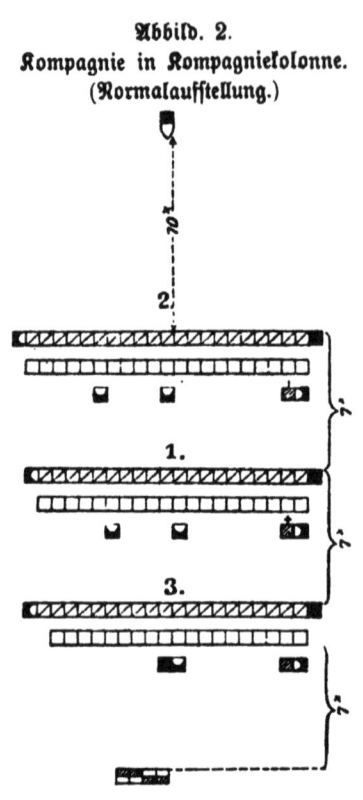

Abbild. 2.
Kompagnie in Kompagniekolonne.
(Normalaufstellung.)

Bedeutung der Zeichen wie bei
Abbild. 1 (Seite 25).

Die Kompagniekolonne ist die
Versammlungs= und Bewegungs=
form der Kompagnie. Querfeldein
kann sie auch ausnahmsweise zur Ver=
kürzung der Marschtiefe als Marsch=
form Verwendung finden. Ihre Ver=
wendung im Gefecht in der vordersten
Linie wird nur in sehr seltenen Fällen
möglich sein.

[I, 167. 168.] Will eine Kompagnie=
kolonne in Halbzüge abbrechen, was
nur bei einer Zugstärke von mindestens
16 Rotten möglich ist, so brechen die
geraden oder ungeraden Halbzüge nach
rechts oder links gleichzeitig ab und setzen
sich zwischen die stehenden bezw. im Marsch
bleibenden Halbzüge, so daß der Abstand
der Halbzüge nunmehr bloß 3½ Schritt
beträgt. Sollen in dieser Form größere
Strecken zurückgelegt werden, so können
außerhalb des feindlichen Feuers die Halb=
züge 7 Schritt Abstand nehmen.

Der Wiederaufmarsch in Züge ge=
schieht durch die umgekehrte Bewegung.

Die Kompagniekolonne in
Halbzügen hat für Kompagnien auf
voller Kriegsstärke den Vorzug, daß bei nahezu quadratischer Form ihre
Breite in dem für Bewegungen günstigsten Verhältniß zur Tiefe steht.
Dieser Vorzug wächst, gegenüber der Kolonne in Zügen, wenn ein Theil
der Kompagnie aufgelöst ist.

Sie kann ebenfalls wie die Kompagniekolonne in Zügen ausnahms=
weise als Marschform Anwendung finden.

[I, 169. 170.] d. Das Karree kann nur aus der Kompagniekolonne in
Zügen und im Halten gebildet werden. Der vordere Zug bleibt stehen,
der mittlere schwenkt mit je einer Hälfte nach der rechten und linken Seite,
der hintere Zug macht Kehrt, so daß nach allen vier Seiten eine Front
hergestellt wird.

Es kommt bei der Bildung des Karrees nicht auf völlige Regel=
mäßigkeit desselben an, vielmehr ist eine schnelle Feuerbereitschaft nach allen
Seiten hin die Hauptsache.

Das Karree dient nur in besonderen Fällen als Gefechtsform der
Kompagnie gegen Kavallerieangriffe.

2. Herstellung der Linie aus den Kolonnen.

[I, 110.] a. Durch die halbe Wendung, Frontwendung, kann die
Linie aus der Reihenkolonne hergestellt werden.

[I, 113. 114.] b. Durch gleichzeitiges Einschwenken aller Sektionen
oder durch sektionsweises Einschwenken wird die Linie aus der
Sektionskolonne nach einer Seite der Kolonne hergestellt.

Das sektionsweise Einschwenken geschieht auf die vorderste Sektion,
welche nach der Schwenkung geradeaus geht und auf Kommando halten
bleibt. Die übrigen Sektionen marschiren eine Sektionslänge über den
Schwenkungspunkt der vorhergehenden Sektion weiter, schwenken von selbst
und marschiren geradeaus bis zur Höhe der vorhergehenden Sektion.

[I, 111. 112. 156—159.] c. Durch das Aufmarschiren wird die Linie
nach vorwärts gebildet, indem die hinteren Abtheilungen sich mit der
Bewegung halbseitwärts neben die vordere setzen, welche hält oder sich im
Schritt geradeaus bewegt. Beim Halten der vorderen Abtheilung bezw.
der Kolonnenspitze kann der Aufmarsch im Schritt oder im Laufe geschehen;
bleibt man in Bewegung, so müssen die hinteren Abtheilungen den vollen
Lauf anwenden.

Der Aufmarsch zur Linie kann aus der Reihen=, Sektions= und
Kompagniekolonne stattfinden. Beim Aufmarsche aus der Kompagniekolonne
marschiren in der Regel der größeren Schnelligkeit halber der mittlere
Zug rechts, der hintere links auf den vorderen, stehenden bezw. im Marsche
bleibenden Zug auf. Im gegebenen Falle können aber auch der mittlere
und hintere Zug nach einer Seite neben dem vorderen aufmarschiren.

Im Uebrigen muß jede Kompagnie im Stande sein, nicht nur auf
den vorderen Zug, sondern auch im Kehrt und nach der Seite sich mit der
größten Schnelligkeit und Sicherheit zur Linie zu entwickeln.

Im letzteren Falle wird die neue Front entweder durch Kommandirung
der Schwenkung oder durch Angabe eines Richtungspunktes während des
Aufmarsches angenommen.

Alle Formenveränderungen aus und zur Kompagniekolonne geschehen
ohne Tritt.

[I, 174.] d. Aus dem Karree kann die Linie nicht unmittelbar gebildet werden, sondern es muß zunächst von allen Theilen auf dem kürzesten Wege die Kompagniekolonne wieder hergestellt werden.

3. Bewegungen der Kolonnen.
[I, 100. 101. 117—119. 148. 164. 165. 172. 173.]

[I, 100. 101. 164.] Die Bedingungen für alle Bewegungen in Kolonne bestehen in dem genauen Festhalten des Vordermanns und Abstandes von Seiten der hinteren Abtheilungen sowie in der Richtung und Geschlossenheit jeder Unterabtheilung in sich.

Die Bewegungen können nach vorwärts, rückwärts, halbseitwärts und seitwärts stattfinden. Die Seitwärtsbewegungen mit rechts= oder linksum (Reihen) dürfen auch bei der Kompagniekolonne nur auf kurze Entfernungen angewendet werden. Zur Zurücklegung größerer Strecken wird die Seitwärtsbewegung mit abgeschwenkten Sektionen ausgeführt.

[I, 166.] Soll die Front der in Reihen befindlichen oder mit Sektionen nach der Flanke abgeschwenkten Kompagniekolonne nach der jeweiligen Marschrichtung hergestellt werden, so wird in der Kolonne rechts oder links aufmarschirt. Der an der benannten Seite befindliche Zug marschirt auf seine vorderste Rotte oder Sektion auf, die beiden anderen Züge setzen sich während des Aufmarsches in sich mit 7 bezw. 14 Schritt Abstand hinter den bereits aufmarschirten vorderen Zug.

[I, 117—119.] Zur Veränderung der Marschrichtung dient bei der Reihen= und der Sektionskolonne die Hakenschwenkung. Dieselbe vollzieht sich derart, daß die Kolonnenspitze (vorderste Rotte oder Sektion) die Schwenkung zuerst ausführt und daß die folgenden Rotten oder Sektionen vorläufig geradeaus bleiben, bis sie dort ankommen und schwenken, wo die vordere geschwenkt hat.

[I, 148. 165.] Veränderungen der Marschrichtung einer Kompagniekolonne erfolgen entweder durch Ziehen auf Kommando oder Angabe des neuen Marschrichtungspunktes oder durch eine Kolonnenschwenkung.

Diese Schwenkung geschieht nicht nach und nach, sondern gleichzeitig von allen Abtheilungen. Doch müssen die hinteren Abtheilungen (Züge bezw. Halbzüge) mit der Schwenkung zugleich ein Ziehen (halbseitwärts) nach dem äußeren Flügel, bei der Rechtsschwenkung beispielsweise nach links, verbinden, damit sie nach der Ausführung wieder auf Vordermann hinter der vorderen Abtheilung marschiren.

[I, 172. 173.] Bewegungen im Karree sind wegen der großen Geschlossenheit schwierig. Sie müssen im Gleichschritt ausgeführt werden. Bevor der Marsch fortgesetzt wird, nehmen die Züge und Mannschaften, welche eine Wendung bezw. Schwenkung gemacht hatten, nach Uebernehmen des Gewehrs von selbst wieder die Front nach vorn ein. Soll das Karree zur Abwehr eines Angriffs wieder halten, so wird nach dem Halten ohne weiteres Kommando auf allen Seiten die Wendung wieder nach außen gemacht.

4. Uebergänge aus einer Kolonne in die andere.
[I, 115. 116. 161. 162. 174.]

[I, 115. 116.] Der Uebergang aus der Reihenkolonne in die Sektions=kolonne geschieht durch gleichzeitigen Aufmarsch aller Sektionen in sich nach der Marschrichtung. Umgekehrt geht eine Sektionskolonne durch In=Reihen=setzen in die Reihenkolonne über. Es gehen dabei die Flügel=leute des vorderen Gliedes aller Sektionen an der benannten Seite gerade=aus, die Flügelleute des zweiten Gliedes setzen sich rechts bezw. links daneben, alle übrigen Leute machen die Wendung nach der benannten Seite und hängen sich in Reihen der Marschrichtung des Flügelmannes ihres Gliedes an.

[I, 161.] Aus der Reihen= und der Sektionskolonne wird die Kom=pagniekolonne gebildet, indem der vordere Zug in sich rechts oder links aufmarschirt, die hinteren Züge unter gleichzeitigem Aufmarsch auf 7 bezw. 14 Schritt an den vorderen Zug heranrücken. Die Bildung der Kom=pagniekolonne hat stets in der Marschrichtung zu erfolgen.

[I, 162.] Aus der Kompagniekolonne kann die Reihenkolonne nur in der Bewegung durch In=Reihen=setzen gebildet werden. Die hinteren Züge treten so lange kurz, bis sie sich nach und nach dem vorderen Zuge an=hängen können.

[I, 163.] Der Uebergang aus der Kompagniekolonne in die Sektions=kolonne findet durch Abbrechen in Sektionen, wegen mangelnden Raumes jedoch nicht gleichzeitig, sondern seitens der einzelnen Züge nach und nach, in der Marschrichtung statt.

[I, 174.] Aus dem Karree wird die Kompagniekolonne in allen Theilen durch Zurücktreten bezw. Wendung auf dem kürzesten Wege her=gestellt.

f. Die Formen des Gefechts der Kompagnie.
[I, 122—127. 182—189.]

Zur Bildung der Schützenlinie wird in der Regel von vornherein ein ganzer Zug, und zwar bei der Kompagniekolonne immer der vordere, bei der Kompagnie in Linie ein zu benennender Zug verwendet.

Das Ausschwärmen nach vorwärts geschieht im lebhaften Schritt, indem die Schützen vor der Kompagnie sich ausbreiten und vorgehen, bis sie die bestimmte Feuerstellung erreicht haben, oder bis, auf dem Exerzirplatze, das Kommando oder der Wink zum Halten erfolgt. Beim Ausschwärmen auf der Grundlinie bleibt die Mitte stehen, die übrigen Leute ziehen sich nach beiden Seiten so weit auseinander, bis die Zwischenräume hergestellt sind. Eine im Zurückgehen befindliche Kompagnie macht zunächst die Wendung nach dem Feinde und entwickelt dann ihre Schützen auf der Grundlinie.

Im Uebrigen muß die Bildung einer Schützenlinie nach jeder Richtung und aus jeder Formation mit größter Schnelligkeit und Ordnung erfolgen können.

Indem die Leute des zweiten Gliedes rechts neben ihre bisherigen Vorderleute treten, gehen alle so weit seitwärts auseinander, daß der Zwischenraum von Mann zu Mann 1 bis 2 Schritt beträgt. Soll ein größerer Zwischenraum genommen werden, so muß dieses ausdrücklich befohlen werden. Die 4 bis 6 Rotten einer Sektion bilden eine Gruppe und werden von einem Unteroffizier oder Gefreiten als Gruppenführer kommandirt. Zwischen den Zügen wird ein Zwischenraum von etwa 7 Schritt gelassen. Die Zwischenräume der Rotten und Gruppen richten sich im Uebrigen nur nach den vorhandenen Deckungen und den Anforderungen der Gefechtslage. Bei größeren Feuerlinien, bei steigender Spannung des Gefechts wird in den einzelnen Zügen die Dichtigkeit bis auf die Verhältnisse einer eingliedrigen, mit loser Fühlung geschlossenen Linie vergrößert werden (vergl. m. 1 dieses Abschnitts).

Ein Hornist tritt zum Kompagnieführer, einer zum ausschwärmenden Zuge.

Hinter jeder Schützenlinie muß sich eine geschlossene Abtheilung, **der Unterstützungstrupp,** befinden. Sie soll der ersteren Halt und Unterstützung gewähren. Der Unterstützungstrupp wird von dem Rest der Kompagnie in Linie oder Kolonne gebildet. Sein Platz ergiebt sich aus seiner Bestimmung.

Der Abstand des Unterstützungstrupps von der Schützenlinie beträgt auf dem Exerzirplatze etwa 150 Schritt; im Gelände sind für den Abstand die Gewährleistung rechtzeitiger Unterstützung und die vorhandenen Deckungen maßgebend.

In seinen Bewegungen richtet sich der Unterstützungstrupp nach denen der Schützenlinie. Im Allgemeinen werden die Bewegungen ohne Tritt ausgeführt, innerhalb des feindlichen Feuers muß im festen Gleichschritt marschirt und dabei jede Formenveränderung möglichst vermieden werden.

Die Verstärkung der Schützenlinie geschieht vom Unterstützungstrupp. Die neuen Schützen hängen sich nach Anordnung des Kompagniechefs an einen Flügel der Schützenlinie an (Verlängern der Schützenlinie) oder schieben sich in die Lücken der vorhandenen Schützenlinie ein (Einschieben).

Ist die Verstärkung dem feindlichen Feuer ausgesetzt, so muß sie strecken=weise in vollem Laufe den Weg bis zur Schützenlinie zurücklegen.

Das Bataillon.

g. Aufstellung, Bewegungen und Formen des Bataillons.
[I, 192—213.]

1. Aufstellung.

[I, 196. 197.] Die vier Kompagniekolonnen des Bataillons werden je nach Raum und Zweck entweder nebeneinander oder hintereinander aufgestellt.

Die Grundformen des Bataillons sind:

    a. Die Doppelkolonne (Abbild. 3),

    b. Die Tiefkolonne (Abbild. 4),

    c. Die Breitkolonne (Abbild. 5).

Abbild. 3.

a. Bataillon in Doppelkolonne.
(Normalaufstellung.)

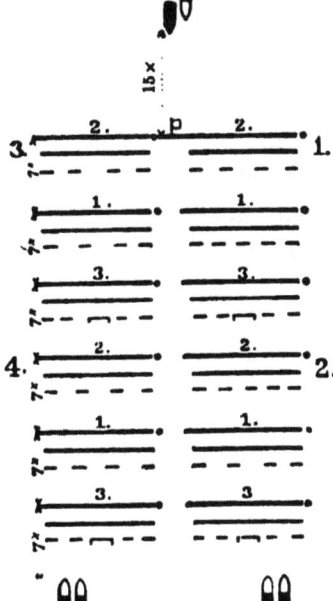

Abbild. 3a.

Mitte der vordersten Staffel der Doppelkolonne.

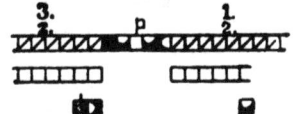

Bedeutung der Zeichen wie in Abbild. 1.

Bedeutung der Zeichen in Abbild. 3, 4 und 5.

Bataillonsldr.

Kompagnieführer.

Adjutant.

• Zugführer.

---◄ Glied der Schließenden.

Spielleute.

Meckel, Grundriß der Taktik. 8. Aufl.

a. Die Doppelkolonne wird gebildet, indem zwei in Kompagnie=kolonne hintereinander stehende Kompagnien neben die beiden anderen gleichfalls in Kompagniekolonne hintereinander stehenden Kompagnien treten. Abbild. 3 giebt die Normalaufstellung. Jede andere Reihenfolge der Kompagnien ist gleichberechtigt. Je zwei nebeneinander stehende Züge bilden eine Staffel. Zwischen die beiden vordersten Züge der Kompagnien an der Spitze tritt der Fahnenträger mit zwei aus den vor=deren Zügen zu entnehmenden Unteroffizieren (vergl. Abbild. 3a). Bei der Doppelkolonne im Kehrt treten in den Raum zwischen den zwei Zügen der hintersten Staffel drei schließende Unteroffiziere der nächsten Züge ein. Zugführer und linke Flügelunteroffiziere stehen genau auf Vordermann. Richtung und Fühlung ist auf der Stelle rechts.

Die Doppelkolonne wird zur Versammlung und zu Bewegungen des Bataillons außerhalb des feind=lichen Feuerbereichs gebraucht.

b. Die Tiefkolonne entsteht, indem die vier Kompagnien in Kompagniekolonne hintereinander treten. In der Normalaufstellung (Abbild. 4) stehen die Kom=pagnien der Nummer nach hintereinander. Im Uebrigen ist jede andere Reihenfolge gleichberechtigt. Die Zug=führer müssen auf Vordermann stehen, Richtung und Fühlung sind rechts. Die Fahne steht neben dem Zugführer des vordersten Zuges der zu dritt stehenden Kompagnie

Die Tiefkolonne dient als Versammlungs=form, wenn mit Rücksicht auf das Gelände eine Auf=stellung in schmaler Front genommen werden muß, oder unmittelbar aus der Versammlung ein Marsch angetreten werden soll.

Ferner kann sie zur Verkürzung der Marsch=tiefe als Marschform und auch beim Uebergang aus der Marsch= in die Gefechtsform außerhalb des feindlichen Feuers oft so lange gebraucht werden, bis die Gefechtslage zur weiteren Verringerung der Marschtiefen zwingt.

c. Zur Bildung der Breitkolonne treten die vier Kompagnien in Kompagniekolonne mit drei Schritt Abstand der Nummer nach (Normalaufstellung) oder

Abbild. 4.
b. Bataillon in Tiefkolonne.
(Normalaufstellung.)

in einer anderen beliebigen Reihenfolge nebeneinander. Die Fahne steht zwischen den vordersten Zügen der beiden mittleren Kompagnien. Vordermann ist durch alle Rotten festzuhalten, Richtung und Fühlung sind rechts.

In der Breitkolonne sammelt sich das Bataillon nach einem Gefecht, wenn nicht ausdrücklich eine andere Form befohlen ist. Im Uebrigen wird sie, außer zur Parade, angewendet, wenn in Rücksicht auf das Gelände oder die beabsichtigte Art der Entwickelung weniger eine Ausdehnung nach der Tiefe als vielmehr eine solche in die Breite erforderlich ist.

Abbild. 5.
c. Bataillon in Breitkolonne.
(Normalaufstellung.)

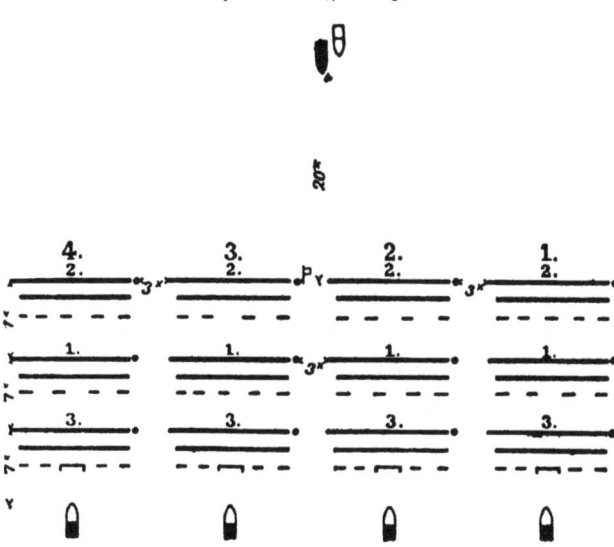

2. Bewegungen der Kolonnen.

[I, 212. 213.] Die Bewegungen der Kolonnen geschehen im Allgemeinen nach den unter e. 3 (Kompagnie) angegebenen Gesichtspunkten. Richtung und Fühlung sind bei der Doppel= und Breitkolonne nach der Fahne, bei der Tiefkolonne nach rechts.

Bei den Bewegungen in Breitkolonne brauchen die Zwischenräume von drei Schritt zwischen den einzelnen Kompagnien nicht stetig eingehalten zu werden; dieselben können zwecks leichteren Ausgleichs in der Fühlung zeitweise verloren gehen.

Veränderungen der Marschrichtung werden durch die Wendung, durch Abschwenken mit Sektionen, durch Ziehen auf Kommando oder Angabe eines neuen Marschrichtungspunktes und durch Schwenken ausgeführt.

Schwenkungen in der Doppel= und der Tiefkolonne vollziehen sich als Kolonnenschwenkungen (vergl. e. 3).

In der Breitkolonne muß die Schwenkung kompagnieweise um ein Achtel bezw. ein Sechzehntel ausgeführt werden. Es schwenkt zunächst die betreffende Flügelkompagnie in sich, geht eine Kolonnentiefe vor, hält so lange, bis die anderen Kompagnien durch Ziehen und Schwenken auf kürzestem Wege die neue Front nacheinander gewonnen haben und bis zur Höhe der betreffenden Flügelkompagnie gelangt sind.

Frontveränderungen in der Tief= und der Breitkolonne sind stets ohne Tritt auszuführen.

3. Uebergänge aus einer Kolonne in die andere.
[I, 205—211.]

[I, 205.] Die Bewegungen der Kompagnien werden auf dem kürzesten Wege auf die Kommandos der Kompagnieführer ausgeführt. Der Bataillons= kommandeur giebt nur Ankündigungskommandos.

Der Uebergang findet statt:

[I, 206. 207.] Aus der Doppelkolonne:

a. in die Tiefkolonne, indem die beiden auf derselben Seite hinter= einander befindlichen Kompagnien stehen bezw. im Marsche bleiben und die beiden anderen Kompagnien sich dahinter setzen;

b. in die Breitkolonne, indem die beiden vorderen Kompagnien stehen bezw. im Marsche bleiben und die beiden hinteren Kompagnien sich entweder rechts und links, oder beide rechts oder beide links neben die ersteren setzen.

[I, 208. 209.] Aus der Tiefkolonne:

a. in die Doppelkolonne, indem sich die beiden hinteren Kompagnien gemeinsam rechts oder links neben die beiden vorderen Kompagnien setzen;

b. in die Breitkolonne, indem sich die drei hinteren Kompagnien einzeln rechts und links, oder auch alle rechts oder alle links, neben die stehende bezw. im Marsche bleibende vorderste Kompagnie setzen.

[I, 210. 211.] Aus der Breitkolonne:

a. in die Doppelkolonne. Zwei zu bezeichnende nebeneinander befindliche Kompagnien bleiben stehen bezw. im Marsche, die beiden anderen setzen sich dahinter;

b. in die Tiefkolonne. Eine zu bezeichnende Kompagnie bleibt stehen bezw. im Marsche, die übrigen Kompagnien setzen sich, und zwar zunächst die von rechts, dahinter.

h. Die Gefechtsentwickelungen des Bataillons.

[I, 214.]

Das Bataillon kann auf sehr verschiedene Art zum Gefecht entwickelt werden. Meist werden die Kompagnien nacheinander lediglich nach Bedarf zum Gefecht eingesetzt, während der Rest unter Führung des Bataillons= kommandeurs vereinigt bleibt. Jedoch können die Umstände auch ein gleich= zeitiges Auseinanderziehen der Kompagnien nöthig machen. In diesem Falle bestimmt der Bataillonskommandeur die Kompagnie, auf welche die Entwickelung stattfinden soll, ferner den Zwischenraum und den Platz der Kompagnien zu einander. Die weitere Entwickelung zum Schützengefecht und dieses selbst liegt in der Hand der Kompagnien. Für seine Formen sind die unter f dieses Abschnitts gegebenen Grundsätze maßgebend.

Die Entwickelung des Bataillons geschieht im Vor= und Zurückgehen am kürzesten in der Marschrichtung, im Stehen auf der Grundlinie.

In der Regel wird man der ersten Entwickelung mehr Tiefe als Breite geben, auf eine nur allmähliche Verstärkung der Kräfte Bedacht nehmen und sich mindestens eine Kompagnie in Reserve halten.

Beim auseinandergezogenen Bataillon nehmen die Kompagnieführer das Kommando des Bataillonskommandeurs ab oder geben infolge erhaltener Anweisungen die nöthigen Kommandos an ihre Kompagnien.

Die Bewegungen des zum Gefecht auseinandergezogenen Bataillons werden durch Bezeichnung eines gemeinschaftlichen Marschrichtungspunktes geregelt. Steht ein solcher noch nicht fest, so wird eine Richtungskompagnie bestimmt.

Soll die Front verändert werden, so schwenken die Kompagnien in sich nach der neuen Front. Hierdurch verändert sich das Verhältniß der Kompagnien zu einander, und ist dasselbe durch weitere Befehle nach Bedarf zu regeln.

Das Wiederzusammenziehen der Kompagnien in eine nach den Ver= hältnissen zu bestimmende Grundform des Bataillons geschieht entsprechend dem Auseinanderziehen auf kürzestem Wege auf eine vom Bataillons= kommandeur bestimmte Kompagnie.

Anhang
zu den
Formen der Infanterie.

Grundsätze für die Aufstellung der Offiziere, der Unteroffiziere, der Spielleute und der Fahne.

1. Die Offiziere.

Die Hauptleute bezw. Kompagnieführer, im höheren Verbande zu Pferde, befinden sich, wenn die Kompagnien allein sind, vor der Kompagnie oder wo sonst ihre Gegenwart erforderlich ist. Ihre Aufstellung bei den Kolonnen des Bataillons ist aus den Abbildungen 3, 4 und 5 zu ersehen.

Die Lieutenants der Kompagnien zerfallen in Zugführer und schließende Offiziere. Ihre Eintheilung auf die Züge ist dem Kompagnieführer überlassen. Sind mehr als drei Offiziere vorhanden, so schließen die jüngsten.

Die Kommandeure befinden sich im Allgemeinen vor der Mitte der Kolonnen. Sie sind nicht an diesen Platz gebunden, haben vielmehr denselben nach den Verhältnissen zu wählen.

Die Zugführer befinden sich der Regel nach neben dem rechten Flügelmann des ersten Gliedes ihres Zuges. Ausnahmen: Bei den Bewegungen nach dem zweiten Gliede treten sie in die Linie dieses Gliedes vor. Soll mit dem zweiten Gliede vorn exerzirt werden, so treten die Zugführer auf Kommando „Unteroffiziere—durch" neben die früheren linken Flügelleute des 2. Gliedes.

Die schließenden Offiziere befinden sich bei den Kolonnen in allen Formen, wo der Zug in Front steht, hinter der Mitte ihres Zuges in der Linie der schließenden Unteroffiziere. Bei der Kompagnie in Linie steht ein schließender Offizier auf dem linken Flügel der Kompagnie, die übrigen befinden sich zwei Schritt hinter der Unteroffizierlinie.

Bei den Bewegungen nach dem zweiten Gliede bezw. auf „Unteroffiziere—durch" wechseln die schließenden Offiziere entsprechend ihre Plätze.

Ist ein schließender Offizier vorhanden, so befindet er sich hinter der Mitte des Zuges, sind zwei vorhanden, so deckt sich der eine auf die zweite Rotte vom rechten Flügel, der andere auf die zweite Rotte vom linken Flugel. Bei der Linie der Kompagnie steht der schließende Offizier des linken Flügelzuges auf dem linken Flugel des ersten Gliedes. Bei der Kompagniekolonne in Halbzügen besetzt der schließende Offizier den rechten Flügel des geraden Halbzuges seines Zuges. In der Sektionskolonne befindet er sich auf dem linken Flügel der ersten Sektion seines Zuges; der schließende des linken Flügelzuges auf dem rechten Flügel der letzten Sektion. Bei der Reihenkolonne befindet er sich auf der Kehrseite in seinem Verhältniß, nur der schließende Offizier des linken Flügelzuges marschirt bei rechtsum links neben dem linken Flügelmann des ersten Gliedes.

Der Adjutant des Bataillons befindet sich im Allgemeinen links rückwärts des Kommandeurs.

2. Die Unteroffiziere.

Die Unteroffiziere werden in Flügel-Unteroffiziere und schließende Unteroffiziere eingetheilt.

Jeder Zug hat einen rechten und einen linken Flügel-Unteroffizier, welche dazu bestimmt sind, den entsprechenden Flügel des Zuges auf dem ersten Gliede zu besetzen, wenn dieser Platz frei ist.

Der rechte Flügel-Unteroffizier tritt an die Stelle des Zugführers in die Zuglücke des ersten Gliedes, wenn der Zugführer diesen Platz verläßt. Sonst befindet sich der rechte Flügel-Unteroffizier hinter der ersten Rotte vom rechten Flügel in der Linie der schließenden Unteroffiziere. Bei der Sektionskolonne treten die rechten Flügel-Unteroffiziere auf Gliederabstand an die Rotte, hinter welcher sie sich befinden, heran.

Der linke Flügel-Unteroffizier besetzt den linken Flügel des ersten Gliedes, wenn sich dort kein Offizier befindet, bezw. wenn dieser Flügel frei ist. Sonst steht er hinter der ersten Rotte vom linken Flügel in der Linie der schließenden Unteroffiziere. In der Reihenkolonne tritt der linke Flügel-Unteroffizier der Kompagnie hinter bezw. vor den linken Flügelmann des ersten Gliedes der Kompagnie.

Die schließenden Unteroffiziere stehen in allen Formen, in welchen die Züge in Front stehen, hinter dem zweiten Gliede gleichmäßig vertheilt. Der Feldwebel hinter der zweiten Rotte vom rechten Flügel des ersten, der Portepeefähnrich bezw. Offizierdiensttuer hinter derselben Rotte des zweiten Zuges, der Vizefeldwebel hinter derselben Rotte des dritten Zuges. Der Abstand vom letzten Gliede beträgt zwei Schritt in der Linie, Gliederabstand in den geschlossenen Kolonnen. Doch stehen die schließenden Unteroffiziere und Offiziere der letzten Züge der Kolonnen wie bei geöffneten Kolonnen. Bei den Kolonnen in Halbzügen besetzen die schließenden Unteroffiziere die rechten Flügel der geraden und die linken Flügel der ungeraden Halbzüge, der Rest schließt hinter den Halbzügen. Bei der Sektionskolonne besetzen sie die linken Flügel der einzelnen Sektionsglieder. Bei der Reihenkolonne bleiben sie mit der Wendung in dem Verhältniß, in welchem sie in der Linie stehen.

3. Die Spielleute

befinden sich, ausgenommen bei der Paradeaufstellung des Bataillons, bei ihren Kompagnien.

Bei der Kompagnie in Linie und bei den Kolonnen der Kompagnie stehen sie in einem Gliede (Hornisten rechts, Tamboure links) mit sieben Schritt Abstand vom zweiten Gliede hinter der Mitte der Kompagnie. In aufgeschlossener Kompagniekolonne sowie bei den Kolonnen des Bataillons stehen die Spielleute im Gliede der Schließenden des hinteren Zuges ihrer Kompagnie.*)

Bei der Reihen- und Sektionskolonne stehen die Spielleute auf der Kehrseite, in der Wendung dorthin, wohin die Kolonne marschirt, so daß bei der Frontwendung bezw. beim Einschwenken der Kolonne sie durch die Frontwendung die richtige Stellung zu der hergestellten Linie erhalten.

---

*) Bei Paradeaufstellungen und beim Antreten der Kompagnie stehen die Spielleute neben dem rechten Flügel, in Höhe des zweiten Gliedes, ö Schritt ab. Bei der Kompagnie in einem Gliede, beim Bataillon unter Führung des Bataillonstambours vereinigt in zwei Gliedern.

4. Die Fahne

besteht aus drei Unteroffizieren, welche in einem Gliede aufgestellt sind; in der Mitte steht der Fahnenträger.

Der Platz der Fahne bei den verschiedenen Kolonnen des Bataillons ist aus Abbild. 3, 4 und 5 zu ersehen. Diese Plätze behält die Fahne auch dann, wenn andere Kompagnien den für die dritte Kompagnie in der Normalaufstellung vorgesehenen Platz einnehmen.

In der Doppelkolonne bildet beim Abschwenken mit Sektionen die Fahne mit ihren Begleitern eine Sektion für sich.

Im Gefecht bleibt sie bei einer in Reserve gehaltenen Kompagnie. Wird auch diese zuletzt eingesetzt, so geht die Fahne mit in die Feuerlinie, doch muß unter allen Umständen eine Sektion bei der Fahne bleiben.

———————

Gefecht.

1. Kennzeichnung des Infanteriegefechts.

Der Kampf der Infanterie erhält seine Eigenthümlichkeiten durch die Verbindung des Feuers mit der blanken Waffe, der geöffneten mit der geschlossenen Kampfesform.

Das Feuergefecht hat in dem heutigen Infanteriegefecht die hervorragendste Rolle übernommen. Es nimmt den weitaus größten Theil des Kampfes sowohl in der Zeit wie im Verbrauch der Kräfte in Anspruch; es macht die höchsten Anforderungen an die Geschicklichkeit der Truppen und der Führung, an deren Ausdauer, Zähigkeit und Ruhe, überhaupt an alle körperlichen, geistigen und seelischen Kräfte des Ganzen wie des Einzelnen. Seine vernichtende Gewalt straft jeden voreiligen Gebrauch der blanken Waffe auf das Blutigste. — Der Erfolg des Feuergefechts ist im Kampfe der Infanterie zur ersten Grundlage jeder Entscheidung geworden. Aber nach wie vor schwebt der Lorbeer des Sieges vor der Spitze des Bajonetts.

Hand in Hand mit der hervorragenden Bedeutung des Feuergefechts geht die ausgedehnte Verwendung biegsamer, dem Gelände sich anschmiegender Formen. Die Gewalt des Feuers nöthigt zur ausgedehntesten Ausnutzung aller Vortheile des Bodens; im ungeschwächten feindlichen Feuer sind geschlossene Abtheilungen in der ersten Gefechtslinie nur dann verwendbar, wenn das Kampffeld sie schützt. Das Gefecht der Fußtruppen ist der Kampf starker, aber dehnbarer Gefechtslinien, welche, außerhalb von

Deckungen sich ausbreitend, an schützenden Orten zusammenschließend und von rückwärts sich verdichtend, im zähen Feuergefecht den Gegner zu über= bieten und durch Anläufe in dichten Schwärmen zu überwältigen suchen. Die geschlossenen Abtheilungen sind die „Reservoirs", aus welchen der Kampf der vorderen Gefechtslinie neue Nahrung, neues Leben schöpft, bis durch die schließliche Ueberwältigung oder Erschütterung des Gegners an einzelnen Punkten der Ausgang zu einem entscheidenden Massenangriff gewonnen ist.

Durch diese Umstände wird die Leitung des Infanteriegefechts schwierig. Die manchmal unvermeidliche Auflösung entzieht die Truppen der Hand des Führers, die am Feinde befindlichen Abtheilungen sind vielfach genöthigt, auf eigene Faust zu kämpfen, Kommandos und Signale können bei dem ununterbrochenen betäubenden Rollen des Kleingewehrfeuers nicht immer gehört werden oder werden mißverstanden, das Vorströmen von Verstärkungen in die vordere Gefechtslinie, das Zurückfluthen von Ver= wundeten macht ein Durcheinanderkommen der Truppen verschiedener Ver= bände und die daraus erwachsende Unordnung für Augenblicke höchster Spannung unvermeidlich. Das beste und vielfach einzige Mittel der oberen Führer, um einen Einfluß auf den Kampf der Infanterie sich zu wahren, ist der Besitz und die zweckmäßige Verwendung zurückgehaltener Kräfte. Der Grundsatz: **aus der Tiefe zu kämpfen** ist die Vorbedingung jeder Infanterie= führung im Gefecht.

Der Kampf der Infanterie haftet an den Bedeckungen des Ge= ländes, an Dörfern, Gehöften, Wäldern u. dergl. Er erhält dadurch einen hohen Grad von Zähigkeit und Ausdauer; nur in der weiten unbedeckten Ebene kann er einen hin= und herfluthenden, haltlosen Charakter annehmen.

k. Die Grundzüge des Infanteriegefechts in geschlossener Ordnung.

1. Das Feuer in geschlossener Ordnung.
[I, 90—99 134. 135. 175—179.]

Die geschlossene Ordnung wird in der Feuerlinie nur in Ausnahme= fällen und auch nur in kleinen Abtheilungen anwendbar sein; am meisten noch in bedecktem Gelände, wo die Wirkung des feindlichen Feuers eine beschränkte ist, und die geringe Uebersicht zum Zusammenhalt der Kräfte auffordert. Im wechselnden Gelände wird ihre längere Anwendung auf die Orte, wo gute Deckungen vorhanden sind, im offenen Felde nur auf kurze Entscheidungslagen sich beschränken. Zu letzteren gehört auch der Fall eines Widerstandes gegen angreifende Kavallerie.

An Feuerarten können in geschlossener Form die Salve, d. i. das Feuer auf Kommando, und das Schützenfeuer, d. i. das Feuer der einzelnen Leute im Gliede, zur Anwendung kommen. Je nach der Geschwindigkeit unterscheidet man langsames, lebhaftes Schützenfeuer und Schnellfeuer.

Das Feuer in geschlossener Form wird in der Regel aus der Linie abgegeben; aus der Kolonne nur das viergliedrige Feuer. Das zweite Glied rückt vorher einen kleinen Schritt rechts vorwärts, um durch die Lücke der Vorderleute bequem durchschlagen zu können. Das Feuer kann nur im Stehen oder Knieen abgegeben werden. Ein Feuern im Liegen ist nur in aufgelöster Form möglich.

Beim viergliedrigen Feuer knieen die vordersten beiden Glieder nieder, die nächstfolgende Abtheilung der Kolonne schließt so dicht auf, daß sie als drittes und viertes Glied über die vorderen beiden hinweg feuern kann.

Die Salve hat vor dem Schützenfeuer den Vortheil des größten seelischen Eindruckes voraus. Sie erleichtert die Beobachtung der Geschoßaufschläge und damit die Visirwahl, sowie die Ueberwachung des Patronenverbrauchs. Außerdem ist die Truppe mehr in der Hand des Führers, es treten Feuerpausen ein, welche gestatten, daß Kommandos und Signale gehört, daß ein übereiltes Schießen vermieden wird und daß das Feuer jederzeit eingestellt werden kann. Die Salven werden kompagnie= oder zugweise abgegeben.

Das langsame und lebhafte Schützenfeuer hat gegenüber der Salve die Wahrscheinlichkeit der größeren Treffwirkung für sich.

Das Schnellfeuer dagegen hat nur den einen Vortheil, daß dem Feinde eine größere Menge von Geschossen zugeschickt wird. Die Unruhe der Truppen und der Pulverdampf vermehren sich bei jedem Schusse, und die Beendigung eines solchen Feuers ist schwer.

Die Salve wird man in der Regel dem Schnellfeuer vorziehen, aber sie ist nicht immer möglich. Sie erfordert eine ziemlich frische, nicht zu stark beschossene Truppe. Ein längeres Salvenfeuer in aufregender Gefechtslage geht erfahrungsmäßig leicht in regelloses Schnellfeuer (Plackerfeuer) über. Am ehesten ist die Salve gegen Kavallerieattacken und beim Massenfeuer gegen große Ziele auf weitere Entfernung bei Beginn des Gefechtes anwendbar.

Bei allen Salven ist mehr Werth auf Ruhe und Kaltblütigkeit zu legen als auf die Zahl. Folgen Salven rasch aufeinander, so kann es vorkommen, daß nicht sämmtliche Leute bei allen Salven mitschießen, da ein Theil der Mannschaften einen gefüllten Patronenrahmen aus der Patronentasche nehmen muß, während der andere noch Patronen im Rasten hat.

Gegen Kavallerie ist eine bis auf den letzten Augenblick aufgesparte Salve dem längeren Feuer auf weite Entfernung vorzuziehen, wenn Ruhe und Haltung der Truppe nicht vollständig verbürgt ist. Das Aufsparen des Feuers macht den Feind stutzig und giebt den eigenen Leuten Gelegenheit, Ruhe und Kraft zu sammeln. Eine Truppe, welche fest steht, kann das Feuer gegen Kavallerie früh beginnen und durch möglichst schnell sich folgende Salven die Verluste des Feindes zu mehren suchen.

Die viergliedrige Salve findet Anwendung bei beschränktem Raume und bei mangelnder Zeit zur Herstellung der Linie, wenn der vordere Theil einer Kolonne feuern soll.

2. Der geschlossene Bajonettangriff.
[I, 180. 181.]

Die beste Form für den Bajonettangriff ist an und für sich die geschlossene Form, und zwar die Kolonne. Aber diese kann nur angewendet werden, wenn die feindliche Feuerkraft gebrochen ist. Während des Feuerkampfes, welcher den Entscheidungsstößen voranzugehen pflegt, werden die Gelegenheiten, wo Erfolge des Feuers schnell durch das Bajonett auszunutzen sind, meist den Anlauf lockerer Schwärme oder den Linienangriff kleiner Unterstützungsabtheilungen herbeiführen, wenn auch dem Massenstoß häufig noch die letzte entscheidende Rolle zufallen wird.

Die erste Vorbedingung für den Erfolg eines Bajonettangriffs ist die vorausgegangene Ueberwältigung des Gegners im Feuerkampf und die schnelle Benutzung des günstigen Augenblicks.

Die zweite Vorbedingung ist eine unaufhaltsame Willenskraft in der Ausführung. Stutzt der Angriff, geht er in Feuern über, so ist er in der Regel als abgeschlagen anzusehen und kann nur durch das Eingreifen frischer Kräfte mit Erfolg erneuert werden. Zwar kommt es selten zum wirklichen Handgemenge — es sei denn bei unerwarteten Zusammenstößen in Oertlichkeiten oder bei einer Gefechtslage, in welcher der Schwächere nicht auszuweichen vermag (Hagelsberg 1813) —; dennoch aber, und gerade weil erfahrungsmäßig derjenige dem Zusammenstoße auszuweichen pflegt, dessen innere Kraft durch die Eindrücke des Feuers und der Annäherung zuerst gebrochen ist, muß der Angriff, wenn er wirklich obsiegen soll, durch den festen Willen getragen sein, den Gegner unter allen Umständen zu erreichen und mit der blanken Waffe zu vernichten.

Sollte es ganz ausnahmsweise zum Handgemenge kommen, so löst sich jede taktische Ordnung auf; der Ausgang dieses Kampfes hängt von dem Muth und der Gewandtheit der Einzelnen ab. Selbst hier wird der Gebrauch der Feuerwaffen nicht gänzlich aufhören. Der Besiegte wird vernichtet; aber auch der Sieger braucht längere Zeit, um die Ordnung wieder herzustellen.

Die Ausführung des Bajonettangriffs kann nach dem Reglement in der Kompagniekolonne und in der Linie stattfinden.

Das Gewehr wird zum Sturm an die rechte Seite genommen, die Tamboure schlagen den Sturmmarsch, die Truppe fällt in den Sturm= schritt. Auf eine den jedesmaligen Verhältnissen angemessene Entfernung vom Feinde stürzt die ganze Truppe sich mit lautem Hurrah im schnellsten Laufe zum Handgemenge auf den Feind. Bei den Friedensübungen machen auf „Halt“ die Züge in vorderster Linie fertig, die hinteren Züge mar= schiren, wenn Platz vorhanden ist, auf, um so schnell als möglich, jedoch nur auf Kommando, den Feind durch Feuer zu verfolgen. Züge, welche sich nicht an dem Feuer betheiligen können, nehmen Gewehr ab.

Muß nach Ausführung des Angriffs wieder zurückgegangen werden, so sind die geschlossenen Abtheilungen und die Schützen so weit zurückzuführen, bis die Gefechtslage ein Frontmachen oder die Vornahme neuer Gliede= rungen gestattet. Das Zurückgehen der geschlossenen Abtheilungen muß in festem Schritt und unter Aufrechterhaltung der strengsten Ordnung er= folgen.

1. Die Grundzüge des Gefechts einer Feuerlinie.

1. Allgemeine Anforderungen an Schützen und Führung. Zweck und Thätigkeit der Unterstützungstrupps.

[I. 99. 135. 136. 187. II. 21. 54. 57—61. 93. 94. III. 39.]

Der einzelne Schütze ist in vielen Fällen auf die eigene Kraft und Geschicklichkeit angewiesen. „Bei größerer Freiheit der körperlichen Haltung“, sagt das Reglement, „muß er mit Auge und Ohr scharf aufmerken und jeden Augenblick zum schnell überlegten, selbständigen Handeln bereit sein. Von dem Schützen wird Urtheilskraft, körperliche Gewandtheit, Kühnheit und Selbstvertrauen, große Geschicklichkeit im Gebrauch der Schußwaffe und in Ausnutzung des Geländes, sowie gleichzeitig unausgesetzte Auf= merksamkeit auf seine Führer gefordert.“ Thatkraft, Muth, ruhige Ueber= legung und Entschlußfähigkeit muß er sich in den Augenblicken der höchsten Gefahr bewahren.

Die beiden wichtigsten Vorbedingungen für den Erfolg des Gefechts, die beiden Grundpfeiler des ganzen Infanteriekampfes, sind die geschickte Benutzung des Bodens und die Feuerschulung.

Die Benutzung des Kampffeldes bezieht sich auf Erhöhung der Waffenwirkung und auf Deckung. Die erstere Rücksicht ist die wichtigere; beide gehen jedoch in der Regel Hand in Hand.

Die Feuerschulung beruht auf der anerzogenen Zucht und Ordnung sowie auf einer gründlichen Ausbildung im Schießen. Außerdem fordert sie Geschick und Kaltblütigkeit im Feuer. Sie bethätigt sich nach zwei Richtungen: α. in einer sparsamen und selbstbewußten Verwendung des Schießvorraths, indem der Schütze nur dann schießt, wenn er wirklich glaubt zu treffen; β. in der Aufmerksamkeit auf die Führer, in der schnellen Auffassung und Ausführung der Winke und Zurufe der Vorgesetzten.

Die Anerziehung dieser schwer erreichbaren Eigenschaften ist eines der wichtigsten Ziele der Friedensausbildung.

Die Führung des Schützengefechts ist um so schwieriger geworden, je mehr das letztere an Ausdehnung und Bedeutung gewonnen hat. Wenn dasselbe an die Umsicht und Seelenkraft des Mannes schon große Anforderungen macht, so ist dies bei den Führern in erhöhtem Maße der Fall.

Die Führer der Feuerlinie haben den Feind und die Beschaffenheit des Bodens unausgesetzt im Auge zu behalten; sie haben dahin zu streben, daß sie ihre Abtheilungen nicht aus der Hand verlieren, vor allen Dingen das Feuer derselben fortgesetzt leiten, und müssen im Stande sein, je nach den verschiedenen Umständen und den Maßregeln des Feindes selbständig und rasch ihre Entschlüsse zu fassen und auszuführen, ohne sich jedoch dadurch verleiten zu lassen, auf eigene Faust zu handeln und sich den Einwirkungen ihrer Vorgesetzten zu entziehen.

Die Schwierigkeit der Leitung wächst im durchschnittenen und bedeckten Gelände. Von den Signalen dürfen nur „Seitengewehr pflanzt auf", „Rasch vorwärts" und „Achtung" gebraucht werden, weil durch Gebrauch weiterer Signale die gefährlichsten Mißverständnisse unvermeidlich herbeigeführt würden. Bei heftigem Gefecht bedienen sich die Führer der Feuerlinie einer Signalpfeife, nicht um bestimmte verabredete Zeichen damit zu geben, sondern lediglich, um dadurch die augenblickliche Aufmerksamkeit ihrer Untergebenen auf sich zu ziehen.

Die Formen der Feuerlinie müssen dehnbar sein; sie hängen von den Verhältnissen des Bodens und des Gefechts ab. Dort, wo man nichts Ernstliches beabsichtigt (hinhaltendes Gefecht, vergl. neunten Abschnitt a. 1) und wo Deckungen nicht vorhanden sind, auch in schwierigem Gelände, z. B. in dichtem Walde, wird man leichte Formen (Gruppenform) an-

wenden.*) Zu ernstem Kampfe im offenen Felde muß man größte Feuer=
kraft mit größter Deckungsfähigkeit verbinden. Dieser Anforderung entspricht
die eingliedrige Linie der einzelnen Züge, weil sie das Feuern im Liegen
gestattet. Abgesehen von dem Eingreifen geschlossener Abtheilungen im
Augenblicke der Entscheidung, kann die zweigliedrige Linie nur in besonderen
Fällen in der Feuerlinie verwendet werden, z. B. dort, wo sich eine ent=
sprechende Deckung findet und Entwickelung größter Feuerkraft auf kleinstem
Raume geboten ist.**) Drei= und viergliedriges Feuer, wozu auch das
Ueberschießen der liegenden Feuerlinie seitens eingreifender geschlossener Ab=
theilungen gehört, kann wegen Größe der Ziele nur in Augenblicken der
Entscheidung gerechtfertigt sein.***)

Die **Unterstützungstrupps** sind für die Feuerlinie, besonders für deren
Leitung, von der höchsten Wichtigkeit:

α. sie erhöhen beim Vorgehen die Zuversicht, bei der Vertheidigung
die Widerstandskraft;

β. sie dienen zur Verstärkung und Erweiterung der Gefechtsfront;

γ. sie schützen die ungedeckten Flanken;

δ. sie bieten der Führung ein Mittel, den Kampf zu beein=
flussen, eine eingenistete, zum Stutzen gebrachte Feuerlinie zu
erneutem Angriffe mit fortzureißen, durch Verstärkungen dort Nach=
druck in das Gefecht zu bringen, wo man Vortheile erzielen will;

ε. sie sollen Erfolge des Kampfes sichern, indem sie beispielsweise
genommene Punkte schnell in Besitz nehmen;

ζ. sie bieten einer geschlagenen Feuerlinie Halt und Aufnahme;

η. sie dienen als Sammelpunkt.

Das Eingreifen der Unterstützungstrupps in das Gefecht geschieht
meist in derjenigen Form, in welcher die Feuerlinie selbst sich befindet.
Zum Bajonettangriff, zur Abwehr eines feindlichen Anlaufs, zum Wider=
stande gegen Kavallerie werden sie gewöhnlich in geschlossener Ordnung
vorgeführt werden.

----

*) Tafel I, Bild 2. Die 2, 1. und 9. Komp. 1. Regts., die 4. Komp. Jäger.
Nach dem Verlassen des Waldes ziehen sich die Züge des 1. Regts., da nunmehr der
ernstliche Angriff beginnen soll, im Vorschreiten zur eingliedrigen Linie zusammen.
**) Tafel II, Bild 2a, 2b und 3. Die 4. Jäger=Kompagnie in dem von der
Artillerie nicht benutzten Batterieeinschnitt. Tafel I, Bild 2 und 3. Es ist angenommen,
daß die Kiesgrube gute Aufstellung und vollständige Deckung für zwei feuernde Züge
in zweigliedriger Linie bietet.
***) Tafel I, Bild 5. — Tafel II, Bild 3.

2. Bewegungen, Verstärken und Sammeln einer Schützenlinie.

[I, 62. 63. 121. 185. 189. II, 38—41. 44—46. 91.]

Die Bewegungen des Schützen sollen zwanglos sein und im lebhaften Schritt stattfinden; das Gewehr wird in der rechten Hand oder im Arm getragen.

Bewegungen im Lauf sollen, wegen der damit verbundenen Unruhe, nur stattfinden:

α. um aus einer Deckung, aus einer Feuerstellung in die andere eine freie Fläche im wirksamen feindlichen Feuer zu überschreiten (sprung-weises Vorgehen);

β. beim Schützenanlaufe;

γ. bei der Nothwendigkeit schnellen Sammelns;

δ. in den Ausnahmefällen der Bildung und der Verstärkung einer Feuerlinie in der Bewegung;

ε. wenn es sich darum handelt, einen Abschnitt vor dem Gegner zu erreichen.

Innerhalb des feindlichen Feuers kommt es mehr auf geschickte Boden-benutzung als auf Festhalten einer zusammenhängenden Linie an. Jedoch darf die Rücksicht auf Deckung einzelner Schützen die einheitliche Bewegung des Ganzen nicht stören, und die Verbindung und Richtung darf nicht so weit verloren gehen, daß die verschiedenen Abtheilungen sich gegenseitig am Feuern hindern.

Die Bewegungen bedürfen der größten Einfachheit. Vor Allem ist es wichtig, die gegebene Marschrichtung festzuhalten. Geringe Front-veränderungen können nur stattfinden, solange die Wirkung des feind-lichen Feuers noch eine schwache ist.

Ungedeckte Bewegungen seitwärts sind im wirksamen feindlichen Feuer unzulässig.

Der Zugführer geht seinem Zuge, der Gruppenführer seiner Gruppe voran. Zur Beaufsichtigung verbleiben hinter der Schützenlinie einzelne Unteroffiziere — für jeden Zug etwa einer — zurück.

Eine besondere Art der Bewegung einer Schützenlinie ist das sprung-weise Vorgehen. Dasselbe wird derart ausgeführt, daß nach Durchlaufen einer kurzen Strecke (selten mehr als 100 Schritt) die Schützen sich nieder-werfen, um sich der feindlichen Feuerwirkung zu entziehen, neu Athem zu schöpfen und das eigene Feuer fortzusetzen, bis die Bewegung wiederholt wird. Um dieses Vorgehen zu erleichtern, läßt man dasselbe stückweise in der Feuerlinie stattfinden, damit der feuernde Theil das Vorgehen unter-stützen kann. Das sprungweise Vorgehen wird angewendet, wenn es gilt, ungedeckt im Feuerkampfe auf wirksame Entfernung vorwärts Feld zu gewinnen. Es ist ein Herantragen des Feuers an den Feind, nicht zu verwechseln mit dem Schützenanlauf. Da dasselbe viele Kräfte verbraucht und das Vorwärtskommen verlangsamt, darf es beim Angriff nicht auf zu weite Entfernungen beginnen.

Die Verstärkung einer Feuerlinie geschieht von den Unterstützungstrupps. Sie kann stattfinden durch Verlängern oder durch Einschieben. Beim Verlängern setzen sich die neu ausgeschwärmten Züge mit etwa sieben Schritt Zwischenraum neben einen zu bezeichnenden Flügel der Schützen= linie. Das Einschieben wird dadurch bewerkstelligt, daß die neuen Schützen sich in die zwischen den Zügen und innerhalb der letzteren vor= handenen Lücken einschieben.

Das Einschieben hat den Nachtheil, daß durch das Mischen von Ab= theilungen verschiedener Verbände die Führung erschwert wird. Durch Neueintheilung müssen rasch neue Verbände (Züge, Gruppen) hergestellt werden. Das Verlängern begünstigt eine geordnete Befehlsführung und die Feuerleitung und ist deshalb, wenn angängig, dem Einschieben der Ver= stärkung vorzuziehen.

Doch ist die Verlängerung der Schützenlinie vielfach wegen neben= kämpfender Truppen, wegen ungünstigen Geländes und nothwendiger eiliger Verstärkung bedrohter Punkte, besonders in einer Krise des Kampfes nicht anwendbar, kann auch zur Zersplitterung der Kräfte führen.

[II A. 44—46.] Das Sammeln der Schützen tritt ein, wenn die Gefechts= handlung einen Abschluß erreicht hat und die Verfolgung des Feindes durch Feuer beendet ist.

Die Kompagnie sammelt sich in der Kompagniekolonne, das Bataillon in der Regel in Breitkolonne mit der Front nach dem Feinde. Einzelne Züge sammeln sich stets hinter dem geschlossenen Theile ihrer Kompagnie.

Bei der großen Ausdehnung des Feuergefechts, welche dazu führen kann, daß ganze Bataillone und Regimenter in der Feuerlinie kämpfen, ist das schnelle und ordnungsmäßige Sammeln von der größten Bedeutung. Jede Gelegenheit (Gefechtspause) muß zum Sammeln benutzt werden, wobei es nicht darauf ankommt, daß jeder Mann und jede kleinere Abtheilung ihren vorher innegehabten Platz einnehmen, als vielmehr darauf, daß rasch wieder geschlossene Abtheilungen gebildet werden.

[II, 78.] Die Bewegungen der Unterstützungstrupps müssen sich den Bewegungen der Schützenlinie und dem Gelände anpassen. Diese Trupps halten sich hinter den wichtigsten Punkten, besonders auch hinter ungedeckten Flügeln und zwar möglichst nahe, jedoch dem wirksamsten feindlichen Feuer entzogen.

Die Unterstützungstrupps bewegen sich in der Regel ohne Tritt; geht die Schützenlinie im Trabe vor, so folgen sie im Laufschritt. Im wirksamen feindlichen Feuer jedoch sollen die Bewegungen der geschlossenen Abtheilungen, zur besseren Aufrechterhaltung der Ordnung, stets im Tritt statthaben.

Die Formen der Unterstützungstrupps sollen sich dem gegebenen Gefechtsfalle anschließen. Die Trupps befinden sich entweder in Linie oder in Kolonne.

Das sprungweise Vorgehen wird von den geschlossenen Abtheilungen in der Regel dann angewendet, wenn sie einer sprungweise vorgehenden Schützenlinie auf nahe Entfernung zu folgen haben; niemals findet es im Bajonettangriff statt. Auch kann es sich empfehlen, für kurze Augenblicke, wenn es gilt, ungedeckt im wirksamen feindlichen Feuer eine vorwärts gelegene Deckung zu erreichen, den Unterstützungstrupp in aufgelöster Form vorwärts zu führen und in der Deckung wieder zu sammeln.

3. Das Feuer in der Schützenlinie.

[Schießvorschrift VII, 128. 140. Ex. Regl. I, 133—136. II, 30—37.]

Die Entfernungen für denjenigen Feuerkampf der Infanterie, der die Entscheidung herbeiführt, liegen innerhalb 600 m.

Ein Schießen auf weitere Entfernungen ist nur gegen günstige Ziele wirksam und darf, um Munitionsverschwendung zu verhüten, jedenfalls nur ein langsam genährtes, sicher geleitetes Feuer sein. Vom einzelnen Schuß, selbst bester Schützen, über 600 m ist, wenn das Ziel nicht sehr groß und die Entfernung nicht ganz genau bekannt ist, nichts zu erwarten. Hier gilt es, den Raum, in welchem sich das Ziel befindet, mit einer Garbe von Geschossen zu überschütten. Das Feuer muß daher in Abtheilungen (Zügen, Kompagnien) abgegeben werden. Auf Entfernungen bis 800 m wird grundsätzlich mit einem Visir geschossen, darüber hinaus werden in der Regel zwei Visire (gliederweise vertheilt) verwendet. Die einzelnen Visire läßt man um je 100 m auseinander und wählt sie so, daß sie das Ziel voraussichtlich zwischen sich nehmen. Ergiebt die Beobachtung die zutreffende Visirstellung oder ist die Entfernung des Zieles genau bekannt, vorher abgeschritten oder gemessen, von Artillerie oder auch (bei trockenem sandigen Boden) ausnahmsweise durch Salven erschossen, so genügt ein einziges Visir. Bei allem weiten Schießen steht die Zahl der Treffer zu der Zahl verwendeter Patronen in einem ungünstigen Verhältniß, welch letzteres mit der Größe der Entfernung, mit der Kleinheit und der Seichtheit der Ziele, mit der Gefechtserregung der feuernden Truppen wächst.

Es ist daher die Anwendung dieses Feuers nicht in die Hand der unteren Befehlshaber zu legen und in jedem einzelnen Falle zu erwägen, ob der Patronenverbrauch in Hinblick auf die Gefechtslage und den vorhandenen Vorrath an Patronen verantwortet werden kann.

Man darf sich nicht durch die Erfahrungen des Schießplatzes blenden lassen, der Krieg zeigt andere Erscheinungen. Wie im Ernstfalle geschossen werden wird, läßt sich im Frieden nicht wohl vorhersagen, nur das eine ist sicher, daß nicht so geschossen wird, wie auf dem Schießplatze. Man sollte sich daher hüten, Ergebnisse des letzteren unmittelbar auf die Taktik zu übertragen.

Das Feuer in der Schützenlinie wird in der Regel als Schützenfeuer abgegeben. Je nach der Feuergeschwindigkeit, welche sich nach dem Gefechts= zwecke, der Beschaffenheit des Ziels und der vorhandenen Munition richtet, unterscheidet man langsames, lebhaftes Schützenfeuer und Schnell= feuer. Beim langsamen Schützenfeuer sollen die beiden Leute einer Rotte gemeinschaftliche Sache machen, indem sie wechselweise unter gegenseitiger Beobachtung der Schüsse ihr Feuer abgeben. Beim lebhaften Schützen= feuer hört dieser Feuerwechsel auf; jeder Schütze schießt, sobald er den günstigsten Augenblick zur Abgabe eines sicheren Schusses gekommen glaubt. Beim Schnellfeuer wird die Feuergeschwindigkeit nach Möglichkeit gesteigert. Nur in entscheidenden Augenblicken und nur auf die nächsten Entfernungen (bis 350 m) kann seine Anwendung gerechtfertigt sein; beim Angriff zur unmittelbaren Vorbereitung des Einbruches, nach erfolgreichem Sturme auch zur Verfolgung, in der Vertheidigung, zur Niederwerfung des feindlichen Sturmanlaufes oder einer Kavallerie=Attacke, bei allen plötzlichen unmittelbaren Zusammenstößen in Oertlichkeiten und im Walde. Ausnahmsweise kann das Schnellfeuer auch auf Entfernungen zwischen 350 bis 1000 m angewendet werden, wenn ein lohnendes Beschießen besonders günstiger Ziele nur auf sehr kurze Zeit möglich ist.

Das Feuern während der Bewegung, welches in der Regel wirkungslos ist, darf nur ausnahmsweise vorkommen.

Die Leitung des Feuers ist die wichtigste Aufgabe der Führung in der Feuerlinie. Sie besteht in Folgendem:

α. daß der Anfang und die Beendigung des Feuers befohlen wird;

β. daß Entfernung und Visir angegeben und die richtige Handhabung des letzteren beaufsichtigt wird;

γ. daß die Richtung des Feuers bestimmt wird, damit dasselbe nicht auf die ganze Linie vertheilt, sondern gegen die wichtigsten Punkte vereinigt wird;

δ. daß die Schnelligkeit des Feuers geregelt und ein übereiltes Schießen vermieden wird.

Der Führer soll fortgesetzt das Feuer und seine Wirkung auf den Gegner beobachten, wenn nöthig, unter Anwendung eines Fernglases.

Möglichstes Zusammenhalten der Züge in sich und scharfe Trennung von den Nebenzügen begünstigt eine durchgreifende Feuerleitung. Ein häufiger Zielwechsel ist zu vermeiden, da hierdurch eine Zersplitterung des Feuers herbeigeführt würde.

Für Wahl des Zieles ist in erster Linie die augenblickliche taktische Bedeutung der verschiedenen Schußrichtungen maßgebend, die Rücksicht auf Treffwirkung kommt erst in zweiter Linie.

In den Krisen des Infanterie=Feuerkampfes, dort wo dichte Feuer= linien auf nahe Entfernungen sich bekämpfen, wird die Leitung des Feuers oft nur eine unvollkommene sein. Es gilt im Frieden, durch einfache, dem Manne in Fleisch und Blut übergegangene Feuerformen und durch strengste Zucht dahin zu wirken, daß Augenblicke regellosen Feuers selten werden und schnell vorübergehen. Diejenige Infanterie, die infolge Schulung des einzelnen Mannes dazu gelangt, daß durch das Beispiel und die Einwirkung besonders umsichtiger und muthiger Leute, auch wenn die Führer gefallen sind, das Feuer ein geleitetes bleibt, steht auf der Höhe kriegerischer Eigenschaften.

4. Der Angriff einer Feuerlinie: der Schützenanlauf.

Die erste Vorbedingung für das Gelingen des Anlaufes ist ein erfolg= reicher Feuerkampf, die zweite, daß der Ausgangspunkt nicht zu weit vom Gegner entfernt sei.

[II, 82.] Der Schützenanlauf ist in der Regel zusammenwirkend gegen einen bestimmten Punkt auszuführen. Der Offizier eilt vorauf und be= zeichnet mit seinem Degen den Angriffspunkt. Die Schützen stürzen ihm mit Hurrah nach.

Es ist wichtig, daß der Schützenanlauf durch nachfolgende geschlossene Unterstützungen vorwärts getragen, in seinen Erfolgen gesichert, bei Miß= erfolgen aufgenommen wird. In den meisten Fällen wird es sogar nur durch das Vorstürmen rückwärtiger Abtheilungen möglich sein, die ein= genistete Feuerlinie zum Anlaufe fortzureißen (vergl. n. 1. S. 55).

m. Grundsätze für die Gliederung und Ausdehnung eines Infanterie-Bataillons zum Gefecht.

[I, 214. II, 62—78. 96—102.]

Ein Bataillon entwickelt sich zum Gefecht nach den unter i. angeführten Gesichtspunkten. Die Gliederung des Bataillons regelt sich nach der Gefechtsabsicht und dem Gelände.

Der Bataillonsführer hat nach den Verhältnissen zu wählen, ob das Bataillon in einer, zwei oder drei Tiefen=Abstufungen in den Kampf treten soll. Bei einem hinhaltenden Gefechte müssen genügende Kräfte zurück= behalten, bei einem die Entscheidung suchenden Gefechte dagegen gleich von vornherein hinreichende Kräfte eingesetzt werden.

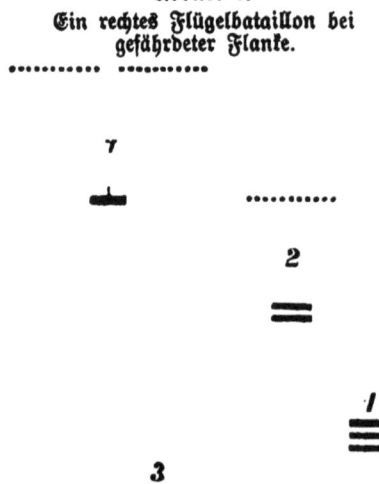

Abbild. 6.
Ein rechtes Flügelbataillon bei gefährdeter Flanke.

Befindet sich ein Bataillon auf dem Flügel einer größeren Gefechts= linie, so wird es, wenn das Gelände die äußere Flanke nicht sichert, die Kompagnien in der Regel alle oder theilweise derart in Staffeln formiren, daß die zurückgehaltenen die Flanke der vorderen decken (Abbild. 6). Befindet es sich in der Mitte der Gefechtslinie, so werden die geschlossenen Kompagnien etwa hinter der Mitte der ersten Staffel aufgestellt werden; auch darf das Ba= taillon sich hier etwas mehr nach der Breite gliedern und kann die Reserve schwächer halten, ausnahmsweise auch ganz fehlen lassen.

Ein allein auftretendes Bataillon wird dagegen in höherem Maße aus der Tiefe kämpfen müssen; es wird die Kompagnien in der Regel nicht in zwei, sondern in drei Linien hintereinander entwickeln.

Eine Verwendung, in welcher alle vier Kompagnien in einer Linie zum Gefecht entwickelt werden, ist im Allgemeinen als unzweckmäßig zu bezeichnen, da dem Bataillonskommandeur bei dem Mangel einer Reserve fast jeder Einfluß auf das Gefecht genommen ist. Dagegen ist die Kom= pagniekolonnen=Linie, in welcher die Kompagniekolonnen mit bestimmten Zwischenräumen nebeneinander stehen, eine günstige Form für Bewegungen auf dem Gefechtsfelde, vor Beginn der eigentlichen Gefechtsentwickelung. Sie entspricht in diesem Sinne den Eskadronskolonnen des Kavallerie-Regiments.

Die äußerste Breitenausdehnung eines Bataillons, welche im Gefecht überhaupt eintreten könnte, wäre durch die Entwickelung der vier Kompagnien nebeneinander gegeben, wobei eine Kompagnie sich nicht viel mehr als 100 m in der Front ausdehnen darf, da sie eine größere Breite für längere verlustreiche Gefechte nicht dauernd mit Schützen besetzen und auf voller Feuerkraft erhalten kann. Für gewöhnlich wird ein im größeren Verbande kämpfendes Bataillon sich nicht über 300 m, ein allein fechtendes sich zu Beginn des Kampfes nicht ohne Grund über 200 m ausdehnen.

Die Abstände für die zurückgehaltenen Abtheilungen (Staffeln) richten sich nach der Gefechtslage und dem Gelände. Vor Eintritt in die Entscheidung sind die geschlossenen Abtheilungen dem feindlichen Feuer möglichst zu entziehen. Bietet das Gelände keine Deckung, so müssen größere Abstände genommen werden. Je mehr sich aber die Entscheidung nähert, um so kürzer müssen die Tiefenabstände werden, damit im entscheidenden Augenblicke die noch verfügbaren Truppen zur Hand sind. Welliges oder bedecktes Gelände begünstigt die Verkürzung der Abstände. In offenem Gelände werden die hinteren Abtheilungen zunächst zu einem Abstande über 200 m gezwungen sein, damit eine Infanteriegeschoßgarbe oder ein Schrapnelschuß nicht gleichzeitig zwei Stufen der Tiefengliederung trifft.

Befindet sich ein Bataillon im zweiten Treffen oder in der Reserve eines größeren Verbandes (Regiment, Brigade, Division), so wird es in der Regel bis zu seiner Verwendung die Kräfte in Kolonne zusammenhalten.*) Doch kann es auch hier nöthig werden, besonders bei Bewegungen im Artilleriefeuer, sich zeitweise in Kompagnien zu zerlegen, um die Ziele zu verkleinern. Sobald eine Deckung erreicht ist, wird man jedoch baldigst die Kolonne wieder herstellen.**)

Das Bataillonsgefecht ist ein Ganzes, dessen Rahmen von keinem seiner Theile überschritten werden darf. Alle unteren Führer, insbesondere aber die Kompagnieführer, haben aus diesem Grunde den Zusammenhang aufrecht zu erhalten und stets dahin zu trachten, daß sie nach Erfüllung einer besonderen Aufgabe sich schnell ihrem Bataillon wieder anschließen. Der

---

*) Taf. I, Bild 2. III. u. I. Bat. 2. Regts.
　　Taf. II, Bild 1 u. 2. III. Bat. 1. Regts., Regiment Nr. 2.
**) Taf. I, Bild 1. Beim Vorgehen über die Hochfläche von Gravelotte haben sich sämmtliche Bataillone in Kompagnien zerlegt, um dann, sobald die Deckung und die Gefechtslage es gestattet, wieder zusammenzuschließen. Es ist hier die Form der Kompagnielinien gewählt, um dem feindlichen Feuer möglichst wenig Tiefe zu bieten. Das Ueberschreiten der Hochfläche geschieht von fast sämmtlichen Bataillonen gleichzeitig, damit das feindliche Feuer sich zersplittert.

Bataillonsführer überwacht die Ausführung der den Kompagnieführern beim Eintritt in den Kampf ertheilten Aufträge und hat mit allen Mitteln danach zu streben, den Gefechtszusammenhang unter den Kompagnien aufrecht zu erhalten.

n. Der Kampf der Infanterie gegen Infanterie.

[II, 81—86.]

1. Der Angriff.*)

Wenn das Gelände einigermaßen gedeckte Annäherung gestattet, so kommt es darauf an, eine starke Schützenlinie schnell und ohne Schießen bis auf wirksame Schußweite an den Feind heranzubringen und dort Feuerstellung nehmen zu laffen.

Im freien und ebenen Gelände, wenn eine stark erschütternde Artilleriewirkung nicht vorhergegangen ist, kann man genöthigt sein, auf mittleren Entfernungen (600 bis 800 m) das Feuer zu eröffnen (Salven, langsames Schützenfeuer) und demnächst das sprungweise Vorgehen zu beginnen.

Die Infanterie des Angreifers muß zuvörderst alle im Vorfelde der Stellung gelegenen Deckungen in die Hand nehmen, mit Hülfe derselben möglichst starke Kräfte möglichst nahe an den Feind heranschieben. In vielen Fällen kann sie von hier aus vortheilhaft in den Artilleriekampf eingreifen, indem sie, wenn auch mit weitem Feuer, die feindliche Artillerie beschießt.**)

---

*) Taf. I. schildert das Angriffsverfahren einer Infanterie-Brigade zu 7 Bataillonen.

**) In Taf. I, Bild 2 sind die Kiesgruben, die Steinbrüche westlich St. Hubert Ferme und das letztgenannte, vom Feinde geräumte Gehöft selbst benutzt, um mit der Feuerlinie von 5 Kompagnien die feindliche Artillerie auf 700 bis 900 m zu beschießen. Die feuernden Abtheilungen sind meist gut gedeckt und haben starke Unterstützungen hinter sich. So ist man im Stande, ohne sich selbst starken Verlusten auszusetzen, den Artilleriekampf für den Feind zu einem ungleichen zu machen.

Taf. I, Bild 3 zeigt die Entwickelung der Infanterie für den beginnenden Angriff auf die Stellung bei Le Point du Jour. Obgleich die feindliche Artillerie unterlegen ist und die diesseitigen Geschütze seit geraumer Zeit die feindliche Infanteriestellung beschießen, kann man es dennoch nicht wagen, sofort bis auf wirksame Schußweite heranzugehen. Man müßte dazu 500 m glatt bestrichenen Feldes zurücklegen, ohne dem Feinde Schaden zufügen zu können. Man geht daher nur etwa 150 bis 200 m aus der Deckung heraus und eröffnet auf 600 m das langsame Feuer einer starken und ausgedehnten Gefechtslinie. Man hält sich jedoch hier nur so lange auf als nöthig ist, um das feindliche Feuer durch die Masse der einschlagenden Geschosse zu beunruhigen, wobei die diesseitige Artillerie lebhaft mitwirkt. Hierauf erfolgt das Vorgehen bis auf 500 m (Bild 4), dann das sprungweise Vorgehen und das Nähren des Gefechts (Bild 5).

Das eigentlich vorbereitende Feuer wird aber unter allen Um=
ständen auf nähere Entfernungen als 600 m zu erstreben sein. —

Die Unterstützungstrupps und geschlossenen Abtheilungen müssen in
freiem, ebenem Gelände zu Anfang des Gefechts weit zurückgehalten werden,
damit sie nicht dem ungeschwächten feindlichen Feuer auf wirksame Ent=
fernung preisgegeben werden. Dies kann geschehen, weil die Kraft der
Schützenlinie noch unversehrt und vorläufig für alle Fälle ausreichend ist.*)
Nur für die Deckung der Flanke muß durch nahe herangehaltene Unter=
stützungstrupps und durch weiterhin folgende Kompagnien Sorge getragen
werden, welche letzteren bei Mangel jeglicher Deckung rückwärts seitwärts
der Flanke eine Feuerlinie bilden können.**)

Ist der Feind durch die vordere Linie lebhaft in Anspruch genommen,
sein Feuer geschwächt, so werden die geschlossenen Abtheilungen näher heran=
gezogen, und es beginnt jetzt das Nähren des Gefechts durch die
Unterstützungstrupps und durch die zurückgehaltenen Kompagnien.

Je mehr der Zweck dieses fortwährenden Aufbietens neuer Kräfte:
die Annäherung und die Ueberlegenheit des Feuers, an den entscheidenden
Punkten erreicht wird, desto mehr müssen die geschlossenen Abtheilungen an
die Feuerlinie herandrängen, um den Augenblick des Anlaufes zu erspähen.

Der Anstoß zum Bajonettangriff wird in der Regel von rückwärts, von
den geschlossenen Abtheilungen erfolgen, indem der oberste Führer der Angriffs=
truppen den Befehl zum Sturm rechtzeitig giebt. Obgleich die Schützen=
linie am besten die Erfolge ihres Feuers beurtheilen kann und zuerst
erkennt, wo und wann der Widerstand beim Feinde nachläßt, wird sie doch
nicht immer die Gefechtskraft zum Anlaufe aus eigenem Antriebe bis dahin
bewahren. Wo aber das Letztere der Fall ist, wo ein „Hurrah" in vorderer
Linie erschallt, muß jede in der Nähe befindliche geschlossene Abtheilung
rasch nachdrängen, um den Erfolg sicher zu stellen, den genommenen Punkt
schnell zu besetzen.

Sind einzelne Vortheile dauernd über den Feind errungen, beginnen
die Anstrengungen des Vertheidigers zu erlahmen, so wird das geschlossene,
mit schlagenden Tambouren ununterbrochene Vorgehen der hinteren Staffeln
und das auf der ganzen Linie wiederhallende Signal „Rasch vorwärts"
nunmehr das Zeichen für den letzten, allgemeinen und entscheidenden
Angriff sein.

---

*) Taf. I, Bild 3 u. 4. Die geschlossenen Unterstützungen bleiben während des
Vorgehens der Feuerlinie in ihren Deckungen und erhalten dadurch stellenweise einen
Abstand von über 300 m.

**) Taf. I, Bild 3. — 5. Komp. 1. Regts.

Nach gelungenem Angriff muß sich der Angreifer sofort der feindlichen Stellung versichern. Bei Dörfern, Gehöften, Waldstücken u. s. w. ist der Angriff ununterbrochen bis zum jenseitigen Rande fortzusetzen.

Die Verfolgung besteht bei der Infanterie hauptsächlich im Feuer. Ein Nachstürzen der aufgelösten Kräfte ist zu vermeiden; zur Sicherung gegen Rückschläge sind alsbald geschlossene Abtheilungen zu sammeln und die Verbände herzustellen. Eine Aufnahmestellung des Feindes darf nur durch frische oder durch neu gesammelte Truppen angegriffen werden.

2. Die Vertheidigung.

Die Vertheidigung gegen feindliche Infanterie beruht noch weniger auf bestimmten Formen wie der Angriff. Die ausgiebige Verwerthung der Feuerwaffen unter Ausnutzung des Geländes in guter Stellung steht in erster Linie. Es muß ein ganz besonderer Werth auf Sicherung der Flanken durch rückwärtige geschlossene Abtheilungen gelegt werden.

Man wird auch in der Vertheidigung manchmal gut thun, das Feuer erst bis auf die nahen Entfernungen aufzusparen, dann aber auf einen Signalpfiff oder auf Kommando die ganze Gewalt des heutigen Feuers gegen den Feind loszulassen (Lundbye, Chlum, Problus, Beaune la Rolande u. s. w.). Will man vorher schon gegen besonders günstige Ziele (Massen, Artillerie u. s. w.) feuern, so darf dies nur abtheilungsweise auf Kommando geschehen, um Ruhe und Patronen bis zu dem entscheidenden Augenblicke aufzusparen.

Das Nähren des Gefechts muß darauf gerichtet sein, nirgends eine Ueberlegenheit des feindlichen Feuers aufkommen zu lassen. In dem Augenblicke der höchsten Spannung des Infanteriegefechts kann das Verfahren des Vertheidigers sich von dem des Angreifers nicht wesentlich unterscheiden. Es gilt auch hier, durch unaufhaltsam heraneilende Unterstützungen ohne ängstliche Rücksicht auf Deckungen das Massenfeuer auf den höchsten Grad zu steigern und jenen Kraftüberschuß herbeizuführen, der von selbst zum Bajonettstoße wird.*)

Kann man die Angriffslinie durch neue Aufstellungen seitwärts der Länge nach fassen, so ist dies besonders günstig. Sollte es aber dem Feinde gelingen, an irgend einem Punkte in die Stellung einzudringen, so müssen alle zur Hand befindlichen geschlossenen Abtheilungen sofort dazu verwendet werden, ihn mit dem Bajonett wieder zu vertreiben.**)

---

*) Taf. II, Bild 3.
**) Taf. II, Bild 3. III./1. und II./2. stehen zu diesem Zwecke dort bereit, wo der Feind die größten Anstrengungen macht.

Ein Hauptmittel der Vertheidigung ist der rechtzeitige Gegenstoß, besonders gegen die Flanke des Angreifers gerichtet. Er muß spätestens dann stattfinden, wenn der Angriff durch das Feuer zurückgewiesen wurde. Doch sind dazu frische Kräfte zu verwenden. Die im Gefecht gewesenen sammeln sich in ihren Stellungen, um den Vorgehenden einen Rückhalt zu bieten. (Vergl. Neunter Abschnitt d. 4.)

3. Der Rückzug.

Bei einem Rückzuge kommt es besonders darauf an, einen schon vorausgesendeten Theil an einem geeigneten Punkte zur Aufnahme der übrigen bereit oder aufgestellt zu haben. Dies darf indessen im Allgemeinen nicht dahin führen, einen Theil zur Aufnahme zurückzulassen oder zurückzusenden, schon ehe der Rückzug beschlossen ist.*)

Die Aufnahmestellungen werden in vielen Fällen am besten seitwärts rückwärts genommen, nahe genug, um die weichende Linie nicht der Auflösung preiszugeben.

Das Abbrechen des Gefechts muß in einem allmählichen Abziehen der kämpfenden Truppen bestehen. Dort, wo der Gegner am heftigsten drängt, muß am längsten Widerstand geleistet werden, auch wenn die größten Opfer zu bringen sind, damit es dem Gegner nicht gelinge, den geordneten Rückzug Aller zu gefährden.

o. Die Vertheidigung gegen Kavallerie.
[II, 48—50.]

Die Kavallerie kann der Infanterie nur gefährlich werden, wenn letztere im freien hindernißlosen Gelände sich befindet.

Die beiden Widerstandsmittel der Infanterie sind das Feuer und das Bajonett. Ersteres ist das bedeutungsvollste. Die Infanterie wird gegen Reiterangriffe in der Regel diejenige Form anwenden, welche ihr den ausgiebigsten Gebrauch des Feuers gestattet: Schützenlinien oder geschlossene Linien. Diese Formen werden auf das Signal „Achtung" von jedem Führer einer selbständigen Abtheilung nach eigenem Ermessen angenommen. Doch muß für Sicherung der Flanken durch rückwärtige geschlossene Abtheilungen gesorgt sein.

Es empfiehlt sich, das Feuer gegen angreifende Kavallerie auf nahe Entfernung und zwar, auch bei Schützenlinien, auf Kommando abzugeben.

---

*) Beispiele vorzeitiger Aufnahmestellungen: Trautenau 1866 (Kühne Kritische Wanderungen, Heft 8.); Montebello 1859 (Der Feldzug des Jahres 1859, v. gr. Generalstabe, 3. Auflage S. 95).

Im Uebrigen sind in den letzten Feldzügen Kavallerie-Attacken auf Entfernungen von 400, 500 Schritt durch Schnellfeuer von Schützen abgewiesen worden. (Gitschin 1866, Wsestar bei Königgrätz 1866, Floing bei Sedan 1870, Wörth, Gravelotte, Beaumont 1870 u. s. w.).

Der Erfolg des Widerstandes gegen Kavallerie hängt viel weniger von den Formen als von der Verfassung ab, in welcher sich die Infanterie befindet. Der innere Halt und das stolze Selbstgefühl der Infanterie ist allein ausschlaggebend. Darauf hin muß die Erziehung des Infanteristen gerichtet sein.

Sollte es der Kavallerie gelingen, durch Ueberraschung oder andere begünstigende Umstände in die Infanterie einzubrechen, so braucht letztere noch immer nicht zu verzagen, sondern kann sich dreist in einen Einzelkampf einlassen, in welchem der Gebrauch ihrer Feuerwaffen nicht ausgeschlossen ist (Sedan 1870).

Das Niederwerfen der Infanterie schützt nur dann, wenn die Kavallerie weiter jagt.

Die Karreeform ist nur in seltenen Fällen gerechtfertigt. Das Zusammenlaufen der Schützen bei nahem Angriffe der Kavallerie ist gefährlich. Außerdem dürfen Karrees nie im wirksamen feindlichen Feuer verwendet werden, da sie dort sicher zusammengeschossen und dann unfehlbar niedergeritten würden. Am ehesten noch kann das Karree von Vortheil sein, wenn es sich um Widerstand gegen eine überlegene, von verschiedenen Seiten angreifende Kavallerie (Langensalza 1866) und um Durchschlagen schwacher und erschütterter Infanterie durch Kavallerie handelt.

p. Die Gefechtsformen der Infanterie gegen Artillerie.
[II, 51.]

1. Formen und Verhalten, wenn eine Absicht des Angriffs nicht vorliegt.

α. Außerhalb Gewehrschußweite ist die Infanterie in der unangenehmen Lage, ohne thätige Kampfesmittel das Feuer der Artillerie ertragen zu müssen. Sie kann nur sich bestreben, durch Benutzung von Deckungen der Wirkung sich zu entziehen oder im offenen Gelände durch Ortsveränderung, häufig wechselnde Bewegung (Erschwerung des Einschießens) und Verkleinerung der Ziele, besonders auch durch Vermeidung tiefer Ziele, die Wirkung abzuschwächen.

β. Innerhalb der Gewehrschußweite ist das Verhältniß günstiger und zwar umsomehr, je näher die Entfernung ist und je mehr der Boden die gedeckte Aufstellung einer Feuerlinie begünstigt. Die Infanterie wird selbst auf weite Entfernungen von ihrem Feuer Gebrauch machen, denn die Empfindlichkeit der Artillerie gegen Kleingewehrfeuer ist sehr groß.

2. Der Angriff gegen Artillerie.

Der Schwerpunkt des Angriffs liegt hier ganz besonders in der Feuervorbereitung; nur wenn es gelungen ist, das Feuer der Artillerie zu überwinden und die Bewegungsfähigkeit derselben durch Vernichtung der Bespannung aufzuheben, kann ein Erfolg in Aussicht sein.

Die beste Entfernung für das vorbereitende Feuer liegt zwischen 1000 und 600 m. Starke Schützenlinien, gestützt durch kleine, anfänglich weit zurückgehaltene Unterstützungstrupps, suchen mit Benutzung jeder Deckung sich auf diese Entfernung zu nähern und Feuerstellung zu nehmen. Von dort aus geschieht der eigentliche Angriff nach den Gesichtspunkten des sprungweisen Vorgehens und des Schützenanlaufes.

Außer den zum unmittelbaren Angriff bestimmten Kompagnien werden besondere Abtheilungen seitwärts vorgehen müssen, um die Flanke der Artillerie zu gewinnen und eine etwa vorhandene Bedeckungstruppe zu bekämpfen.

Sind die Geschütze genommen, so sammelt man sich möglichst schnell vorwärts, um einem etwaigen Versuche des Feindes zur Wiedernahme zu begegnen. Ein kleiner Theil der Mannschaft bleibt bei der Artillerie, um die Geschütze, Mannschaften und nicht verwundeten Pferde in Sicherheit zu bringen oder die ersteren unbrauchbar zu machen (Beiseiteschaffung der Verschlüsse, Zerstörung der Richtvorrichtungen, der Räder, Vernageln des Zündloches u. f. w.).

q. Das Infanterie-Regiment.
[I, 215—220. II, 103—109.]

1. Die Versammlungsformen.

In der Versammlungsform stehen die Bataillone in der Regel in Doppelkolonne in einem oder zwei Treffen mit 20 Schritt Zwischenraum und 30 Schritt Treffenabstand. Hat das Regiment nur drei Bataillone, so steht bei einer Aufstellung in zwei Treffen ein Bataillon auf der Mittellinie des Zwischenraumes vor oder hinter den beiden anderen. Sind vier Bataillone vorhanden, so stehen in diesem Falle die hintereinander stehenden Bataillone Fahne auf Fahne. In der Normalaufstellung folgen sich die Bataillone nach der Nummer vom rechten zum linken Flügel, bezw. von dem vordersten zum hintersten Treffen. Jedoch ist jede andere Reihenfolge gleichberechtigt.

Fordern es die Verhältnisse, so kann der Regimentsführer seine Bataillone auch in jeder beliebigen andern Form in einer der drei vorgeschriebenen Kolonnenformen versammeln.

Die Bewegungen in der Versammlungsform bestehen in einfachen Vor- und Rückbewegungen,· wobei ein Richtungsbataillon bestimmt wird, sowie in Schwenkungen und Abmärschen nach der Flanke.

2. Die Gefechtsentwickelungen.

Die Art der Entwickelung zur Gefechtsfront kann eine sehr verschiedene sein. Die Wahrung der Tiefengliederung bildet die Grundlage. Der Regimentsführer setzt demgemäß seine Bataillone nur nach Bedarf ein und hält den Rest zurück. Die zurückgehaltenen Bataillone werden meist als Staffeln (Echelons) hinter einem oder beiden Flügeln aufgestellt. Die Erweiterung der Gefechtsfront erfolgt dann durch den Einsatz frischer Bataillone.

Während der Bewegung geschieht die Entwickelung in der Marschrichtung. Steht das Regiment in der Versammlungsform, so kann die Entwickelung auch auf der Grundlinie erfolgen. Bei allen Entwickelungen bezeichnet der Regimentsführer das Bataillon, auf welches die Bewegung auszuführen ist. Die Tiefenabstände und Zwischenräume richten sich nach den Verhältnissen; die Zwischenräume sind bei der ersten Entwickelung durch Befehl festzustellen.

Die Bewegungen des entwickelten Regiments werden durch Bezeichnung der Marschrichtungspunkte je nach den Umständen für die Bataillone geregelt. Eine Richtungstruppe wird nicht bezeichnet, dagegen, wenn nöthig, der Anschluß nach der Mitte oder einer Seite bestimmt.

Das Wiederzusammenziehen des Regiments geschieht bei Bewegungen meist in der Marschrichtung, im Uebrigen auf der Grundlinie auf kürzestem Wege und auf das vom Führer zu bezeichnende Bataillon in die nach den Verhältnissen zu bestimmende Versammlungsform.

Der Regimentsführer ertheilt den Bataillonen für das Gefecht ihre Einzelaufträge und überläßt ihnen Art und Form der Ausführung. (Vergl. m. dieses Abschnitts.)

Eine normale Frontausdehnung des Regiments für das Gefecht läßt sich nicht feststellen. Neben Zweck und Gelände ist für die Breite der Front der Verband, in welchem das Regiment zu fechten hat, maßgebend. Die Frontbreite eines allein fechtenden Regiments hingegen wird anfänglich die Frontbreite zweier nebeneinander entwickelter Bataillone selten überschreiten dürfen.

r. Die Infanterie-Brigade.

[I, 221—224. II, 110—116]

Die Infanterie-Brigade (in der Regel 2 Regimenter, jedes zu 3 bis 4 Bataillonen) ist der größte Infanteriekörper, für welchen bestimmte Formen der Verwendung auf dem Gefechtsfelde vorgeschrieben sind.

Die Brigade gliedert ihre Bataillone grundsätzlich in wenigstens zwei Treffen; sollte sie allein auftreten, so bildet sie, besonders zum Angriff, drei Treffen.

In der Versammlungsform (Abbild. 7) stehen und bewegen sich die Bataillone, gewöhnlich jedes in der Doppelkolonne,*) mit einem Zwischen=raum von 20 Schritt und einem Treffenabstande von 30 Schritt, auf kleinstem, viereckigem Raume vereinigt.

Man unterscheidet eine treffenweise und eine flügelweise Gliederung der Brigade. In ersterer stehen die Regimenter hintereinander; in letzterer stehen die Regimenter nebeneinander, jedes in sich in verschiedene Linien nach der Tiefe zerlegt.

Abbild. 7.
Versammlungsform einer Infanterie=Brigade.
a) treffenweise Aufstellung.

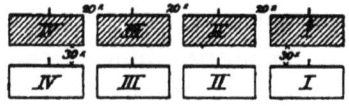

b) flügelweise Aufstellung.

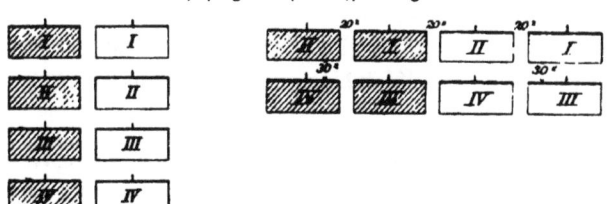

Die treffenweise Aufstellung ist die althergebrachte und schließt sich an die lineare Verwendung der Streitkräfte an (Lineartaktik; siehe Anhang: Abriß der Geschichte der Taktik); die flügelweise entspricht mehr dem Grund=satze des Kampfes aus der Tiefe, indem die zur Unterstützung des ersten Treffens vorgeführten Kräfte mit den vorne kämpfenden Bataillonen zu demselben Regimentsverbande gehören (gemeinsame Leitung durch den

---

*) Beabsichtigt man einen Marsch, so ist die Tiefkolonne anwendbar.

Regimentskommandeur). Das letzte Treffen bildet eine Gefechtsreserve für den Brigadekommandeur.*)

Das Eingreifen des zweiten Treffens findet manchmal seitwärts des ersten statt (Umfassung des Gegners oder Verhinderung einer feindlichen Umfassung). Ein Durchgreifen durch das erste Treffen kann vorkommen, wenn es gilt, einen letzten Bajonettstoß mit gesammten Kräften auszuführen, oder wenn das geworfene erste Treffen durch schnellen Vorstoß vom Feinde befreit werden soll. Wird ein geworfenes erstes Treffen vom zweiten aufgenommen, oder ist eine Ablösung des ersten Treffens nöthig und möglich (Gefechtspause), so tritt ein Treffenwechsel ein. In der Regel aber werden die rückwärtigen Treffen zum Nähren des Kampfes der eigentlichen Gefechtslinie verwendet.

Die Entwickelung einer Brigade zum Gefecht kann eine sehr verschiedene sein und richtet sich in jedem einzelnen Falle nach den Verhältnissen.

Im Uebrigen werden die Entwickelungen und die Bewegungen der entwickelten Brigade nach denselben Grundsätzen wie beim Regiment ausgeführt (vergl. r. dieses Abschnitts).

Für die Frontausdehnung einer Brigade im Gefecht lassen sich Anhalte aus den Erfahrungen des Krieges entnehmen. Eine Brigade zu sechs Bataillonen wird bei der ersten Entwickelung eine Breite von 800 bis höchstens 1200 m einnehmen.

Seitens der höheren Infanterie=Offiziere können die einzelnen Truppentheile ihres Befehlsverbandes im Gefecht nicht dauernd unmittelbar beeinflußt und geleitet werden. Der Bereich eines Regiments und der einer Brigade sind dazu schon zu ausgedehnt; im bedeckten Gelände wird selbst innerhalb der Bataillone dies nicht möglich sein. Außerdem würden durch eine solche Bevormundung, unselbständige, entschlußunfähige Truppenbefehlshaber erzogen.

Es ist nöthig, daß der Kampf selbst der größten Heeresmassen nach einheitlichem Gedanken geregelt werde. Demgemäß ist es nicht minder nöthig, daß jeder Truppentheil vor Beginn seiner Gefechtsthätigkeit erfahre, was er zu thun habe, damit der große Zweck erreicht werde. Das Wie der Ausführung aber muß den Unterbefehlshabern überlassen werden.

---

*) In dem Beispiele der Taf. I u. II ist die Entwickelung der Brigaden eine flügelweise. In Taf. II, Bild 3, ist die Reserve aus je 1 Bataillon der beiden Infanterie=Regimenter gebildet. In dem Beispiele der Taf. I besteht die Reserve nur aus Theilen des Infanterie=Regiments Nr. 2. Das 1. Regiment kann von dem Standpunkte der Brigade=Reserve aus nicht gut unterstützt werden, ist daher angewiesen, auch zum Schutze der Flanke, in sich eine starke Reserve zu halten.

Dies gilt besonders für die in der Gefechtslinie befindlichen Truppen. Sie erhalten das Gesetz ihrer Handlung von dem Gelände und vom Feinde. Die tausend Fälle, welche eintreten können, sind seitens der Vorgesetzten nicht vorherzusehen; noch weniger kann jeder der eintretenden Fälle für jeden Truppentheil jedesmal durch einen Verhaltungsbefehl von Oben berücksichtigt werden. Die Leitung von Bataillonen und größeren Infanterie= körpern ist im Gefecht eine andere, wie auf dem Exerzirplatze. Hier giebt es keine anderen Gesetze, wie den Gedanken und den Befehl des Vorgesetzten, es muß daher Alles — der Gleichmäßigkeit halber auch das „Wie" — manchmal bis ins Einzelne befohlen werden. Dort herrscht die Vielseitigkeit des Kampfes, Signale dürfen, um Mißverständnisse zu vermeiden, nur selten und nur für das Ganze gegeben werden, Kommandos für größere Ab= theilungen werden in dem Lärm des Kampfes nicht gehört, nur der per= sönlich gegebene oder der durch Adjutanten, Ordonnanzen übermittelte Be= fehl hat ein Recht der Berücksichtigung; die Möglichkeit seiner Anwendung ist aber naturgemäß eine beschränkte.

Somit besteht die Leitung des einmal begonnenen Kampfes weniger in der Beeinflussung der Kämpfenden, wie in der Verwendung zurück= gehaltener Kräfte. Die Letztere ist das einzig sichere Mittel, den Gang des Kampfes in der Hand zu behalten und nach den eigenen Absichten zu ge= stalten, Fehler der Unterführer wieder gut zu machen, Erfolge derselben auszunutzen, unvorhergesehenen Ereignissen Rechnung zu tragen. (Vergl. i. Kennzeichnung des Infanteriegefechts.)

8. Der Patronenersatz im Gefecht der Infanterie.
[F. O. R. 347—353.]

Die rechtzeitige Ergänzung des Schießbedarfs in und nach dem Gefecht ist eine wichtige Aufgabe aller Führer. Kein Mittel darf unversucht bleiben, um im Gefecht den Ersatz der verschossenen Patronen zu bewerk= stelligen.

Neben den 150 Patronen, welche jeder Infanterist mit sich führt, sind folgende Reservevorräthe zum Ersatze vorhanden:

1) in dem Patronenwagen jeder Kompagnie etwa 45 Patronen für jedes Gewehr,
2) bei jedem Armeekorps vier Infanterie=Munitionskolonnen, welche dem Marsche der Truppen in größeren Entfernungen folgen, vor oder spätestens während eines größeren Gefechts jedoch theil= weise herangezogen werden. In den Infanterie=Munitionskolonnen

befinden sich etwa 100 Patronen für jedes Gewehr. Den Truppen muß der Aufstellungspunkt der Kolonnen oder der vorgeschobenen Theile bekannt gegeben werden.

Die Patronenwagen, zur kleinen Bagage gehörig, folgen der Truppe überall. An die zum Gefecht vorrückende Infanterie ist ihr Inhalt aus= zugeben. Die Mannschaft hat diese Patronen im Brotbeutel, in Hosen=, Rocktaschen u. s. w. unterzubringen.*) Die wieder gefüllten Patronenwagen sind möglichst nahe hinter der fechtenden Truppe aufzustellen, in dringenden Fällen fahren sie nahe an die Feuerlinie heran. Die vorbereiteten, mit Trageschlaufen versehenen Packhülsen werden von den hierzu bestimmten Mannschaften herangetragen.

Jede in die Feuerlinie einrückende Verstärkung hat frischen Schieß= bedarf für die bereits im Gefecht befindlichen Schützen mitzubringen. Ferner ist darauf zu achten, daß Todten und Verwundeten die Patronen abgenommen werden.

In der Vertheidigung ist der Ersatz des Schießbedarfs leichter und durch Anlage kleiner Vorräthe in der Feuerlinie sicher zu stellen.

Die Ueberwachung des Patronenersatzes ist Sache des Bataillons= kommandeurs. Die Patronenwagen haben, ohne Rücksicht auf die Zu= gehörigkeit, jedem Truppentheile auf Verlangen Schießbedarf zu gewähren. Leere Patronenwagen werden behufs Füllung zu den nächsten Infanterie= Munitionskolonnen zurückgeführt.

Nach dem Gefecht ist der Patronenvorrath in den Taschen sofort aus den Patronenwagen zu ergänzen.

*) In dem Beispiel Taf. I, Bild 2 müßten die zur Bekämpfung der feindlichen Artillerie vorgeschobenen Kompagnien 10. 11./1., 5. 8./2. gleich den ganzen Vorrath ihres Bataillons=Patronenwagens im Brotbeutel oder in Säcken mitnehmen; bezw. müßten, unter Aufsicht der Vorgesetzten, Mannschaften der zurückgehaltenen Kompagnien neue Vorräthe vortragen. Der Rest der Bestände der Patronenwagen könnte den in erster Linie zum Angriff bestimmten Kompagnien 1. 2. 9./1., 9. 12./2. mitgegeben werden. Die anderen Truppentheile der Infanterie dürften voraussichtlich mit ihren Patronen ausreichen.

Vierter Abschnitt.

Taktik der Kavallerie.

(Exerzir-Reglement für die Kavallerie, Entwurf 1893.)

Allgemeines.

a. Eintheilung, Gliederung, Grundaufstellung.

[126—131.]

1. Eintheilung.

Die taktische Einheit der Kavallerie ist die Eskadron. Dieselbe zählt auf Kriegsstärke 5 Offiziere, 150 Pferde (15 Unteroffiziere, 3 Trompeter).

Das Kavallerie-Regiment besteht im Frieden aus 5, im Kriege aus 4 Eskadrons.

Jede Eskadron wird in 4 Züge von gleicher Rottenzahl und möglichst gleichmäßiger Zusammensetzung in Bezug auf Brauchbarkeit der Mannschaften und Pferde eingetheilt. Die Glieder werden nach der Größe des Reiters zu Pferde vom rechten zum linken Flügel aufgestellt. Können die Züge (einschließlich der Flügelunteroffiziere) nicht mindestens 12 Rotten stark gemacht werden, so wird ihre Anzahl verringert. Die Plätze hinter den Flügelunteroffizieren bleiben offen; bei der ersten Eintheilung ist außerdem auf jedem Flügel eine zweite blinde Rotte zulässig.

Die Züge werden in Abmärsche zu 4 Rotten eingetheilt, welche in jedem Zuge vom rechten Flügel numerirt sind und wobei die Flügelunteroffiziere mitzählen. In jedem Abmarsch führen die Rotten die Nummern 1 bis 4; je nach der Stärke des Zuges kann der Abmarsch am linken Flügel aus 3, 2 oder 1 Rotte bestehen, in welch letzterem Falle der betreffende Flügelunteroffizier einen Abmarsch für sich bildet.

2. Rangirung.

Die Kavallerie rangirt überall nur in zwei Gliedern, damit bei der Attacke möglichst viel blanke Waffen in möglichster Breite (Umfassung) an den Feind gebracht werden.

Meckel, Grundriß der Taktik. 3. Aufl.

Das zweite Glied ist nothwendig, um der Attacke mehr Halt zu gewähren, Pferde des ersten Gliedes am Ausbrechen zu verhindern und etwaige Lücken des ersten Gliedes zu schließen. Eine Attacke in einem Gliede würde sehr leicht ins Flattern gerathen.

[136.] Der Gliederabstand beträgt in der Linie 3 Schritt, in der Zug- und Halbkolonne 1 Schritt, vom Schweif des Vorderpferdes bis zum Kopf des Hinterpferdes.

3. Grundaufstellung.

[136. 220.] Die Grundaufstellung ist die Linie. Die vier Züge der Eskadron stehen ohne Zwischenraum nebeneinander, vom rechten Flügel in der Eskadron numerirt. (Abbild. 8.)

Die vier bezw. fünf Eskadrons des Regiments haben in der Linie einen Zwischenraum von 6 Schritt.

Die in der Grundaufstellung eingenommene Reihenfolge der Züge und Eskadrons ist aber durchaus keine für alle Fälle bindende. Sie wird durch jeden Aufmarsch nach beiden Seiten aus der durch Abschwenken entstandenen Kolonne immer wieder von Neuem verändert. Unabhängig von der anfänglichen Rangirung muß die Kavallerie im Stande sein, alle Bewegungen sicher und schnell auszuführen, ohne, selbst in aufgelöster Ordnung, aus der Hand des Führers zu kommen. [126.]

Die Fühlung im Gliede ist „Bügel an Bügel“, so daß jeder Reiter 1 Schritt Front einnimmt. Die Frontbreite einer kriegsstarken Eskadron beträgt somit etwa 75 Schritt (60 m), die des Regiments etwa 300 Schritt (240 m).

b. Linie und Kolonne in ihrer Bedeutung für die Kavallerie.

Die Vortheile der Linie sind folgende:

1) Sie bringt alle Unterabtheilungen in gleichzeitigem Stoße an den Feind;
2) sie gestattet vermöge ihrer Breitenausdehnung eine Umfassung oder Ueberflügelung des Feindes beim Angriff;
3) sie ermöglicht die größte Schnelligkeit bei einer in gerader Richtung gegen den Feind erfolgenden Vorwärtsbewegung (Attacke).

Die Vorzüge der Kolonnen beziehen sich auf:

1) größere Beweglichkeit nach allen Seiten, leichtere Aenderung der Marschrichtung und der Front;
2) leichteres Anschmiegen an das Gelände;
3) leichtere Führung und größeren inneren Halt;
4) leichtere Herstellung einer Angriffslinie nach der Flanke.

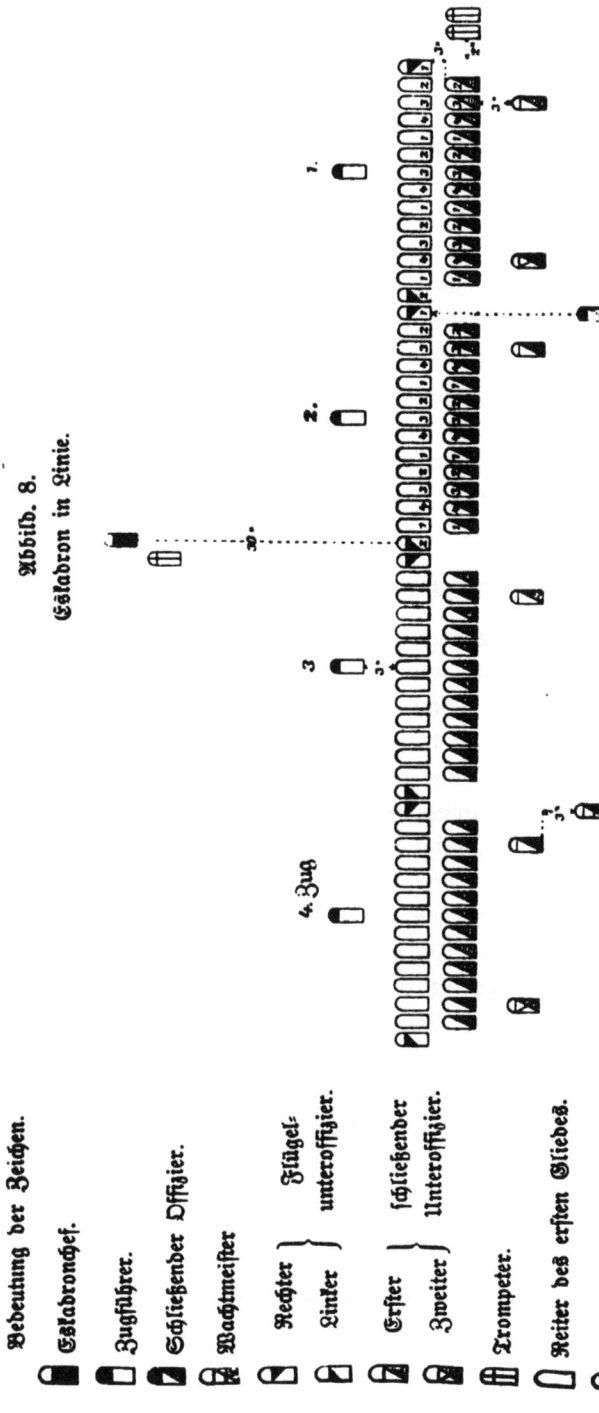

Abbild. 8.

Eskadron in Linie.

Bedeutung der Zeichen.

Eskadronchef.

Zugführer.

Schließender Offizier.

Wachtmeister.

Rechter ⎫ Flügel-
Linker ⎭ unteroffizier.

Erster ⎫ schließender
Zweiter ⎭ Unteroffizier.

Trompeter.

Reiter des ersten Gliedes.

„ „ „ zweiten „

5*

Daraus folgt:

1) Die Linie ist die beste und einzige Form für die ge=
schlossene Attacke.

Die Kolonne ist die beste Form für Versammlung,
gedeckte Aufstellung und für alle Bewegungen auf dem
Gefechtsfelde bis zu dem Augenblicke, wo die Richtung
der Attacke klar ausgesprochen ist.

2) Die schnelle und einfache Herstellung der Linie aus den Kolonnen,
und zwar nicht nur nach der Front, sondern nach jeder beliebigen
Seite, ist die erste Vorbedingung jeder erfolgreichen Gefechts=
thätigkeit der Kavallerie. Da dieser Anforderung aber nur
geöffnete Kolonnen genügen können (durch Aufmarsch nach der
Front und Einschwenken nach der Flanke), so ergiebt sich, daß die
einzig möglichen Bewegungskolonnen der Kavallerie die
geöffneten Kolonnen sind.

c. Schulbewegungen.

[108. 110. 113.] Die Bewegungen der Kavallerie geschehen auf Kom=
mando, Signale oder Zeichen mit der Hand bezw. dem Seitengewehr.
Alle Signale der Gangarten sowie die bei den Attacken vorkommenden
(Verfolgung, Appell u. s. w.) werden, sowie sie verstanden sind, ohne jedes
weitere Kommando ausgeführt, die übrigen erst auf die von den Eskadrons=
führern bezw. Regimentskommandeuren zu gebenden Kommandos. Ist ein
überraschendes Auftreten beabsichtigt, so verbietet sich naturgemäß die An=
wendung von Signalen; man bedient sich dann der Zeichen.

Um anzudeuten, daß ihm ohne lautes Kommando oder Signal nach=
geritten werden soll, hebt der Führer Hand oder Seitengewehr hoch; es
richtet sich dann die Truppe in Gangart, Tempo und Marschrichtung
nach ihm. Zum Verkürzen der Gangart senkt er das Seitengewehr ein=
mal, zum Halten wiederholt, ein weiteres Senken bedeutet Absitzen; späteres
einmaliges Heben Aufsitzen. Als Zeichen zur Einnahme der nächst stärkeren
Gangart bezw. der nächst höheren Gefechtsbereitschaft werden die Hand
oder das Seitengewehr mehrfach über dem Kopf in die Luft gestoßen
bezw. geschwungen.

1. Gangarten.

[115.] Die Gangarten der Kavallerie sind: Schritt, Trab, Galopp
und verstärkter Galopp. Im Schritt legt sie 125, im Trabe 300, im
Galopp 500, im verstärkten Galopp 700 Schritt (1 Schritt = 0,80 m)

in der Minute zurück. Das Tempo (Zeitmaß der Geschwindigkeit) kann erforderlichenfalls auf Kommando verkürzt oder verstärkt werden.

Von diesen Gangarten wird der Trab hauptsächlich zu Gefechts= bewegungen benutzt, weil er bei verhältnißmäßig großer Schnelligkeit geringe Anstrengung des Pferdes fordert. Der Galopp darf nicht auf längere Dauer und auf zu weite Strecken angewendet werden; er dient haupt= sächlich zu Aufmärschen, schnellen Flankenbewegungen und zur Attacke. Der verstärkte Galopp wird ausnahmsweise bei Aufmärschen, bei Frontver= änderungen, ferner beim Verfolgen, Zurückgehen oder schnellen Sammeln angewendet, im Allgemeinen aber nur kurz vor dem Einbruche in den Feind. Er verlangt das Aeußerste an Geschwindigkeit, was die langsameren Pferde zu leisten vermögen; es verbietet sich hierdurch sowohl ein zu häufiger als ein zu lang andauernder Gebrauch.

2. Ab= und Aufsitzen.

[147—149.] Da der Reiter im Gliede nicht absitzen kann, muß zur Gewinnung des nöthigen Platzes eine besondere Form angenommen werden. Es reiten die Zugführer, das erste Glied und die ungeraden Nummern des zweiten Gliedes gleichzeitig geradeaus vor, und zwar die Zugführer und die ungeraden Nummern des ersten Gliedes zwei Pferde= längen, die geraden Nummern des ersten und die ungeraden Nummern des zweiten Gliedes eine Pferdelänge, so daß nunmehr vier geöffnete aus= gerichtete Glieder, die einzelnen Reiter mit 1 Schritt Zwischenraum, ent= standen sind. Nach dem Absitzen werden die Lanzen auf Kommando vor den Pferdeköpfen in den Boden gesteckt, damit der Reiter unbehindert sein Pferd nachsehen bezw. sich ausruhen kann. Zum Aufsitzen wird die Lanze zunächst in die Hand genommen, dann wird aufgesessen und die Linie durch Aufrücken in und an das vorderste Glied, welches halten bleibt, hergestellt. Nach den nämlichen Grundsätzen wird beim Absitzen in Zug= und Halbkolonne verfahren, nur reiten hierbei die Zugführer seitwärts heraus. Bei der Marschkolonne suchen die Abmärsche (bezw. halben Abmärsche) den zum Absitzen nöthigen Zwischenraum seitwärts zu gewinnen.

3. Rückwärtsrichten und Schließen.

[158.] Da sowohl das Seitwärts= wie das Rückwärtstreten dem Pferde schwer wird, so werden diese Bewegungen nur aus dem Halten auf ganz kurze Entfernungen, zur Berichtigung von Fühlung und Richtung, an= gewendet.

4. Schwenkungen.

[118.] Es giebt bei der Kavallerie Achtel= (45°), Viertel= (90°), Dreiachtel= (135°) und Kehrt= (180°) Schwenkungen.

Die Dreiachtel= und Kehrtschwenkungen werden nur mit Zügen aus= geführt.

Die Hakenschwenkungen (f. f.), die Schwenkungen der Linie und der Regimentskolonne (k. I. 4, l.) geschehen mit beweglichem Drehpunkte, indem der innere Flügel einen kleinen Bogen beschreibt; andernfalls wird stets mit festem Drehpunkte geschwenkt.

Die Richtung ist nach dem äußeren, die Fühlung nach dem inneren Flügel.

Grundsätzlich wird alles Ab= und Einschwenken mit Zügen von der Stelle oder aus der Schrittbewegung im Trabe, sonst in unveränderter Gangart ausgeführt, worauf ohne Kommando in der Schwenkungsgangart weiter geritten wird.

5. Richtung und Fühlung.

[116. 117.] Die Fühlung ist stets nach derselben Seite, wohin die Richtung stattfindet (Ausnahme: Schwenkungen).

Die Richtung ist bei der Kavallerie grundsätzlich nach der Mitte. Es soll dies eine Bürgschaft für stete Geschlossenheit bieten.

Innerhalb des einzelnen Zuges ist die Richtung nach der mittelsten Rotte (bei gerader Rottenzahl nach der linken der beiden mittleren), welche hinter dem Zugführer reitet. In der Eskadron ist der jedesmalige 3. Zug vom rechten Flügel der Richtungszug; im Regiment giebt, wenn nichts Anderes bestimmt wird, die 3. Eskadron vom rechten Flügel die Richtung, Tempo und Marschrichtung an, wobei aber immer Hauptsache bleibt, daß jede Eskadron zunächst in sich geschlossen und ruhig reitet.

Bei den Marschkolonnen ist die Richtung stets nach der Frontseite.

6. Allgemeine Grundsätze für die Bewegungen.
[120. 122. 124. 162. 239. 284. 286.]

Abbild. 9.
Aufmarsch nach beiden Seiten.

Die Aufmärsche zur Linie und die Ent= wickelungen aus der Tiefe können gleichzeitig oder allmählich, nach einer oder nach beiden Seiten ge= schehen. (Abbild. 9.) Das Letztere findet auf Signal immer statt und wird derart ausgeführt, daß die der vordersten zunächst folgenden zwei Abtheilungen (Züge oder Eskadrons) nach rechts, die übrigen nach links aufmarschiren bezw. vor=

gezogen. werden. Bei drei Abtheilungen marschirt auf Signal die der vorderſten folgende nach rechts, die andere nach links auf.

Bei allen Halbkolonnen erfolgt der Aufmarſch ſtets nach der inneren Seite (d. h. der Seite, nach welcher die hinteren Abtheilungen überragen); aus rechts abmarſchirten Marſchkolonnen wird immer links aufmarſchirt, aus links abmarſchirten rechts.

Beim Aufmarſche aus der Marſchkolonne zur Zugkolonne und aus dieſer ſowie aus den Halbkolonnen zu den Eskadronfronten bedient man ſich der Halbſeitwärtsbewegung.

Das Abbrechen aus der Linie kann von einem Flügel oder aus der Mitte erfolgen. Auf Signal wird immer aus der Mitte (Abbild. 10) abgebrochen, und zwar folgt bei der Eskadron dem Richtungszuge zunächſt der andere innere Zug, dann der neben dieſem reitende, ſchließlich der andere Flügelzug. Bei drei Zügen folgt immer zuerſt der rechte. Im Regiment folgen entſprechend der Richtungseskadron zunächſt die rechts, dann die links befindlichen Eskadrons; das Abbrechen ge= ſchieht aus dem Halten und Schritt ſowie beim Zurückgehen nach Attacke= bewegungen auf Signal ſtets im Trabe, aus dem Trabe im Galopp. Beim Abbrechen aus dem Galopp bleibt das Tempo unverändert.

Aus den Marſchkolonnen indeſſen wird in der Regel in keiner ſtärkeren Gangart als im Trabe abgebrochen. Hierzu bleiben, wenn das Abbrechen aus dem Halten geſchieht, die der vorderſten Abtheilung folgenden halten; geſchieht es aus der Bewegung, ſo fallen ſie in Schritt bezw. bleiben in demſelben, bis der nöthige Abſtand gewonnen iſt.

Geringe Veränderungen der Marſchrichtung in Linie werden derart ausgeführt, daß dem Richtungszuge bezw. der Richtungseskadron die neue Richtung bezeichnet oder ſonſt durch Hineinweiſen oder =Reiten verſtändlich gemacht wird. Der betreffende Zug bezw. die Eskadron behält hierbei das vorgeſchriebene Tempo bei, die anderen haben ihre Gangart bezw. Tempo derart einzurichten, daß die neue Richtung ſchnellſtens aufgenommen wird. Wenn Eile nicht geboten, kann auf beſonderen Befehl des Regimentsführers auch die Flügeleskadron, im bisherigen Tempo bleibend, herumſchwenken, während alle übrigen Tempo bezw. Gangart verlangſamen. Veränderungen der Marſchrichtung in Kolonne (Regiments= und Eskadronskolonnen) werden wie in Linie ausgeführt. Bei großen Veränderungen der Marſchrichtung im Regiment wird mit Eskadrons nach der neuen Front abgeſchwenkt und durch Aufmarſch die Linie wieder hergeſtellt. (Abbild. 29b S. 85.)

Abbild. 10.
Abbrechen aus der Mitte.

Die festgesetzten Abstände und Zwischenräume sind, soweit nicht die ungehinderte Entwickelung zur Linie dadurch berührt wird, keineswegs peinlich festzuhalten; sie dienen lediglich dazu, daß Unruhe, Schwankungen eines Theils sich nicht auf das Ganze fortpflanzen.

———————

Grundsätze für die Aufstellung der Offiziere und Unteroffiziere, der Trompeter und der Standarte.

[131—135. 231.]

Der Regimentskommandeur nimmt seinen Platz 60 Schritt von der Mitte des Regiments, vorwärts der Linie oder bei den Kolonnen auf derjenigen Seite, nach welcher er die Linie zu entwickeln beabsichtigt.

Der Adjutant befindet sich beim Kommandeur, auf der linken Seite eine halbe Pferdelänge zurück.

Der etatsmäßige Stabsoffizier befindet sich ebenfalls beim Regiments= kommandeur, 1 Pferdelänge rückwärts, 4 Pferdelängen seitwärts.

Die Eskadronsführer befinden sich in der Linie 30 Schritt vor der Mitte der Eskadron, bei Kolonnen mit demselben Abstande neben der Mitte auf derjenigen Seite, nach welcher die Front hergestellt werden soll. Nur bei den Eskadronskolonnen und der Regimentskolonne nach der Front befinden sich die Eskadronsführer 10 Schritt über den Führer des vordersten Zuges hinaus und bei Eskadronskolonnen 10 Schritt, bei der Regimentskolonne 2 Schritt rechts seitwärts der Eskadron. Wenn aus diesen Kolonnen nach der halben oder ganzen Flanke abgeschwenkt wird, so bleiben die Eskadronsführer in jenem Verhältniß zum ursprünglich vordersten Zuge, und zwar immer auf der Frontseite des Regiments. In der Zug= und der Halbkolonne wie in den Marschkolonnen ist ihr Platz 30 Schritt neben der Mitte der Eskadron.

Die Lieutenants werden als Zugführer und schließende Offiziere verwandt.

Welchen Zug die einzelnen Offiziere führen und welche Offiziere schließen, wenn mehr Offiziere als Züge da sind, bestimmt der Eskadronsführer. Fehlende Offiziere werden als Zugführer durch Unteroffiziere ersetzt.

Die Zugführer befinden sich in Linie 3 Schritt, in der Zug= und Halbkolonne 1 Schritt vor der Mitte ihrer Züge; bei den Marschkolonnen auf der Frontseite neben dem vordersten Abmarsche ihres Zuges.

Die schließenden Offiziere und der Wachtmeister befinden sich bei der Linie hinter der Eskadron mit 3 Schritt Abstand von der Linie der schließenden Unter= offiziere; bei den Zug= und Halbkolonnen in demselben Verhältnisse auf der der Frontseite entgegengesetzten Seite, bei den Marschkolonnen hinter denselben. Schließt nur der Wachtmeister, so befindet er sich bei der Linie hinter der Mitte der Es= kadron. Ist ein schließender Offizier vorhanden, so steht dieser hinter dem rechten Flügel des zweiten, der Wachtmeister hinter dem rechten Flügel des vierten Zuges. In Eskadronskolonnen und in der Regimentskolonne befinden sich die schließenden Offiziere und die Wachtmeister auf der der Frontseite entgegengesetzten Seite des Regiments hinter ihrer Eskadron.

Die Unteroffiziere

werden eingetheilt in Flügelunteroffiziere und schließende Unteroffiziere.

Jeder Zug hat einen rechten und linken Flügelunteroffizier. Der Erstere befindet sich stets rechts neben dem rechten, der Letztere links neben dem linken Flügelmann des ersten Gliedes des Zuges. Nur bei der Kolonne zu Zweien befinden sie sich an der Spitze bezw. am Ende des Zuges, je nachdem bei rechte oder linke Flügel vorn ist.

Jeder Zug hat mindestens einen, höchstens zwei schließende Unteroffiziere. Der erste schließende Unteroffizier befindet sich bei der Linie mit 3 Schritt Abstand hinter der dritten Rotte vom rechten Flügel, der zweite hinter der dritten Rotte vom linken Flügel des Zuges. Bei den Kolonnen in Zügen reiten die schließenden Unteroffiziere auf die Flügel des zweiten Gliedes, bei den Marschkolonnen folgen sie unmittelbar dem betreffenden Flügelunteroffizier.

Die Trompeter.

Bei dem Regimentskommandeur befindet sich der Stabstrompeter und ein anderer Trompeter nebeneinander eine Pferdelänge hinter dem Adjutanten.

Links neben jedem Eskadronsführer befindet sich ebenfalls stets ein Trompeter eine Pferdelänge zurück.

Die übrigen Trompeter verbleiben stets bei ihrer Eskadron. Sie reiten bei der in Linie befindlichen Eskadron in einem Gliede 2 Schritt neben der äußeren Seite des ersten Zuges in der Verlängerung des zweiten Gliedes, bei der Zugkolonne und der Halbkolonne, somit auch bei den Eskadronskolonnen und der Regimentskolonne 2 Schritt seitwärts neben dem hintersten Zuge, mit dem zweiten Gliede ausgerichtet auf derselben Seite der Eskadron, wo sie bisher ritten. Beim Einschwenken und Aufmarschiren setzen sie sich auf den nächsten Flügel der Eskadron. Wird ein Zug von der Eskadron getrennt, so schließt sich ihm ein Trompeter an (bei mangelndem Platze hinter der Kolonne). In den Marschkolonnen reiten die Trompeter mit 2 Schritt Abstand, je nachdem die Kolonne rechts oder links abmarschirt ist, vor oder hinter der Eskadron, indem sie sich wie ein Abmarsch verhalten.

Die Standarte

befindet sich in der Regel auf dem rechten Flügel der dritten Eskadron rechts vom Flügelunteroffizier.

Ueber das Verhalten der Standarte beim Gefecht siehe dieses.

Die Formen der Eskadron und des Regiments.

d. Die Linie und Bewegungen in derselben.

[158—163. 237—240.]

1) Beschreibung der Linie f. a. 3.

2) Die Bewegungen der Linie geschehen in allen Gangarten vorwärts, rückwärts, seitwärts und halbseitwärts. Letzteres wird nur auf kurze Entfernungen durch halbrechts bezw. halblinks (die Nebenleute Knie hinter Knie) bei Formenwechsel (Aufmarsch) innerhalb der Eskadron ausgeführt; anderenfalls bedient man sich der Halbkolonne.

Seitwärtige Bewegungen werden durch eine Viertelschwenkung, Bewegungen rückwärts durch Kehrtschwenken mit Zügen eingeleitet. Auf Signal wird zur Front stets linksum Kehrt eingeschwenkt.

Ueber Veränderungen der Marschrichtung f. c. 6.

Die Attacke (f. 8.) wird stets in Linie ausgeführt. Diese ist daher die wichtigste Form der Kavallerie.

e. Uebergänge aus der Linie der Eskadron in die Kolonnen.

[137—139. 165—169.]

Abbild. 11.

Zugkolonne rechts abmarschirt.

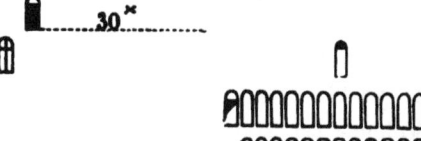

1) Die Zugkolonne (Abbild. 11) wird durch Abbrechen aus der Mitte (Abbild. 10) oder durch gleichzeitiges (Viertel=) Abschwenken mit Zügen gebildet. Will man die anfängliche Marschrichtung beibehalten, so bleibt beim Abschwenken der anderen Züge der Flügelzug geradeaus. Die übrigen folgen mit einer Hakenschwenkung. Es stehen die Züge auf Vorderrichtung mit dem zum Einschwenken nöthigen Zwischenraume hintereinander.

Durch ihre Beweglichkeit und die Fähigkeit, eine schnelle Entwickelung nach vorn wie nach seitwärts

zu geftatten, auch dadurch, daß fie wenig Raum beanfprucht, ift die Zug=
folonne die Hauptbewegungs= und Verfammlungsform der Estadron.

2) Die Halbfolonne (Abbild. 12a, b, c) entfteht aus der Linie
durch gleichzeitiges Achtel= oder Dreiachtelfchwenfen der Züge oder durch
Abbrechen vom Flügel.

Abbild. 12.
Herftellung der Halbfolonne aus der Linie der Estadron
a. durch Achtelfchwenfung.   b. durch Dreiachtelfchwenfung.   c. durch Abbrechen.

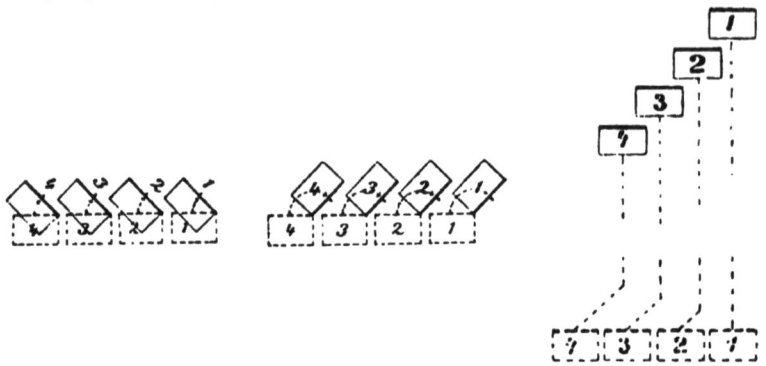

Jeder folgende überragt den vorderen Zug um etwa Dreiviertel feiner
Breite nach der inneren Seite.

Sie dient hauptfächlich zu Bewegungen halbfeitwärts und eignet fich
dadurch, daß ihre Bewegungen fchwer zu erfennen find und daß die Linie
fchnell hergeftellt werden fann, zu Angriffsbewegungen befonders in die Flanfe
des Feindes.

3) Die Marfchfolonnen zu Vieren und zu Zweien (Abbild. 13
und 14) werden nur durch Abbrechen gebildet, und zwar wird
aus der Linie der Regel nach erft zur Zugfolonne abgebrochen
oder abgefchwenft und aus diefer, indem die Züge nach und
nach einander folgen, die Marfchfolonne entwickelt.

Abbild. 13.
Kolonne zu
Vieren, rechts
abgebrochen.

In der Kolonne zu Vieren ftehen die Abmärfche, bei
rechts abmarfchirter Kolonne der Nummer nach, bei links ab=
gebrochener in umgefehrter Reihenfolge hintereinander. Die
zweiten Glieder reiten ftets rechts auf die Lücken, fo daß
nirgends ein Abftand bleibt. So lange außer den Zugführern
nicht mehr wie vier nebeneinander reiten, ift durch Aufmarfch
der fchließenden Unteroffiziere an der Frontfeite der betreffenden
Flügelabmärfche möglichft die Kolonne zu fürzen.

Abbild. 14.
Kolonne zu Zweien, rechts abgebrochen.

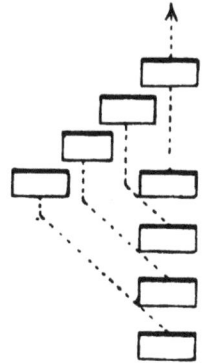

In der Kolonne zu Zweien befinden sich die halben Abmärsche hintereinander, derart, daß die Nummern 3 und 4 hinter den Nummern 1 und 2 desselben Abmarsches reiten.

Diese Kolonne wird wegen ihrer bedeutenden Länge (= der dreimaligen Breite der Linie) nur auf solchen Wegen angewendet, welche die für die Kolonne zu Vieren nöthige Breite von mindestens 5 Schritt nicht haben; auf Friedensmärschen auch dann, wenn man den Pferden eine Erleichterung gewähren will.

f. Die Bewegungen in den Kolonnen.
[180—191.]

Die Kolonnen bewegen sich vor- und rückwärts wie die Linie. Zu Bewegungen seitwärts in der Halbkolonne führen sämmtliche Züge gleichzeitig eine Viertelschwenkung aus.

Wird in der Marschkolonne Kehrt geschwenkt (Ausführung stets im Schritt), so bleiben die zweiten Glieder bei der Schwenkung hinter den ersten.

Bei Marschrichtungsveränderungen schwenkt die vorderste Abtheilung (Zug oder Abmarsch), die übrigen folgen alle an derselben Stelle (Hakenschwenkung).

g. Uebergang aus einer Kolonne in die andere.
[170—179.]

1) Aus der Zugkolonne in die Halbkolonne (Abbild. 15a, b, c) entweder durch Hervorziehen der hinteren Züge, welche hierzu das Tempo verstärken, oder durch Achtel- oder durch Dreiachtelschwenkung mit Zügen.

Abbild. 15.
Uebergang aus der Zugkolonne in die Halbkolonne der Eskadron

a. durch Hervorziehen.

b. durch Achtelschwenkung mit Zügen.

c. durch Dreiachtelschwenkung mit Zügen.

 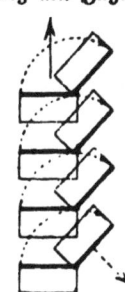

2) **Aus der Halbkolonne in die Zugkolonne** (Abbild. 16a, b, c) entweder durch Aufnehmen der Vorderrichtung (Halbseitwärtsbewegung in verstärktem Tempo) oder durch Achtelschwenkung mit Zügen, wobei auch der vorderste Zug geradeaus bleiben kann, oder durch Dreiachtelschwenkung.

Abbild. 16.

Aus der Halbkolonne in die Zugkolonne der Eskadron

a. durch Aufnehmen der   b. durch Abschwenken   c. durch Abschwenken mit Gerade-
  Vorderrichtung.   (Achtelschwenkung mit Zügen).   ausbleiben des vorderen Zuges.

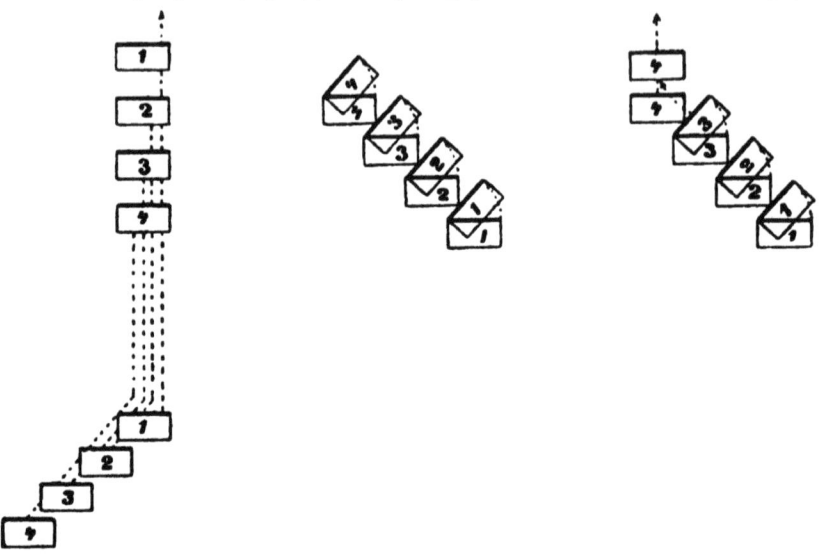

3) **Aus der Marschkolonne in die Zugkolonne** entweder durch gleichzeitigen Aufmarsch in den Zügen und Aufrücken an den vordersten Zug oder durch zugweises Aufmarschiren und Aufrücken.

Letzterer Aufmarsch kommt sehr häufig nach dem Durchreiten von Engwegen vor. Die Züge marschiren nach und nach auf, sobald der Platz dazu vorhanden ist.

[175.] Hat der Engweg eine Breite, die nur wenig unter der eines Zuges ist, so bricht man nicht zu Marschkolonnen ab, sondern wendet „Flügel= abbrechen" an. Es brechen hierbei so viele Rotten von beiden Flügeln jedes Zuges ab, als im Engwege nicht Platz finden, und folgen, zu beiden Seiten des nächsten Zugführers reitend, hinter dem zweiten Gliede, bis Raum zum Wiederaufmarsche vorhanden ist.

Wegen Uebergang aus der Zugkolonne in die Marschkolonnen vergl. e. 3.

4) **Die Uebergänge** aus einer Marschkolonne in die andere ge= schehen durch Abbrechen bezw. Aufmarsch.

h. Uebergang aus der Kolonne in die Linie.
[192—196.]

1) Aus der Zugkolonne
   a. durch Aufmarsch,
   b. durch Viertelschwenkung mit Zügen.
2) Aus der Halbkolonne
   a. durch Aufmarsch (nach der inneren Seite),
   b. durch Achtel= oder Dreiachtelschwenkung mit Zügen.

3) Aus der Marschkolonne durch Aufmarsch, in der Regel vorerst zur Zugkolonne, dann zur Linie. Ist dieser Aufmarsch aus Mangel an Zeit nicht ausführbar, und ist die Marschkolonne seitlich bedroht, so kann aus dieser durch Frontmachen nach rechts oder links die Linie hergestellt werden, derart, daß die einzelnen Abmärsche sofort einschwenken und dann im Vorwärtsreiten nach der Mitte des Richtungszuges zusammenschließen.

i. Uebergänge aus der Linie des Regiments in die Kolonnen.
[241—245.]

Unmittelbar aus der Linie wird entwickelt:

1) Das Regiment in Eskadronskolonnen nach der Front (Abbild. 17a) durch Abbrechen mit Zügen innerhalb der Eskadrons

Abbild. 17a.	Abbild. 17b.
Regiment in Eskadronskolonnen nach der Front.	Regiment in Regimentskolonne nach der Front.

‹3 Zugbr. 6"›	‹3 Zugbr. 6"›	‹3 Zugbr. 6"›			‹6"›	‹6"›	‹6"›	

4 Esk.   3. Esk.   2. Esk.   1. Esk.

Regimentskommandeur mit Adjutanten.   o Eskadronsführer.

Etatsmäßiger Stabs= offizier.   x Trompeter.

(vergl. c. 6). Diese befinden sich hiernach mit dem Entwickelungszwischen=
raume von drei Zugbreiten und 6 Schritt in Zugkolonne nebeneinander,
die vorderſten Züge in gleicher Höhe.

Die Eskadronskolonnen ſind Hauptbewegungsform aller
derjenigen Kavalleriekörper, welche die Stärke von mehreren
Eskadrons beſitzen. Der Aufmarſch zur Linie geſchieht ſchnell und
leicht, man iſt ſehr beweglich, die einzelnen Kolonnen können ſich leicht
dem Gelände anſchmiegen, Hinderniſſen ausweichen. Das Regiment bietet
dem feindlichen Feuer kleine Ziele, und die ſelbſtändige Verwendung der
einzelnen Eskadrons iſt ermöglicht, ohne daß das Zuſammenwirken des
Regiments gefährdet wird.

2) Das Regiment in nach der Flanke abgeſchwenkten Eska=
bronskolonnen (Abbild. 18) durch eine Viertelſchwenkung mit Eskadrons.

Abbild. 18.

Nach der linken Flanke abgeſchwenkte Eskadronskolonnen.

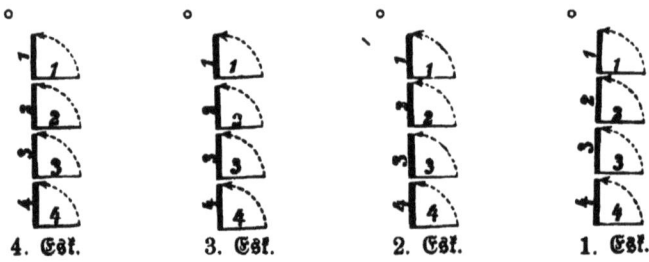

4. Esk.　　　3. Esk.　　　2. Esk.　　　1. Esk.

Dieſe befinden ſich hintereinander mit vier Zugbreiten und 6 Schritt Tiefen=
abſtand auf Vordermann.

Die nach der Flanke abgeſchwenkten Eskadronskolonnen werden häufig
zu Bewegungen in die Flanke des Feindes benutzt, da man nur mit Zügen
Front zu ſchwenken und in den Eskadrons aufzumarſchiren braucht, um
die Linie herzuſtellen.

3) Das Regiment in Halb=
kolonne in Eskadrons durch
Abſchwenken mit Eskadrons nach
der halben Flanke. (Abbild. 19a.)
Die rückwärtigen überragen die
vorderen Eskadrons und folgen
dieſen mit einem Abſtande von
3 Zugbreiten und 2 Schritt.

Abbild. 19a.

Regiment in Halbkolonne
in Eskadrons.

4.Esk.　　3.Esk.　　2.Esk.　　1.Esk.

4) Das Regiment ſetzt ſich in Zug= oder Halbkolonne niemals
durch Abbrechen. Zur Herſtellung der Zugkolonne ſchwenken die Eskadrons

mit Zügen seitwärts, wobei, wenn die ursprüngliche Marschrichtung bei=
behalten werden soll, der Flügelzug des Regiments geradeaus bleibt, die
anderen ihm durch Hakenschwenkung folgen (vergl. e. 1).

Die Halbkolonne entsteht durch gleichzeitige Achtel= oder Dreiachtel=
schwenkung mit Zügen. In beiden Kolonnen folgen sich die Eskadrons
mit einer Zugbreite und 6 Schritt Abstand.

Die Zugkolonne und die Halbkolonne des Regiments sind für den
Anmarsch gegen die Front des Feindes nicht geeignet. Der Aufmarsch der
16 hintereinander stehenden Züge zur Linie dauert lange; die Tiefe der Kolonne
macht ein Leiten durch die Stimme, bei Wind selbst durch das Signal,
schwierig, bei Staub wird ein geordnetes Reiten erschwert. Die Zug=
kolonne wird zu Seitwärtsbewegungen, die Halbkolonne zu
kurzen Halbseitwärtsbewegungen des Regiments verwendet.

k. Weitere Kolonnen des Regiments und Uebergänge aus einer Kolonne in die andere.

[222—227. 248. 251. 256. 260. 264. 267—270.]

I. Aus dem Regiment in Eskadronskolonnen nach der Front entsteht:

1) Das Regiment in nach der halben Flanke abgeschwenkten
Eskadronskolonnen (Abbild. 20) durch Viertelschwenkung mit Zügen.

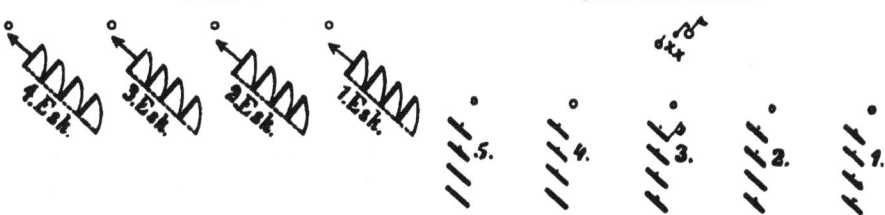

Abbild. 19b.
Regiment in Halbkolonne
in Teten.

Abbild. 20.
Nach der halben rechten Flanke abgeschwenkte
Eskadronskolonnen.

2) Das Regiment in Halbkolonne in Teten (Abbild. 19b) durch
Hakenschwenkung nach der halben Flanke innerhalb der Eskadrons. Die
vordersten Züge der folgenden Eskadrons befinden sich mit den letzten
Zügen der vorderen Eskadrons mit einem Zwischenraume von zwei Zug=
breiten und 2 Schritt auf gleicher Höhe. Das Reiten ist bei der Halb=
kolonne in Eskadrons (i. 3) wie bei der in Teten schwierig, und werden
daher beide Formen nur auf kurze Entfernungen und als Uebergangsformen
angewendet.

3) Das Regiment in nach der Flanke abgeschwenkten Eska=
bronskolonnen durch Viertelschwenkung mit Zügen.

4) Das Regiment in Regimentskolonnen nach der Front
(Abbild. 17b)

   a. aus dem Halten, derart, daß die Richtungseskabron 1 Zugbreite
6 Schritt vortrabt, die anderen Eskabrons durch Viertelschwenkung
mit Zügen an sie herangehen und wieder Front schwenken, so daß
die Eskabrons jede in Zugkolonne mit 6 Schritt Zwischenraum,
die vordersten Züge in gleicher Höhe, nebeneinander stehen;

   b. aus der Bewegung, indem die Richtungseskabron in die nächst=
kürzere Gangart übergeht, die übrigen durch Drehen der vordersten
Züge herangeführt werden. (Abbild. 21.)

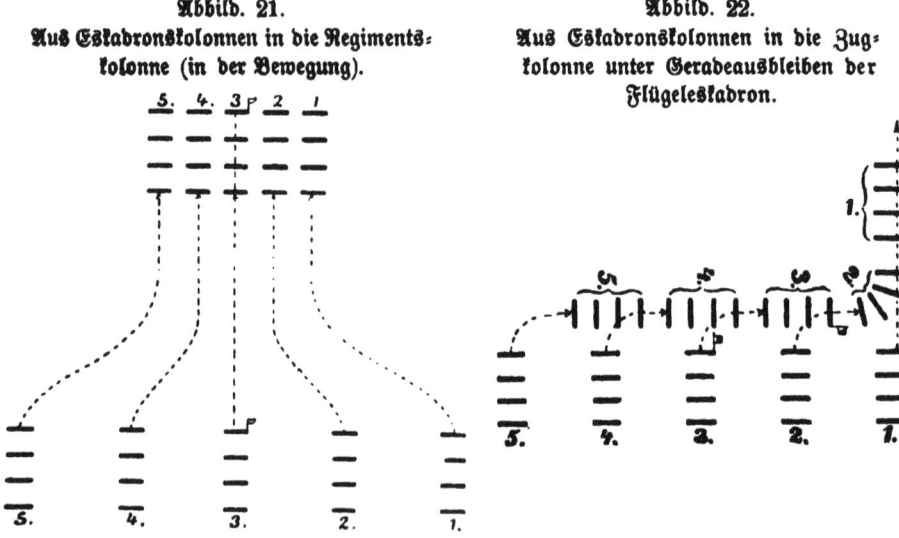

Abbild. 21.
Aus Eskabronskolonnen in die Regiments=
kolonne (in der Bewegung).

Abbild. 22.
Aus Eskabronskolonnen in die Zug=
kolonne unter Gerabeausbleiben der
Flügeleskabron.

Die Regimentskolonne ist die Versammlungsform des Re=
giments. Sie wird auch auf dem Gefechtsfelde zur gedeckten Aufstellung
und zu Bewegungen, soweit sie außerhalb des Feuers und des Attacken=
bereichs des Feindes stattfinden, angewendet. Schnell und leicht kann zu
Eskabronskolonnen auseinander=, aus Eskabronskolonnen zusammengezogen
und das Regiment auf dem kleinsten Raume vereinigt werden.

5) Das Regiment in Zugkolonne:

   a. Durch Viertelschwenkung der vordersten Züge, denen die übrigen
folgen.

Soll die Marschrichtung dieselbe bleiben, so reitet die Flügeleskabron
geradeaus. (Abbild. 22.)

b. Durch Abbrechen aus der Mitte (auf Signal stets!). Ueber die Reihenfolge der Eskadrons vergl. c. 6. Die links der Richtungs= eskadron befindlichen Eskadrons machen sofort Halt und hängen sich, wenn der nöthige Raum gewonnen ist, an.

II. Aus dem Regiment in Regimentskolonne nach der Front entsteht:

6) Das Regiment in nach der halben Flanke abgeschwenkter Regimentskolonne (Abbild. 23a) durch Achtelschwenkung mit Zügen.

Abbild. 23a.
Nach der halben rechten Flanke ab= geschwenkte Regimentskolonne.

Abbild. 23b.
Nach der Flanke abgeschwenkte Regimentskolonne.

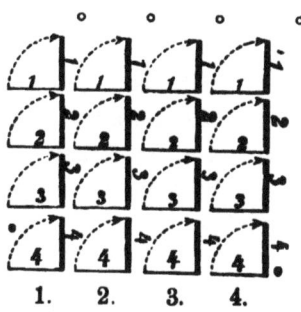

1. 2. 3. 4.

7) Das Regiment in nach der Flanke abgeschwenkter Regi= mentskolonne (Abbild. 23b) durch Viertelschwenkung mit Zügen.

8) Das Regiment in Zugkolonne durch Abbrechen mit Eskadrons vom Flügel oder aus der Mitte. Ausführung ähnlich wie unter 5b.

9) Das Regiment in Eskadronskolonnen nach der Front (Abbild. 24 und 25) durch entgegengesetzte Bewegungen wie unter 4.

Abbild. 24.
Aus der Regimentskolonne in Eskadronskolonnen aus dem Halten.

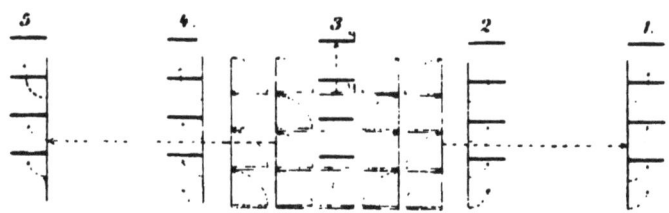

Abbild. 25.

Aus der Regimentskolonne in Eskadronskolonnen in der Bewegung.

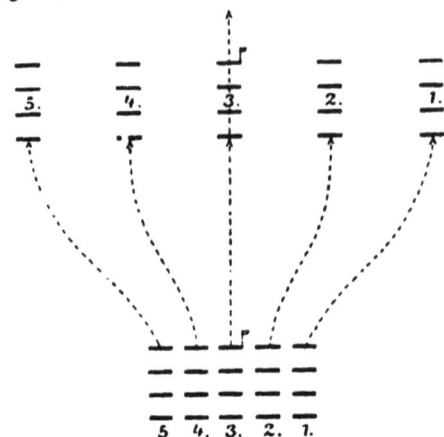

III. Aus dem Regiment in Zugkolonne entsteht:

10) Das Regiment in Eskadronskolonnen nach der Front durch Vorziehen der Eskadrons nach rechts oder nach links oder nach beiden Seiten in die Höhe der vorderſten Eskadron mittelſt Drehen der vorderſten Züge (Abbild. 26).

Abbild. 26.

Aus der Zugkolonne des Regiments in Eskadronskolonnen durch Teten-vorziehen nach beiden Seiten.

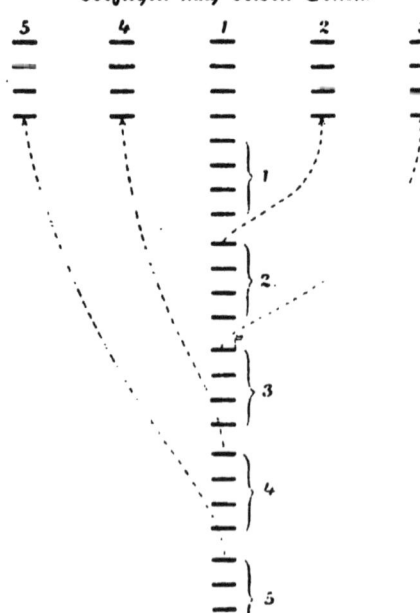

Abbild. 27.

Aus der Zugkolonne des Regiments in Eskadronskolonnen nach rechts ſeitwärts.

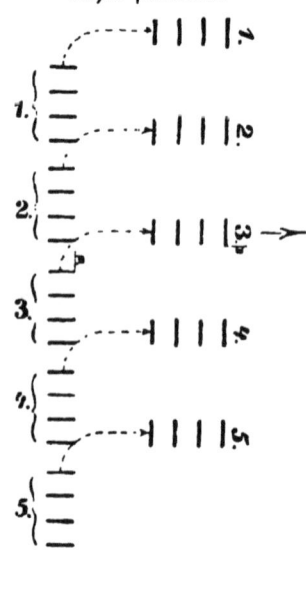

6*

Soll hierbei gleichzeitig eine Frontveränderung nach der halben Flanke stattfinden, so schwenken die Eskadrons mit dem Vorderzuge nach der betreffenden Seite ein, die Richtungseskadron geht geradeaus vor und fällt in Schritt, während die übrigen Eskadrons in der nächststärkeren Gangart in ihr Verhältniß geführt werden.

Eskadronskolonnen in Richtung nach der ganzen Flanke werden derart gebildet, daß jede Eskadron für sich mit dem Vorderzuge dahin ab= schwenkt. (Abbild. 27.)

11) Das Regiment in nach der Flanke abgeschwenkten Eska= bronskolonnen durch Aufmarsch in den Eskadrons nach beiden Seiten.

12) Das Regiment in Regimentskolonne nach der Front durch Vorziehen wie unter 10.

13) Das Regiment in Halbkolonne durch Achtel= oder Dreiachtel= schwenkung mit Zügen.

14) Das Regiment in Marschkolonnen (die Eskadrons zu Zweien oder Vieren mit 6 Schritt Abstand hintereinander) durch zugweises Ab= brechen.

1. Die Bewegungen des Regiments in der Kolonne.

Die Kolonnenbewegungen des Regiments entsprechen den Bewegungen in Linie.

Marschrichtungsänderungen in der Marsch= und der Zugkolonne wie in den nach der Flanke abgeschwenkten Eskadronskolonnen geschehen durch

Abbild. 28.

Rechtsschwenkung eines Regiments in Eskadronskolonnen (unter Aufmarsch nach beiden Seiten).

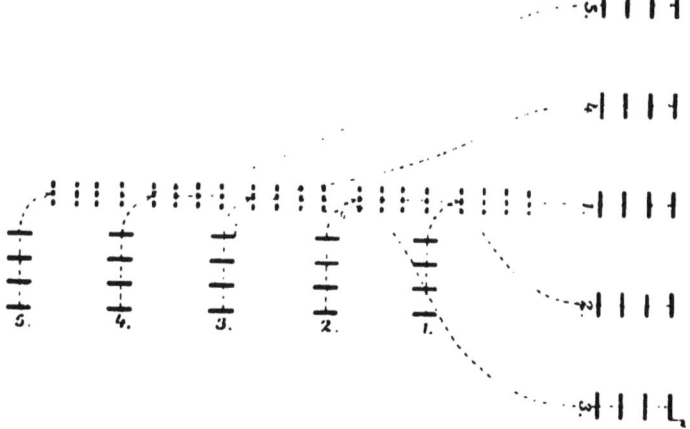

Hakenschwenkungen. Die Regimentskolonne nach der Front führt größere Frontveränderungen durch eine Kolonnenschwenkung aus, die Eskadrons= kolonnen nach der Front dadurch, daß die Zugkolonne nach der neuen Richtung gebildet und aus ihr wieder Eskadronskolonnen entwickelt werden. (Abbild. 28.)

m. Uebergänge des Regiments aus der Kolonne in die Linie.

1) Aus den Eskadronskolonnen nach der Front durch Aufmarsch nach beiden Seiten innerhalb der Eskadron. (Abbild. 29a.)

Abbild. 29a.
Aufmarsch des Regiments aus Eskadronskolonnen nach der Front.

2) Aus den nach der Flanke abgeschwenkten Eskadrons= kolonnen.

    a. In der Marschrichtung: Die vorderste Eskadron geht um eine Eskadronbreite vor, fällt in Schritt oder hält, während die anderen durch Nachreiten in ihr Verhältniß vorgeführt werden. (Abbild. 29b.)

Abbild. 29b.
Frontveränderung des Regiments in Linie nach der rechten Flanke; Herstellung der Linie aus den nach der Flanke abgeschwenkten Eskadronskolonnen.

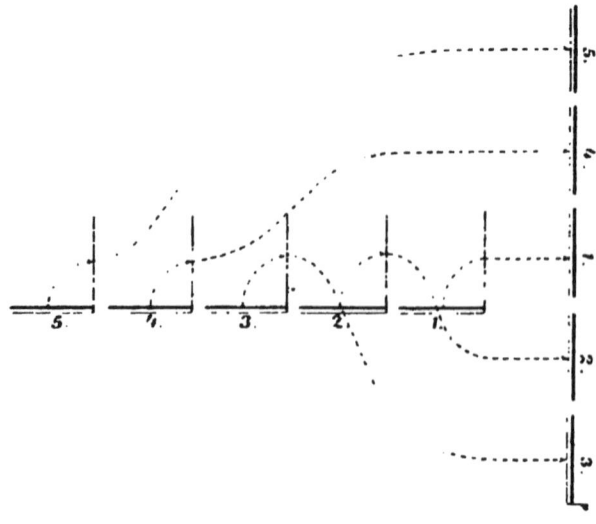

b. Nach der ursprünglichen Front: Man schwenkt mit Zügen Front und marschirt in Eskadrons auf oder man schwenkt mit Es=kadrons ein.

3) Aus den nach der halben Flanke abgeschwenkten Eska=bronskolonnen. Geschieht wie unter 2, nachdem durch Aufmarsch in den Eskadrons die Halbkolonne in Eskadrons hergestellt wird.

4) Aus der Regimentskolonne nach der Front

a. nach vorwärts durch Aufmarsch nach vorangegangenem Aus=ein=anderziehen in Eskadronskolonnen;

b. nach der Flanke. Der Regimentsführer reitet nach der neuen Frontseite, nach welcher die betreffende Flügeleskadron sofort einschwenkt; die anderen Eskadrons werden in Zugkolonne weiter=geführt und durch Einschwenken auf ihren Platz gebracht.

5) Aus der nach der Flanke abgeschwenkten Regiments=kolonne. (Abbild. 30.) Die vorderste Eskadron macht Halt, bleibt halten oder fällt in Schritt, die übrigen schwenken mit Zügen seitwärts (auf Signal nach beiden Seiten) ab und verfahren wie unter 4b.

Abbild. 30.

Herstellen der Linie aus der nach der rechten Flanke abgeschwenkten Regimentskolonne.

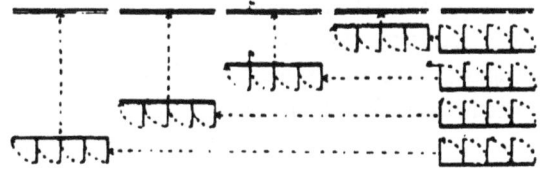

6) Aus der Zug= oder der Halbkolonne

a. durch Einschwenken;

b. durch Aufmarsch aus der Zugkolonne derart, daß die vorderste Eskadron sofort nach beiden Seiten sich in Linie entwickelt, während die anderen Eskadrons so lange in Zugkolonne nach vorwärts seitwärts geführt werden, bis aufmarschirt werden kann, worauf geradeaus in die Gesammtlinie eingerückt wird.

7) Aus den Marschkolonnen

a. nach vorwärts: Es wird zunächst zur Zugkolonne aufmarschirt und aus dieser die Linie hergestellt;

b. nach der Flanke: durch Einschwenken der einzelnen Abmärsche. Grundsatz ist, daß jede Eskadron erst geschlossen in sich sein muß, bevor an die Richtungseskadron herangegangen wird.

Gefecht.

n. Kennzeichnung des Kavalleriegefechts.

Die besonderen Eigenthümlichkeiten des Reitergefechts beruhen auf der Natur, den Tugenden und den Mängeln des Pferdes.

Das Pferd ist durch seine Schnelligkeit, die Wucht seiner Masse, sein leicht erregbares Wesen besonders geeignet zum Anlauf gegen den Feind. Dagegen ist es wenig brauchbar zu einem unthätigen Ausharren im feind-lichen Feuer, und unwillig erträgt es den Schuß des eigenen Reiters.*)

Der eigentliche und einzige Grundzug des Kavalleriekampfes liegt daher, wie schon in der allgemeinen Kennzeichnung dieser Waffe hervor-gehoben wurde, im Angriffe mit der blanken Waffe. Die Befähigung zum Feuergefecht ist eine sehr geringe, und da außerdem eine Benutzung des Bodens, wie sie beim Feuergefecht der Infanterie stattfindet, seitens des Reiters nicht ausführbar ist, so ist diese Waffe zur Behauptung und zum Festhalten eines Gegenstandes überhaupt nicht geeignet. Sie ist, sofern sie kämpfen will, genöthigt, anzugreifen.**)

In einem Gelände, bezw. in einer Gefechtslage, welche die Attacke ausschließen, ist die Kavallerie wehrlos, es sei denn, daß sie absteigt und ein Infanteriegefecht führt.

Sie kann im Gefecht der drei Waffen sehr wohl durch raschen Anlauf in eine. feindliche Stellung eindringen, Theile derselben überschwemmen, Batterien wegnehmen, aber sie ist nicht im Stande, diese errungenen Vor-theile auch in nachhaltiger Vertheidigung zu behaupten.

Obwohl die geschlossene Form die Hauptgefechtsform der Kavallerie ist, so hat dennoch das Reitergefecht eine starke auflösende Kraft, denn die wirklich durchgeführte Attacke führt zum Handgemenge. Jede Abtheilung, welche gegen den Feind losgelassen wird, ist für einige Zeit aus der Hand gegeben und schwebt, während der ganzen Gefechtsthätigkeit, fortwährend zwischen den beiden Gegensätzen des glänzenden Sieges und der gänzlichen Niederlage.

---

*) Durch frühzeitige und unausgesetzte Gewöhnung kann das Pferd wohl so weit gebracht werden, daß es beim Schusse steht, aber nicht, daß es ruhig genug steht, um ein sorgfältiges Zielen des Reiters zu gestatten.

**) Friedrich der Große, der es verstanden hat, durch den Geist des rücksichts-losesten Draufgehens seine Kavallerie zu Thaten zu führen, welche einzig und unerreicht in der Geschichte dastehen, sagt in seiner Instruktion für die Generale in seiner ihm eigenthümlichen Sprechweise:

„Es verbietet der König hierdurch allen seinen Offiziers von der Kavallerie bei infamer Kassation, sich ihr Tage nicht in keiner Aktion vom Feinde attackiren zu lassen; sondern die Preußen sollen allemal den Feind attackiren."

Daraus erklärt sich zur Genüge der schnelle, schlagartige Verlauf und das Bewegliche der Reiterkämpfe.

Die Kavallerie ist die Waffe des Wagens. Während die Infanterie in ihrem Gefecht durch die Verbindung des Feuers mit der blanken Waffe ein Mittel findet, ihre guten Karten nur allmählich und je nach der Lage des Gefechts mit größerem oder geringerem Nachdruck auszuspielen, ist die Attacke der Kavallerie immer ein Spiel va banque.

o. Allgemeines über das Verhalten der Kavallerie auf dem Gefechtsfelde und über die Attacke.

1. Das Verhalten auf dem Gefechtsfelde außerhalb der Attacke.

Da die Augenblicke für eine günstige Attacke in der Regel von kurzer Dauer sind und Ueberraschung eine der wesentlichsten Vorbedingungen des Erfolges der Kavallerie bildet, so muß jede Aufstellung und jede Bewegung darauf gerichtet sein, einerseits schnell und nach den verschiedenen möglichen Angriffsrichtungen zur Attacke übergehen zu können, andererseits, auch außerhalb des feindlichen Feuers, möglichst verdeckt zu bleiben.*)

Außerhalb des feindlichen Feuers und Attackenbereichs steht und bewegt sich die Kavallerie in der Versammlungsform, innerhalb desselben in derjenigen Bewegungsform, welche die schnellste Entwickelung nach der bedrohten, aber auch nach jeder anderen Seite ermöglicht.

Selbst bei der größten Gefechtsbereitschaft würde man einem überraschenden Anfalle, besonders von seitwärts, nicht gewachsen sein. Daher gilt es als Grundsatz, daß jede vor dem Feinde sich befindende Kavallerieabtheilung, welche nicht durch andere Truppen geschützt ist, seitlich wie auch nach jeder anderen gefährdeten Richtung durch Patrouillen dauernd sich zu sichern hat.

[214. 305.] Diese **Gefechtspatrouillen** sollen beobachten, indem sie die zu sichernde Abtheilung begleiten, und Meldung erstatten, wenn die Abtheilung bedroht erscheint, oder wenn sie eine günstige Gelegenheit zum

---

*) Taf. I, Bild 3. Gedeckte Aufstellung des Husaren-Regiments zum Schutze der Flanken und zur Aufklärung. Bild 4. Annäherung an den entscheidenden Punkt (1. Hus.) und Eingreifen gegen die Flanke vorstoßender feindlicher Infanterie (2., 3., 4. Hus.) Bild 4 und 5. Die 1. Esk. steht gedeckt bereit, im günstigen Augenblicke durch die Feuerlinien der Infanterie vorzubrechen. — Taf. II, Bild 2b. Nachdem der linke Flügel des Feindes als der Angriffsflügel erkannt ist, geht das Husaren-Regiment beschleunigt durch den Wald östlich Roncourt und gewinnt am Nordrande desselben eine gedeckte Aufstellung, aus welcher von seitwärts ein überraschender Anfall des Angreifers möglich ist (Bild 3).

Angriffe in das Gefecht gekommen glauben. Sie setzen die Beobachtung auch während einer etwaigen Attacke fort. Sie bestehen aus 2—3 Mann und werden bei einer Eskadron von gewandten Unteroffizieren oder Gefreiten, bei größeren Kavallerieabtheilungen von Offizieren geführt.

Die Führung einer selbständigen Kavallerieabtheilung im Gefecht ist bei den schnell verlaufenden Bewegungen, bei der Kürze der sich bietenden günstigen Zeitpunkte eine schwierige Aufgabe. Der Führer muß einerseits seinen Aufenthaltsort derart wählen, daß er fortwährend zu beobachten im Stande ist, andererseits die Truppe derart gedeckt zur Hand haben, daß sie im gegebenen Augenblick vorbrechen kann. Schnelligkeit des Blickes, Kühnheit des Entschlusses und Unaufhaltsamkeit der Ausführung sind die unentbehrlichsten Eigenschaften der Kavallerieführung.

2. Die Attacke.

Die Attacke der Kavallerie kann in geschlossener oder geöffneter Ordnung stattfinden.

Die geschlossene Attacke, in welcher allein die Stoßkraft voll zur Geltung gebracht werden kann, ist die gebräuchliche Form und wird stets angewendet, wo es gilt, einen Gegner auseinanderzusprengen und niederzureiten: zum Angriffe auf Kavallerie und auf geschlossene Infanterie. Besonders im Reiterkampfe ist eine selbst kleine geschlossene Abtheilung einem aufgelösten Schwarm stets überlegen.

In der geöffneten Attacke verzichtet man auf Stoßkraft, hat dagegen den Vortheil größerer Schnelligkeit und geringerer Verluste durch feindliches Feuer. Man wendet sie an beim Angriffe auf Artillerie und auf zerstreute Infanterie; auch ist sie Verfolgungsform gegen alle drei Waffen.

Die einzige Form für die geschlossene Attacke ist nach den Ausführungen des Abschnitts b. die Linie. Die geöffnete Attacke (eingliedrige Form f. s. 2) geht zwar auch in der Regel aus der Linie hervor, findet jedoch derart statt, daß jeder Reiter ohne Rücksicht auf Richtung und Rangirung in schnellster Gangart den Feind zu erreichen sucht, wobei nur das Bestreben, möglichst in gleicher Höhe zu bleiben, die einzige auf die Uebrigen zu nehmende Rücksicht ist. Auch hierbei ist aber anzustreben, daß die Züge leitungsfähig bleiben. Eine geöffnete Attacke aus der Kolonne ist zwar auch möglich und im Falle größter Eile anwendbar, büßt jedoch dem feindlichen Feuer gegenüber den Vortheil eines lichten, breiten und seichten Zieles ein.

Die wesentlichsten Gesichtspunkte, welche für den Erfolg einer Attacke maßgebend sind, bestehen in Folgendem:

α. Der Ausgang einer Attacke wie der eines jeden Kampfes, im Besonderen eines solchen mit der blanken Waffe, hängt in erster Linie von dem **Geiste der Truppe und der Führung** ab. Alles Uebrige tritt in zweite Linie.

Der Geist der Truppe äußert sich einerseits in der Mannszucht, welche unter allen Umständen die Mannschaft geordnet zusammenhält und dem Beispiele der Offiziere nachtreibt, andererseits in dem echten Reitergeiste, der keine Müdigkeit und keine Hindernisse kennt, die Stärke des Feindes nicht rechnet, jedem Befehle zur Attacke in der Brust jedes Reiters einen jauchzenden Wiederhall bereitet.

Der Geist der Führung offenbart sich in dem Wahlspruch: „Erst wägen, dann wagen." Die Offiziere müssen das jedem Reiter sichtbare Beispiel geben. Sie müssen auf flotten Pferden der Truppe voranreiten in den Feind, haben daher auch nach dem deutschen Reglement ihren Platz stets vor ihrer Abtheilung.

β. Der zweitwichtigste Gesichtspunkt für den Ausgang der Attacke ist die **Möglichkeit der Ueberraschung**: gedeckte Aufstellungen und Bewegungen, Täuschung des Gegners, plötzliches Erscheinen und blitzeschnelle Ausführung der Attacke.

Doch hat bei der geschlossenen Attacke die Schnelligkeit eine Grenze durch die Anforderung der Ordnung und größter **Geschlossenheit.** Ein sofortiges Losreiten in schnellster Gangart würde bald einen wilden Schwarm erzeugen. Der verstärkte Galopp darf daher nur im letzten Augenblicke, kurz vor dem eigentlichen Einbruche begonnen werden, so daß noch Kräfte der Pferde für die etwaige Verfolgung übrig bleiben. Die Attacke in Linie muß daher, vom Trabe zum Galopp allmählich übergehend, ruhig entwickelt und mit steigend wachsender Schnelligkeit fortgeführt, den Eindruck eines anfänglich zurückgehaltenen, im letzten Augenblick aber mit voller Wucht losgelassenen Kraftüberschusses hervorbringen.

γ. Von hoher Bedeutung ist das Bestreben, die schwache Seite, die **Flanke** des Gegners zu gewinnen. Ist ein Flankenangriff noch mit Ueberraschung verbunden, so ist der Erfolg gewiß. Befindet man sich der feindlichen Front gegenüber und ist man nicht in der Lage, die Flanke durch gewandte Bewegungen vor der Attacke zu gewinnen, so soll man doch immer versuchen, dadurch, daß Flügelabtheilungen oder zurückgehaltene Kräfte entweder vorher oder während der Attacke seitwärts herausgezogen werden, wenigstens mit einem Theile der Kräfte den Feind seitlich anzufallen. So sehr man aber auf Angriff der feindlichen Flanke hingewiesen ist, so sehr hat man an den Schutz der eigenen zu denken.

Es ist schon hervorgehoben, in welch hohem Grade die Reiterthätigkeit vom **Boden** abhängig ist. Die Beschaffenheit des letzteren kann die Attacke, besonders die geschlossene, unmöglich machen. Daraus darf nicht gefolgert werden, daß die Kavallerie ängstlich sein soll in Bezug auf das Gelände. Aber es ist Sache der Führung, jedesmal die Gunst des Geländes herauszufinden und sich zu sichern. Vor allen Dingen muß die Truppe durch rechtzeitige Aufklärung des Attackenfeldes davor bewahrt werden, daß sie unerwartet auf größere Hindernisse (Hohlwege, breite Gräben, Wasserläufe) stößt.*)

[212. 305.] δ. Zu diesem Zwecke schreibt das Reglement vor, daß jede Truppe, welche sich in Gefechtsbereitschaft setzt, **Aufklärer** voraussendet. Es sind dies einige besonders findige Leute (Einjährig-Freiwillige), bei der einzelnen Eskadron zwei, von einem Unteroffizier geführt, beim Regiment etwa 4—5 unter einem Offizier. Sie reiten im Galopp so weit vor, als es die mit der Truppe zu haltende Augen-Verbindung gestattet; bei unübersichtlichem Gelände muß unter Umständen ein Verbindungsreiter zwischen ihnen und der Truppe reiten. Die Aufklärer theilen durch verabredete Zeichen (Stellung des Pferdes, Bewegungen mit der Lanze) das Vorhandensein von Hindernissen, ob und wo sie am besten zu überschreiten sind, mit und holen dann durch schnellere Gangart den Aufenthalt wieder ein. Sie suchen möglichst über Bewegungen beim Feinde Meldung zu machen und hängen sich, die Front freimachend, bei der Attacke an die Flügel an.

ε. Ein besonderer, die Führung von Kavallerieattacken sehr erschwerender Umstand ist die **rechtzeitige Herstellung der Linie**; sie erfordert einen schnellen und sicheren soldatischen Blick. Die Linie soll erst dann hergestellt werden, wenn die Richtung der Attacke klar ausgesprochen ist, bei feindlichem Artilleriefeuer unter Umständen auch früher. Geschieht der Aufmarsch feindlicher Kavallerie gegenüber zu früh, so daß der Gegner noch Zeit hat, in Kolonne Bewegungen zu machen, so kann letzterer in dieser gewandteren Formation uns Vortheile abgewinnen, unsere Attackenrichtung wird eine falsche. Wird die Linie zu spät hergestellt, so überrascht uns der Feind in dem Augenblicke hastigen und ungeordneten Aufmarsches; der Mißerfolg ist sicher.

---

*) Das vierte Husaren-Regiment ritt bei Königgrätz gegen die österreichischen Palffy-Husaren an, welche einige Hundert Schritt hinter einem tiefen Hohlwege standen. Der als Aufklärer vorausreitende Offizier stürzte bei Ueberwindung des Hohlweges, was wegen des hohen Getreides nicht bemerkt wurde, und die Attacke scheiterte vollständig an diesem Hinderniß, in welchem ein großer Theil des Regiments liegen blieb.

ζ. Die letzte Bedingung des Erfolges, welche besonders geeignet ist, im Gefecht gegen Kavallerie den schließlichen Ausschlag zu geben, ist die Möglichkeit, mit **zurückgehaltenen Kräften** in das Gefecht einzugreifen.

Während die einzelne Eskadron zweckmäßig ihre ganze Kraft auf einmal einsetzen wird, bedienen sich größere Kavalleriekörper, wenn sie selbständig auftreten, der Gliederung in 2 bis 3 Treffen.

Es hat hierbei das zweite Treffen folgende Aufgaben:

1) es soll den Frontangriff des ersten durch Flankenangriff unterstützen; ein starkes zweites Treffen verwendet dazu in der Regel nur einen Theil der Kräfte (der aber rechtzeitig eintreffen und derartig bemessen sein muß, daß der Erfolg möglichst sicher gestellt ist) und behält den anderen für die folgenden Aufgaben zurück;

2) es soll die Flanke des ersten decken, indem es feindlichen Umfassungen und Ueberflügelungen entgegentritt;

3) es soll das erste Treffen aufnehmen, wenn letzteres von mißlungener Attacke zurückkehrt, ohne vom Feinde verfolgt zu sein — indem es das Sammeln desselben deckt; es soll das erste Treffen vom Feinde befreien, wenn dasselbe geworfen ist und verfolgt wird, — indem es durch Flankenangriff den verfolgenden Feind aufhält;

4) es soll in besonderen Fällen, wenn die Frontbreite des ersten Treffens ungenügend ist, das letztere mit einem Theile der Kräfte verlängern.

Da bei Erfüllung dieser Aufgaben das Eingreifen des zweiten Treffens stets auf dem Flügel des ersten stattfindet, so folgt dasselbe — auch bei den der Attacke vorhergehenden Bewegungen — auf Treffenabstand, 250 Schritt, seitwärts rückwärts. Da die Richtung seines Eingreifens bei Beginn der Attacke noch nicht feststeht, so befindet es sich meist in Regiments- oder Brigadekolonne und setzt sich in Gefechtsbereitschaft (Eskadronskolonnen) spätestens, wenn das erste Treffen zur Linie aufmarschirt.

Ein bei größeren Kavalleriekörpern (Brigaden, Divisionen) vorhandenes drittes Treffen dient vorab zur Aushülfe für unvorhergesehene Fälle und tritt später in alle Aufgaben des zweiten Treffens ein, wenn die Kräfte des letzteren verbraucht sind. Bis dahin befindet es sich in Regimentskolonne, etwa 400 Schritt vom ersten Treffen entfernt. Grundsatz ist, daß — wenn keine anderen Unterstützungen vorhanden — das dritte Treffen erst dann verausgabt werden darf, wenn der Führer den Augenblick der letzten Entscheidung gekommen glaubt.

Hieraus ist zu ersehen, daß auch für die Kavallerie die Nothwendigkeit, aus der Tiefe zu fechten, besteht. Jeder Zusammenstoß führt zum Hand= gemenge und für Sieger wie Besiegten zu einem Zustande völliger Schwäche gegen frisch und geschlossen eingreifende feindliche Kräfte. Bei den hin= und herwogenden Kavalleriegefechten giebt derjenige den sieg= reichen Ausschlag, der zuletzt noch zurückgehaltene Kräfte zu verwenden vermag. —

Wenn auch die vorgenannten Grundsätze für jede Attacke maßgebend sind, so ist doch die Bedeutung der einzelnen Gesichtspunkte eine größere oder geringere, je nachdem es sich um eine Attacke gegen Kavallerie, In= fanterie oder Artillerie handelt.

[350.] Beim **Kampfe mit Kavallerie** ist die Geschlossenheit und Ordnung, der Stoß des Angriffs, ferner die Gewandtheit im Herankommen an den Feind, das Abgewinnen der Flanke und das Kämpfen aus der Tiefe zu betonen. Die nähere Ausführung der Attacke richtet sich nach den Ver= hältnissen beim Gegner. Ist dieser schon aufmarschirt, so wird man die Kräfte der Pferde aufsparen bis zum letzten Ansturm und möglichst lange im Trabe bleiben, während bei einem noch nicht entwickelten Feinde, wo es darauf ankommt, diesen Zustand der **Schwäche**, bevor er vorüber, schleunigst auszunutzen, schon früh mit dem Galopp zu beginnen sein wird.

Die Gesichtspunkte für den Kampf gegen die anderen Waffen werden in Folgendem behandelt.

P. Die Gefechtsverhältnisse der Kavallerie gegen Infanterie.
[351.]

Die Aussichten für eine Attacke der Kavallerie gegen Infanterie sind im dritten Abschnitt unter o. S. 57 besprochen. Auf lohnenden Erfolg ist nur dann zu rechnen, wenn die Infanterie kampfesmüde und zerrüttet oder wenn sie überrascht ist.*)

Attackengelegenheiten, welche durch derartige Verhältnisse herbeigeführt werden, sind im Gefecht der drei Waffen wohl vorhanden, aber die Gunst des Augenblicks ist sehr kurz, muß entschlossen und schnell benutzt werden. Man kann behaupten, daß der Erfolg einer Attacke gegen Infanterie

*) In der Schlacht von Custozza 1866 brachen 3 Züge österreichischer Ulanen unter Rittmeister Bechtoldsheim, in überraschender Attacke die Gefechtslinien der im Kampf befindlichen italienischen Brigade Pisa durchreitend, in die Marschkolonne der dahinter vorrückenden Brigade Forli ein, welche, in den größten Schrecken versetzt, in wilder Flucht sich auflöste. Nur ein Bataillon derselben blieb nothdürftig geschlossen. Die Brigade war für diesen Tag außer Gefecht gesetzt.

wesentlich, ja beinahe ganz allein von dem Erfassen und dem schnellsten Benutzen des Augenblicks abhängt, daß dagegen alle übrigen Verhältnisse, selbst die Stärkeverhältnisse und die Form der Attacke, zurücktreten.

Die beste Form ist im Allgemeinen die, welche die größte Schnelligkeit gestattet. Für die in erster Linie angreifenden Eskadrons wird sich in vielen Fällen die eingliedrige Attacke (s. s. 2) empfehlen.*)

Die Kavallerie wird aber nicht immer in der Lage sein, günstige Augenblicke abzuwarten. Sie wird sich manches Mal genöthigt sehen, zu attackiren, auch wenn eine erfolgverheißende Lage nicht vorhanden ist; sei es, daß es gilt, einen gefährlich vordringenden Gegner um jeden Preis festzuhalten,**) sei es, daß das Feuer der Infanterie von verschiedenen Punkten abgezogen werden soll, sei es, daß die Infanterie nur genöthigt werden soll, in unserem wirksamsten Feuer Halt zu machen und sich der vernichtenden Wirkung des Letzteren preiszugeben.***) †)

Für alle solche Aufgaben ist der Grundsatz der stückweise nacheinander und aus verschiedenen Richtungen unternommenen Attacken der vortheilhafteste.††) Dadurch hat man noch am ehesten Aussicht, die Infanterie außer Fassung zu bringen, auch gewinnt man Zeit. Zu einem reinen Scheinangriff benutzt man am besten die geöffnete Form; hat man dagegen die Hoffnung auf Erfolg nicht bei Seite gelegt, so wird man geschlossene Infanterie geschlossen und zwar in Staffeln angreifen, deren Abstand von einander etwa 200 Schritt beträgt (siehe s. 1. dieses Abschnittes). Die rückwärtigen Staffeln läßt man dabei den vorderen verdeckt folgen, bis die Richtung für ihr zusammenwirkendes Eingreifen gegeben ist. Sie führen dann ihren Stoß gegen diejenigen Widerstandstheile, welche von den vorderen Staffeln nicht überwältigt werden konnten, oder wenden sich, wenn die

---

*) Taf. I, Bild 4. — 2 Züge 2. Huf. Taf. II, Bild 3. — 1. Huf.

**) Lange Attacke der Brigade Bredow und Todesritt des 1. Garde-Dragoner-Regiments bei Mars la Tour 16. August 1870.

***) In dem Treffen bei Nachod 1866 wurden österreichische Jäger, welche aus dem Wäldchen von Wenzelsberg gegen die letzte Aufstellung der preußischen Avantgarde zum Angriffe vorgingen, zuerst durch den Angriff von Theilen des 8. Dragoner-Regiments zum Halten und Viereckbilden im wirksamsten Feuer genöthigt, dann, nachdem sie durch das Feuer stark gelitten hatten, in wiederholter Attacke zersprengt und nach dem Wäldchen zurückgeworfen.

†) Die Attacken Taf. I, Bild 4 und Taf. II, Bild 3 werden, auch wenn sie keinen unmittelbaren Erfolg haben, immer das erzielen, daß die feindliche Infanterie Halt machen, sich nach der Flanke entwickeln und sich unserem wirksamsten Feuer preisgeben muß. Stark erschüttert, wird sie dann leicht dem Stoße unserer zum Sturm anlaufenden Infanterie oder einer erneuten Attacke der zurückgehaltenen, geschlossenen Eskadrons erliegen.

††) Taf. I, Bild 4. Taf. II, Bild 3.

feindliche Infanterie sich niederwirft, gegen diejenige Abtheilung, welche durchritten wurde. Jede Eskadron handelt hierbei selbständig. Ist das Gelände nicht besonders günstig für gedeckte Annäherung, so wird aus größerer Entfernung vom Feinde (800 Schritt und mehr) der Attacken=galopp schon zu beginnen haben. Den Pferden darf um so eher etwas zugemuthet werden, als hier ihre Kräfte für unmittelbare Verfolgung des Feindes nicht aufgespart zu werden brauchen.

q. Gefechtsverhältnisse gegen Artillerie.

[352.]

Befindet sich die Kavallerie ohne vorläufige Absicht des An= griffs im Artilleriefeuer, so muß sie die Schutzmittel der Deckung oder der Bewegung — wobei ihre Schnelligkeit von besonderem Vortheile ist — auch das Mittel der Verkleinerung der Ziele nach Breite (Eskadrons= kolonnen) oder nach Tiefe (Linie) ausnutzen. Es liegt in der Natur des Pferdes, daß ungedecktes Stillhalten im Artilleriefeuer für die Kavallerie besonders verderblich ist.

Der Angriff auf Artillerie*) unterliegt in Bezug auf Aussicht des Gelingens ähnlichen Gesichtspunkten wie der gegen Infanterie. Die Vor= bedingungen sind augenblickliche Schwäche oder Ueberraschung der Artillerie. Solche Fälle treten hauptsächlich dann ein:

1) wenn die Artillerie stark gelitten hat;
2) wenn der Angriff überraschend gegen Flanke und Rücken statt= finden kann;
3) wenn die Batterien in dem Augenblicke des Ab= und Aufprotzens erreicht werden können;
4) wenn die Artillerie in der Bewegung sich befindet und nach der Gefechtslage keine Zeit hat, gegen die Attacke vor dem Einbruch sich geordnet ins Feuer zu setzen.

Doch muß in allen solchen Fällen eine etwa vorhandene Bedeckung gleichzeitig und durch besondere Kräfte angegriffen und überwunden werden. Der geschlossene Hauptangriff erfolgt auch hier möglichst gegen die Flügel, während zur Ablenkung des Feuers die eingliedrige Form (s. 2), einzelne Eskadrons auf 250 bis 300 Schritt geschlossen folgend, möglichst gegen die ganze Breite der feindlichen Artilleriestellung zur Anwendung kommt.

----

*) Das glänzendste Beispiel der neuesten Zeit ist die Attacke der 5. preußischen Kürassiere gegen die österreichische Artillerie bei Tobitschau 15. Juli 1866, wobei 18 Geschütze, 15 Protzen, 7 Munitionswagen genommen, 20 Offiziere und 180 Mann zu Gefangenen gemacht wurden.

Gestatten Gelände und Gefechtsverhältnisse den Angriff nur in der Front, so wird, wenn hierbei auch ein verdecktes Vorgehen nicht möglich, unter frühzeitiger Entwickelung eines ausgiebigen, an Schnelligkeit wachsenden Galopps die Attacke derartig ausgeführt, daß den letzterwähnten zwei Treffen noch ein drittes folgt mit der Aufgabe, sich gegen etwaige, als Bedeckung auftretende feindliche Kavallerie zu wenden.

Gelingt der Einbruch, so müssen zuerst Geschütze und Wagen zurück= geschafft (Fouragirleinen) oder unbrauchbar gemacht werden, denn ein Besetzen und Vertheidigen derselben gegen feindliche Gegenangriffe ist der Kavallerie nicht eigenthümlich. Der größte Theil der Reiter muß sofort gesammelt werden, um feindlichen Anstrengungen zur Wiedernahme zu be= gegnen.

r. Verfolgung und Sammeln.
[207 bis 209. 302 bis 323.]

Die Kavallerie ist die eigentliche Verfolgungswaffe. Sie hat das Endziel der Attacke nicht schon in dem siegreichen Zusammenstoße, sondern nur in einer energisch durchgeführten, lang andauernden Verfolgung zu er= blicken. Die hauptsächlichen Verluste des Gegners an Kampfunfähigen und Gefangenen treten erst mit der scharf verfolgten Flucht ein. Gelingt es dabei, den fliehenden Feind gegen ein Hinderniß oder schwieriges Gelände (Hohlwege, Wasserlauf, Dorf, Wald, Hecken u. s. w.) zu werfen, so wird seine Niederlage vergrößert. Wirft man ihn auf andere Truppen, so hat man Aussicht, in der Verfolgung gleichzeitig auch diese ohne schweren Kampf zu zersprengen und den Schrecken über große Theile des Gefechts= feldes zu verbreiten.*)

Die einzige Verfolgungsform ist die geöffnete. Aber sie birgt große Gefahren gegenüber neu erscheinenden, geschlossenen feindlichen Kräften, darf daher niemals ohne einen Rückhalt angewendet werden.
[207.] Nach dem Reglement soll möglichst versucht werden, nach erfolg= reicher Attacke schnell diejenigen Abtheilungen zu sammeln, welche dem Feinde nicht unmittelbar an der Klinge sind.

Im Uebrigen ist eine Verfolgung nur gerathen, wenn das Eingreifen frischer Kräfte des Gegners nicht in Aussicht steht, oder wenn man den= selben mit eigenen zurückgehaltenen Abtheilungen überlegen entgegentreten kann. Vor allen Dingen darf ein geschlossen zurückgehender, dem Zu=

---

*) Bei Mars la Tour wurden durch die Brigade Bredow mehrere französische Infanterielinien durchritten.

sammenstoße ausweichender Gegner nicht zu hitzig und nur mit einem sehr geringen Bruchtheile in aufgelöster Form verfolgt werden (vergl. s. 3. „Nach= hauen").*)

[105. 169. 223.] Das schnelle Sammeln sowohl aus dem Hand= gemenge wie aus der geöffneten Attacke und der Verfolgung ist von der höchsten Wichtigkeit. Obgleich es nur darauf ankommt, daß schnell eine geschlossene zweigliedrige Linie ohne Rücksicht auf Rangirung gebildet wird, so ist dieses Herauslösen der Truppe aus dem Handgemenge wie aus der Verfolgung doch außerordentlich schwer.

Man unterscheidet ein Vorwärts= und ein Rückwärtssammeln. Das Vorwärtssammeln findet bei den vordersten Pferden hinter dem Führer statt. Beim Rückwärtssammeln geht die Truppe, wenn nicht anders befohlen, in der Richtung, woher sie gekommen, und in schnellster Gangart, nachdem jeder Reiter linksum Kehrt gewendet, aufgelöst zurück. Auf Signal „Front" macht Jeder eine Linksum=Kehrtwendung, und sammelt sich Alles möglichst schnell auf „Regimentsruf" in zwei Gliedern hinter dem Führer.

8. Die reglementarischen Attackenformen.
[198 bis 208.]
1. Die (geschlossene) Attacke.

Die Attacke in Linie ist eine gegen den Feind gerichtete, mit wachsender Schnelligkeit ausgeführte Bewegung.

Der bei Einübung der Attacke auf dem Exerzirplatz zurückzulegende Raum wird in der Regel etwa 1500 Schritt betragen, wovon 800 Schritt auf das Anreiten im Schritt und auf den sofort beginnenden Trab, 600 Schritt auf den Galopp und 100 Schritt auf den verstärkten Galopp kommen.

Auch in schnellster Gangart muß die Truppe im Stande sein, die Attackenrichtung zu ändern. Die Glieder bleiben fest geschlossen, jeder Reiter behauptet seinen Platz.

Auf die Ankündigung: „Zur Attacke" wird die Lanze gefällt; der Einbruch geschieht unter Hurrahrufen.

[164.] Wenn eine aus mehreren Eskadrons bestehende Linie nicht gleich= zeitig, sondern eskadronsweise nacheinander folgend die Attacke ausführt, so

---

*) Die Maßregel, eine überlegen attackirende feindliche Kavallerie durch verstellte Flucht (geschlossenes Zurückgehen) zu übereilter, zerstreuter Verfolgung zu verleiten, um dann Front zu schwenken und unter günstigen Verhältnissen zu attackiren, ist mehrmals mit Glück versucht worden. Das berühmteste Beispiel ist die Katzelersche Attacke auf dem Rückzuge von Rheims 1814.

entsteht die **Staffelattacke.** Dieselbe geht entweder aus der Gesammtlinie als beabsichtigte Attackenform hervor, oder sie entsteht durch die **Entwickelung** aus einem Engwege, bei Entwickelung nach der Flanke und dergl. Im ersteren Falle können die Staffeln rechts oder links oder auf den beiden Seiten überragend, auf einem oder beiden Flügeln einander folgen (vergl. Zweiter Abschnitt, b); ihr Abstand beträgt etwa 100 Schritt.

Bei einer eiligen Attackenentwickelung aus einem Engwege oder aus gedrängter Form entstehen die Staffeln dadurch, daß die vorderste Eskadron, sowie sie aufmarschirt ist, attackirt, die anderen, wie sie anlangen, sich seitwärts entwickeln und, selbständig ins Gefecht eingreifend, die Attacke mitmachen (vergl. m. 6 b).

Abgesehen von dem letzteren Falle der Unvermeidlichkeit wird die Staffelattacke der Regel nach nur zum Angriffe gegen geschlossene Infanterie verwendet.

2. Die eingliedrige Form.
[203.]

Zur Einnahme der eingliedrigen Form zieht sich das erste Glied von der Mitte aus mit einem Zwischenraume von 1 bis 3 Schritt, je nach Kommando, zwischen den einzelnen Reitern auseinander; diejenigen des zweiten Gliedes setzen sich hierauf links neben ihren Vordermann. Fühlung ist nach der Mitte der Züge, welche sich, um leitungsfähig zu bleiben, genau hinter ihren Führern halten müssen. (Ueber ihre Anwendung vergl. o. 2, p. und q.)

3. Das Nachhauen.
[205.]

Das Nachhauen wird angewendet, wenn der Feind die Attacke nicht annimmt. Die zum Nachhauen bestimmte Abtheilung verfolgt, ohne auf bisherige Rangirung oder Richtung Rücksicht zu nehmen, mit größtmöglicher Schnelligkeit den Gegner und sucht dessen ausweichende Bewegung in eine fluchtartige zu verwandeln. Das Sammeln geschieht in der in Abschnitt r. beschriebenen Weise.

[231.] Die Standarte zieht beim Vorgehen zur Attacke ins zweite Glied zurück. Sie betheiligt sich weder beim Nachhauen noch bei der Verfolgung, hat vielmehr schnellstens eine geschlossene Abtheilung aufzusuchen und sich ihr anzuschließen. Ist eine solche nicht vorhanden, so hat der Führer des Standartenzuges zurückzubleiben und schnell einen geschlossenen Trupp um die Standarte zu sammeln.

t. Die Kavallerie-Brigade.

[306—323.]

[306.] Die Kavallerie=Brigade besteht in der Regel aus zwei Regimentern. Für ihre Aufgaben als selbständiger Körper (wobei ihr auch meist eine reitende Batterie beigegeben wird) als auch für ihre Verwendung als Treffen einer Kavallerie=Division wird sie in den nachstehend bildlich dar= gestellten Formen ausgebildet.

Abbild. 31.
Die Formen einer Kavallerie=Brigade.
Brigade in Linie.

Brigade in Eskadronskolonnen.

< 3 Zugbr. 16" >

Brigade in Brigade=
kolonne.

Brigade in Doppelkolonne.

(Versammlungsform.)

Brigade in Regiments=
kolonnen.

7*

Abstände und Zwischenräume sind aus den Abbildungen ersichtlich. Bei der Brigade in Zugkolonne beträgt der Abstand der Regimenter eine Zugbreite 15 Schritt, bei den Marschkolonnen 10 Schritt.

[320—322.] Die Richtung ist, wenn sich die Regimenter nebeneinander befinden, stets nach der rechten Flügeleskadron des zweiten Regiments (vom rechten Flügel der Brigade gemessen), sofern vom Brigadeführer keine andere als Richtungseskadron bestimmt wird.

Bei sämmtlichen Entwickelungen aus der Tiefe nimmt das vordere Regiment sofort die befohlene Form an; bei dem anderen geschieht dies erst, nachdem es in sein Verhältniß vorgeführt wurde. Grundsätzlich entwickelt sich das vordere Regiment links, das hintere rechts und wird demgemäß auch nach rechts vorgezogen.

Alle größeren Veränderungen der Marschrichtung werden nach den fürs Regiment geltenden Vorschriften ausgeführt; kleinere Veränderungen nimmt zunächst die Richtungseskadron auf, worauf die übrigen sich mit Tempo und Gangart entsprechend einzurichten haben.

Der Brigadekommandeur (bei ihm Brigadeadjutant, 2 bis 3 Ordonnanz= offiziere, 2 bis 3 Trompeter) hat seinen Platz 100 Schritt vor oder neben der Brigade, je nachdem die Entwickelung beabsichtigt ist. [317.]

Die Attacke der Brigade geschieht in den für das Regiment (s. o.) geltenden Formen, wobei, falls die Brigade selbständig auftritt, sie sich je nach ihrer Stärke und dem Gefechtszwecke in zwei bis drei Treffen gliedern wird. Ihre Verwendung als Glied einer Kavallerie=Division wird in dem folgenden Abschnitte behandelt.

u. Die Kavallerie-Division.
[324—352.]

[324.] Eine Kavallerie=Division setzt sich in der Regel aus drei Brigaden, einer Abtheilung zu zwei reitenden Batterien und einem Pionier=Detache= ment zusammen.

Ihre reglementarischen Formen sind in den nachstehenden Ab= bildungen wiedergegeben. Bei „der Division in dreifacher Zugkolonne", welche nicht dargestellt ist, befinden sich die Brigaden, jede in Zugkolonne, nebeneinander mit 6 Schritt Zwischenraum. [331.]

Für die Versammlung ist der Division keine besondere Form vor= geschrieben. Der Führer ordnet sie brigadeweise nach den Gelände= verhältnissen an.

Die Anwendung der verschiedenen Kolonnen richtet sich nach dem Ge= lände und der Entfernung vom Feinde. Je mehr man sich diesem nähert, desto mehr wird man die Kolonne zu Brigadekolonnen zu kürzen suchen, um schnell die Uebergangs= und Treffenformation einnehmen zu können. Es muß indeß von der Kavallerie=Division verlangt werden, daß sie im Stande ist, sich aus allen Formationen unmittelbar zum Gefecht zu ent= wickeln. [348.]

Die Marschform, die Marschrichtung so= wie die Bewegungs= schnelligkeit werden der vordersten Abtheilung vom Divisionsführer angegeben und hiernach von den übrigen Truppen ohne Weiteres aufgenommen. Bei Veränderungen der Marschrichtung folgen die hinteren Abtheilungen ohne Kommando durch Nach= reiten. Größere Front= veränderungen werden der Ersparniß an Zeit und Pferdekräften wegen zweck= mäßig mit Treffenwechsel verbunden.

Um aus der Ueber= gangsform die Treffenform einzunehmen, hat man nur ein ungefähres Verdoppeln der Tiefenabstände und ein Auseinanderziehen auf Ent= wickelungsraum nöthig. Es entsteht so die in Abbild. 33 wiedergegebene gebräuch= lichste Gefechtsgliederung

Abbild. 32.

Formen einer Kavallerie=Division.

Division in Brigade=
kolonnen.

Division in Regiments=
kolonnen.

Division in Uebergangsformation.

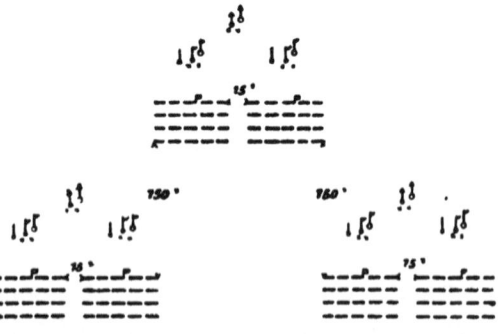

der Kavallerie=Division, wobei indeß zu betonen ist, daß die sich aus der Ordre de Bataille natürlich ergebende Dreigliederung keineswegs bindend ist. Ein für alle Fälle passendes Muster kann nicht gegeben werden; der Gefechtszweck und die Verhältnisse beim Feinde (Waffengattung, Gefechts= verfassung) werden jedesmal bestimmend sein.

In der Regel werden die Brigaden waffenweise (Dragoner, Husaren) zusammengestellt und mit dem Namen der Kommandeure bezeichnet. Als besonders geeignet für den Stoß finden die schweren Regimenter zweckmäßig im ersten Treffen Verwendung.

Abbild. 33.

Kavallerie=Division in entwickelter Treffen=Formation.

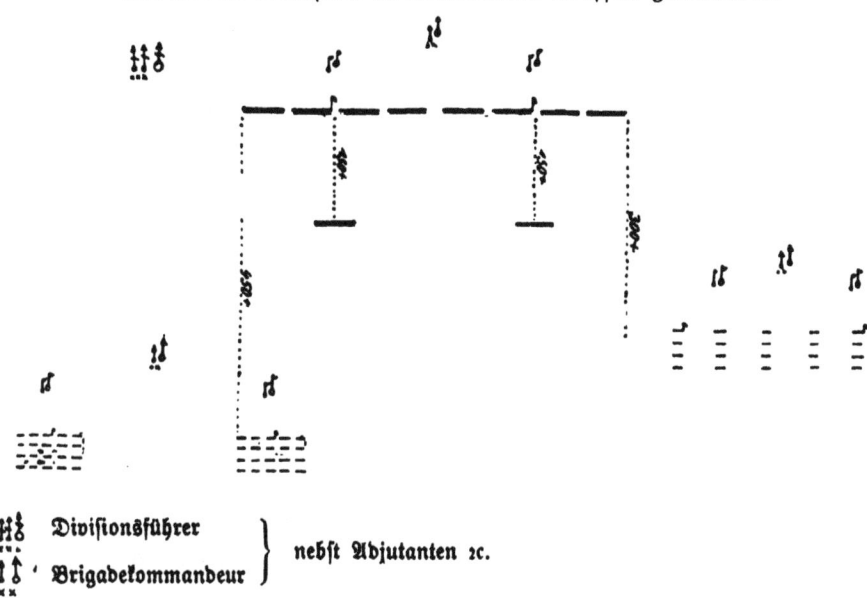

⚞ Divisionsführer

⚟ ' Brigadekommandeur } nebst Adjutanten 2c.

Grundsätzlich soll die Stärke desselben von Anfang an derartig bemessen werden, daß sein erster Anlauf schon die Wahrscheinlichkeit des Erfolges für sich hat, auch wenn hierdurch vielleicht die taktischen Verbände zerrissen würden. Mit Einnahme der Treffenformation zieht sich das erste Treffen zu Eskadronskolonnen auseinander, der Aufmarsch zur Linie erfolgt, wenn feindliche Artillerie nicht früher dazu nöthigt, in der Regel erst, nachdem die Angriffsrichtung genau bestimmt ist.

Der Zeitpunkt für die Entwickelung der hinteren Treffen richtet sich nach dem Gelände und den Gefechtsverhältnissen.

Der Befehl des Führers zur Einnahme der Treffenform regelt die Vertheilung der Brigaden auf die Treffen und bestimmt, ob die nicht im ersten Treffen befindlichen Truppentheile zusammen auf einem Flügel oder auf beide vertheilt oder hinter Mitte und Flügel als zweites Treffen folgen sollen, ferner ob, durch welche Brigade und an welchem Platze reitend ein drittes Treffen zu bilden ist.

Das zweite Treffen wird nur in seltenen Fällen hinter beiden Flügeln sich befinden. In der Regel sind beide Flügel der Division nicht in gleichem Grade gefährdet. Auch wird häufig das Gelände auf der einen Seite Umfassungsbewegungen gegen des Feindes Flanke mehr begünstigen wie auf der anderen. Derjenige Flügel, auf welchem die Artillerie sich befindet, hat eine größere Widerstandskraft und Sicherheit, aber auch eine geringere Ausdehnungsfähigkeit und geringere Freiheit der Bewegung. Man wird daher gern das zweite Treffen auf demjenigen Flügel vereinigt haben, auf welchem die Artillerie sich nicht befindet, den man als den gefährdeteren erkannt hat, oder mit dem man den Hauptstoß führen will. Den Schutz der Artillerie in den Wechselfällen des Kampfes muß eine besondere Bedeckung oder das dritte Treffen übernehmen.

Dem Letzteren kann ebenfalls ein bestimmter Platz nicht angewiesen werden. Der Divisionsführer muß dasselbe derart leiten, daß es sowohl in den Kampf der vorderen Treffen eingreifen, als auch in weiterer Umfassungsbewegung deren Flügel decken, feindlichen neuen Kräften entgegentreten, eine wirksame Verfolgung übernehmen kann. Es folgt daher hinter der Mitte oder hinter dem Flügel, auf welchem sich das zweite Treffen nicht befindet. [343.] Der Divisionsführer wählt sich seinen Platz derart, daß er alle Verhältnisse, die für die rechtzeitige und sachgemäße Entwickelung der Division von Einfluß sind, übersehen kann. Bei ihm reiten gewöhnlich bis zur Einnahme der Treffenformation die Treffenführer, die auch später ihrem Treffen so weit vorauszureiten haben, daß sie die vordere Linie übersehen und den Divisionsführer im Auge behalten können.

[339.] Größere attackirende Kavallerielinien bedürfen der Unterstützungsescadrons. Es sind dies die einzigen Abtheilungen, welche dicht hinter dem ersten Treffen folgen. Während die hinteren Treffen seitwärts eingreifen, sind diese einzeln, mit 150 bis 200 Schritt Abstand vertheilten Escadrons, welche von einem der hinteren Treffen abgezweigt werden, dazu bestimmt, Lücken der Front (durch Frontänderungen, Verluste hervorgebracht) zu schließen und dort einzugreifen, wo das erste Treffen durchbrochen wird, oder wo das Handgemenge eine ungünstige Wendung zu nehmen droht. Waren sie zur Theilnahme an letzterem überhaupt nicht gekommen, so schließen sie sich auch einer etwaigen Verfolgung nicht unmittelbar an, sondern folgen geschlossen. — Die Führer dieser Escadrons handeln selbständig.

Soll eine Division in den Gang der Schlacht entscheidend eingreifen, so handelt es sich um einen einheitlichen Schlag, der den Sieg erringen oder eine Niederlage abwenden soll. Die Kavallerie wird Flankenangriff und Ueberraschung hierbei nur selten zu Verbündeten haben. Die Linie des erſten attackirenden Treffens wird vielleicht ~~durch einzelne ſtärkere~~ Widerſtandspunkte gebrochen werden. Es muß dann ein ſtarkes zweites Treffen unmittelbar bereit ſein, die Attacke zu erneuern. Dieſes Letztere darf nicht auf ſelbſtändige weitläufige Umfaſſungsbewegungen ſinnen und folgt hier am beſten hinter beiden Flügeln. Der entſprechende Flügel beider Treffen iſt zweckmäßig wegen der gegenſeitigen Unterſtützung unter gemein-ſamem Befehl zu ſtellen. Es empfiehlt ſich daher, daß der erſte Angriff von zwei Brigaden ausgeführt werde, welche, in flügelweiſer Ordnung nebeneinander, jede in ſich ein erſtes und ein zweites Treffen bilden. Das Letztere folgt, nach Abgabe von Unterſtützungseskadrons zum erſten Treffen, dieſem, wenn möglich überragend. Die dritte Brigade folgt als Reſerve, greift in erneuerter Attacke ein oder wendet ſich gegen feindliche Kavallerie oder beutet den Erfolg aus.

v. Das Gefecht zu Fuß der Kavallerie.
[77 bis 103, 150 bis 153.]

Das Gefecht zu Fuß bietet der Kavallerie, ſoweit ſie mit Karabinern bewaffnet iſt, die Möglichkeit, auch in ſolchen Lagen ihre Aufgabe zu löſen, in denen das Gefecht zu Pferde nicht anwendbar iſt.

Fälle dieſer Art können eintreten:

    a. im Aufklärungsdienſt oder wenn es gilt, beſetzte Engwege zu öffnen, welche das weitere Vorgehen hemmen oder auf einen mit Zeitverluſt verbundenen Umweg anweiſen würden;

    b. wenn es darauf ankommt, Oertlichkeiten vor dem Feinde zu gewinnen und bis zum Eintreffen der eigenen Infanterie feſtzu-halten;

    c. bei rückgängigen Bewegungen, wo es gilt, dem Feinde Aufenthalt zu bereiten;

    d. wenn zurückgehende Kavallerie an Engwegen aufzunehmen iſt;

    e. wenn die eigenen Unterkunftsorte zu vertheidigen ſind.

Immerhin aber iſt das Gefecht zu Fuß der Kavallerie nur ein Noth-behelf. Die abgeſeſſene Truppe hört auf, Kavallerie zu ſein und wird zu einer mangelhaften Infanterie. Sie hat vor Letzterer nur den Vortheil, daß ſie vermöge ihrer Schnelligkeit das Gefecht überraſchend, an Punkten, wo ſie nicht vermuthet wird, beginnen kann, und daß ſie nachtheiligen Lagen, wenn ſie einmal wieder zu Pferde iſt, ſich leichter entziehen kann.

Die Möglichkeit des Gefechts zu Fuß macht die Kavallerie unab-hängiger von den anderen Waffen und vom Gelände, kriegeriſch ſelb-ſtändiger.

Zum Gefecht zu Fuß gliedert man sich in:

1) den zu Fuß fechtenden Theil — die Schützen —,
2) die Handpferde,
3) (erforderlichenfalls) die Reserve zu Pferde.

Die Einheit bildet die Eskadron. Je nach der Gefechtsaufgabe wird man nur einen Theil der Mannschaft oder die ganze Eskadron zum Gefecht zu Fuß absitzen lassen. 6 bis 10 Schützen bilden eine Gruppe, 2 bis 3 Gruppen einen Schützenzug. Der Zugführer befindet sich vor dem Zuge, der Gruppenführer auf dem rechten Flügel der Gruppe. Bei Bildung von mehr wie einem Schützenzuge übernimmt der Eskadronsführer meist selbst die Leitung des Feuergefechts, welches nach den Grundsätzen des Infanteriegefechts stattfindet.

In der Regel soll eine Reserve zu Pferde vorhanden sein. Sie hat die Bestimmung, während der Vorbereitungen zum Gefecht zu Fuß und während des letzteren die Beobachtung fortzusetzen, Gelegenheiten zu einer Attacke wahrzunehmen, das Ab- und Aufsitzen der Schützen zu decken und die Handpferde zu sichern.

Bei kleineren Kavallerieabtheilungen müssen wenigstens Patrouillen zu Pferde bleiben.

Die Handpferde haben mit den Schützen Verbindung zu halten und werden möglichst unter Befehl eines Offiziers gestellt. Sie müssen vor überraschendem Angriffe bewahrt und durch verdeckte Aufstellung dem Feuer und dem Auge des Feindes entzogen, im offenen Gelände während des Feuergefechts mindestens 800 Schritt von der Schützenlinie entfernt aufgestellt werden. Da bei Absitzen der ganzen Eskadron nur etwa 2 bis 4 Mann als Pferdehalter bei jedem Zuge zurückbleiben (die kriegsstarke Eskadron bringt so etwa 120 Karabiner ins Gefecht), so können die Handpferde von dem Platze, wo abgesessen wurde, nicht bewegt werden, vielmehr müssen die Schützen später wieder an sie zurück. War dagegen nur die Hälfte (die ungeraden Nummern) abgesessen, so sind die zu Pferde gebliebenen Mannschaften in der Lage, schnell bei Abbruch des Gefechts den Schützen die Pferde nach vorn entgegen zu bringen. Bei unglücklichem Gefechte ist aber auch dann das geordnete Aufsitzen sehr schwierig. Dasselbe kann manchmal nur dadurch ermöglicht werden, daß die Reserve zu Pferde sich dem Feinde entgegenwirft, um Luft zu schaffen.*)

---

*) Oesterreichisches Lichtenstein-Husaren-Regiment bei Gitschin 1866, von welchem einige Züge abgesessen waren, um gegen vorgehende preußische Infanterie die alleinstehende Artillerie bei Dilec zu decken, unterstützte das Schützengefecht seiner abgesessenen Reiter durch Scheinattacken und deckte schließlich deren Rückzug durch eine Attacke der Reserve zu Pferde (1. und 3. Eskadron).

w. Zusammenstellung über die Anwendung der verschiedenen Formen.

1) Für die Versammlung:
    - a. der Eskadron: Linie oder Zugkolonne,
    - b. des Regiments: Regimentskolonne (nach der Front oder der Flanke),
    - c. der Brigade: Brigadekolonne;

2) für den Marsch: Die Kolonne zu Vieren oder Zweien;

3) für die Bewegungen:
    - a. der Eskadron: Zug= und Halbkolonne,
    - b. des Regiments: Eskadronskolonnen (nach der Front, wie nach der halben und ganzen Flanke) Zug= kolonne. In größerer Entfernung vom Feinde: Regimentskolonne,
    - c. der Brigade: wie vorher; außerdem noch Brigadekolonne und Doppelkolonne,
    - d. der Division: wie vorher. Außerdem noch dreifache Zug= kolonne;

4) für das Gefecht:
    die geschlossene Linie bezw. die eingliederige Formation. Beim Handgemenge, dem Nachhauen und der Verfolgung: die auf= gelöste Ordnung.

Fünfter Abschnitt.

Taktik der Feldartillerie.

(Exerzir-Regl. für die Feldartillerie vom 27. Juni 1892.)

Allgemeines.

a. Eintheilung.

1. Taktische Verbände.

Die taktische Einheit der Artillerie ist die Batterie.

Zwei bis drei (in Ausnahmefällen vier) Batterien bilden eine Abtheilung; zwei bis fünf Abtheilungen ein Regiment. Das Regiment ist der größte, als geschlossener Verband auftretende Artilleriekörper (Korpsartillerie, siehe Sechster Abschnitt, b.).

2. Zusammensetzung einer Batterie.

[191.]

Eine (Kriegs-)Batterie besteht aus 6 Geschützen, 9 Munitionswagen, 2 Vorrathswagen, 1 Feldschmiede, 1 Futterwagen und 1 Lebensmittelwagen.

Die Munitionswagen führen den nothwendigen Schießbedarf, die Vorrathswagen einen Vorrath von Ersatzstücken (Räder, Lade-, Richtvorrichtungen u. dergl.), Gepäck, Handwerkzeug, Schreibgeräth u. s. w. mit.

Die Geschütze und die Wagen der Batterie sind mit Ausnahme des 4spännigen Futterwagens und des 2spännigen Lebensmittelwagens mit 6 Pferden bespannt.

Je zwei nebeneinander befindliche Pferde der Bespannung werden von einem Fahrer geleitet, welcher das links gehende Pferd reitet (Sattelpferd), das rechts gehende mittelst Zügel und Gerte führt (Handpferd). Die drei Fahrer eines Geschützes oder Batteriefahrzeuges heißen: Vorderreiter, Mittelreiter und Stangenreiter (Stange bedeutet Deichsel).

Außer den Fahrern sind bei der fahrenden Batterie sämmtliche Offi=
ziere, Unteroffiziere und Trompeter, bei der reitenden Batterie außerdem
sämmtliche Mannschaften beritten.

Jedes Geschütz hat einen berittenen Unteroffizier als Geschützführer
und 5 Kanoniere (Kanonier 1 bis 5) zur Bedienung, bei der reitenden
Artillerie auch noch 2 Mann Pferdehalter (Kanonier 6 und 7).

Außerdem hat die Batterie einen Ueberschuß an Mannschaften und
eine Anzahl Vorrathspferde, um Verluste decken zu können.

Die Kriegsstärke einer fahrenden Batterie beträgt 5 Offiziere,
172 Mann und 153 Pferde, die einer reitenden Batterie 5 Offiziere,
166 Mann und 236 Pferde.

Im Frieden haben die Batterien eine verschieden große Zahl be=
spannter Fahrzeuge: bei sogenanntem niedrigen Etat 4 Geschütze, bei
mittlerem Etat 6 Geschütze, bei hohem Etat 6 Geschütze und 2 Munitions=
wagen.

3. Die Eintheilung der Batterie.
[191. 192.]

Der eigentliche Gefechtskörper einer Kriegsbatterie wird durch die
sechs Geschütze gebildet. Die Wagen, die über die Geschützbedienung
vorhandenen Mannschaften und die Vorrathspferde der Batterie sind
im Gefecht und bei den Märschen zum Gefecht in zwei Staffeln und die
große Bagage eingetheilt. Die nachfolgenden taktischen Formen beziehen
sich auf den Gefechtskörper mit I. Staffel (Gefechtsbatterie). Wie die
Wagen der II. Staffel sich zum Gefechtskörper der Batterie verhalten,
wird unter 1. betrachtet werden.

Die Batterie zerfällt in drei Züge zu je zwei Geschützen, die I. Staffel
in zwei Wagenzüge zu je zwei Munitionswagen. Die Züge wie die
einzelnen Geschütze sind in der Batterie vom rechten Flügel numerirt, so
daß zum I. Zuge das 1. und 2. Geschütz, zum II. das 3. und 4., zum III.
das 5. und 6. Geschütz gehören.

Jeder Zug wird durch einen Offizier geführt, ebenso die I. Staffel; jeder
Wagenzug durch einen Unteroffizier (Wagenzugführer). Die Vertheilung
der Offiziere auf die Züge wird durch den Batteriechef bestimmt. Fehlende
Offiziere werden durch Unteroffiziere bezw. durch den Portepeefähnrich ersetzt.

b. Geöffnete und geschlossene Form der Artillerie.

Die Artillerie hat wie die anderen Waffen eine geschlossene und
eine geöffnete Form. Dieselben unterscheiden sich allein durch die Größe
der Seitenabstände zwischen den Geschützen, welche bei der geschlossenen

Form 5 Schritt, bei der geöffneten 20 Schritt betragen, — beides von Mitte zu Mitte der nebeneinander befindlichen Geschütze gemessen.

Die geöffnete Form hat die für das Gefechtsfeld bedeutungsvollen Vorzüge: 1) daß sie für das feindliche Feuer das Ziel in viele kleine Theile zerlegt, während die geschlossene Form ein einziges großes Ziel bietet; 2) daß Unordnung, welche bei einem Geschütze durch einschlagende Geschosse u. s. w. erzeugt wird, sich nicht den Uebrigen unmittelbar mittheilt; 3) daß die einzelnen Geschütze Wendungen ausführen und nach beendigtem Vorgehen abprotzen können, wozu in der geschlossenen Form der Raum fehlt.

Es gilt infolge dessen als Grundsatz, daß die geschlossene Form niemals im feindlichen Feuer, auch niemals dort, wo ein sofortiges Abprotzen nöthig werden könnte, angewendet wird. Die „geöffnete Batterie" mit Seitenabständen von 20 Schritt, die den Verhältnissen entsprechend vergrößert oder verkleinert werden können, ist die Gefechtsform der Feldartillerie.

Innerhalb der Kolonnen (Zugkolonne) kommt nur die geschlossene Form zur Anwendung.

c. Das einzelne Geschütz.

Das Geschütz zerfällt in zwei Theile: die Laffete mit Rohr (das eigentliche Geschütz) und die Protze mit Bespannung. Beide Theile müssen vereinigt sein (aufgeprotzt), wenn das Geschütz sich bewegen, getrennt (abgeprotzt), wenn das Geschütz feuern soll.

1. Das aufgeprotzte Geschütz.
[74. 75.]

Das Geschütz ist mit dem Laffetenschwanz an die Protze angehängt, zeigt also mit der Rohrmündung nach der der Marschrichtung entgegengesetzten Seite.

Der Geschützführer befindet sich zu Pferde links neben dem Vordersattelpferde.

Die Stellung der Bedienungsmannschaften ist bei den fahrenden und reitenden Batterien verschieden.

[74.] a. Bei den fahrenden Batterien sind die 5 Mann der Bedienung entweder „aufgesessen" oder „hinter dem Geschütz" (Abbild. 34).

Das Aufsitzen der Bedienung, wobei 3 Mann auf der Protze, 2 auf den Achssitzen der Laffete untergebracht werden, gilt als Regel. Ausnahmen (z. B. bei Marsch in tiefem Boden oder bergauf, beim Ueberwinden von Hindernissen) sind besonders anzuordnen.

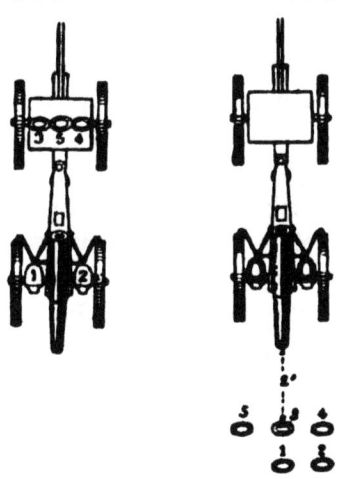

Abbild. 34.

Bedienung „aufgesessen“.   Bedienung „hinter dem Geschütz“.

Auf Feldmärschen ist es gestattet, je nach der Beschaffenheit des Weges die Mannschaft rechts oder links neben dem Geschütz marschiren zu lassen, in einem von der Wegebeschaffenheit abhängigen Abstande vom Geschütz (vergl. F. O. 240).

[79.] b. Bei der reitenden Artillerie befinden sich die sieben Reiter der Bedienung stets hinter dem Geschütz in zwei Gliedern, und zwar in „geöffneter“ oder „geschlossener Stellung“.

Die geöffnete Stellung (Abbild. 35), bei welcher die Reiter desselben Gliedes 1 Schritt Seitenabstand und die Glieder 2 Schritt Abstand von einander haben, das erste Glied 5 Schritt Abstand von der Geschützmündung, ist nöthig, wenn abgeprotzt werden soll, damit jeder Reiter Platz zum Absitzen hat, auch wenn Bewegungen im Marsch-Marsch (Karriere) ausgeführt werden, damit beim Halten die Bedienung nicht auf das Geschütz prallt. Sie wird daher stets angewendet in der geöffneten Batterie (Linie), der einzigen Form, in welcher diese Nothwendigkeit eintreten kann.

Abbild. 35.
Geöffnete Stellung der Bedienung eines Geschützes reitender Artillerie.

Die geschlossene Stellung der Bedienung: Abstand vom Geschütz 2 Schritt, Kanoniere Bügel an Bügel, Gliederabstand 1 Schritt, zweites Glied (wie in der geöffneten Stellung) links auf die Lücken des ersten, wird in allen anderen Formen angewendet.

Auf Feldmärschen (geschlossene Stellung) kann die Bedienung auch auf eine Seite des Geschützes genommen werden, und bei schmalen Wegen zu Zweien abbrechen.

Die Länge des aufgeprotzten Geschützes beträgt 18 Schritt, von den Köpfen der Vorderpferde bis zur Geschützmündung; mit den Bedienungsmannschaften dahinter beträgt sie bei der Feldbatterie 22, bei der reitenden 31 (in der geschlossenen Stellung 27) Schritt.

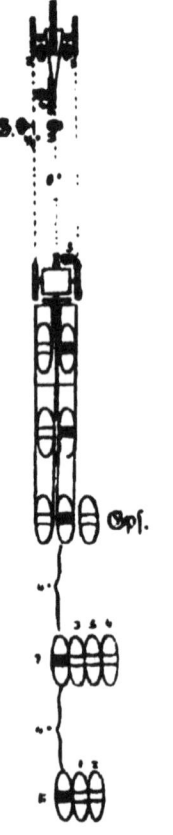

Abbild. 36.
Geschütz der reitenden Artillerie abgeprotzt.

2. Das abgeprotzte Geschütz (Grundstellung).
[76.]

Die Laffete ist von der Protze abgehoben, die Geschützmündung zeigt nach dem Feinde; der Laffetenschwanz liegt auf der Erde (Abbild. 36). Die Protze steht, falls nicht in Deckung, 8 Schritt hinter dem Laffetenschwanze — mit Rücksicht auf den Rücklauf des Geschützes —, Front nach rückwärts, so daß der Protzkasten (Munitionsbehälter) dem Geschütz zunächst sich befindet. Der Geschützführer ist abgesessen, an der linken Seite des Geschützes; sein Pferd wird vom Vorderreiter gehalten.

Die Kanoniere 1 bis 4 befinden sich am Geschütze, Kanonier 5 an der Protze. Sind die Protzen in Deckung, so haben die Kanoniere 5 ihren Platz am zugehörigen Munitionshinterwagen.

Bei der reitenden Artillerie befinden sich die Pferde der Bedienung, von Nummer 6 und 7 gehalten, hinter der Protzbespannung, Front nach dem Feinde (Abbild. 36). Werden die Protzen in Deckung geführt, so gehen diese Koppeln (ihrer Protze voran) mit.

d. Formen der Batterie und der Abtheilung.

1. Formen der Batterie.
[130. 191—192. 222.]

a. Die Linie der Batterie.

[191.] α. Die aufgeprotzte Batterie kann in geöffneter oder geschlossener Form sich befinden, je nach dem Seitenabstande der Geschütze.

Die geöffnete Batterie (Abbild. 37) dient zu Vor= und Rückwärts=bewegungen im Bereiche des feindlichen Feuers. Die Nummernfolge der Geschütze und Züge ist gleichgültig; nur dürfen die Geschütze eines Zuges nach Möglichkeit nicht getrennt werden. Die erste Staffel folgt hinter dem rechten oder linken Flügel mit dem in Abbild. 37 angegebenen Abstande in Kolonne zu Einem.

Abbild. 37.
Die geöffnete Batterie aufgeprotzt.

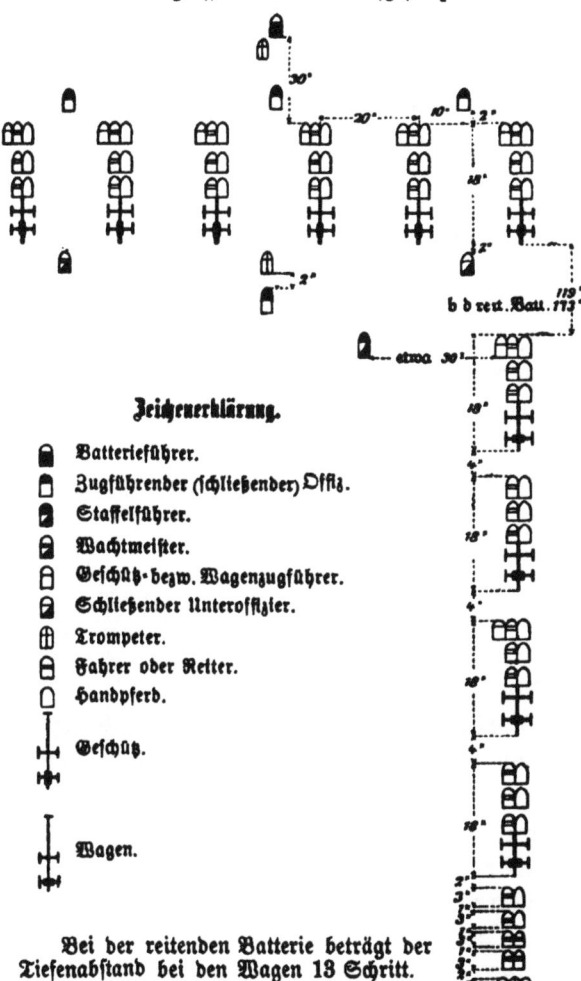

Zeichenerklärung.

- Batterieführer.
- Zugführender (schließender) Offiz.
- Staffelführer.
- Wachtmeister.
- Geschütz- bezw. Wagenzugführer.
- Schließender Unteroffizier.
- Trompeter.
- Fahrer oder Reiter.
- Handpferd.

Geschütz.

Wagen.

Bei der reitenden Batterie beträgt der Tiefenabstand bei den Wagen 13 Schritt.

Die geöffnete Batterie hat vor den Kolonnen folgende Vortheile:

1. geringere Tiefe, welcher Vortheil gegen feindliche Artillerie und bei der an und für sich schon großen Tiefe des einzelnen Geschützes besonders ins Gewicht fällt;

2. größere Gefechtsbereitschaft: die Kolonne muß sich entwickeln, um abprotzen zu können;

3. größere Unabhängigkeit der einzelnen Geschütze voneinander, insofern das Liegenbleiben eines Geschützes die anderen nicht beeinflußt.

Die Anwendung der ge=
schlossenen Batterie (fünf
Schritt Seitenabstand zwischen
den Geschützen, Abbild. 38)
erfolgt nur zum Zwecke der
Versammlung und zu Be=
wegungen in der Versamm=
lungsform, zum Parkiren und
zur Parade. In letzterem Falle
stehen die Geschütze stets in
der richtigen Nummerfolge vom
rechten Flügel ab.

Die erste Staffel steht
ebenfalls in Linie, mit 5 Schritt
Seitenabstand zwischen den
Fahrzeugen, 15 (bei der reiten=
den Batterie 24) Schritt hinter
der Linie der Geschütze. Auf
dem Sammelplatze oder zum
Parkiren kann sie auch rechts
oder links neben der letzteren
Aufstellung finden.

[130. 222.] β. Die abge=
protzte Batterie (Abbild. 39)
ist stets geöffnet. Sie ist die
Feuer= und somit die einzige
Gefechtsform der Artillerie.
Unmittelbar nach dem Abprotzen
läßt der Staffelführer zwei
Munitionswagen mit je drei

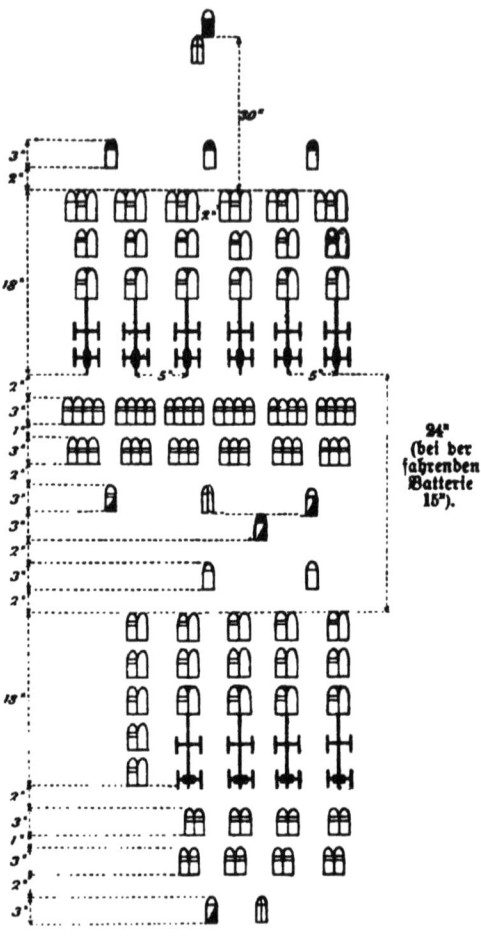

Abbild. 38.
Die geschlossene (reitende) Batterie.

24"
(bei der
fahrenden
Batterie
15").

Mann Bedienung unter einem Wagenzugführer an die Geschütze heran=
gehen und 10 Schritt hinter dem zweiten Geschütze vom rechten und linken
Flügel — die Deichsel dem Geschütze abgekehrt — halten und abspannen.
Der Schießbedarf wird sodann von der ganzen Batterie aus diesen Wagen
entnommen; jeder Wagen versorgt drei Geschütze.

Will der Batterieführer eine andere Zahl von Munitionswagen zur
Batterie vorziehen, so muß er dies besonders anordnen (gehen drei Wagen
vor, so nehmen sie hinter den rechten Flügelgeschützen der Züge Stellung).

Die Protzen werden der besseren Deckung wegen in der Regel zur
ersten Staffel (im Schritt) zurückgeschickt, wohin auch die Bespannung der

vorgezogenen Munitionswagen zurückgeht. In Ausnahmefällen, wo es sich um nur vorübergehende Einnahme einer Stellung handelt, können die Protzen bei den Geschützen, die Munitionswagen bei der Staffel belassen werden.

In der abgeprotzten Batterie sind die Zugführer abgesessen und haben ihre Pferde an den ihnen zunächst befindlichen Stangenreiter abgegeben. Der Batterieführer sitzt nach Ermessen ab.

Abbild. 39.

Die abgeprotzte Batterie (Protzen in Deckung) nach Aufmarsch aus der rechtsabmarschirten Kolonne zu Einem.

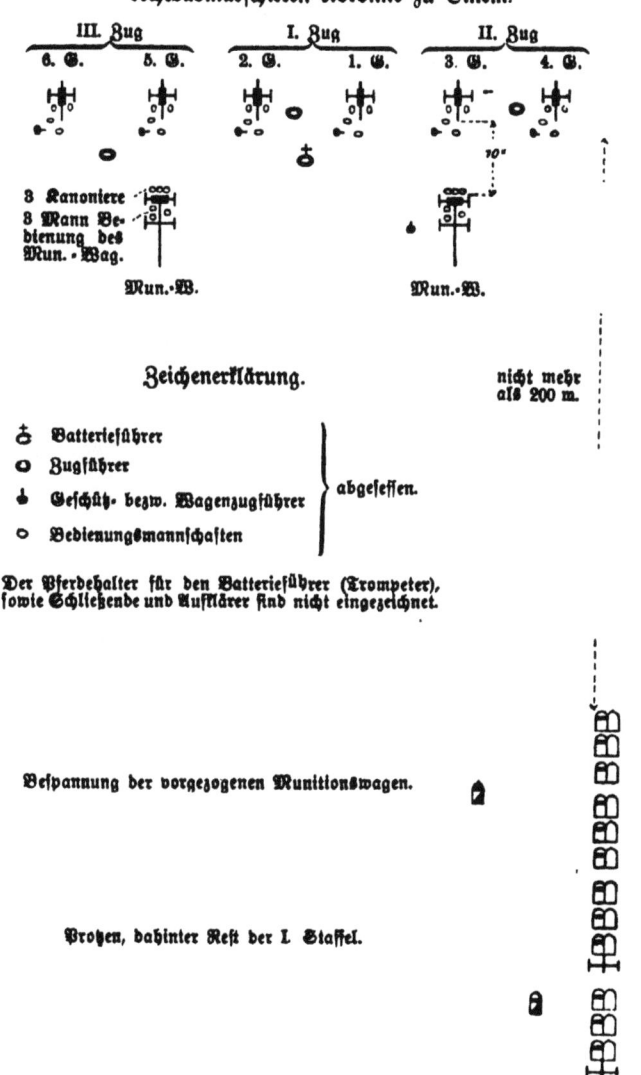

Zeichenerklärung.

Batterieführer
Zugführer
Geschütz- bezw. Wagenzugführer } abgesessen.
Bedienungsmannschaften

Der Pferdehalter für den Batterieführer (Trompeter), sowie Schließende und Aufklärer sind nicht eingezeichnet.

b. Die Kolonnen der Batterie.

[191. 192.] In der Batterie finden zwei Kolonnen Anwendung:
Die Kolonne zu Einem und die Zugkolonne.

Bei der Kolonne zu Einem folgen die Geschütze und Fahrzeuge einander mit einem Tiefenabstand von 4 Schritt, welcher bei der fahrenden Batterie von der Rohrmündung des vorderen Geschützes (bezw. den Hinterrabfelgen des vorhergehenden Wagens), bei der reitenden Batterie vom zweiten Gliede der Bedienung gerechnet wird. Die Kolonne kann rechts, links oder aus der Mitte abmarschirt sein.

Die Kolonne zu Einem ist die Hauptmarschform der Artillerie und dient auf dem Gefechtsfelde zu Vorwärts=, Rückwärts= und

Abbild. 40.
Batterie in rechts abmarschirter Kolonne zu Einem.

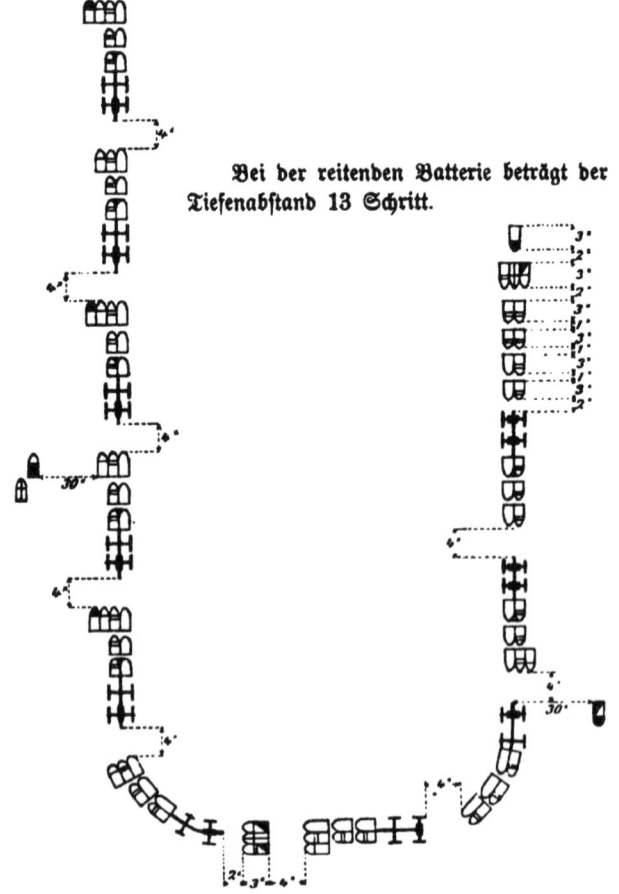

Bei der reitenden Batterie beträgt der Tiefenabstand 13 Schritt.

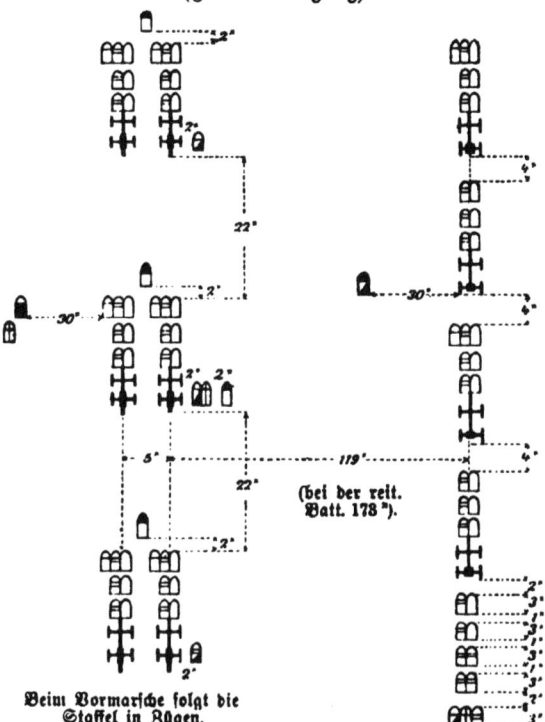

Abbild. 41.
Batterie in rechts abmarschirter Zugkolonne
(Flankenbewegung).

(bei der reit.
Batt. 173').

Beim Vormarsche folgt die
Staffel in Zügen.

Flankenbewegungen im feindlichen Feuer. Sie hat vor der geöffneten Batterie die Vortheile, daß sie sich vor dem Feinde zu Flanken= bewegungen eignet, daß sie unabhängiger vom Gelände ist, daß sie den Gebrauch der Wege mög= lichst lange gestattet und die Ausnutzung von Ge= ländebedeckungen erleichtert. Sie wird daher häufig bis in unmittelbare Nähe der gewählten Feuer= stellung beibehalten. Auch in offenem Gelände fällt sie, wenn Beleuchtung und Hintergrund günstig sind, oft weniger in die Augen als die in geöffneter Linie vorgehende Batterie. Vor dunklem Hintergrunde, z. B. an einem Wald=

saume, in einer Flankenbewegung begriffene Artillerie in Kolonne zu Einem ist, wenn der Staub nicht verräth, zuweilen schwer zu erkennen.

In der Zugkolonne stehen die Züge der Batterie in beliebiger Reihenfolge hintereinander. Der Tiefenabstand der Züge ist derart be= messen, daß durch Einschwenken die geöffnete Batterie hergestellt werden kann. Es muß somit die Spitze des vorderen Zuges von der des nach= folgenden 40 Schritt, oder — bei der Tiefe des Geschützes von 18 Schritt ohne Bedienungsmannschaften — die Rohrmündung des vorderen Geschützes von den Vorderpferden des nachfolgenden 22 Schritt entfernt sein.

Beim Vormarsche folgt die erste Staffel ebenfalls in Zügen, bei Flankenbewegungen begleitet sie die Zugkolonne der Batterie auf der Kehrt= seite mit dem vorgeschriebenen Abstande (119, bei der reitenden Batterie 173 Schritt) in Kolonne zu Einem.

Im feindlichen Feuerbereiche wird die Zugkolonne nicht angewandt. Sie dient zu Flankenbewegungen außerhalb desselben sowie als Marsch=

kolonne da, wo eine möglichste Verkürzung der Marschkolonnen angestrebt wird und die Breite des Weges dies gestattet. In letzterem Falle wird der Tiefenabstand der Züge auf 6 Schritt verringert (aufgeschlossene Zug= kolonne).

2. Formen der Abtheilung.

[226—231.]

[226.] **a. Die Linie der Abtheilung.**

Die Batterien stehen geöffnet in beliebiger Nummerfolge neben= einander. Der Seitenabstand von Batterie zu Batterie, der nach Be= dürfniß vergrößert oder verkleinert werden kann, beträgt 30 Schritt.

Die Linie ist die Gefechtsform der Abtheilung.

Abbild. 42.

Fahrende Abtheilung in Linie (Staffeln der Flügelbatterien hinter die äußeren Flügel gezogen).

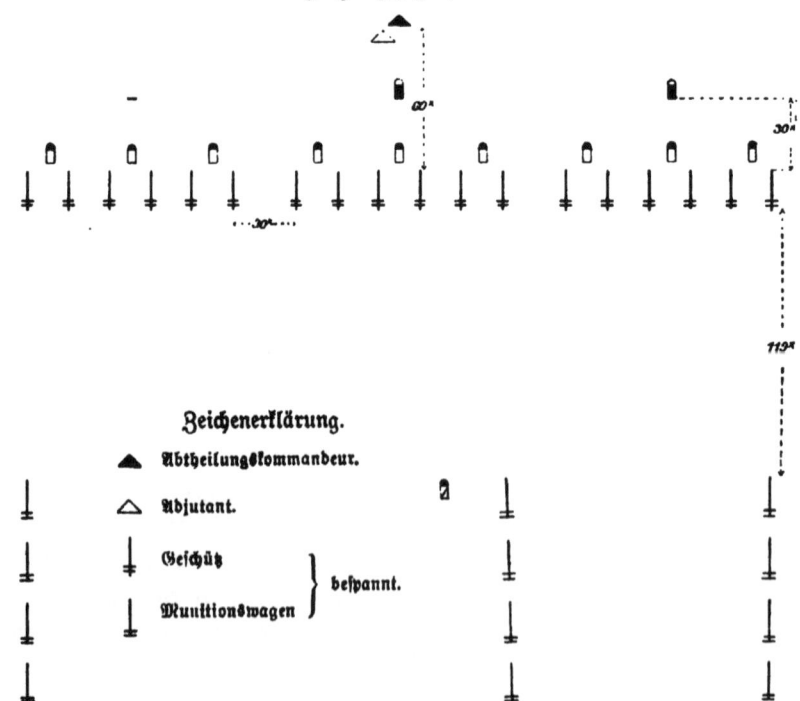

b. **Die Kolonnen der Abtheilung.**

An Kolonnenformationen besitzt die Abtheilung neben denen der Batterie noch die Tiefkolonne, die Breitkolonne und die Batteriekolonnen.

[229.] α. In der **Kolonne zu Einem** (Marschkolonne) folgen die Batterien zu Einem mit 20 Schritt Abstand (von den Schließenden der vorhergehenden Batterie bis zu den Köpfen der Vorderpferde) hintereinander. Werden die ersten Staffeln (nach der dem Feinde abgekehrten Seite bei **Flankenbewegungen**) seitwärts ausgeschaltet, so rücken die Batterien auf 4 Schritt auf (vergl. g. 2.).

[230.] β. Die Abtheilung in **Zugkolonne** besteht aus den mit 32 Schritt Abstand sich folgenden Batteriezugkolonnen. Der Tiefenabstand zwischen den Batterien wird bei der aufgeschlossenen Zugkolonne (für Marschzwecke) auf 20 Schritt verringert.

Abbild. 43.
Fahrende Abtheilung in Breitkolonne.

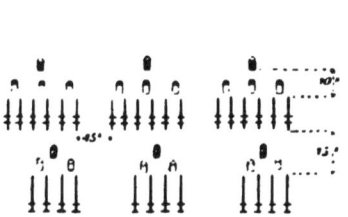

[227. 228.] γ. δ. **Tiefkolonne** und **Breitkolonne** dienen zur Versammlung und zu Bewegungen in dieser, sowie zu Paradezwecken, letztere auch zum Parkiren. Sie bestehen aus den geschlossenen Batterien, welche bei der Tiefkolonne mit 15 Schritt Abstand hinter-, bei der Breitkolonne mit demselben Abstande nebeneinander aufgestellt sind.

Die Staffeln stehen, ebenfalls geschlossen, bei der letzteren 15 Schritt hinter, bei der ersteren entweder 15 Schritt hinter oder mit 5 Schritt Seitenabstand neben ihren Batterien.

[231.] ε. Die **Batteriekolonnen** der Artillerie entsprechen den Eskadronskolonnen der Kavallerie.

Die Batterien stehen in Kolonnen zu Einem mit dem für den Aufmarsch in Linie erforderlichen seitlichen Abstande von 130 Schritt (bei Batterien zu vier Geschützen 90 Schritt) nebeneinander. Ist für den Aufmarsch eine Vergrößerung oder Verringerung der Geschützseitenabstände beabsichtigt, so ändert sich demgemäß die Größe des Entwicklungsraums zwischen den Batteriespitzen. Auch braucht derselbe innerhalb der Abtheilung nicht gleichmäßig groß zu sein.

Die Abtheilung kann in den Batteriekolonnen die Vortheile der Kolonne zu Einem ausnutzen. Diese Form wird daher auf dem Gefechtsfelde mit Vorliebe zu Bewegungen nach vorwärts und rückwärts angewandt.

Abbild. 44.
Abtheilung in Batteriekolonnen.

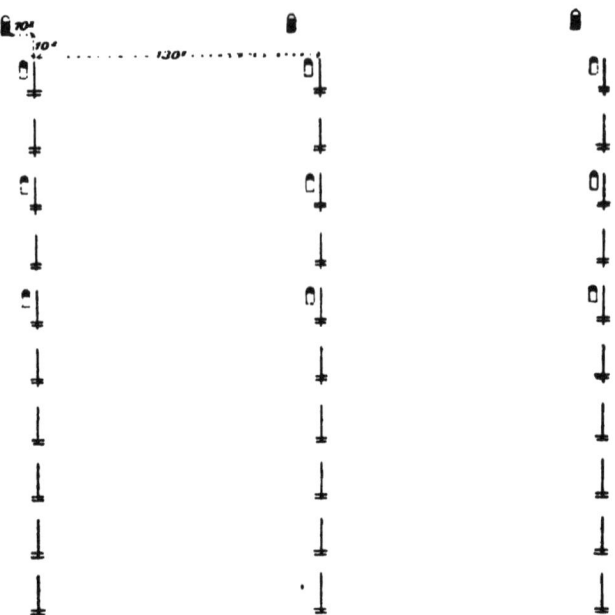

e. Grundbewegungen. Grundsätze für die Bewegung.

1. Gangarten.
[154. 170.]

Die Schnelligkeit (das Tempo) der verschiedenen Gangarten ist die der Kavallerie (siehe Vierter Abschn. c. 1). In schwierigem Gelände, bei tiefem Boden, sowie beim Kolonnentrabe auf Straßen kann das Tempo verkürzt werden (Reisetrab, etwa 200 m in der Minute).

Die Anwendung des Marsch=Marsch (der Karriere) erfolgt erforderlichenfalls von allen (auch den fahrenden) Batterien, kann aber nur in Linie bei geradem Vorgehen stattfinden.

2. Wendungen.
[171—173.]

Bei der großen Tiefe des Geschützes ist es erklärlich, daß Wendungen schwierig auszuführen sind und verhältnißmäßig viel Raum sowie Zeit erfordern. Das Geschütz mit Bespannung beschreibt bei der Wendung (Halbrechts, Halblinks, Rechts, Links und Kehrt) einen Kreisbogen, dessen kleinster Durchmesser (Kreisbogen des inneren Protzrades) 16 Schritt beträgt. Fehlt es an Raum, so kann der Bogen der Wendung möglichst verengt werden.

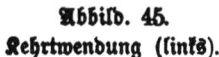

Abbild. 45.
Kehrtwendung (links).

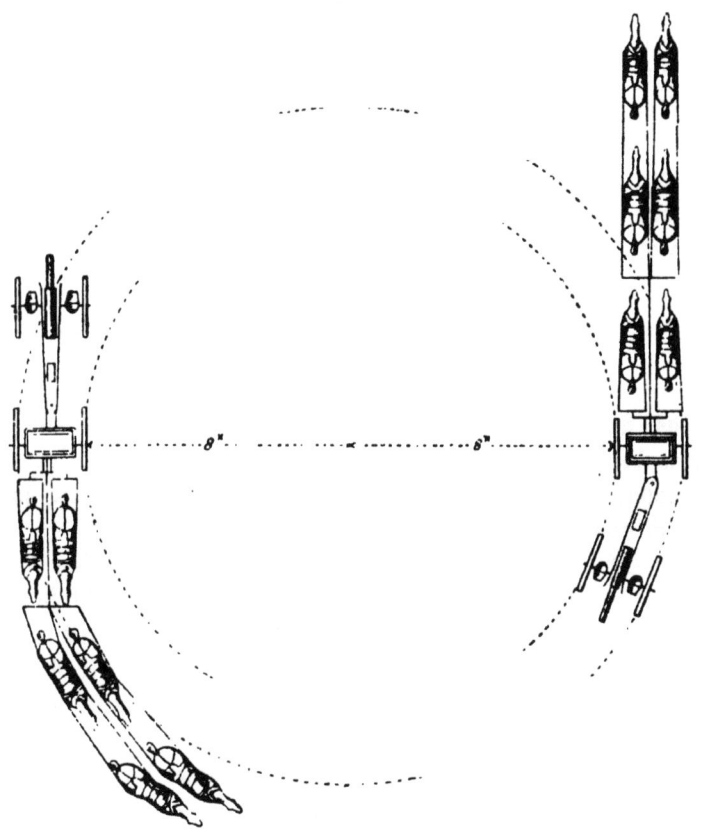

3. Schwenkungen.

[157.]

Bei allen Schwenkungen hält das äußere Flügelgeschütz die befohlene Gangart, während das innere Geschütz bezw. die inneren Geschütze ihre Gangart so verkürzen oder ändern, daß sie gleichzeitig mit dem äußeren Flügel in die neue Marschrichtung hineinkommen. Der Seitenabstand wird dagegen von dem inneren Flügelgeschütze genommen, welches die entsprechende Wendung macht, während die äußeren Geschütze mit erweiterter Wendung um dasselbe herumschwenken.

Die Schwenkungen der Artillerie haben das Eigenthümliche, daß während der Ausführung die Seitenabstände verändert (geöffnet oder geschlossen) werden können (beim Abschwenken aus der geöffneten Batterie zur Zugkolonne und beim Einschwenken aus letzterer zur ersteren).

Die Schwenkungen können sein: Halbrechts= oder Halblinks= (Achtel=) Schwenkungen (45°), Rechts= oder Links= (Viertel=) Schwenkungen (90°) und Kehrt= (Halbe) Schwenkungen (180°). Die Letzteren können jedoch nur in Zügen oder in der geschlossenen Batterie und nur mit Beibehalt der geschlossenen Seitenabstände ausgeführt werden.

Auf die geöffnete Batterie findet die Schwenkung keine Anwendung.

Schwenkungen der Kolonnenspitzen zur Aenderung der Marschrichtung heißen Hakenschwenkungen.

4. Das Schließen und Oeffnen der Seitenabstände.
[199. 200. 209.]

Das Verändern (Schließen oder Oeffnen) der Seitenabstände der nebeneinander befindlichen Geschütze erfolgt, abgesehen von den oben erwähnten Schwenkungen, nur in der geöffneten und geschlossenen Batterie, sowie beim Aufmarsch aus der Zugkolonne in die erstere.

Das Schließen und Oeffnen erfolgt bei der Batterie in Linie (Abbild. 46) stets nach dem Richtungszugführer (vergl. e. 6). Dieser geht in verkürzter Gangart gradeaus vor (bezw. hält, nachdem er 30 Schritt vorgegangen ist, wenn die Bewegung im Schritt ausgeführt wird); die übrigen Zugführer und die Geschütze gewinnen durch Halbseitwärtsziehen in der befohlenen Gangart den neuen Seitenabstand.

Bei dem Aufmarsche aus der Zugkolonne öffnet der vorderste Zug auf seinen Zugführer, während die hinteren Züge im Seitwärtsziehen ihre Abstände öffnen.

5. Das Ab= und Aufprotzen des Geschützes.
[80—90. 174—182. 224.]

Beim Abprotzen nach rückwärts stehen Geschütz und Protze schon beim Abhängen des Geschützes im richtigen Verhältniß zum Feinde und zu einander. Es erübrigt nur, daß die Protze nach dem Abhängen des Geschützes im Schritt bis auf einen Abstand von 8 Schritt weiter geht.

Abbild. 46.
Oeffnen der geschloffenen Batterie.

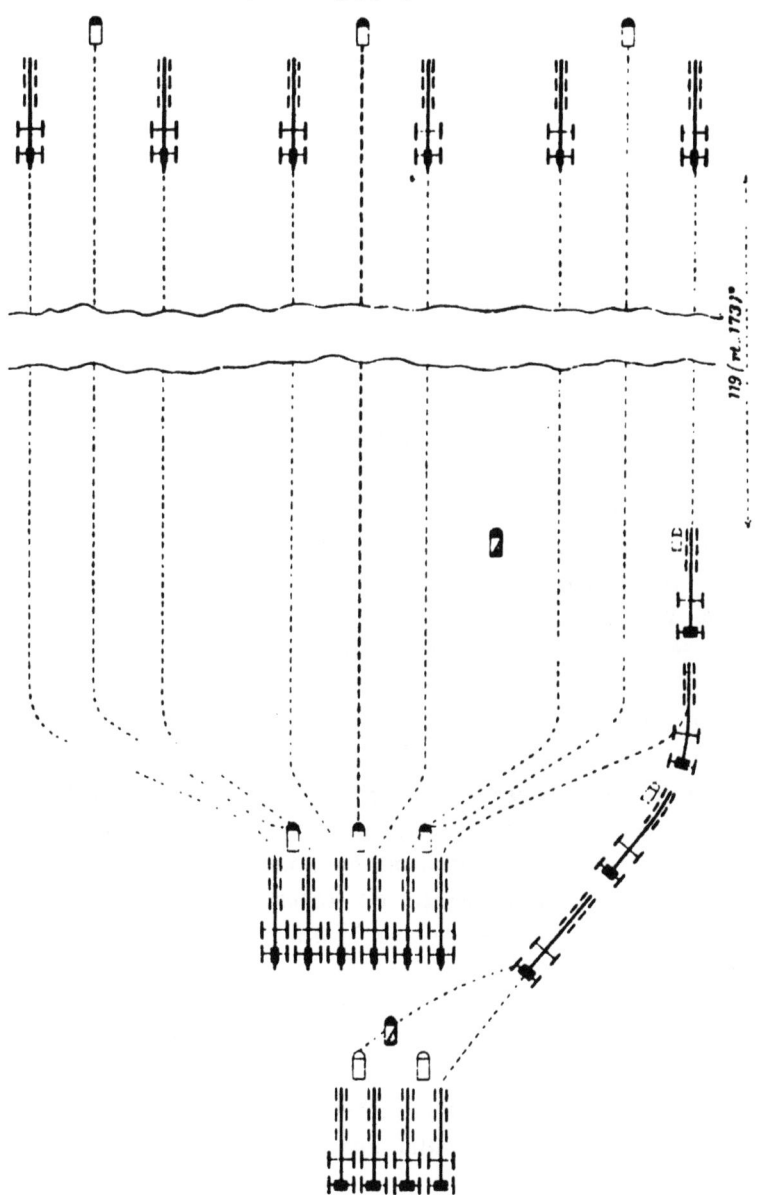

Bei der reitenden Artillerie müssen die
abpferde hinter die Bespannung der Protze
ührt werden. Hierzu rücken die Pferde-
ter, nachdem ihnen die Zügel der Hand-
rde von den abspringenden Mannschaften
rgeben sind, mit halbrechts an dem Ge-
tze vorbei und nehmen die in Abbild. 36
egebene Aufstellung ein.

Beim Abprotzen nach vorwärts
ß das Geschütz nach dem Abhängen von
Protze herumgewendet werden, um die
htung nach dem Feinde zu erhalten; die
otze muß sich vermittelst einer scharfen
ksum-Kehrtwendung hinter das Geschütz
en (im verkürzten Trabe).

Bei der reitenden Artillerie schwenken
Pferdehalter mit den Handpferden linksum
rt, gehen 30 Schritt zurück und schwenken
der Front.

Beim Abprotzen nach der Flanke
d wie beim Abprotzen nach vorwärts
fahren, jedoch wird das Geschütz nur um
halbe Wendung nach dem Feinde zu

Abbild. 47.
Abprotzen im Vorgehen.

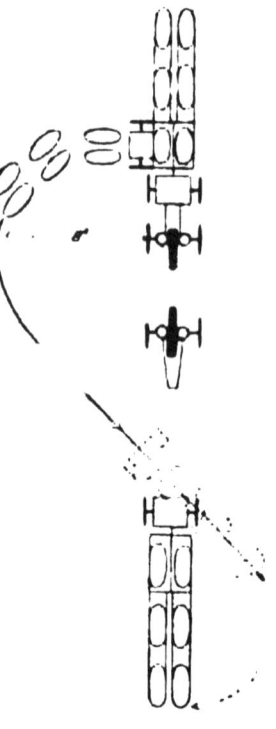

reht, während die Protze eine Linkswendung ausführt, wenn nach rechts,
Rechtswendung, wenn nach links abgeprotzt werden soll.

Sollen beim Abprotzen nach der Flanke (aus der Kolonne zu Einem) die
itenabstände der Geschütze (18 Schritt + 4 bezw. 13 Schritt Tiefenabstand)
20 Schritt oder weniger verengt werden, so wird dies in dem Kommando
Halten ausgedrückt, worauf die hinteren Geschütze vor dem Abprotzen
das erforderliche Maß aufrücken, die Fahrer derselben nach der dem
nde abgekehrten Seite ausbiegen, die Kanoniere der reitenden Artillerie
h derselben Seite herausreiten und öffnen.

Beim Aufprotzen nach rückwärts ist nur nöthig, daß das Geschütz
die Protze herangebracht und aufgehängt wird. Es kann aber auch
nahmsweise das Geschütz stehen bleiben und die Protze durch das Ein-
fen der Kanoniere 4 und 5 in die Räder bis zu dem Geschütz zurück-
hoben werden (ebenso wie es beim Abprotzen nach rückwärts vorkommen
n, daß die Protze halten bleibt und das Geschütz acht Schritt vor-
racht wird).

Bei der reitenden Artillerie müssen die hinter der Protze haltenden
abpferde rechts seitwärts (bis in Höhe der Protzachse) vorgezogen

werden, damit sie bei sofortiger Bewegung des Geschützes nicht im Wege stehen und zugleich der Bedienungsmannschaft zum Aufsitzen möglichst genähert sind. Die aufgesessene Mannschaft schwenkt dann, wenn das Geschütz sich in Bewegung setzt, mit linksum Kehrt demselben nach.

Das Aufprotzen nach vorwärts ist die umgekehrte Bewegung des Abprotzens nach vorwärts. Die Protze geht mit einer scharfen Linksum-Kehrtwendung vor das Geschütz, dieses wird mit dem Laffetenschwanz nach vorn herumgeworfen und aufgehängt.

Bei der reitenden Artillerie rücken die Pferdehalter auf acht Schritt an das Geschütz heran.

Beim Aufprotzen nach der Flanke stellen sich die Protzen derart in der neuen Abmarschrichtung auf, daß die Deichsel in Verlängerung ihrer Geschützachse liegt und der Protzhaken drei Schritt vom Geschützrade entfernt ist, worauf das Geschütz aufgehängt wird.

Werden die Protzen aus der Deckung vorgeholt, so können sie auf Anordnung des Batterieführers unmittelbar in die zum Aufprotzen erforderliche Stellung einfahren.

6. Grundsätze der Richtung.
[155. 196.]

Die Richtung besteht nicht nur in der Beobachtung einer genauen Frontlinie der nebeneinander befindlichen Geschütze, sondern auch in dem Beibehalte der Seiten- und Tiefenabstände, sowie der Vorderrichtung.

Für die Richtung sind in erster Linie die Zugführer verantwortlich, welche den erforderlichen seitlichen Abstand vom Richtungszugführer halten und für Einhaltung der richtigen Frontlinie Sorge tragen. Die Geschützführer nehmen Seiten- und Tiefenabstand von ihrem Zugführer.

Bei der Batterie in Linie ist der Führer des an zweiter Stelle von rechts befindlichen (bei der Batterie zu sechs Geschützen also des mittleren) Zuges der Richtungszugführer und giebt als solcher das Maß der Bewegung und die Marschrichtung an. Ausnahmsweise kann die Richtung auch nach einem anderen (Flügel-) Zugführer genommen werden.

In der Kolonne giebt der Führer des vordersten Zuges das Maß der Bewegung und die Marschrichtung an.

Beim Marsche halbseitwärts ist die Richtung nach dem Zugführer des Flügels, wohin das Ziehen stattfindet.

In der Abtheilung ist überall, wo die Batterien nebeneinander entwickelt werden, die zweite Batterie vom rechten Flügel „Richtungsbatterie". Der Abtheilungskommandeur kann aber auch eine andere Batterie bestimmen.

7. Führung der Truppe.
[150. 153.]

Die Führung der Batterie erfolgt durch Kommandos, Signale oder Zeichen. Letztere find an Stelle einiger häufig wiederkehrender Kommandos bezw. Signale, wie Antreten, Uebergang in die nächst höhere Gangart, Halten u. s. w., zuläffig und werden mit dem Arme gegeben; durch Ziehen des Säbels kann die Deutlichkeit erforderlichenfalls erhöht werden.

In der Marschkolonne find die Zugführer für richtige Weitergabe aller Kommandos u. s. w. verantwortlich.

Die Führung der Abtheilung erfolgt, soweit Kommandos u. s. w. nicht ausreichen, durch Befehle.

Anhang
zu den
Formen der Artillerie.

Grundsätze für die Aufstellung der Offiziere, Unteroffiziere und Trompeter.

1. Die Offiziere.

Der Abtheilungskommandeur nimmt bei der Abtheilung in Linie seinen Platz 60 Schritt vor der Mitte, bei den Kolonnen 60 Schritt seitwärts auf derjenigen Seite, nach welcher er die Linie zu entwickeln beabsichtigt. Die Seite, auf welcher sich der Führer befindet, heißt Frontseite. Links von dem Abtheilungskommandeur, zwei Schritt zurück, reitet der Adjutant; links rückwärts von diesem in Höhe der Kruppe folgen zwei Trompeter.

Die Batterieführer befinden sich bei der Linie 30 Schritt vor der Mitte der Batterie, bei der Kolonne zu Einem oder der Zugkolonne mit demselben Abstande neben der Mitte der Batterie auf der Frontseite. Bei der Breitkolonne ist der Platz der Batterieführer 10 Schritt vor der Mitte, bei der Tiefkolonne 10 Schritt seitwärts der Batterie auf der Frontseite in der Höhe der Zugführer. Bei der Abtheilung in Batteriekolonnen befinden sich die Batterieführer nicht seitwärts der Batterie, sondern 10 Schritt links vorwärts der Spitze derselben.

In der Feuerstellung (abgeprotzte Linie) begiebt sich der Abtheilungskommandeur auf die Stelle, von welcher er am besten die Wirkung des Feuers beobachten kann. In gleichem Sinne verfahren die Batterieführer.

Bei der Zugkolonne und der Kolonne zu Einem (Marschkolonne) reitet der Abtheilungskommandeur an der Spitze der Abtheilung, die Batterieführer an der Spitze ihrer Batterie, wenn seitwärts kein Platz ist.

Die Zugführer befinden sich zwei Schritt*) vor der Mitte ihres Zuges, in der Kolonne zu Einem links neben dem Geschützführer des vorderen Geschützes ihres Zuges. In der Marschkolonne bewegen sie sich frei neben ihren Zügen.

Bei der abgeprotzten Batterie befinden sich die Zugführer abgesessen in dem Zwischenraume ihrer Geschütze 10 Schritt hinter dem Laffetenschwanz, ohne an diesen Platz gebunden zu sein.

Der Führer der ersten Staffel befindet sich bei der geöffneten Batterie etwa 30 Schritt seitwärts der Staffelspitze, bei der Batterie in Kolonne ebensoweit seitwärts der Staffelmitte auf der Frontseite, in der Marschkolonne an der Spitze der Staffel. Steht Letztere aufgeschlossen hinter der geschlossenen Batterie, so steht der Staffelführer vor der Mitte der Staffel zwei Schritt vor den Wagenzugführern.

Ein etwa vorhandener schließender Offizier befindet sich bei der Linie hinter der Mitte der Batterie; sind es mehrere, so werden sie gleichmäßig hinter derselben vertheilt. Bei den Kolonnen folgen schließende Offiziere in den Vor- oder Rückwärtsbewegungen mit zwei Schritt Abstand den hinter dem letzten Geschütz bezw. hinter der Staffel reitenden schließenden Unteroffizieren. Befindet sich bei Flankenbewegungen die erste Staffel gleichlaufend mit den Geschützen, so reiten schließende Offiziere auf der der Frontseite entgegengesetzten Seite zwei Schritt seitwärts von den schließenden Unteroffizieren des Zuges, hinter dem sie in Linie standen.

2. Die Unteroffiziere

zerfallen in die Geschützführer, die Wagenzugführer und die schließenden Unteroffiziere.

Die Geschützführer befinden sich stets neben dem Vordersattelpferde ihres Geschützes. Nur auf dem Marsche reiten sie neben oder hinter dem Geschütz, um dasselbe übersehen zu können.

Die Wagenzugführer haben bei aufmarschirter Staffel ihren Platz zwei Schritt vor der Mitte ihres Zuges, in der Kolonne zu Einem neben dem Vordersattelpferd ihres vorderen Wagens.

Der Wachtmeister ist Schließender des letzten (Geschütz-)Zuges; ein sonst noch vorhandener Unteroffizier schließt den ersten Zug. Dieselben befinden sich bei der Linie hinter der Mitte des Zuges mit zwei Schritt Abstand, bei den Kolonnen in Vor- oder Rückwärtsbewegungen zwei Schritt hinter dem letzten Geschütz der Batterie. Marschirt die Staffel gleichlaufend mit den Geschützen, so reiten sie auf der der Frontseite entgegengesetzten Seite zwei Schritt außerhalb des Geleises in Höhe der Laffetenachse ihres Zuges oder seines letzten Geschützes.

Schließende der ersten Staffel stehen bei aufmarschirter Staffel vertheilt hinter der Front mit zwei Schritt Abstand; in der Kolonne folgen sie stets mit demselben Abstande dem letzten Wagen bezw. den Vorrathspferden.

3. Die Trompeter

befinden sich, mit Ausnahme der zum Abtheilungskommandeur und zu den Batterieführern kommandirten, in Linie hinter der Mitte der Batterie und hinter der Staffel (je einer) mit zwei Schritt Abstand. In der Kolonne verhalten sie sich wie Schließende des mittleren Zuges bezw. der Staffel.

In der abgeprotzten Batterie halten sie, ebenso wie die schließenden Unteroffiziere, bis zu anderweitiger Verwendung in Höhe der Deichselspitzen, Front nach dem Feinde.

---

*) Wird in der Zugkolonne aufgeschlossen, so befinden sich die Zugführer mit der Kruppe ihrer Pferde in Höhe der Köpfe der Vorderpferde. Im Galopp dürfen die Geschütze 4 bis 5, im Marsch Marsch 8 Schritt von ihrem Zugführer abbleiben.

Bewegungen.*)

f. Bewegungen in Linie und Uebergänge aus der Linie in die Kolonnen.

1. Bewegungen in Linie.
(196—202. 222. 223. 234—237. 255.)

Die Bewegungen in geöffneter Linie mit Gefechts-Seitenabständen sind von der größten Wichtigkeit.

Zu einem raschen Anlaufe an den Feind kann, wo es der Boden erlaubt, bei allen Batterien und Abtheilungen der Galopp angewendet werden, den man für den letzten Theil des Anlaufes zum Marsch! Marsch! verstärken kann.

Trifft die Linie auf kleinere Hindernisse, so weichen die einzelnen behinderten Geschütze, Züge oder Batterien selbständig aus und setzen sich demnächst wieder in ihr richtiges Verhältniß.

[199. 200.] Das Schließen und Oeffnen der Zwischenräume kann nur in der einzelnen Batterie erfolgen (nach e. 4). Die erste Staffel bleibt beim Schließen in Kolonne zu Einem hinter dem betreffenden Flügel; soll sie aufmarschiren und aufschließen, so muß Befehl erfolgen. Beim Oeffnen setzt sich die Staffel in Kolonne zu Einem mit Staffelabstand hinter einen Flügel (vergl. Abbild. 46).

Bewegungen rückwärts werden bei Gefechts-Seitenabständen (in geöffneter Linie) durch die Kehrtwendung der Geschütze (in der Regel linksum kehrt) eingeleitet. Die erste Staffel, welche dabei vor die Geschütz-linie der Batterie zu stehen kommt, muß über die neue Marschrichtung unterrichtet werden.

Die geschlossene Batterie muß Kehrt schwenken.

Zu Seitwärtsbewegungen der geöffneten Batterie kann die Kolonne zu Einem oder die Zugkolonne gebildet werden; kürzere Bewegungen halb-seitwärts geschehen durch Ziehen, welches durch die gleichzeitige Halb-rechts- bezw. Halblinkswendung sämmtlicher Geschütze eingeleitet wird (vergl. e. 6). Während des Ziehens in der Abtheilung — eine Bewegung, welche recht schwierig ist — gilt die vorderste Batterie als Richtungsbatterie.

---

*) Die reglementarischen Bewegungen in der Abtheilung sind auf das Noth-wendige beschränkt, da der Hauptnachdruck auf die gefechtsmäßige Führung der Abtheilung zu legen ist, und diese naturgemäß mehr durch Befehle als durch Kom-mandos erfolgt. Auch müssen sich die Bewegungen auf dem Gefechtsfelde auf einfache Formen beschränken.

Eine Batterie in geschlossener Linie vollführt Halbseitwärts=Bewegungen ebenfalls durch Ziehen; zu einer Seitwärtsbewegung muß rechts (links) geschwenkt werden.

[201. 202. 237.] Frontveränderungen werden bei der geöffneten wie bei der geschlossenen Batterie in der Weise ausgeführt, daß auf Angabe der neuen Marschrichtung durch den Batterieführer der Richtungszugführer unter Beibehalt der Gangart mit seinem Zuge in die neue Richtung ein= wendet, während die übrigen Zugführer und der Staffelführer die Gangart nach Erforderniß verstärken (äußerer Flügel), verkürzen (innerer Flügel) oder auch völlig wechseln, bis sie sich in der neuen Front in ihr Verhältniß gesetzt haben.

In der Abtheilung wird die Aenderung der Marschrichtung dementsprechend nach der Richtungsbatterie ausgeführt.

Frontveränderungen durch die Schwenkung (rechts, links, Kehrt) erfolgen nur in der geschlossenen Batterie (nach e. 3), wobei die Staffel gleichzeitig die entsprechende Schwenkung für sich ausführt.

[222. 255.] Stellungnahme. Soll nach dem Vorgehen der Batterie (Abtheilung) abgeprotzt werden, so sprengt der Batterieführer (Abtheilungs= kommandeur) zur Auswahl der Gefechtsstellung voraus. In der Abtheilung werden sodann die bei ihrer Truppe befindlichen Batterieführer vorgeholt und vom Abtheilungskommandeur über die gewählte Stellung sowie über die ihnen zugewiesenen Ziele unterrichtet. Sie führen sodann ihre Batterien in die Stellung hinein. Das Abprotzen erfolgt in der Abtheilung nicht auf Kommando des Abtheilungskommandeurs, sondern batterieweise, wobei die Art des Abprotzens (die, wo es zweckmäßig scheint, selbst innerhalb der Batterie verschieden sein darf) den Batterieführern überlassen bleibt.

2. Uebergänge aus der Linie in die Kolonnen.
[203—205. 210. 211. 238—240.]

[203. 204. 210. 238.] a) Aus der Linie in die Kolonne zu Einem.

Bei der einzelnen Batterie kann durch die Wendung (nach der Flanke) oder durch Abbrechen (nach vorn) in die Kolonne zu Einem übergegangen werden.

Die Wendung ist nur bei geöffneter Batterie möglich. Da die Tiefe der Kolonne zu Einem größer ist als die Frontbreite der Batterie, so muß das vorderste Geschütz nach ausgeführter Wendung noch etwa 20 Schritt, bei der reitenden Batterie 65 Schritt*) vorgehen, bevor alle Geschütze im richtigen Verhältniß sich hintereinander befinden können. Die erste Staffel

---

*) Bei einer Batterie zu vier Geschützen sind dies 15 bezw. 42 Schritt.

führt gleichzeitig eine Hakenschwenkung nach der betreffenden Seite aus und bewegt sich gleichlaufend mit den Geschützen. Soll sie sich hinter die Letzteren setzen, so muß dies besonders angeordnet werden.

Das Abbrechen erfolgt in der geöffneten Batterie aus der Mitte, indem der Richtungszugführer geradeaus bleibt und das rechts von ihm befindliche Geschütz seines Zuges an ihn herangeht; in der geschlossenen Batterie wird von einem der Flügel abgebrochen. Die Geschütze setzen sich mit der Halbrechts- bezw. Halblinks-Wendung, welche bei geöffneter Batterie gleichzeitig, bei geschlossener wegen mangelnden Raumes nach und nach ausgeführt wird, hinter das die Spitze nehmende Geschütz; beim Abbrechen aus der Mitte folgen die Geschütze des linken Flügelzuges an letzter Stelle. Die Staffel setzt sich unmittelbar hinter das letzte Geschütz.

In der Abtheilung geschieht die Herstellung der Kolonne zu Einem mittelst der Wendung (rechts- oder linksum).

[205. 211. 239]. b. Aus der Linie in die Zugkolonne. Aus der geöffneten Linie wird die Zugkolonne sowohl bei der einzelnen Batterie wie bei der Abtheilung durch Abschwenken mit Zügen gebildet. Die Staffeln verhalten sich dabei wie unter a (für die Wendung) angegeben.

Aus der geschlossenen Batterie wird die Zugkolonne durch Abbrechen mit Zügen von einem Flügel hergestellt, wobei die Staffel mit Zugabstand gleichfalls in Zugkolonne folgt.

[240.] c. Aus der Linie der Abtheilung in Batteriekolonnen. Alle Batterien stellen gleichzeitig jede in sich durch Abbrechen aus der Mitte die Kolonne zu Einem her.

Für die Bildung der Tief- und Breitkolonnen sind reglementarische Bewegungen nicht vorgesehen. Auf Anordnung des Abtheilungskommandeurs rücken die Batterien nacheinander in die entsprechende Stellung ein.

g. Uebergang aus einer Kolonne in die andere und Bewegungen in Kolonnen.

1. Uebergänge. [214. 215. 246—250.]

[214. 246.] a) Aus der Kolonne zu Einem in die Zugkolonne. Die hinteren Geschütze und Munitionswagen aller Züge marschiren gleichzeitig neben den vorderen auf. Dann muß seitens der hinteren Züge auf Zugabstand (vergl. d. 1. b) aufgerückt werden, da die Tiefe der Kolonne zu Einem größer ist als die der Zugkolonne. Dazu bleibt der vorderste Zug, nachdem er in sich aufmarschirt ist, in der nächst niederen Gangart.

Befand sich die Staffel vor dem Aufmarsche neben den Geschützen (Flankenbewegung), so bleibt sie auch nach demselben in der Kolonne zu Einem an diesem Platze.

In der Abtheilung rücken die hinteren Batterien, nachdem sie die Zugkolonne in sich hergestellt haben, erforderlichenfalls auf ihren richtigen Abstand (vergl. d. 2. b) an die vorderste Batterie heran.

[215. 247.] b. Aus der Zugkolonne in die Kolonne zu Einem.

Die beiden Geschütze (bezw. Wagen, wenn sich die Staffel in gleicher Form befindet) eines jeden Zuges setzen sich durch Rechts= oder Links= abbrechen hintereinander. Da die Kolonne zu Einem eine größere Tiefe hat, so kann das Abbrechen der hinteren Züge nur nach und nach statt= finden. Dieselben folgen im Schritt (bezw. halten, wenn der Uebergang im Schritt vor sich geht), bis der nöthige Abstand gewonnen ist.

c. Aus der Abtheilung in Kolonne zu Einem in die Ab= theilung in Batteriekolonnen. Dieser Uebergang kann stattfinden: [248.] α. nach vorwärts durch Vorziehen der hinteren Batterien. Während die vorderste Batterie im Schritt geradeaus geht, schwenken die folgenden in der befohlenen Gangart mit der Spitze soweit als nöthig seitwärts heraus, gewinnen den Seitenabstand (vergl. d. 2. b) von der Nebenbatterie und rücken dann unter Eindrehen der Spitze in die Richtungslinie ein.

Das Vorziehen der Batterien kann rechts, links oder „rechts und links" erfolgen. Im letzteren Falle geht die zweite Batterie rechts, die folgende (sind es mehrere, alle folgenden) links heraus. Diese Bildung der Batteriekolonnen kann mit gleichzeitiger Aenderung der Marschrichtung ver= bunden werden. Die Batterie, auf welche die Bewegung erfolgt, nimmt sofort die neue Marschrichtung an, die übrigen setzen ihre Spitze in einer Richtung an, in der sie baldmöglichst ihren Seitenabstand gewinnen können. [249.] β. Nach der Flanke durch Schwenken der Batteriespitzen. Alle Batterien führen gleichzeitig, jede in sich, eine Hakenschwenkung rechts bezw. links aus. Die Staffeln setzen sich, falls sie vorher neben den Geschützen sich befanden, hinter dieselben.

[250.] d. Aus der Abtheilung in Batteriekolonnen in die Kolonne zu Einem.

Dieser Uebergang verläuft derart, daß entweder alle Batterien gleich= zeitig eine Hakenschwenkung rechts oder links ausführen und sich damit hintereinander setzen, oder daß eine Batterie geradeaus bleibt, während die anderen sich mittelst zweier Hakenschwenkungen, die Gangart nach Bedarf regelnd, hinter dieselbe setzen. Ist die geradeausbleibende Batterie keine Flügelbatterie, so wird die Ausführung der Bewegung durch Befehle bestimmt.

2. Bewegungen in der Kolonne.

[216—221. 251—254.]

Auch in der Kolonne kann mit Vortheil vom Galopp Gebrauch gemacht werden, wenn die Gefechtslage ein schnelles Vorgehen bedingt und der Boden günstig ist. Im Reisetrabe muß die Artillerie beim Anmarsche zum Gefecht 1 bis 1½ Meilen ohne nennenswerthe Unterbrechungen zurückzulegen befähigt sein.

Wird ein Geschütz oder ein Wagen aus irgend einem Grunde zum Halten gezwungen, so darf sich die Unterbrechung des Marsches unter keinen Umständen nach hinten fortsetzen. Die Geschützführer und Fahrer müssen daher, besonders in der Kolonne zu Einem, das vorhergehende Geschütz u. s. w. scharf im Auge behalten, um nöthigenfalls rechtzeitig, ohne ein Stutzen zu erleiden, seitwärts ausbiegen und vorbeimarschiren zu können. Ein liegen gebliebenes Geschütz u. s. w. muß seinen Platz in der Marschkolonne sobald als möglich wieder zu erreichen suchen.

Der Marsch rückwärts wird durch die Kehrtwendung, bei der Zugkolonne durch die Kehrtschwenkung mit Zügen eingeleitet.

Bewegungen halbseitwärts werden durch Ziehen bewerkstelligt.

Der Marsch seitwärts wird, soweit es sich nur um kurze Seitwärtsschiebungen handelt, in der Kolonne zu Einem durch gleichzeitige Wendung aller Geschütze und Wagen,*) in der Zugkolonne durch Rechts= (Links=) Schwenken mit Zügen eingeleitet. Die Richtung bleibt dabei nach dem Zugführer, der bisher an der Spitze war. Die ursprüngliche Marschrichtung wird durch die umgekehrte Wendung bezw. Schwenkung wieder hergestellt. [221.] Marschrichtungsänderungen in der Kolonne zu Einem und der Zugkolonne werden durch Hakenschwenkungen ausgeführt. Die einander folgenden Geschütze oder Züge schwenken nach und nach an derselben Stelle, wo das vorderste Geschütz bezw. der vorderste Zug geschwenkt hat.

Marschrichtungsänderungen der Abtheilung in Batteriekolonnen, in Tief= oder Breitkolonne werden entsprechend dem für die Abtheilung in Linie gültigen Verfahren ausgeführt, indem die Richtungsbatterie die neue Marschrichtung annimmt und die anderen durch Verstärken oder Verkürzen der Bewegung und entsprechende Schiebung ihr Verhältniß beibehalten bezw. wiedergewinnen.

[216. 251.] Das Aufschließen der Zugkolonne (von 22 auf 6 Schritt) erfolgt derart, daß der vorderste Zug während des Aufrückens der

---

*) Die Geschütze erhalten dadurch einen Seitenabstand von 22, bei der reitenden Artillerie von 31 Schritten; derselbe ist beizubehalten.

hinteren Züge in die nächst niedere Gangart fällt. Umgekehrt folgen die hinteren Züge zunächst in der nächst niederen Gangart, wenn wieder Abstand genommen wird.

In der Abtheilung rücken die Batterien, nachdem sie in sich die aufgeschlossene Zugkolonne hergestellt haben, auf 20 Schritt an die vorhergehende Batterie heran.

Wird in der Kolonne zu Einem eine Flankenbewegung ausgeführt, so kann die erste Staffel, soweit sie bis dahin hinter den Geschützen folgte, auf Anordnung des betreffenden Führers nach der dem Feinde abgekehrten Seite herausgezogen werden, um sich dann gleichlaufend mit den Geschützen und mit dem vorgeschriebenen Seitenabstande von denselben vorzubewegen (Ausschalten der Staffel; vergl. auch d. 2. b).

h. Herstellung der Linie aus den Kolonnen.
[206—209. 212. 213. 241—245. 283.]

Die Herstellung der geöffneten Linie, der einzigen Gefechtsform der Artillerie, ist von der höchsten Bedeutung und muß gegebenenfalls auf kürzeste und schnellste Weise nach jeder beliebigen Richtung hin erfolgen können.

Der Uebergang kann, wie bei den übrigen Waffen, ein dreifacher sein: Frontwendung, Einschwenken und Aufmarsch.
[206. 207. 212. 241. 242. 283.] α. Aus der Kolonne zu Einem in die Linie.

Die Artillerie kann in die Lage kommen, bei unvermutheten Angriffen aus der Marschkolonne schnellstens nach vorn oder seitwärts die Gefechtslinie zu bilden.

Die Rücksicht auf verdecktes Vorgehen wie auf die Geländebeschaffenheit wird häufig dazu führen, die Kolonne zu Einem bis dicht an die gewählte Feuerstellung beizubehalten. Besonders empfiehlt sich dieses Verfahren, wenn man verdeckt in die Stellung (hinter einer Erhebung) hineingehen will, um dann überraschend das Feuer auf den Gegner zu eröffnen. Man protzt nach der Flanke ab und läßt dann die Geschütze durch die Bedienungsmannschaft vorbringen, bis man über die Höhe hinweg das Ziel auffassen kann. Der Kamm der Höhe darf vor Eröffnung des Feuers nicht betreten werden. Wollte man in diesem Falle unter Herstellung der geöffneten Batterie nach vorwärts abprotzen, so würde man, um das gleiche Maß der Deckung gegen Sicht zu erreichen, um eine ganze Geschützlänge weiter rückwärts abprotzen, die Geschütze also nach dem Abprotzen auch um so viel mehr vorbringen müssen, was bei auf-

geweichtem oder lockerem (Acker=) Boden nicht unbedeutend ins Ge=
wicht fällt.

Nach vorn erfolgt die Herstellung der geöffneten Linie durch den
Aufmarsch, nach seitwärts durch die Wendung bezw., wenn man un=
mittelbar in die abgeprotzte (Gefechts=) Linie übergehen will, durch Ab=
protzen nach der Flanke.

[207.] Der Aufmarsch wird in der Batterie
auf den die Marschrichtung einhaltenden und
die nächst niedere Gangart annehmenden Führer
des vordersten Zuges derart ausgeführt, daß
sein vorderstes Geschütz rechts, das zweite links
von ihm Seiten= und Tiefenabstand nimmt,
der mittlere Zug rechts und der hintere links
neben dem vordersten Zuge aufmarschirt. Die
Staffel setzt sich in der Kolonne zu Einem
hinter einen Flügel.

In dringenden Gefechtslagen, z. B. bei
der Entwickelung aus einem Engwege heraus,
kann dieser Aufmarsch, wenn es sich darum
handelt, schnell zum Feuern zu kommen, mit
einem geschützweisen Abprotzen der nacheinander
aufmarschirenden Geschütze verbunden werden.*)

[242.] In der Abtheilung ordnet der Kom=
mandeur die Art des Aufmarsches aus der
Kolonne zu Einem (ob rechts, links oder
nach beiden Seiten) durch Befehl an, worauf
die hinteren Batterien sich seitwärts heraus=
ziehen, um Platz für den Aufmarsch zu ge=
winnen, und demnächst in entwickelter Front
in die befohlene Linie einrücken.

[206. 241.] Bei der Frontwendung ist es
erforderlich, daß nach ausgeführter Wendung
bei beginnender Weiterbewegung bis auf den
richtigen Seitenabstand nach dem Richtungs=
führer bezw. nach der Richtungsbatterie
zusammengerückt wird. Die Staffeln bleiben
in Kolonne zu Einem und setzen sich hinter
einen Flügel ihrer Batterie.

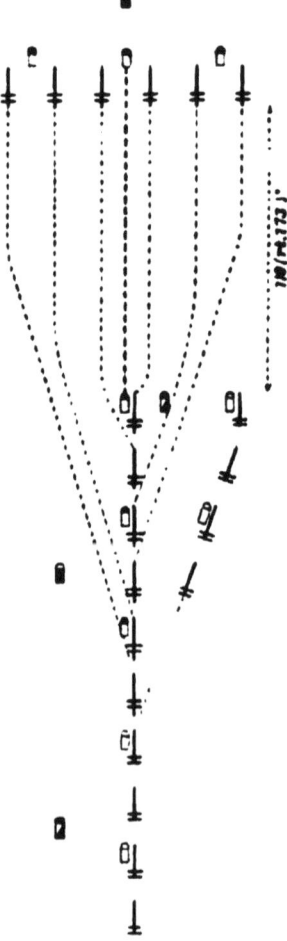

Abbild. 48.
Aufmarsch in der Bewegung aus
Kolonne zu Einem in die
geöffnete Batterie.

*) Ein solches geschützweises Abprotzen kann sich unter Umständen auch empfehlen,
wenn nach der Flanke mit verengten Geschützabständen abgeprotzt wird (vergl. e. 5).

[212.] Der Uebergang in die geschlossene Batterie geschieht stets durch Aufmarsch und zwar nach rechts oder nach links. Die Staffel marschirt gleichfalls auf und rückt nach d. 1. a heran.

[208. 209. 213. 243. 244.] β. Aus der Zugkolonne in die Linie.*)

Die geöffnete Linie wird durch Aufmarsch oder durch Einschwenken gebildet.

[209.] Der Aufmarsch wird in der Batterie auf den vordersten Zugführer, dem Aufmarsche aus der Kolonne zu Einem entsprechend, rechts und links ausgeführt und ist mit einem Oeffnen der Züge verbunden (siehe e. 4). Die Staffel verfährt, wie unter α. angegeben.

Handelt es sich um schnellste Feuereröffnung, so kann auch hier während des Aufmarsches ein zugweises Abprotzen der aufmarschirten Züge angeordnet werden.

Der Aufmarsch zur Linie aus der Abtheilung in Zugkolonne erfolgt, wie unter α. angegeben.

[208. 243.] Das Einschwenken zur Front geschieht von allen Zügen gleichzeitig, wobei die inneren Geschütze die Wendung fahren und nach Bedürfniß die Gangart verkürzen, während die äußeren geradeausbleiben, bis sie den erforderlichen Seitenabstand gewonnen haben, und dann mit der Wendung ebenfalls in die Front einrücken.

[213.] Soll die geschlossene Batterie hergestellt werden, so wird rechts oder links aufmarschirt, wobei die Staffel ebenfalls in sich aufmarschirt und aufrückt.

γ. Aus der Abtheilung in Batteriekolonnen zur Linie.

Alle Batterien marschiren gleichzeitig in sich auf.

Gefecht.

i. Kennzeichnung des Kampfes der Artillerie.

Der Kampf der Artillerie besteht in dem Feuer der Geschütze. So lange diese Waffe sich in der Bewegung befindet oder durch andere Umstände am Schießen verhindert ist, geht sie für das Gefecht verloren und ist gegen feindliche Angriffe wehrlos.

---

*) Diese Uebergänge können auch aus der aufgeschlossenen Zugkolonne erfolgen; beim Einschwenken ergeben sich in diesem Falle Geschützseitenabstände von 12 Schritt.

Die Thätigkeit der Artillerie im Gefecht hat an und für sich nichts Entscheidendes, doch kann eine überwältigende Artilleriewirkung wohl die Entscheidung eines Kampfes herbeiführen, wenn andere Waffen vorhanden und in der Lage sind, die Erfolge des Artilleriefeuers auszubeuten. Eine reine Artillerieschlacht (Kanonade) wird immer einen unentschiedenen, hinhaltenden Charakter haben.

Aus diesen Gründen darf die Artillerie der deckenden Unterstützung der anderen Waffen und dem Zusammenwirken mit letzteren sich nicht entziehen.

Der Kampf der Artillerie hat nichts von dem gewaltthätigen, stoßweise hin und her wogenden, aber auch schnell erschöpfenden Wesen des Gefechts der anderen Waffen. Er kennzeichnet sich durch seine langandauernde, zähe, unerschöpfliche Thätigkeit.

Der Artillerist ist an sein Geschütz gebunden, er kann stärkeren Gefechtseindrücken nicht derart durch Vorstürzen oder Zurückeilen nachgeben wie der Infanterist und Kavallerist. Dadurch wird die Artillerie in dem Kampfe der drei Waffen das Festgefügte, welchem alles Andere sich anschmiegt, „das Knochengerüst der Schlacht".

Die Artillerie kämpft stets in geöffneter Form, aber ein zerstreutes Gefecht, welches auf der Selbständigkeit des Einzelnen beruht, kennt sie nicht. Die Batterie befindet sich stets unter dem unmittelbaren Einflusse ihres Führers.

k. Die kriegsstarke Batterie und die Verwendung der Staffeln.

[191. 293—304.]

Eine kriegsstarke Batterie zerfällt in vier Theile:

die Geschütze,

die erste Staffel,

die zweite Staffel,

die große Bagage.

Geschütze und erste Staffel bilden die Gefechtsbatterie und sind unzertrennlich. Die beiden Staffeln werden auch als „kleine Bagage" bezeichnet.

Die erste Staffel dient im Gefecht zur Lieferung des Schießbedarfs (auch zum Ersatze von Mannschaften, Pferden und Material). Sie besteht aus vier Munitionswagen mit je drei Mann Bedienung, einem Theile der Vorrathspferde, den zweiten bezw. dritten Offizierpferden (Offiziere der fahrenden Batterien haben je zwei, der reitenden je drei Pferde) und einigen Ersatzmannschaften.

Ist eine Batterie in der Avantgarde, so tritt an die Stelle des vierten Munitionswagens ein Sprenggranatwagen.

Unter besonderen Verhältnissen kann die erste Staffel mit Genehmigung des Truppenführers, dem die Artillerie unterstellt ist, um einige Munitions= wagen aus der zweiten Staffel verstärkt werden.

Die zweite Staffel besteht aus den übrigen fünf Munitions= wagen,*) dem ersten Vorrathswagen und dem Reste der Mannschaften und der Vorrathspferde der Batterie. Sie soll im Gefecht eine zurückgehaltene, möglichst gesicherte Reserve für jeglichen Ersatz, besonders für den an Schießbedarf bilden.

Die große Bagage besteht aus dem zweiten Vorrathswagen, der Feldschmiede, dem Lebensmittelwagen, dem Futterwagen und der Begleit= mannschaft.

Auf dem Marsche folgt die erste Staffel stets unmittelbar den Ge= schützen. Die zweite Staffel befindet sich auf Reisemärschen ebenfalls bei der Batterie, wo sie der ersten Staffel folgt; auf Kriegsmärschen (vergl. VII. Abschn. a. 1) folgen die zweiten Staffeln aller in der Marschkolonne befindlichen Batterien, abtheilungsweise vereinigt, unmittelbar hinter den größeren Artillerieverbänden (Divisions= oder Korpsartillerie), bei Avant= garden u. s. w. an dem Ende derselben. Die abtheilungsweise vereinigten zweiten Staffeln werden stets unter Befehl eines Offiziers gestellt.

Auf dem Gefechtsfelde folgt die erste Staffel so lange in der unter f, g und h angegebenen Weise der Batterie, bis diese die erste Gefechts= stellung nimmt. Sie stellt sich dann mit den zu ihr zurückgeschickten Geschützprotzen möglichst (gegen Feuer oder wenigstens gegen Sicht) gedeckt in geringer Entfernung von der Batterie auf. Hinter Deckungen ist jede Aufstellungsform erlaubt. Im offenen Gelände nimmt die Staffel ent= weder seitwärts rückwärts eines (des am wenigsten gefährdeten) Flügels in Kolonne zu Einem (um sie dem Streichfeuer des die Geschützlinie be= schießenden Gegners möglichst zu entziehen) oder, wenn dies nicht angängig (was besonders bei längeren Artillerielinien öfters der Fall sein wird), rückwärts der Batterie in geöffneter Linie Stellung. Leichte Verbindung mit der Batterie, freie Bewegung nach vor= und rückwärts müssen hierbei gesichert sein. Im Hinblick auf ein genügend schnelles Heranziehen der Protzen soll die Entfernung der Staffel von der Batterie nicht mehr als 200 m betragen.

---

*) Der achte und neunte Munitionswagen heißen Sprenggranatwagen, weil sie mit der betreffenden Munition gefüllt sind. Die übrigen Munitionswagen enthalten keine Sprenggranaten.

Im Abtheilungsverbande hat der Abtheilungskommandeur über die Aufstellung der ersten Staffeln im Allgemeinen zu bestimmen; er kann auch, wo es sich empfiehlt, die Staffeln mehrerer Batterien vereint aufstellen lassen.

Die Stellung der zweiten Staffel muß so gewählt werden, daß dieselbe leicht aufzufinden ist, daß bequeme Verbindung mit der Batterie und nach Möglichkeit Deckung vorhanden ist. Die Aufstellungsform richtet sich nach dem Grade der Deckung und der Oertlichkeit. In offenem Gelände soll die Entfernung von der Batterie nicht mehr als etwa 600 m betragen. In durchschnittenem und bedecktem Gelände wird es sich oft ermöglichen lassen, die Staffel in größerer Nähe aufzustellen. Man wird sie gern in die Nähe der Straßen und Wege, aber niemals auf dieselben stellen.

Im Abtheilungsverbande bleiben die zweiten Staffeln auch auf dem Gefechtsfelde unter Führung des hierzu kommandirten Offiziers vereinigt. Der Abtheilungskommandeur giebt den Aufstellungsort an.

Hat die zweite Staffel Stellung genommen, so schickt der Staffelführer ohne Verzug (für jede Batterie) zwei gefüllte Munitionswagen zur ersten Staffel vor. Der weitere Munitionsersatz wird durch den Abtheilungskommandeur bestimmt. Selbständige und räumlich von ihrer Abtheilung getrennte Batterien regeln, letztere auf Anordnung des Abtheilungskommandeurs, ihren Munitionsersatz selbständig.

Die hinter den Geschützen aufgefahrenen Munitionswagen werden, sobald sie sich leeren, rechtzeitig aus der ersten Staffel durch gefüllte Wagen ersetzt und leer sofort zur zweiten zurückgeschickt; von dort werden sie gesammelt zu ihrer Füllung weiter zurück zu den Munitionskolonnen entsandt, die ihrerseits bestrebt sein müssen, dem Gefechtsfelde sich möglichst zu nähern. Ist Eile geboten, so können die Munitionskolonnen bis auf das Gefechtsfeld vorgezogen werden und ihre gefüllten Wagen unmittelbar den Batterien überweisen.*) Auch müssen die Artillerietruppentheile sich gegenseitig mit Schießbedarf auszuhelfen suchen.

Der rechtzeitige Ersatz des Schießbedarfs ist von der größten Wichtigkeit, da von ihm die Leistungsfähigkeit der Artillerie abhängt. Darum sind auch alle hier in Betracht kommenden Führer einschl. Staffelführer verpflichtet, in diesem Sinne selbständig zu handeln, sobald sie ohne Befehle bleiben.

---

*) Am 18. August 1870 gingen Artillerie-Munitionskolonnen des IX. Armeekorps unter Führung des Kolonnen-Abtheilungskommandeurs in schnellster Gangart bis unmittelbar hinter die Feuerstellung der Batterien vor, um den dringend nöthigen Ersatz zu leisten.

1. Die Wahl der Feuerstellung.

Der wichtigste Theil der Gefechtsführung der Artillerie besteht in der Auswahl der Stellung.

Jede Artilleriestellung muß beim Vorgehen von dem vorauseilenden Führer erkundet werden.*) Beim Zurückgehen geschieht dies durch einen von dem Führer vorausgesandten, mit Anweisung versehenen Offizier [278].

Die Gesichtspunkte für die Wahl der Feuerstellung sind, nach ihrer Wichtigkeit, folgende:

1) Die Aufstellung der Artillerie muß vor allem Uebrigen der allgemeinen Gefechtslage entsprechen, sie muß eine vereinigte Thätigkeit mit den anderen Waffen und eine kräftige Wirkung gegen die entscheidenden Punkte, auch eine entsprechende Bewegung beim Vor- oder beim Zurückgehen des Gefechts gestatten.

Der Führer der Artillerie muß daher, bevor er seine Stellung wählt, von den Absichten des obersten Befehlshabers und von der ganzen Gefechtslage Kenntniß haben. Er begleitet während der Erkundung den Truppenführer, um dessen Befehle für die Artillerie entgegenzunehmen. Dann begiebt er sich zu seiner Truppe, um dieselbe an Ort und Stelle zu führen.

Es ist möglichst zu vermeiden, daß die Artillerie durch die Bewegungen und die Gefechtsthätigkeit der anderen Waffen in ihrem Feuer behindert werde. Das Ueberschießen eigener Truppen wird sich trotzdem oft nicht umgehen lassen; doch darf es jedenfalls nur stattfinden, wenn man Freund und Feind noch genau unterscheiden kann. Mangelt es an Raum zur Entwickelung der Artillerie, so kann man sie bei Höhenstellungen zuweilen selbst in zwei Linien hintereinander aufstellen.

2) Die Rücksicht auf Wirkung fordert ein ausgedehntes freies Schußfeld, welches — besonders in der Vertheidigung — die Bestreichung des Vorfeldes bis auf die nächsten Entfernungen gestatten muß. Höhenlinien sind daher die natürlichen Artillerieaufstellungen (Höhenpunkte sind mehr zur Beobachtung als zur Aufstellung geeignet).

Außerdem sind wünschenswerthe Bedingungen: ebene und feste Geschützstände (Trefffähigkeit und leichte Bedienung), eine möglichst senkrecht zur Schußlinie liegende, nicht zu unregelmäßige Frontlinie und ausreichender Raum. Ist letzterer nicht vorhanden, so dürfen die Seitenabstände verkleinert werden; doch darf bis zu dem geringsten zulässigen Maße von

---

*) Bei einer solchen Erkundung Alles vermeiden, was die Aufmerksamkeit des Gegners erregt, also: keine unnöthigen Begleiter, Pferde, wo es nöthig scheint, zurücklassen und zu Fuß erkunden u. s. w.

10 Schritt — außer bei der Verfolgung eines weichenden Feindes, wo jeder die Bedienung noch zulassende Seitenabstand erlaubt ist, wenn nur alle zur Stelle befindlichen Geschütze schnell zum Feuern kommen — nur im Nothfalle heruntergegangen werden, da die feindliche Feuerwirkung dadurch erheblich vergrößert wird. Bei ausgedehnterem Raume ist es manchmal von Vortheil, besonders bei überlegener feindlicher Feuerwirkung und dort, wo man stärker erscheinen will, als man ist, die Geschütz-Seitenabstände kleiner Artillerielinien über das Maß von 20 Schritt hinaus zu erweitern, jedoch nicht weiter, als es die Rücksicht auf Uebersicht und Feuerleitung zuläßt. Gleichmäßige Seitenabstände sind nicht erforderlich.

Von besonderer Wichtigkeit ist die Wahl und Auffassung der richtigen Front, da Aenderungen derselben im feindlichen Feuer ohne Unterbrechung des eigenen nicht möglich, daher oft verlustreich und namentlich mit langen Artillerielinien schwierig auszuführen sind.

Die Frage, ob die Batterien bezw. Abtheilungen besser gestaffelt oder in gleicher Höhe stehen, ist abhängig von der Gestaltung des Geländes, welche häufig eine Staffelung verlangt, und von der Rücksicht auf den Feind.

Das Bestreben, feindliche Artillerie- und Truppenlinien schräge zu beschießen, muß, wenn irgend möglich, zum Ausdruck gelangen.

Die Rücksicht auf Wirkung ist der auf Deckung voranzustellen.

3) In Bezug auf Deckung und Sicherung der Batterien ist die Aufstellung hinter dem Kamme von Anhöhen oder Geländewellen, welche sanft nach dem Feinde zu abfallen, und, wenn solche nicht vorhanden sind, hinter Masken, wie Hecken, Gebüschen u. s. w. wünschenswerth. [277.] Nicht vortheilhaft aber ist es, sich unmittelbar hinter solchen Deckungen, die nur gegen Sicht schützen, oder in der Nähe besonders hervortretender Gegenstände aufzustellen, weil dies dem Feinde die Beobachtung seines Feuers und damit das Einschießen erleichtert. Stellungen hinter Steinmauern sind zu vermeiden (Splittern der Steine). Dunkler Hintergrund, besonders dunkle Waldränder nahe hinter den Geschützen lassen dieselben gewöhnlich schwer erkennen und erschweren dem Feinde das Einschießen. Hinter der Front sind gedeckte Plätze für die Protzen und die erste Wagenstaffel (seitwärts) erwünscht. Besonders wichtig beim Angriff ist die Möglichkeit einer gedeckten Anfahrt in die Feuerstellung. Die Nothwendigkeit, ungedeckt in schräger Richtung gegen den Feind zu rücken oder ihm die Flanke zu bieten, ist besonders unvortheilhaft. Bei der Vertheidigung ist es ungünstig, wenn Geländedeckungen vorwärts oder seitwärts die Annäherung feindlicher Schützen begünstigen.

Das Einschneiden der sonst nicht gedeckten Geschütze empfiehlt sich überall, wo die Zeit dies irgend gestattet. In erster Linie ist dabei für Schutz der Bedienungsmannschaft durch Anlage von Deckungsgräben Sorge zu tragen. Künstliche Deckungen für Protzen und Wagen sind nur in lange vorbereiteten Stellungen ausführbar.

Vor dem Einrücken in die Feuerstellung machen es die Umstände oft wünschenswerth, eine verdeckte Bereitstellung nahe hinter jener einzunehmen, z. B. zur Versammlung einer größeren Zahl von Batterien, um dann mit allen gleichzeitig, vielleicht überraschend, in die Feuerstellung einzurücken; in Vertheidigungsstellungen, solange die Richtung des feindlichen Angriffs noch nicht erkannt ist, u. s. w. [290.] In jedem Falle erhöht eine solche Bereitstellung Ruhe und Ordnung beim Einnehmen der eigentlichen Feuerstellung. Alle Vorbereitungen, welche sich im Voraus treffen lassen, wie Laden der Geschütze, wenn dies ausnahmsweise noch nicht geschehen sein sollte, Stellen der Aufsätze auf die geschätzte Entfernung, Unterweisung der Offiziere und Mannschaften über die voraussichtlichen Ziele u. s. w. werden in einer solchen Bereitstellung erledigt. Die Form der Aufstellung richtet sich nach den Umständen.

m. Das Feuer der Artillerie.

1. Allgemeines.

„Zutreffende Beobachtung ist nothwendig für richtiges Schießen." Letzteres hängt von der Kenntniß der Entfernung ab, und diese kann in der Regel nur durch gute Berichtigung der als zu weit oder zu kurz beobachteten Schüsse ermittelt werden.

Daraus folgt, daß die Wirkungsweite der Artillerie nicht mit der Schußweite, sondern mit der Beobachtungsweite zusammenfällt. Letztere ist sehr verschieden, je nach der Person des Beobachtenden, der Gefechtslage, der Witterung, dem Gelände u. s. w. Im Allgemeinen aber kann man festhalten, daß, wenn auch die Schußweite des Feldgeschützes bis etwa 6000 m reicht, auf Entfernungen über 2500 m eine entscheidende Artilleriewirkung nicht zu gewärtigen ist. Die Gefechtsentfernungen für Artillerie im Entscheidungsgefecht liegen daher zwischen 1500 und 2500 m, wenn auch ihr wirksames Feuer noch weiter reicht. Hinhaltende Gefechte, in welchen der Feind festgehalten, beschäftigt werden soll, werden oft auf größere Entfernungen geführt werden.

2. Schußarten.

Die Feldartillerie verwendet 3 Geschoßarten: Schrapnels, Spreng= granaten und Kartätschen.

Die beiden erstgenannten sind mit Doppelzündern versehen, die das Geschoß beim Aufschlage stets, bei gestelltem Brennzünder aber schon in der Luft vor (Schrapnel) oder über (Sprenggranate) dem Ziele zerspringen lassen, worauf dann die Sprengstücke und Kugeln*) sich über das Ziel ausstreuen. Der Kartätschschuß ist ein Streuschuß, ähnlich dem Schrot= schuß des Jagdgewehrs.

Das Schrapnel Bz. (auf Brennzünder gestellt) ist das Haupt= kampfgeschoß der Artillerie und eignet sich zum Bekämpfen aller lebenden Ziele mit Ausnahme von Zielen dicht hinter Deckungen. Es zeichnet sich besonders durch eine große Tiefenwirkung aus.

Das Schrapnel Az. (Brennzünder nicht gestellt, also im Aufschlage zerspringend) kommt nur auf ganz nahen Entfernungen dem Bz. an Wirkung gleich und nimmt mit wachsender Entfernung an Wirkung schnell ab. Es wird zum Ermitteln der Entfernung verwandt, sowie zur Nah= vertheidigung, wenn die Kartätschen verfeuert sind.

Die Sprenggranate Bz. ist infolge der steil nach unten gehenden Richtung eines Theiles ihrer Sprengstücke zum Beschießen von Zielen dicht hinter Deckungen geeignet.

Die Sprenggranate Az., deren Wirkung gleich der des Schrapnels Az. von der Geländebeschaffenheit abhängig ist (fester, nicht ansteigender Boden günstig), wird gegen lebende Ziele auf Entfernungen, für die der Brenn= zünder des Schrapnels nicht mehr ausreicht (über 4500 m), zur Abwehr von Angriffen, welche während des Feuerns mit Sprenggranaten Bz. er= folgen, zur Beschießung und Zerstörung widerstandsfähigerer Ziele und endlich, falls keine Schrapnels mehr vorhanden, gegen alle lebenden Ziele verwandt.

Die Sprenggranate übt in der Nähe eine außerordentlich zerstörende Wirkung aus, entbehrt aber der Tiefenwirkung.

Der Kartätschschuß ist vom Gelände abhängig; weicher Boden, Sturzacker, Heidekraut u. s. w. fangen die Kugeln auf. Er hat den Vorzug einer leichten und schnellen Bedienung. Ausreichende Wirkung liefert er selbst bei günstigen Verhältnissen nur bis 300 m. Er dient nur zur Vertheidigung gegen unmittelbaren Angriff mit der blanken Waffe.

---

*) Schrapnel und Sprenggranate, beide mit Brennzünder verfeuert, liefern etwa 300 Sprengstücke und Kugeln bezw. 500 Sprengstücke.

3. Feuerordnung.

Die gebräuchlichste Feuerordnung in der Batterie ist das Flügelfeuer. Der Batterieführer bestimmt denjenigen Flügel, von welchem das Feuer beginnen soll. Das Feuer geht von dort durch die ganze Batterie, indem jeder Zugführer seine beiden Geschütze nach ihrer Reihenfolge in der Batterie abfeuern läßt.

Diese Feuerart wird stets beim Feuer auf Entfernungen über 1500 m angewendet, um eine Beobachtung der einzelnen Schüsse zu erzielen.

Um unter ungünstigen Verhältnissen die Beobachtung zu erleichtern, sowie um Verwechselungen mit den Schüssen anderer Batterien zu vermeiden, ist es zulässig, Batteriesalven abzugeben (Beobachtungssalven); auch können dieselben Anwendung finden, wo es gilt, in einem bestimmten Augenblicke große, sichere Wirkung zu erzielen (Wirkungssalven).

Das Flügelfeuer kann sein:

a. **Langsames Feuer**; auf das Kommando „Schuß" des Batterieführers läßt der betreffende Zugführer das an der Reihe befindliche Geschütz abfeuern; es wird angewendet, wenn der Batterieführer zur gesicherteren Beobachtung die Abgabe jedes einzelnen Schusses selbst bestimmen oder das Feuer fest in der Hand haben will.

b. **Gewöhnliches Feuer**; die Pausen zwischen den einzelnen Schüssen betragen 9 bis 15 Sekunden.

c. **Schnellfeuer**; die Batterie kann 10 bis 12 Schuß in der Minute erreichen; es wird angewendet zur Ausbeutung schnell vorübergehender Gefechtslagen.

Unter 1500 m gilt es, schnell die Entscheidung herbeizuführen; daher kommt hier in der Regel das geschützweise Feuer zur Anwendung, welches die Feuergeschwindigkeit auf das höchste erreichbare Maß (bis zu 20 Schuß in der Minute) zu steigern gestattet. Die Geschütze feuern ohne Rücksicht auf Reihenfolge, sobald sie geladen sind, auf das Kommando ihrer Geschützführer. Diese Feuerordnung kommt auch stets beim Feuern mit Kartätschen zur Anwendung.

In der Abtheilung ist die Feuerordnung den Batterieführern überlassen.

n. Sicherung der Artillerie durch andere Truppen, Selbstvertheidigung.

1. Im Allgemeinen.

Die Artillerie braucht den Schutz anderer Waffen nicht nur zu ihrer eigenen Sicherheit, sie muß auch davor bewahrt werden, daß durch Annäherung kleiner feindlicher Abtheilungen ihr Feuer von dem wichtigsten und entscheidenden Punkte abgezogen werde.

Beim Kampfe der drei Waffen wird dieser Schutz durch die vorwärts und seitwärts kämpfenden Truppen in der Regel an und für sich gewonnen werden, ohne daß eine besondere Bedeckungstruppe nothwendig wird, es sei denn, daß die Artillerie an gefährdeten Punkten vor der Front oder auf den Flügeln aufgestellt ist. Die einem reinen Kavalleriekörper zugetheilte Artillerie wird dagegen, bei dem schnellen und vielfach überraschenden Verlaufe der Reiterkämpfe in der Regel einer besonderen Bedeckung bedürfen.

Im Uebrigen hat jede in der Nähe befindliche Truppe einer gefähr= deten Batterie Schutz zu gewähren,*) und steht es dem Führer der Artillerie zu, diese Hülfe, sofern sie nicht aus freiem Antriebe geleistet wird, in Anspruch zu nehmen.

Daneben hat aber auch die Artillerie selbst durch Entsendung von Auf= klärern beim Vorgehen, in die bedrohte Flanke einer Feuerstellung u. s. w. Maßregeln zu treffen, um sich gegen Ueberraschungen seitens des Feindes zu sichern.

2. Stärke und Waffengattung einer Bedeckung.

Die Stärke der Bedeckung wird man nicht höher bemessen als un= bedingt nöthig ist, da diese Truppe meist für den eigentlichen Kampf verloren geht. Sie richtet sich nach dem Grade der Gefährdung und der Stärke der Artillerie. Für eine einzelne Batterie nimmt man wohl eine Kom= pagnie oder eine Eskadron. Bei größeren, sehr gefährdeten Artillerielinien können ganze Bataillone und Kavallerie=Regimenter nothwendig werden.

In Bezug auf Wahl der Waffengattung ist zu bemerken, daß Kavallerie den Bewegungen der Artillerie vorauseilen und aufklären kann, daß dagegen bei stehendem Gefecht die Infanterie den Vorzug hat, allen Kampfesverhältnissen mehr gewachsen zu sein, besonders dort, wo das Gelände oder die Gefechtslage gedeckte Annäherung feindlicher Schützen gestattet.

---

*) Ein Befehl des Feldmarschalls Blücher vom 6. April 1813 (schlesische Armee) spricht sich hierüber folgendermaßen aus:

„Wo es zum Gefecht kommt, verlange ich, daß die Truppen aller Waffen einer Brigade, wie überhaupt jeder Truppenabtheilung, sich als Waffenbrüder betrachten und einander nicht verlassen, daß sie ihre Artillerie als ein Heiligthum ansehen, von deren Erhaltung ihre Ehre abhängt, und soll der Befehlshaber einer Truppe (es sei Infanterie oder Kavallerie), die das in ihrer Nähe sich befindende Geschütz (es sei ihr eigenes oder das einer fremden Truppenabtheilung) verläßt, ohne daß sie nicht wenigstens über die Hälfte ihrer Mannschaften in dessen Vertheidigung eingebüßt hat, vor ein Kriegsgericht gestellt werden".

3. Verhalten einer Bedeckung.

Bei Gefechtsbewegungen der Artillerie befindet sich die Bedeckung (Kavallerie) auf der gefährdeten Seite, hat aber auch Patrouillen in der Marschrichtung voraus.

Steht die Batterie im Feuer, so stellt sich die Bedeckung auf der gefährdeten Seite gedeckt auf und sucht die etwa möglichen Annäherungs= richtungen des Feindes, besonders etwa freies Seitengelände, durch Gefechts= patrouillen ab.

Bei feindlichem Angriffe hält eine Kavalleriebedeckung sich in der Regel gedeckt zurück, um im günstigen Augenblicke gegen die Flanke des Gegners vorzubrechen.*) Eine Infanteriebedeckung geht feindlicher In= fanterie entgegen, indem sie eine geeignete Stellung vorwärts seitwärts nimmt, derart, daß das feindliche Feuer möglichst weit von der Artillerie abgehalten wird; gegen Kavallerieangriffe stellt sie sich zum unmittelbaren Schutze dicht neben der Batterie, in deren Flanke oder Rücken auf. Es muß stets vermieden werden, das Feuer der Artillerie zu hindern.

Zieht sich eine Batterie aus dem Feuer zurück, so bleibt die Bedeckung, bis die Artillerie in Sicherheit ist.**) Wird letztere durch den Feind stark bedrängt, so wirft die Bedeckung sich demselben entgegen, um ihn aufzu= halten, bis die Batterie abgefahren ist.

Eine solche Bedeckung darf sich nur in Gefechte verwickeln lassen, welche zum Schutze der Artillerie nothwendig sind. Andere Kämpfe würden sie von ihrem Zwecke abziehen.

4. Selbstvertheidigung der Artillerie.

In ihrer Stellung angegriffen, feuert die Artillerie so lange als möglich. Bei Flankenangriffen schwenken die Flügelabtheilungen dem Feinde ent= gegen;***) bei Angriffen im Rücken machen die Geschütze im Feuer kehrt.

---

*) Bei Sapignies 1871 wurden 2 preußische Batterien durch 2 französische Bataillone angegriffen. Die letzteren bedrängten mit dem Anlaufe ihrer starken Schützenschwärme die Artillerie schon auf Entfernung von wenig über 100 Schritt, als plötzlich die Bedeckung, 2 schwache Züge Königshusaren Nr. 7, etwa 50 Pferde, unter Lieutenant Graf Pourtales, in die Flanke des Feindes vorbrach und denselben in die Flucht trieb.

**) Bei Nachod ging das österreichische Kürassier=Regiment Kaiser Franz Joseph Nr. 11, welches zur Deckung von 1½ Batterien auf dem linken Flügel stand, vor der Artillerie zurück. Dadurch wurde es möglich, daß letztere durch 2 Eskadrons 1. Preußischen Ulanen=Regiments erreicht und schlimm zugerichtet werden konnte; sie verlor 3 Geschütze und viele Munitionswagen.

***) Die 1. reitende Gardebatterie wurde in der Schlacht bei Mars la Tour 1870, von beiden Seiten und in der Front durch feindliche Kavallerie bedroht, genöthigt, beide Flügelzüge nach den beiden Seiten abschwenken und feuern zu lassen.

Beim Eindringen des Feindes in die Batterie gebrauchen die Mannschaften ihre Waffen, die Bedienungsmannschaften treten zwischen die Lafettenräder.

o. Allgemeine Grundsätze für die Verwendung der Artillerie im Gefecht.

Die Feuerwirkung der Artillerie ist vorherrschend auf Entfernungen auszunutzen, welche außerhalb der Wirkungsweite des Infanteriegewehres liegen,*) was aber keinesfalls ausschließt, daß die Artillerie im Augenblicke der Entscheidung näher an den Feind herangeht und dann auch das Infanteriefeuer nicht scheut.**)

Für die Entfernungen, in denen die Artillerie ihr Feuer zu eröffnen hat, lassen sich keine bindenden Regeln geben; die Stellungen sind größtentheils durch das Gelände geboten.

Es giebt Gefechtslagen, in welchen ein unerschütterliches Aushalten der Artillerie bis zum letzten Augenblicke, namentlich bei festzuhaltenden Stellungen, geboten und der dann mögliche Verlust der Geschütze nicht nur gerechtfertigt, sondern ehrenvoll ist.***)

Muß eine Batterie das Feuer einstellen, weil sie sich verschossen hat, so bleibt sie auch im feindlichen Feuer halten, bis Munition herangeschafft ist. Selbst solche stummen Batterien werden ihren Eindruck auf den Feind nicht verfehlen, da er den Grund ihres Schweigens nicht kennt und nicht weiß, ob sie nicht etwa im entscheidenden Augenblicke das Feuer doch wieder aufnehmen werden.

Ein vorzeitiges Abfahren der Artillerie ist stets ein herber Nackenschlag für die Gefechtsthätigkeit der anderen Waffen.

Die einmal im Feuer stehenden Batterien werden daher auch grundsätzlich nicht abgelöst, sondern durch das Einrücken neuer unterstützt.

---

*) Die österreichische Batterie v. d. Gröben ging bei Königgrätz 1866, nachdem eben das Dorf Chlum durch die preußische Garde genommen worden, bis auf einige hundert Schritt an den Saum dieses Dorfes heran, beschoß den hervortretenden Feind mit Kartätschen, erlag jedoch in kürzester Zeit dem Schnellfeuer der Preußen gänzlich, nur 1 Geschütz konnte entkommen.

**) Taf. I, Bild 4 und 5.

***) Oesterreichische Artillerie bei Königgrätz.

Taf. II, Bild 3. — Die Beschaffenheit des Geländes macht es dem Vertheidiger unmöglich, die Artillerie durch vorgeschobene Infanteriestellung vor unmittelbarem Angriffe zu sichern. Da es sich um einen Entscheidungskampf handelt, so bleiben die Batterien in Thätigkeit und weichen dem Nahangriffe nicht aus.

Selbst größere Verluste können an sich keinen Grund zum Einstellen des Feuers und zum Räumen der Stellung abgeben.

Häufen sich die Verluste, so kann man die Bedienung niederknieen lassen.

Es ist in allen Fällen wichtig, dem Feinde von vornherein mit einer überlegenen Geschützzahl entgegentreten zu können. Dies bedingt einerseits die Einreihung der Batterien in die Marschkolonnen möglichst nahe der Spitze derselben, andererseits führt dies zu einer der großen Feuerwirkung der gezogenen Geschütze entsprechenden frühzeitigen Kräfteentfaltung und zur **Massenverwendung der Artillerie.** (Mars la Tour, Gravelotte, Sedan, Noisseville.)

In dem gebotenen Bestreben, die Artillerie möglichst früh zu ent= wickeln, darf aber auch nicht zu weit gegangen werden, um diese Waffe nicht unnütz Rückschlägen auszusetzen.

Die Artillerie darf einer **einheitlichen Leitung** im Gefecht nicht ent= behren.

Es sind daher die taktischen Verbände nur dann zu trennen, wenn Zweck oder Gelände dies erfordern, z. B. im Angriffe zur Umfassung eines wichtigen Punktes, — in der Vertheidigung, um alle Vortheile des Geländes auszunutzen oder Flankenangriffen entgegenzutreten.

Für größere Truppenkörper ist die Verwendung der Artillerie im Abtheilungsverbande zu 3 Batterien oder im Regiment zu 6 bis 8 Batterien (Divisions= bezw. Korpsartillerie) die Regel, vereinzeltes Auftreten von Batterien die Ausnahme.

Eine Theilung einer Batterie durch Entsenden einzelner Züge wird man in der Regel vermeiden.

In der Vereinigung des Artilleriefeuers auf ein Ziel liegt eine Steigerung, in einer Zersplitterung, sowohl der Batterien als des Feuers, eine Schwächung der Gesammtwirkung.

Zu häufiger **Stellungswechsel** beeinträchtigt die Wirkung,*) und ist daher eine Verlegung der Feuerstellung um wenige Hundert Schritt zu ver= meiden, — es sei denn, daß es sich darum handelt, die Batterien durch ein kurzes Vor= und Zurückführen dem Feuer einer gut eingeschossenen feindlichen Artillerie zu entziehen und diese dadurch über ihre Wirkung zu täuschen oder sie zu einem erneuten Einschießen zu nöthigen.

Zum Stellungswechsel ist der Befehl des Truppenführers erforderlich. Nur in Gefechtslagen, die ein sofortiges Vorgehen erfordern, wie zur Ver= folgung eines zurückgehenden Gegners, braucht, ja darf oft dieser Befehl nicht abgewartet werden.

*) Französische Artillerie in den Schlachten bei Mars la Tour und Gravelotte 1870.

Ein Stellungswechsel*) durch Vor= oder Zurückgehen im feindlichen Feuer geschieht bei mehreren Batterien, unter Ausnutzung des Geländes, meist, bei mehreren Abtheilungen immer — staffelweise, indem das Feuer der in Stellung bleibenden die Bewegung der anderen durch Beschäftigung des Gegners deckt. Eine einzelne Batterie geht ungetrennt in die neue Stellung.**)

Der Wechsel der Stellung kann zweckmäßig benutzt werden, um die Verbände, falls sie beim Einrücken in die bisherige Feuerstellung sich vermischt hatten, wiederherzustellen.

Kann man beim Stellungswechsel durch vorhergehendes Zurückbringen oder Zurückschießen der Geschütze das Aufprotzen der Sicht des Feindes entziehen, so ist dies zur Vermeidung von Verlusten eine vortheilhafte Maßnahme.

Batterien, welche in eine Artilleriestellung nachrücken, gegen welche der Gegner sich bereits eingeschossen hat, müssen es vermeiden, in gleicher Höhe mit den bereits im Feuer befindlichen Batterien Stellung zu nehmen.

Vorwärtsbewegungen im feindlichen Feuer führt die Artillerie in raschen Gangarten aus. Rückgängige Bewegungen werden grundsätzlich im Schritt begonnen.

Die **Wahl der Ziele** hängt von der Gefechtslage ab. Unter möglichster Vereinigung des Feuers auf ein und dasselbe Ziel wird man in der Regel von einem auf das andere übergehen, indem man sie je nach ihrer Wichtigkeit aufeinander folgen läßt.

Im Anfange des Gefechts findet gewöhnlich zunächst ein Artilleriekampf statt; treten die anderen Waffen in das Gefecht, so sind diese das wichtigste Ziel. Doch muß jeder Wechsel des Ziels mit Bedacht geschehen; ein planloser, häufiger Zielwechsel macht eine Einwirkung auf das Gefecht fraglich.

Das allgemeine Verhalten beim Angriff und in der Vertheidigung unterliegt folgenden wichtigsten Gesichtspunkten:

Beim Angriff richtet sich das Verhalten der Artillerie zunächst danach, ob es sich um ein Begegnungsgefecht oder um den Angriff auf einen

---

*) Der Stellungswechsel erfolgt stets mit geladenen Geschützen, um unvermutheten Angriffen während der Bewegung sofort entgegentreten zu können, sowie die Feuereröffnung in der neuen Stellung zu beschleunigen.

**) Taf. I. Bild 4 und 5. — Die 2. Feldbatterie ist mit ihrer 1. Staffel zuerst in die neue Stellung östlich des Bachabschnittes vorgegangen. Die 1. Feldbatterie bleibt unterdessen im Feuer. Nachdem die 2. Batterie in ihrer neuen Stellung sich eingeschossen, geht die 1. Batterie vor, aber nicht bis in die Höhe der 2. Batterie, gegen welche der Feind vielleicht schon eingeschossen ist, sondern in eine Stellung etwa 300 Schritt seitwärts und 100 Schritt rückwärts.

bereits entwickelt stehenden Gegner handelt. Im ersteren Falle muß die Artillerie schnell zur Stelle sein. Es kommt darauf an, dem Gegner einen Vorsprung abzugewinnen, sich so von vornherein ein Uebergewicht über die Artillerie desselben zu sichern und den Kampf zunächst ohne Inanspruchnahme erheblicher Infanteriekräfte führen zu können. Die Artillerie wird mit ihren Theilen hier oft nacheinander, je nach deren Eintreffen, in den Kampf eintreten müssen. Ist es dagegen gleich anfangs dem Gegner gelungen, sich eine Ueberlegenheit an Artillerie zu verschaffen, so muß bis zur Ansammlung einer ausreichend starken Artilleriemasse der entscheidende Artilleriekampf hinausgeschoben werden, vorausgesetzt, daß die Rücksicht auf Sicherung des Aufmarsches der übrigen Truppen dies zuläßt.

Beim **Angriff auf eine Vertheidigungsstellung**, in welcher der Feind bereits entwickelt steht, muß eine vorzeitige Entwickelung einzelner Theile der Angriffsartillerie vermieden werden, um sie nicht in einen ungünstigen Kampf mit überlegener feindlicher Artillerie zu verwickeln. Die Feuerüberlegenheit über den Gegner und zunächst seine Artillerie — die Vorbedingung für einen durchschlagenden Erfolg — kann nur herbeigeführt werden, wenn die Masse der Artillerie möglichst gleichzeitig in den Kampf eintritt.

Für die Artillerie des Angreifers ist die feindliche unter allen Umständen das nächste Zielobjekt. Das Vorgelände muß von der Wirkung der Vertheidigungsartillerie entlastet werden, bevor die Infanterie des Angreifers es in die Hand nimmt. Zeigt es sich, daß eine entscheidende Wirkung gegen die feindliche Artillerie aus der ersten Stellung nicht zu erreichen ist, so muß auf wirksamere Entfernung vorgegangen werden.

Sobald der Truppenführer den Hauptangriffspunkt für die Infanterie bestimmt hat, fällt der Artillerie die Aufgabe zu, dem Angriffe durch ein überwältigendes, möglichst aus umfassenden Stellungen auf diesen Punkt vereinigtes Feuer vorzuarbeiten. Zur weiteren Bekämpfung der Vertheidigungsartillerie wird nur noch ein Theil der Batterien verwandt, der sich besonders gegen denjenigen Theil derselben richtet, welcher das Angriffsfeld beherrscht.

Zur unmittelbaren Vorbereitung des Einbruchs der Infanterie ist ein schnelles und wirksames Feuer erforderlich.

Diese Vorbereitung kann ohne Stellungswechsel erfolgen, so lange die für eine sichere Feuerleitung in Betracht kommenden Verhältnisse — Unterscheidung von Freund und Feind, Streuungen der Geschosse, Beobachtung der Schüsse u. s. w. — eine Gefährdung der eigenen Truppen durch das eigene Feuer ausschließen. Treffen diese Bedingungen nicht mehr zu, so hat die Artillerie auf nähere Entfernung in solche Stellungen vorzurücken,

welche mit Rücksicht auf das Vorschreiten des Gefechts möglichst lange beibehalten werden können. Vielfach wird es sich empfehlen, zur Hebung
des Angriffsgeistes, daß einzelne Batterien das Vorgehen der Infanterie
begleiten und, wiederholt Stellung nehmend, das Feuergefecht derselben
unterstützen.

Hat die beiderseitige Infanterie sich derart genähert, daß eine Fortsetzung des Artilleriefeuers auf die Einbruchsstelle unausführbar wird, so
ist es Aufgabe der Artillerie, die etwa noch im Gefecht befindlichen Batterien
des Gegners zu bekämpfen und ein neues Auftreten solcher zu verhindern,
sowie rückwärtige Truppen desselben zu beschießen. Auch hat sie sich bereit
zu halten, im Falle des Mißlingens die eigene Infanterie aufzunehmen.

Ist der Angriff erfolgreich, so kommt es darauf an, den weichenden
Gegner durch Feuer zu verfolgen, sowie die eigene Infanterie in der Be-
hauptung der genommenen Stellung zu unterstützen. Dazu muß die
Artillerie so bald als möglich dorthin voreilen.

Das Erkennen und Erfassen des richtigen Augenblicks wird hier oft
von der Selbstthätigkeit der Artillerieführer abhängen.

Bei der weiteren Verfolgung ist es Sache der gesammten
Artillerie, am Feinde zu bleiben, ihn immer aufs Neue aus wirksamster
Entfernung mit Massenfeuer zu überschütten und besonders in die noch
geordnet abziehenden Theile desselben Unordnung und Auflösung zu bringen;
sehr wirksam ist seitwärtiges Feuer. —

In der **Vertheidigung** kommt es in erster Linie auf geschickte Benutzung und Vorbereitung des Geländes an (Geschützdeckungen, künstliche
Masken, Ermitteln und Bezeichnen der wichtigsten Entfernungen im Vorgelände, Freimachen des Letzteren u. f. w.), um die eigene Feuerwirkung
möglichst zu erhöhen, die feindliche zu beeinträchtigen.

Bevor sich die Angriffsrichtung des Gegners einigermaßen klar
erkennen läßt, ist es gut, die Vertheidigungsartillerie hinter den voraussichtlichen Feuerstellungen, auch wo diese künstlich verstärkt sind, in einer
nahen Bereitstellung zurückzuhalten, um sie sicher von vornherein in
richtiger Front entwickeln zu können und nicht zu frühzeitigem Stellungswechsel genöthigt zu sein. Dadurch wird auch ein vorzeitiger Einblick des
Feindes in die eigenen Maßnahmen und Absichten am besten vermieden.

Es ist stets anzustreben, daß die Vertheidigungsartillerie ihre Feuerstellung eingenommen hat, bevor die des Angreifers entwickelt ist, um
letztere schon bei ihrer Entwickelung beschießen zu können. In dem Kampfe
mit der feindlichen Artillerie, der, um ihr Feuer von der eigenen Infanterie
abzuleiten, auch hier der Bekämpfung der übrigen Truppen vorausgehen

wird, muß die Vertheidigungsartillerie die Ueberlegenheit mit allen Kräften zu erreichen trachten.

Kann die Artillerie des Vertheidigers sich auf keinen Geschützkampf mit der des Angreifers einlaffen, fo kann fie fich auf Befehl des Truppen= führers der Wirkung der Letzteren vorübergehend zu entziehen fuchen, muß aber wieder thätig werden, wenn der feindliche Infanterieangriff erfolgt.

Sobald der Gegner die Maffen feiner anderen Waffen zeigt, ins= befondere wenn feine Infanterie zum Angriff vorgeht, muß die Artillerie ihr Feuer, ohne das feindliche Geschützfeuer zu beachten, gegen die anderen Waffen richten. Die Bekämpfung des Infanterieangriffs ist jetzt ihre Hauptaufgabe. Nur wo die Verhältniffe dies gestatten, darf daneben ein Beschäftigen der feindlichen Artillerie durch Feuer stattfinden. Gelingt es trotzdem nicht, den Angriff abzuweisen, fo kann der Artillerie die Aufgabe zufallen, durch festes Ausharren — ohne Rückficht auf die eigene Sicherung — den übrigen Truppen die Möglichkeit zu einem geordneten Abzuge zu verschaffen.

Auf dem Rückzuge felbst fucht die Artillerie aus vortheilhaft gewählten Stellungen, z. B. hinter Engen oder auf den Flanken, dem ver= folgenden Gegner foviel als möglich Aufenthalt zu bereiten. —

Die einer Kavallerie=Division (=Brigade u. f. w.) zugetheilte reitende Artillerie muß ebenfalls der Regel nach einheitlich verwendet und geleitet werden.

Beim Kavalleriekampf geht die Artilleriewirkung dem Angriffe der Kavallerie vorauf. Doch darf die Feuerstellung nicht fo weit vorgeschoben fein, daß die Kavallerie des Gegners fie früher erreichen als die eigene Kavallerie zur Stelle fein kann. Seitwärtige Stellungen find den vor der Kavallerie liegenden vorzuziehen. Bei drohendem Reiterkampfe muß die Artillerie früh eine Stellung zu erreichen fuchen, von welcher fie das nach dem Gegner gelegene Gelände beherrscht. Dadurch wird die feindliche Kavallerie in allen Bewegungen behindert, die eigene begünstigt. Kommen ein oder mehrere Treffen der Kavallerie zum Handgemenge, fo wirkt die Artillerie fo lange als möglich. Kann fie nicht mehr wirken, fo protzt fie auf, um je nach dem Ausfalle des Gefechts vorzugehen oder von einer Auf= nahmestellung aus das Feuer wieder frühzeitig zu eröffnen.

Sechster Abschnitt.
Die Verbindung der Waffen.

a. Vortheile der Verbindung mehrerer Waffengattungen.

1. Kavallerie mit Artillerie.

Das Zutheilen von Artillerie an einen größeren Kavalleriekörper macht letzteren selbständiger in Bezug auf einen Zusammenstoß mit dem Feinde: Das so bewegliche und schwankende Gefecht der Kavallerie erhält durch die Artillerie Halt und Festigkeit; die Angriffe der Kavallerie können durch die Artillerie bis zur Erschütterung des Gegners vorbereitet werden,*) was besonders auch für den Aufklärungsdienst der Kavallerie von Bedeutung ist; einem etwaigen Gefecht zu Fuß verleiht die Feuerwirkung der Artillerie im Angriff wie in der Vertheidigung einen ganz besonderen Nachdruck, ja man kann behaupten, daß hier der Artillerie der Hauptantheil des Kampfes zufällt.

Die Kavallerie erhält somit durch Mitwirkung von Artillerie gegen feindliche Kavallerie eine große Ueberlegenheit, gegen Truppenkörper aller Waffen die Möglichkeit, ein hinhaltendes oder Scheingefecht zu führen, wozu sie allein wenig befähigt ist. Außerdem besitzt diese Waffenverbindung eine große Schnelligkeit der Bewegung.

Dagegen ist sie abhängig vom Gelände, und das Fehlen der Infanterie ist gleichbedeutend mit der Unmöglichkeit, gegen einen Infanteriegegner einen ernsten Kampf um Oertlichkeiten und Bedeckungen durchzuführen.

Die Verbindung von Kavallerie mit Artillerie eignet sich daher mehr zur Aufklärung, zur Täuschung, zur Verfolgung eines geschlagenen Gegners wie zum eigentlichen Kampfe.

---

*) 1814 wurde ein französisches Korps von 8000 Mann Infanterie, 100 Pferden und 16 Geschützen nördlich Fère Champenoise unter Führung der Generale Pacthod und Amoy von allen Seiten durch überlegene Kavallerieschaaren der Verbündeten angegriffen. Aber alle Attacken scheiterten an den Vierecken der Franzosen, bis Artillerie, und zwar zuletzt 48 Geschütze der Verbündeten, ins Feuer gesetzt wurden. Durch dieses Feuer erschüttert, erlagen die Franzosen gänzlich.

2. Infanterie mit Artillerie.

Die Infanterie erhält durch Beigabe von Artillerie eine große Vermehrung ihrer Widerstands= und Angriffskraft. Beim Angriffe befestigter Stellungen, starker Gebäude, hoher Mauern, Wegesperrungen u. s. w. kann die Mitwirkung der Artillerie geradezu unentbehrlich werden. Diese Waffenverbindung hat eine große Gefechtskraft.

Aber das Fehlen der Kavallerie macht eine Selbständigkeit der Bewegungen beinahe unmöglich. Bei dem geringen Aufklärungsvermögen der Infanterie*) erfährt man erst dann etwas vom Gegner, wenn man in unmittelbare Berührung mit ihm gerathen ist, man ist Ueberraschungen im Marsche wie im Gefechte ausgesetzt und befindet sich in dem dauernden Zustande der Ungewißheit und Rathlosigkeit. Ein Verschleiern der eigenen Bewegungen ist nur durch Kavallerie zu bewirken. Durch die Unmöglichkeit einer frühzeitigen Aufklärung wird die freie Gefechtsthätigkeit der Infanterie sowie der Artillerie gehemmt, eine kräftige Verfolgung sowie ein Fernhalten feindlicher Kavallerie beim Rückzuge ist nicht möglich; „mit einem Worte", sagt Griesheim, „es ist als ob ein Blinder mit einem Sehenden kämpft".

Im Kriege darf daher niemals eine Infanterieabtheilung selbständig entsendet werden, ohne daß sie wenigstens über einige Reiter zur Kundschaft und zum Melden verfügt.

3. Infanterie mit Kavallerie.

Die Beigabe der Kavallerie an Infanterie verleiht Letzterer Sicherheit in ihren Bewegungen und im Gefecht. Diese Waffenverbindung ist daher in jeder Beziehung selbständig.

Dennoch aber ist sie für keinen Kriegsfall völlig zureichend: für den Kundschaftsdienst, für Verfolgung fehlt die Schnelligkeit, für den Kampf fehlt die Mitwirkung der Artillerie, wodurch eine feindliche Abtheilung aller Waffen eine große Ueberlegenheit gewinnen würde.

Diese Verbindung kommt daher nur bei sehr kleinen Truppenabtheilungen: einzelnen Kompagnien mit einem oder mehreren Zügen Kavallerie, vor. Schon bei einer größeren Infanteriestärke als die eines Bataillons pflegt man einem selbständig zu entsendenden Truppentheile Artillerie zuzutheilen.

4. Kavallerie mit Infanterie.

Ein Kavalleriekörper erhält durch die Zugabe von Infanterieabtheilungen einen starken Rückhalt, die Möglichkeit, bestimmte Punkte zu besetzen und im bedeckten Gelände in und um Oertlichkeiten zu kämpfen.

*) Kühne, Kritische Wanderungen über die Gefechtsfelder Böhmens, Heft 3, S. 15.

Aber durch eine dauernde Verbindung würde die Kavallerie ihren Hauptvortheil, die Schnelligkeit, verlieren, die Infanterie muß daher entweder auf Wagen gesetzt werden, um die Bewegungen zu begleiten, oder nachfolgen, indem sie etwaige Engwege zum Schutze des Rückzuges sichert. Da außerdem die Kavallerie im Nothfalle selber ein Infanteriegefecht führen kann, indem sie absteigt, so findet ein Zutheilen von Infanterie an größere Kavalleriekörper (Divisionen) in der Regel nicht dauernd, sondern nur im **Bedarfsfalle** statt.

5. Schlußfolgerung.

Aus obigen Betrachtungen folgt, daß für die verschiedenen Lagen des Krieges nur zwei Waffenverbindungen etwas Vollkommenes sind:

  a. **Kavallerie mit Artillerie,** zum Kundschafts-, Aufklärungs- und Verfolgungsdienst,
  b. **Verbindung aller Waffen** zum eigentlichen Kampfe.

Die Kavallerie kann auch für sich allein selbständig verwendet werden; bei der Infanterie ist dies nicht zweckmäßig und gebräuchlich; bei der Artillerie gänzlich unthunlich.

b. Die dauernde, vorgeschriebene Zusammensetzung der größeren Truppenverbände verschiedener Waffen.

Der kleinste, dauernd aus verschiedenen Waffen zusammengesetzte Verband ist die Division, als kleinster zu selbständiger Kriegsthätigkeit bestimmter Heerestheil. Eine dauernde Mischung der Waffen in noch kleineren Verbänden würde zu deren Zersplitterung führen.

Die größten ungemischten (reinen) Truppenkörper werden durch die Infanterie- und Kavallerie-Brigaden vertreten.

Die **Kavallerie-Divisionen** (Kavallerie mit Artillerie), deren Zusammensetzung im vierten Abschnitt, unter n, angegeben, sind die großen Aufklärungskörper der Armee und dienen zum Massengebrauche der Kavallerie in den Schlachten sowie in der Verfolgung.

Die **Infanterie-Divisionen** (Verbindung aller Waffen) bilden die eigentlichen Schlachtenkörper der Heere. Sie sind zusammengesetzt aus je **2 Infanterie-Brigaden** (jede zu 2 Regimentern mit 3 bis 4 Bataillonen), 1 **Kavallerie-Regiment** (Divisionskavallerie), 1 **Feldartillerie-Regiment** (Divisionsartillerie), 1 bis 2 **Feldpionier-Kompagnien** mit 1 Divisions-

Brückentrain,*) 1 Divisions-Telegraphenabtheilung,**) 1 Sanitäts-detachement. Einer der beiden Infanterie-Divisionen des Armeekorps ist außer-dem das Jäger-Bataillon zugetheilt, welches zu einer der Brigaden gehört.

Die vollendetste Verbindung der Waffen wird erst in der Armee er-reicht. Dieselbe besteht aus mehreren Armeekorps und einer oder mehreren Kavallerie-Divisionen.

Das Armeekorps zerfällt in 2 Infanterie-Divisionen, die Korpsartillerie, die Munitionskolonnen und die Trains.***) Es besitzt eine Korps-Telegraphenabtheilung.

*) Der Divisions-Brückentrain enthält das Geräth für Herstellung einer Brücke von 36,5 m, höchstens 43 m Länge. Er ist für kleinere Gewässer bestimmt. Der Korps-Brückentrain (siehe nachfolgend unter Trains) hat Geräth für eine Strecke von 122 bis höchstens 134 m. Das gesammte Brückenmaterial eines Armeekorps (2 Divisions-, 1 Korps-Brückentrain) reicht für eine Strecke von 200 m.

**) Von jedem Armeekorps hat in der Regel nur eine der beiden Infanterie-Divisionen eine Divisions-Telegraphenabtheilung.

***) Zusammensetzung der Munitionskolonnen und Trains eines Armeekorps:

a. Zwei Munitionskolonnen-Abtheilungen, jede zu 3 Artillerie- und 2 Infanterie-Munitionskolonnen. Sie befinden sich in zwei Staffeln zu je einer Abtheilung einen halben bis einen Tagemarsch hinter dem Armeekorps, werden aber bei beginnendem Kampfe zum Ersatz des Schießbedarfs theil-weise auf das Gefechtsfeld herangezogen.

b. Die Trains bestehen aus:

1) 3 Proviant- und 7 Fuhrpark-Kolonnen. Dieselben führen eine Reserve an Lebensmitteln für Mann und Pferd für etwa 4 tägigen Bedarf sämmtlicher Truppen des Armeekorps.

2) Einer Feldbäckerei-Kolonne, zum Brotbaden und Schlachten bestimmt.

3) 12 Feldlazarethen zu je 200 Betten (vergl. Anhang zur Gefechtslehre: Der Sanitätsdienst im Gefecht).

4) Einem Pferdedepot zum Ersatz von Pferden, auch zur Aufnahme kranker Pferde bestimmt.

In der Regel wird der Korps-Brückentrain des Armeekorps bis zum Gebrauchs-falle den Trains zugetheilt.

Jedes Armeekorps hat eine Korps-Telegraphenabtheilung.

Wenn eine Infanterie-Division außerhalb des Rahmens des Armeekorps entsendet wird, so enthält sie in der Regel eine oder mehrere Infanterie- und Artillerie-Munitionskolonnen, 1 Proviant-, 3 Fuhrpark-Kolonnen und 4 bis 6 Feldlazarethe zugetheilt.

Die Trains eines Armeekorps marschiren in zwei Staffeln, die erste auf etwa 1 Meile, die zweite auf einen Tagemarsch von den letzten Truppen des Korps entfernt. Man wird eine jede der beiden Staffeln der Munitionskolonnen in der Regel mit der betreffenden Staffel der Trains vereinigen.

Hinter der ersten Staffel der Munitionskolonnen und der Trains marschiren außerdem die Gaskolonnen der zugetheilten Luftschifferabtheilungen.

Bei bevorstehendem oder beginnendem Gefecht pflegt man einige Feldlazarethe und Munitionskolonnen an jede Infanterie-Division heranzuziehen.

Die **Korpsartillerie** besteht in der Regel aus einem Feldartillerie-Regiment zu drei Abtheilungen, davon zwei zu 3 Batterien und eine zu 2 Batterien, letztere entweder fahrend oder reitend.

Sie ist eine Artilleriemasse in der Hand des kommandirenden Generals des Armeekorps. Sie dient zur Verstärkung der Divisions-artillerie (selten) oder zur Massenvorbereitung auf demjenigen Theile des Schlachtfeldes, wo die Entscheidung gesucht wird.

c. Grundsätze für die zeitweise Verbindung der Waffen zu kleineren selbständigen Truppenkörpern (Detachements).

Wenn kleinere Truppenabtheilungen für einen bestimmten Zweck aus den höheren Verbänden gelöst und selbständig gemacht werden, so sind dieselben für die Dauer ihrer Entsendung vorübergehend aus verschiedenen Waffen zu bilden.

Die Zusammensetzung hängt wesentlich von der Aufgabe und dem Gelände ab: je schwieriger das Letztere ist, je mehr die Aufgabe des Kampfes in den Vordergrund tritt, desto mehr muß die Infanterie als Hauptwaffe hervortreten; je mehr die Aufgabe auf bloße Beobachtung hinausläuft, desto mehr tritt die Kavallerie in den Vordergrund, ja die Infanterie kann vielfach gänzlich entbehrt werden.

Artillerie pflegt man einzelnen Kompagnien oder Eskadrons nicht, einzelnen Bataillonen und Kavallerie-Regimentern selten (fliegende Kolonnen in aufrührerischer Gegend) zuzutheilen.

Gebräuchliche Zusammensetzungen von selbständigen kleinen Truppenkörpern sind folgende:

Selbständige Kavallerieabtheilungen:

    a. reine Kavalleriekörper bis zur Stärke eines Regiments;

    b. eine Brigade mit einer Batterie.

Selbständige Truppenkörper:

    a. ein Bataillon, eine Schwadron;

    b. ein Infanterie-Regiment, mehrere Schwadronen, eine Batterie, auch eine Abtheilung Pioniere;

    c. eine Infanterie-Brigade, mehrere Schwadronen, mehrere Batterien, eine Kompagnie Pioniere, ein Zug ($\frac{1}{2}$) des Sanitätsdetachements der Division.

Der erste und wichtigste Grundsatz für alle Entsendungen ist der, niemals mehr zu verwenden als unbedingt nöthig ist, um die Kräfte nicht unnütz zu zersplittern. Ein zweiter Grundsatz besteht darin, daß die Verbände möglichst geschont und, wenn der Zweck der Entsendung erreicht, baldigst wieder hergestellt werden.

d. Ordre de Bataille und Truppeneintheilung.

Die Ordre de Bataille stellt die dauernde, vorgeschriebene Zusammensetzung der Truppenverbände fest, so daß jeder Truppentheil fortwährend sich bewußt ist, zu welchem Verbande er gehört und welchen Platz er bei gewöhnlicher Aufstellung in diesem Verbande einnimmt.

Die Truppeneintheilung dagegen bestimmt eine besondere Zusammenstellung von Truppen verschiedener Verbände für einen bestimmten Fall. Sie tritt am häufigsten ein bei der Bildung von Marschsicherungen und bei Entsendung von Abtheilungen verbundener Waffen. Es ist Grundsatz, daß die Truppeneintheilung möglichst wenig von der Ordre de Bataille abweiche, damit die gewohnten Befehlsverhältnisse nicht mehr als nöthig verändert werden.

Beispiele:

Ordre de Bataille
der 1. Infanterie-Division.*)

2. Infanterie-Brigade.	1. Infanterie-Brigade.
Gren.-Regt. König Friedrich Wilhelm I. Nr. 3	Gren.-Regt. König Friedrich III. Nr. 1**)
Füs. II. I.	Füs. II. I.
Inf.-Regt. Herzog Karl von Mecklenburg-Strelitz Nr. 43.	Inf.-Regt. von Boyen Nr. 41.
III. II. I.	III. II. I.

Jäger-Bat. Graf Yorck von Wartenburg Nr. 1

Dragoner-Regt. Prinz Albrecht von Preußen Nr. 1

Feldart.-Regt. Nr. 16

II. Abtheilung	I. Abtheilung

3. Feldpion.-Komp.   1. Feldpion.-Komp. mit Divisions-Brückentrain

Sanitätsdetachement Nr. 1

---

*) Die Zusammensetzung der Stäbe, welche sonst in der Ordre de Bataille Ausdruck zu finden pflegt, ist hier nicht angegeben. Die Infanterie-Regimenter sind zu 8 Bataillonen angenommen.

**) In Befehlen, auch bei Angabe der Truppeneintheilung werden die Regimenter in der Regel der Kürze halber nur mit ihrer Nummer, nicht mit ihrem sonstigen Namen bezeichnet.

Truppeneintheilung
(für einen Vormarsch der 1. Inf. Division).

Linke Seitenabtheilung
Obstlt. Y.
(Kommandeur des Jäg. Btl.)
Jäg. Btl. 1,[1]
4. Eskdr. Drag. 1.

Avantgarde
Gen. Maj. X.
(Kommandeur der 2. J. Brig.)
Grn. Rgt. 3,
Drag. 1 (ohne ½ 3. u. 4. Eskdr.),[2]
1. Bttr. Fd. Art. Rgts. 16,[2]
3. Fd. Pi. Komp.,
1 Zug San. Det. 1.

Gros.[3]
J. Rgt. 43,
1. J. Brig.,
½ 3. Eskdr. Drag. 1,[4]
Fd. Art. Rgt. 16 (ohne 1. Bttr.),
1. Fd. Pi. Komp. mit Div. Br. Tr.,[5]
1 Zug San. Det. 1.

---

1) Abgesehen von den besonderen Eigenthümlichkeiten der Jäger, wird man dort, wo 1 Bataillon zu entsenden ist, mit Vorliebe das Jäger-Bataillon nehmen, um nicht ein Infanterie-Regiment zu zerreißen.

2) Man kann auch dem Regimentskommandeur der Dragoner, dem Abtheilungskommandeur der Artillerie u. s. w. überlassen, welche Eskadrons, bezw. welche Batterien u. s. w. der Avantgarde, der Seitenabtheilung zugetheilt werden; in diesem Falle würde es in der Truppeneintheilung heißen: Dragoner 1 (ohne 1½ Eskadrons), eine Batterie Feldart.-Regts. 16.

3) Das Gros besteht aus denjenigen Truppen der Division, welche unmittelbar dem Divisionskommandeur unterstehen. Es erhält keinen besonderen Führer.

4) Davon ist 1 Zug zur Verfügung des Divisionskommandeurs (zum Entsenden von Melderittern, Patrouillen u. dergl.), 1 Zug wird zur Begleitung der großen Bagage verwendet (siehe Siebenter Abschnitt s. 1).

5) Der Divisions-Brückentrain kann bei voraussichtlicher Verwendung auch in die Avantgarde genommen werden.

Zweiter Theil.

Angewandte Taktik.

~~~~~~

[Die bezüglichen Ziffern der Felddienst-Ordnung vom 20. Juli 1894 (F. O.) sind unter der Ueberschrift der einzelnen Kapitel in eckigen Klammern angegeben.]

Einleitende Betrachtungen

über

Befehlsgebung und Meldewesen im Kriege.

[F. O. 32—81.]

Befehle und Meldungen werden, wenn derjenige, an den sie gerichtet, nicht an Ort und Stelle ist, durch Meldereiter, Radfahrer, Kavallerieoffiziere, Adjutanten oder Generalstabsoffiziere überbracht oder auch unter Umständen telegraphisch oder durch Fernsprecher übermittelt.

1. Die Befehlsgebung.

Das Befehlen ist schwieriger als das Gehorchen. Bei der großen Verantwortlichkeit, welche der Befehlende übernimmt, muß er sicher sein, daß der Untergebene über dasjenige, was er soll, im Klaren ist.

Ein Befehl muß kurz, klar und vollständig sein. Die Kürze ist die erste Vorbedingung der Klarheit, doch darf deshalb nichts fortgelassen werden, was zur Vollständigkeit des Befehles gehört. Die genaue, nicht mißzuverstehende, kurze Bezeichnung bestimmter Punkte im Gelände nach der Karte gehört zu den Schwierigkeiten. Eine Angabe von Punkten, welche ohne Karte nicht zu verstehen ist, darf nur dann stattfinden, wenn mit Sicherheit darauf zu rechnen ist, daß der Befehlsempfänger dieselbe Karte wie der Befehlende besitzt. Dabei ist zur Beseitigung jeglichen Zweifels die benutzte Karte zu nennen. Bezeichnungen wie diesseits, jenseits, vor, hinter, rechts, links, dürfen nur dann gebraucht werden, wenn ein Mißverständniß nicht möglich ist. Am sichersten bezeichnet man nach Himmelsgegenden, z. B. „südlich des Dorfes X". Dabei ist die genaue Wiedergabe der Ortsnamen, welche zweckmäßig lateinisch zu schreiben sind, von der größten Wichtigkeit. Straßen sind nach Maßgabe der zum Ausdruck kommenden Richtung nach zwei Orten, Geländeabschnitte oder Truppenaufstellungen nach der Breite am geeignetsten vom eigenen rechten Flügel aus zu bezeichnen.

Die Erfahrung lehrt, daß jeder Befehl, der mißverstanden werden kann, mißverstanden wird.

Ein jeder Befehl zerfällt in zwei Haupttheile:

    1) Die allgemeine Unterweisung des Untergebenen; in derselben wird gesagt,

        a. was man vom Feinde weiß,

        b. was man selber im Großen und Ganzen beabsichtigt.

Diese Unterweisung ist nothwendig, damit der Untergebene stets, auch bei veränderten Verhältnissen und bei der Nothwendigkeit selbständigen Handelns, eine Richtschnur für seine Thätigkeit besitzt.

    2) Der besondere Auftrag, wenn nöthig, mit Truppeneintheilung und Vertheilung der Aufgaben an die verschiedenen Theile des Befehlsbereichs.

Als dritter wichtiger Theil tritt, wenn dies aus der Sachlage sich nicht von selbst ergiebt — die Angabe hinzu, wohin die an den Befehlshaber gerichteten Meldungen zu seuden sind.

Man muß sich hüten, bei dem Auftrage, den man dem Untergebenen ertheilt, zu weit vorherbestimmen und alle möglichen Fälle vorhersehen zu wollen: z. B. „wenn dies stattfindet" oder „wenn der Feind jenes thut" u. s. w. Dasjenige, was man vorhersieht, trifft in der Regel nicht ein; man macht dadurch den Untergebenen nur verwirrt, der, wenn etwas Anderes stattfindet, erst recht nicht weiß, was er thun soll.

Auch darf man durch Bestimmung von Einzelheiten in den Befehlsbereich des Unterführers nicht hinuntergreifen, ihn bevormunden wollen. Dies erzeugt Unselbständigkeit oder Mißvergnügen. Es ist um so mehr zu vermeiden, je größer und selbständiger die unterstellten Truppenkörper sind.*) Es genügt für gewöhnlich, daß der Unterbefehlshaber weiß, was man will; das Wie läßt sich an Ort und Stelle in der Regel am besten bestimmen.

Die Kunst einer zweckmäßigen und bestimmten Art der Befehlsertheilung lernt sich nur durch die Uebung.

---

*) Der Befehl (Operationsbefehl) ist die unmittelbare Willensäußerung des Vorgesetzten an den Untergebenen und enthält in der Regel einen bestimmten Auftrag. Es giebt Armee=, Korps=, Divisions=, Detachementsbefehle u. dergl. Befehle, welche sich nicht unmittelbar auf die Heeresbewegungen beziehen, werden als „Tagesbefehle" (Korps-Tagesbefehl, Divisions-Tagesbefehl u. s. w.) getrennt von den Operationsbefehlen gegeben.

2. Das Meldewesen.

Im Kriege hat jeder Untergebene gegen seinen Vorgesetzten, wenn Letzterer nicht an Ort und Stelle ist, die dauernde Verpflichtung, durch Meldungen denselben über Alles in Kenntniß zu erhalten, was Bemerkenswerthes vorfällt, ja manchmal auch darüber, daß in einem bestimmten Zeitraume nichts Neues vorgefallen ist.

Für die Anfertigung der Meldungen sind die unter „Befehlsgebung" aufgestellten Gesichtspunkte — die Nothwendigkeit der Kürze in erhöhtem Grade — maßgebend.

Rechtzeitige und gute Meldungen zu schicken, ist eine Kunst, die gelernt und geübt sein will.

Meldekarte. (Verkleinert.)

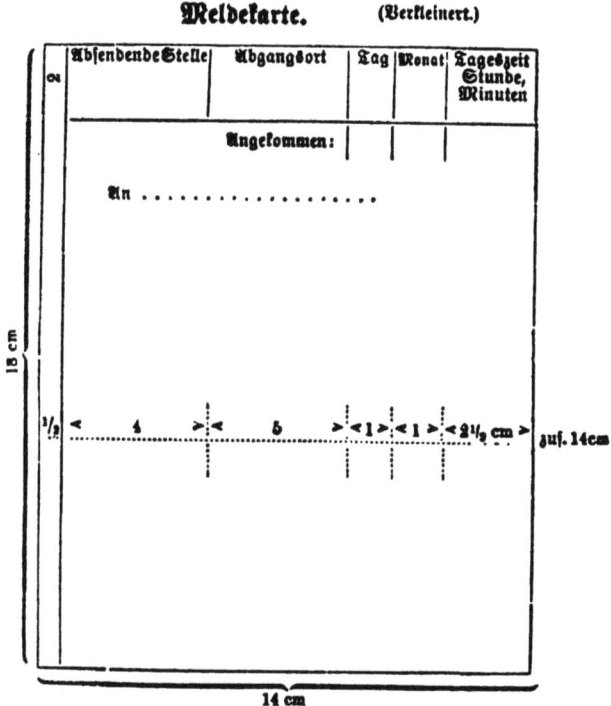

Der Inhalt der Meldung muß auf Pflichttreue begründet sein. Nachlässige oder gar falsche Meldungen gehören zu den gröbsten Vergehen des Kriegsdienstes. Es muß aus der Meldung genau ersichtlich sein, was zweifellos sicher ist, was der Meldende selbst gesehen, was er durch einen Anderen erfahren hat, und was bloß Gerücht oder Vermuthung ist.

Eine Meldung, in welcher eine Angabe über Ort und Zeit der Absendung fehlt, ist meist für den Empfänger ohne Werth.

Die Bezeichnung des Tages der Ausfertigung geschieht in der allgemein üblichen Abkürzung (1. 4. 94). Eine Nacht wird nöthigenfalls durch Anführung beider Tage mit Bruchstrich (Nacht 1./2. April) bezeichnet, an Stelle von „Nachts" als Zusatz zur Stunde ist „Abends" (A) bezw. „Morgens" oder „Vormittags" (V) zu schreiben. Stunde und Minute werden in der im Kursbuche gebräuchlichen Weise bezeichnet (9^{15}).

Benennungen von Kommandobehörden und Truppentheilen können in beliebiger Weise abgekürzt werden, jedoch darf die Abkürzung keinen Zweifel zulassen.

Die Meldung ist auf starkes Papier und deutlich zu schreiben, so daß sie auch bei schlechter Beleuchtung gelesen werden kann. Im Allgemeinen ist zur schriftlichen Meldung die „Meldekarte" zu gebrauchen, falls diese fehlt, können Feldpostkarte, Notizbuchblatt u. s. w. aushelfen. Die äußere Form der Meldekarte ist wie vorstehend abgebildet.

Dieses Meldeblatt wird einmal zusammengelegt und in einen Briefumschlag nachstehender Form gesteckt: *)

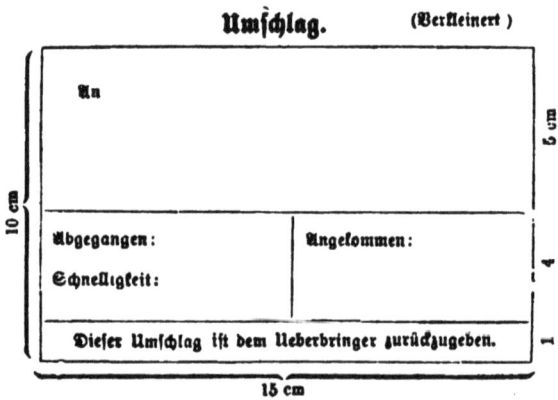

Die erforderliche Schnelligkeit der Ueberbringung wird bezeichnet mit:

†, wenn abwechselnd Trab und Schritt zu reiten ist (das Kilometer durchschnittlich in 6 Minuten);

††, wenn „Eile" erforderlich ist: hauptsächlich Trab (das Kilometer durchschnittlich in 4 Minuten);

†††, wenn „große Eile" ist: so schnell als möglich.

---

*) Der Umschlag hat, wenn nicht etwa der Inhalt dem Ueberbringer geheim gehalten werden soll, nur den Zweck, die Meldung vor Beschmutzung und vor Verwischen der Bleifederschrift zu schützen. Er braucht daher in der Regel nicht fest zugeklebt zu werden, und es kann sich empfehlen, ihn geöffnet zu lassen, damit Vorgesetzte, welche dem Ueberbringer begegnen, von dem Inhalte Kenntniß nehmen können.

11*

Den Briefumschlag erhält der Ueberbringer, nachdem hinter „Angekommen“ Ort und Zeit der Ankunft bemerkt ist, als Empfangsbescheinigung zurück. Auch bei mündlichen Bestellungen ist dem Meldereiter mitzutheilen, ob keine Eile, Eile oder große Eile geboten ist.

Bei größeren Uebungen und im Kriege sind Meldekarten und Briefumschläge vorstehender Form in genügender Zahl mitzuführen.

3. Beförderung von Meldungen und Befehlen.

Meldungen und Befehle werden in der Regel schriftlich abgestattet, besonders wenn sie wichtig sind. Bietet die Persönlichkeit des Ueberbringers eine Bürgschaft für richtiges Verständniß (Offizier), so kann auch mündliche Bestellung erfolgen. Doch empfiehlt es sich für alle Fälle, daß man vor Absendung von dem Betreffenden den Auftrag sich wiederholen lasse.

Ist die Meldung bezw. der Befehl besonders wichtig, der Weg unsicher, so kann eine doppelte, ja sogar eine dreifache Ausfertigung des Befehls geboten sein, wobei die Beförderung möglichst auf verschiedenen Wegen stattfindet und zwei oder mehrere Reiter zusammen reiten. Bei größeren Entfernungen und bei Nacht kann es angezeigt sein, Offiziere zur größeren Sicherheit in Begleitung von Infanteristen auf Wagen zu entsenden.

Ferner kann es sich empfehlen, dem Ueberbringer den Inhalt der Meldung bezw. des Befehls für den Fall des Verlierens oder der durch feindliche Bedrohung nöthigen Vernichtung mitzutheilen.

Ueber den einzuschlagenden Hin- und Rückweg ist der Ueberbringer seitens des Absenders genau zu unterrichten. Unter Umständen kann es zweckmäßig sein, den Ueberbringer anzuweisen, daß er die Meldung unterwegs auch anderen Befehlsstellen mittheilt.

Der Meldereiter verbleibt beim Begegnen von Vorgesetzten in der angenommenen Gangart, darf nur unter besonderen Verhältnissen aufgehalten werden und braucht zum Erstatten oder Uebergeben der Meldung bezw. des Befehls an den nicht zu Pferde sitzenden Vorgesetzten nicht abzusitzen.

Bei doppelt ausgefertigten Meldungen u. dergl. wird nicht darin bemerkt, daß sie mehrfach erfolgen, weil diese Notiz nur dem Feinde nützlich werden könnte.

Bei größerer Entfernung und längerer Benutzung einer Verbindung kann es sich empfehlen, wenn der Feldtelegraph nicht eingerichtet oder Fernsprechanschluß an bestehende Leitungen nicht möglich ist, eine Brieflinie (Relaislinie) einzurichten; je nach Umständen stehen in einem Abſtande von möglichſt nicht über 10 km Briefpoſten, 3 bis 10 Reiter, unter einem Unteroffizier oder Gefreiten, von denen ein Drittel ſtets zum Reiten bereit iſt, während ein Mann als Poſten die Beobachtung der Straße übernimmt. Ueber alle durchgehenden Briefe iſt ſeitens des Führers des Poſtens Buch zu führen, wodurch aber die Beförderung der Briefe nicht verzögert werden darf.

In Feindesland nöthigt die Sicherheit der Briefpoſten zu beſonderen Vorſichtsmaßregeln, auch bleibt in Bezug auf Zweckmäßigkeit dieſer Ein= richtung immer zu berückſichtigen, daß Brieflinien die Kavallerie ſchwächen, und daß die Beförderung wichtiger Befehle und Meldungen ſelbſt auf längere Strecken bei gleicher Schnelligkeit ſicherer durch gut berittene Offiziere oder durch Radfahrer erreicht wird.

Siebenter Abschnitt.

Märsche, Unterkunft, Verpflegung, Eisenbahnen und Telegraphen.

a. Die Märsche.

[F. O. 230—258. 259—307. 362—380. 381—384.]

Die größten Anstrengungen des Krieges beruhen in den Märschen. Dieselben lichten bei längeren Feldzügen die Reihen der Truppen mehr als die Verluste der Gefechte und Schlachten. Die Kunst der Märsche besteht darin, daß für gewöhnliche Verhältnisse die Kräfte der Truppen geschont werden, damit im richtigen Augenblicke Außerordentliches geleistet werden kann.*)

1. Kriegs= und Reisemärsche.

Die Rücksichten, welche bei Anordnung des Marsches möglichste Schonung der Truppen bezwecken, sind mit den taktischen und strate= gischen Rücksichten, welche die Erreichung der kriegerischen Absicht und die Gefechtsbereitschaft im Auge haben, nicht immer leicht zu vereinigen.

Bei Kriegsmärschen, d. i. bei Märschen vor dem Feinde, müssen die letzteren Rücksichten in den Vordergrund treten, während bei Reise= märschen, d. i. bei Ortsveränderungen, in welchen die Möglichkeit eines Zusammenstoßes mit dem Feinde gänzlich ausgeschlossen ist, die Rücksichten auf Schonung vorwalten.

Die wesentlichsten Unterschiede in der Ausführung der Kriegs= und Reisemärsche sind folgende:

1) die Kriegsmärsche erfordern Marschsicherungen, durch welche die Truppen angestrengt werden;

---

*) Die längsten und schnellsten Märsche aller Zeiten mit Angabe ihrer Bedeu= tung für glückliche Entscheidung im speziellen Fall, chronologisch zusammengestellt „Neue militärische Blätter", Jahrgang 1874 und 1875.

2) die Größe der Tagemärsche ist bei Kriegsmärschen sehr verschieden, je nach der Lage; bei Reisemärschen möglichst gleichmäßig;

3) Kriegsmärsche erfordern die Vereinigung größerer Truppenmassen (Division) in einer Marschkolonne, damit bei beginnendem Gesecht die Kräfte vereinigt zur Thätigkeit gebracht werden können. Bei Reisemärschen dagegen vermeidet man große Kolonnen, weil sie den Marsch erschweren und verlangsamen;

4) bei Märschen vor dem Feinde sind die Kolonnen aus gemischten Waffengattungen so zu bilden, wie sie voraussichtlich im Gesecht zur Verwendung gelangen. Bei Reisemärschen dagegen läßt man die Waffen getrennt marschiren: die berittenen Waffen haben einen geräumigeren Schritt wie die Infanterie und wechseln gerne Schritt mit kurzem Trabe, um Druck zu vermeiden und die Pferde aufzumuntern. Der Infanterie giebt man bei Reise- märschen den kürzesten und besten Weg, der Artillerie Kunststraßen, der Kavallerie weiche Wege, auch wenn sie Umwege sind;

5) Die Bagage (Truppenfahrzeuge) wird bei Reisemärschen zur Er- leichterung des Marsches aus der Kolonne geschieden und folgt dem Ende der Kolonne oder geht mit weitem Vorsprunge voraus. Bei Kriegsmärschen dagegen müssen die Patronenwagen,*) die Medizinwagen, die Faltbootwagen der Kavallerie,**) die 1. Wagen- staffeln der Batterien,***) die Schanz- und Werkzeug- sowie die Feldmineurwagen der Pioniere, auch die Handpferde, da sie im Gesecht gebraucht werden, mit den Truppen marschiren: kleine Bagage. Die anderen Fahrzeuge: Packwagen, Lebensmittelwagen, Marketenderwagen, Futterwagen und etwa bewilligte Vorspann- wagen, als große Bagage folgen beim Vormarsche mit einem größeren Abstande (2—5 km), beim Rückmarsche gehen sie mit weitem Vorsprunge vorauf, beim Flankenmarsche begleiten sie die Kolonne auf der nicht gefährdeten Seite, — in allen Fällen der- art, daß bei plötzlich nothwendig werdendem schnellen Rückzuge sie nicht hinderlich werden.

---

*) Die vier Kompagnie-Patronenwagen, der Medizinwagen und die Handpferde marschiren in der Regel gesammelt am Ende des Bataillons.

**) Jedes Regiment hat einen Faltbootwagen, welcher 2 Boote zum Uebersetzen über Flüsse und zur Herstellung kleiner Uebergänge (8 m lang, 3 m breit, Steg von 20 m Länge) mitführt.

***) Die 2. Wagenstaffeln der Batterien folgen nicht der Gesechtsbatterie, sondern abtheilungsweise zusammengezogen hinter den Artillerieverbänden (Divisions-, Korps- artillerie); bei Avantgarden, Seitenabtheilungen u. dergl. marschiren sie am Ende der letzteren.

2. Die Marschleiftungen.

a. Die beeinfluffenden Umftände.

1) Starke Unebenheit des Geländes (Gebirge) erschwert den Marsch und verlangsamt ihn wohl um das Doppelte, ja Dreifache.

2) Beschaffenheit der Wege: schlechte, grundlose Wege können einen kleinen Marsch zur größten Anstrengung machen; schmale Wege erschweren das Marschiren und verlängern die Kolonne. Die eine Seite des Marschweges soll womöglich frei bleiben für Befehlshaber und deren Gehülfen, für Meldereiter, andere Truppen u. dergl. Am besten sind stets die Heeresstraßen, weil sie breit und fest sind, ein Verirren unmöglich machen und selten starke Steigungen haben.

3) Engwege erschweren und verlangsamen den Marsch (Abbrechen der Marschkolonne); sie bieten die Gefahr leichter Verstopfung durch Fahrzeuge u. f. w.

4) Jahreszeit und Witterung: Im Sommer sind die Wege am besten (ausgenommen Sandwege); im Frühjahr und Spätherbst in der Regel schlecht durch Regen, im Winter vielfach entweder sumpfig oder glatt.

Der schlimmste Feind der Märsche ist die Hitze, besonders für die Infanterie (Hitzschlag). Regen ist im Sommer aufmunternd; gelinder Frost ist der Infanterie sehr erwünscht, starke Kälte besonders gefährlich für die berittenen Waffen. Starker Wind erschwert den Marsch.

5) Länge der Marschkolonne: Je größer, desto langsamer der Marsch, desto mehr Zeit liegt zwischen dem Aufbruche der ersten und der letzten Truppen, desto später kommen diese an (bei der Infanterie-Division 2 bis 3 Stunden); außerdem setzen sich Stockungen und Nachstürzen in verstärktem Maßstabe nach hinten fort.

6) Die Mannszucht während des Marsches und die Marschgewöhnung sind besonders bei schwierigen Verhältnissen von Einfluß. Die Marschübungen des Friedens gewähren den Vorzug, daß sie die Willenskraft des Soldaten in Ueberwindung von Beschwerden stählen und damit die Mannszucht kräftigen.

b. Die Marschgeschwindigkeit.

Bei längeren Märschen muß die Marschgeschwindigkeit gemäßigt sein, auch werden längere Ruhepausen nöthig.

Ein Marsch von einer Meile (7½ km) kann von der Infanterie bei nicht ungünstigen Verhältnissen in ⁵⁄₄ Stunden, ja selbst bei großer Eile in 1 Stunde, von Kavallerie und Artillerie wenn nöthig in ½ bis ¾ Stunden zurückgelegt werden.

Ein Marsch von drei Meilen (22½ km) wird dagegen bei der Infanterie 5 bis 6 Stunden, bei der Kavallerie 3 bis 4 Stunden, bei der Artillerie 4 bis 5 Stunden in Anspruch nehmen; bei sehr schlechten Wegen einige Stunden mehr.

Bei Kriegsmärschen in längerer gemischter Marschkolonne wird man auf jede Meile des Marsches durchschnittlich, einschl. Ruhepausen, 2 Stunden rechnen können.

3. Verschiedene Benennung der Märsche.

a. In Bezug auf Marschleistung und Geschwindigkeit unterscheidet man: gewöhnliche Märsche, Eilmärsche, Gewaltmärsche und künstlich beschleunigte Märsche.

Gewöhnliche Märsche: 3 bis 4 Meilen auf den Tag, der vierte Tag ist Ruhetag (Erholung und Instandsetzung der Sachen).

Eilmärsche: 5 bis 6 Meilen auf den Tag, keine Ruhetage. Nur im Kriege und nur auf kurze Zeit, 5 bis 6 Tage, durchführbar.*)

Gewaltmarsch: ohne tageweise Eintheilung wird der Marsch fortgesetzt, bis das Ziel erreicht ist. Unterbrechungen des Marsches finden nur durch die nöthigsten Ruhepausen (alle zwei Stunden, zuletzt nach jeder Stunde Marsch) und durch die für Abkochen und Abfuttern nothwendigen Halte statt. Mit Infanterie und verbundenen Waffen wird ein solcher Marsch schwerlich über 10, höchstens 12 Meilen ausgedehnt werden können, ohne daß die Truppen erschöpft werden. Er stellt die Gefechtsfähigkeit in Frage und darf nur in den äußersten Fällen angewendet werden.**)

Unter **künstlich beschleunigten Märschen** versteht man die Beförderung der Truppen auf Eisenbahnen (siehe Kap. d), Wagen oder Schiffen (letzteres selten).

Die Beförderung der Infanterie auf Wagen war vor der Zeit der Eisenbahnen selbst für größere Truppenabtheilungen nicht ungebräuchlich.***)

---

*) Rückzug der österreichischen Armee 1866 von Olmütz durch die kleinen Karpathen.

**) Am 17. Dezember 1870 legten die Truppen des IX. Armeekorps von Blois bis Orleans zur Unterstützung des 1. bayer. Korps in 33 Stunden 10 Meilen zurück.

***) Zum Feldzuge 1806 wurde die französische Garde durch ein Relaissystem von Fuhrwerken in 2 Kolonnen von Paris an den Rhein transportirt. Zahlreiche kriegsgeschichtliche Beispiele für Märsche finden sich in Brandt, Taktik Seite 88—91; Griesheim, Vorlesungen über Taktik, Seite 594—599; Seubert, die Taktik in Beispielen.

Heute kommt die Fortschaffung von Infanterie oder Pionieren auf schnell beschafftem Fuhrwerk vor, wenn Kavalleriekörper zu begleiten sind. Da eine Kompagnie 25 zweispännige Leiterwagen braucht, so kann die beförderte Abtheilung immer nur klein sein.

Das Fahren des Gepäcks der Infanterie erleichtert den Marsch sehr und ist bei Eil= sowie Gewaltmärschen, wenn ausführbar, geboten. Aber die Menge nothwendiger Wagen — für die Kompagnie 4 zwei= spännige oder 6 einspännige — vermehren das Fuhrwerk derart, daß für den Fall des Rückzuges eine große Gefahr entsteht.

b. In Bezug auf die Marschrichtung unterscheidet man Vor= märsche (Richtung nach dem Feinde), Rückmärsche (abwärts vom Feinde) und Flankenmärsche (Feind in der Flanke).

c. In Bezug auf die Tageszeit: **Nachtmärsche** strengen die Mann= schaft und die Pferde in hohem Grade an, erschweren die Aufrechterhaltung der Ordnung, geben zu Verirrungen und Unordnung Veranlassung, sind daher zu vermeiden. Nach einer alten Soldatenregel ist es immer besser, aus der Nacht in den Tag, wie aus dem Tage in die Nacht zu marschiren.

4. Die Ausführung der Märsche.

α. Die Vorbereitungen für den Marsch

richten sich bei den Fußtruppen auf Reinlichkeit der Füße, guten Zustand der Fußbekleidung, sorgfältige Packung des Tornisters; bei den berittenen Truppen auf gute Beschaffenheit des Hufbeschlags, vorschriftsmäßige Packung und sorgfältige Sattelung.

Im Kriege gehört auch das Nachsehen der Waffen, des Schießbedarfs und des Anzuges zu den Vorbereitungen des Marsches. Einnehmen des Kaffees oder einer Morgensuppe vor dem Ausrücken ist wichtig.

β. Die Aufbruchszeit.

Der Soldat muß eine Nachtruhe von 8 Stunden haben; man bricht daher in der Regel nicht vor 5 oder 6 Uhr morgens auf; bei berittenen Waffen womöglich später (Futtern, Putzen). Im heißen Sommer kann, wenn es möglich ist, dadurch die Beendigung des Marsches vor der Mittags= hitze zu erzielen, ein sehr früher Aufbruch, 3 oder 4 Uhr morgens, ge= rechtfertigt sein. Im Winter beginnt man um 7 oder 8 Uhr.

γ. Die innere Ordnung der Marschkolonne.

Um zu vermeiden, daß kleine Schwankungen und Störungen der Marschgeschwindigkeit sich unmittelbar nach rückwärts fortsetzen, auch um einigen Luftzug durch die Kolonne zu ermöglichen, find bestimmte **Abstände zwischen den verschiedenen Truppentheilen** vorgeschrieben, und zwar:

nach einer Kompagnie 8 m;

nach einem Bataillon, einer Eskadron, Batterie, Kolonne u.s.w. 16 m;

nach einem Infanterie- oder Kavallerie-Regiment, einer Artillerie-Abtheilung 30 m;

nach einer Brigade 60 m;

nach einer Division 250 m.

Dabei sind berittene Offiziere, Spielleute, Handpferde, Truppenfahrzeuge nicht auf die Abstände zu rechnen. Diese rückwärtigen Abstände würden ihren Zweck verfehlen, wenn sie peinlich festgehalten würden; sie sollen vielmehr ermöglichen, daß, wenn kleine Stockungen des Marsches vorn eintreten, dennoch die Spitze jedes Truppentheils ruhig weiterschreiten kann.*)

δ. Handhabung der Ordnung auf dem Marsche.

Die **Marschgeschwindigkeit der Kolonnenspitze** muß gleichmäßig sein. Sie ist um so mäßiger zu halten, je tiefer die Marschkolonne ist. Als Mindestes muß indeß auf gebahnten Wegen und unter mittleren Witterungsverhältnissen gelten, daß die Spitze im Durchschnitt in 5 Minuten etwa 400 m wegschreitet. Die Führung der Kolonnenspitze fordert viel Uebung und Aufmerksamkeit.

Die Ordnung in den Gliedern ist mit Peinlichkeit festzuhalten. Auf die Haltung der Leute, besonders auf gleichmäßigen Sitz bei berittenen Waffen (Vermeidung von Satteldruck) muß geachtet werden. Eigenmächtige Erleichterungen des Einzelnen sind nicht zu dulden.

Das Austreten darf nur ausnahmsweise gestattet werden und muß beaufsichtigt werden.

Das mäßige Wassertrinken während des Marsches muß begünstigt werden; während des Haltens aber darf dasselbe erst kurz vor dem Weitermarsche stattfinden. Stockungen in der Marschkolonne dürfen durch das Wassertrinken nicht eintreten. (Vergl. F. O. 236.)

ε. Die Ruhepausen.

Die Einschaltung von Ruhepausen ist erforderlich, sowohl um eine geordnete Gelegenheit zur Befriedigung natürlicher Bedürfnisse zu geben, als auch um bei größeren Märschen einer frühzeitigen Erschöpfung der Kräfte vorzubeugen.

---

*) Ueber die Reihenfolge der verschiedenen Waffengattungen bei Kriegsmärschen siehe Marschsicherungen c. 3.

In ersterer Beziehung empfiehlt sich ein kurzer Halt, etwa ³/₄ Stunden nach erfolgtem Abmarsche.

In letzterer Beziehung wird bei Märschen bis zu 3 Meilen ein längerer Halt von ¹/₂ bis ³/₄ Stunden gemacht, nachdem die größere Hälfte des Weges zurückgelegt ist; bei Märschen von längerer Ausdehnung muß mindestens alle 2 Stunden ein längerer Halt eintreten.

Kleinere Truppentheile gehen zu einem längeren Halt in Versammlungsform über, größere zusammengesetzte Truppenkörper ruhen, wenn möglich, in der Marschkolonne neben der Straße.

In großen Verbänden rasten die Unterabtheilungen nacheinander, je nachdem sie nacheinander den Marsch angetreten haben.

Das Haltmachen innerhalb einer Ortschaft ist zu vermeiden. Bei Kriegsmärschen verlegt man den Halt nicht in Engwege, sondern ruht gewöhnlich nach Durchschreiten derselben.

Bei kaltem und windigem Wetter ist es gut, an geschützten Orten (im Walde, in Thälern und an Berghängen), bei Hitze an schattigen Plätzen mit nahem Brunnenwasser zu ruhen.

Anordnungen für Beendigung des Marsches.

Zur Schonung der Truppen muß jeder unnütze Aufenthalt beim Uebergang zur Ruhe vermieden werden. Es sind deshalb alle diesbezüglichen Anordnungen rechtzeitig zu treffen und, soweit als angängig, noch während des Marsches vorzubereiten.

5. Die Tiefe der Marschkolonnen und die Aufmarschzeiten.

Die geringste Tiefe der Marschkolonnen und die nothwendige Zeit zur Herstellung der Gefechtsordnung bei voller Kriegsstärke beträgt bei den gebräuchlichen Marschkolonnen und unter günstigen Marschverhältnissen:

für das **Bataillon***) 400 m Tiefe, 4 bis 5 Minuten Aufmarschzeit;

für die **Schwadron***) 120 m, für das **Regiment** etwa 550 m Tiefe; der Aufmarsch eines Regiments im Trabe erfordert etwa 3 **Minuten**;

für die **fahrende Batterie***) mit 1. Wagenstaffel (Gefechtsbatterie) etwa **200 m**; für die **reitende Batterie***) 265 m; für die 2. Wagenstaffel einer fahrenden Batterie 125 m, einer reitenden Batterie 165 m; für einen Divisions-Brückentrain 310 m, für einen Korps-Brückentrain 800 m; für

---

*) Ohne Große Bagage.

ein Sanitäts-Detachement 220 m; für eine Munitionskolonne und eine Fuhrparkkolonne etwa 700 m; für eine Proviantkolonne 900 m; für eine Feldbäckerei-Kolonne 400 bis 600 m; für ein Feldlazareth 150 m; für ein Pferdedepot 350 m.

Die Große Bagage eines Bataillons hat eine Marschtiefe von 100 m; die eines Infanterie-Regiments (4 Bataillone) 450 m; die eines Kavallerie-Regiments 200 m; die eines Divisions-Artillerie-Regiments 500 m; die einer Korpsartillerie 700 m; die eines Generalkommandos 400 m; die eines Divisionskommandos 250 m.

Daraus ergiebt sich für eine **Infanterie-Division** eine Tiefe der Marsch-kolonne der Gefechtstruppen von **10 bis 11 km**, sofern die Infanterie-Regimenter 4 Bataillone haben (Abstände der Avantgarde und deren Glieder nicht eingerechnet); Aufmarschzeit mindestens **2 Stunden**; für ein **Armeekorps** Tiefe der Gefechtstruppen: **25 km**, Aufmarschzeit 5 bis 7 Stunden. Die Große Bagage einer Infanterie-Division hat eine Marschtiefe von 2600 m, die einer Kavalleriedivision von etwa 1800 m, die eines Armeekorps von etwa 6½ km. Die gesammten Truppen nebst Bagage, Munitionskolonnen und Trains*) eines Armeekorps stellen eine Marschtiefe von 50 km dar.

Aus letzterem folgt, daß ein Armeekorps, wenn möglich, auf mehreren Straßen marschirt, in der Regel divisionsweise, die Korpsartillerie hinter einer der beiden Divisionen. Derartige gleichlaufende Straßen dürfen jedoch in der Nähe des Feindes nicht weiter als 1 Meile voneinander entfernt sein und dürfen niemals ineinander laufen oder sich kreuzen.

Müssen die Truppen wegen Schmalheit oder schlechten Zustandes des Weges zu Zweien marschiren, so vergrößert sich die Marschtiefe der In-fanterie auf 165 pCt., die der Kavallerie um das Doppelte. Marschirt man in breiterer Kolonne (auf breiten Kunststraßen, bei Märschen quer-feldein) so verkürzt sich die Tiefe der Marschkolonne für die Infanterie, wenn sie in Sektionen zu 6 Rotten marschirt, auf 75 pCt., wenn sie in Sektionen zu 8 Rotten marschirt, auf 65 pCt., für alle Waffen, wenn die Infanterie in Halbzügen, die Kavallerie und die Artillerie in Zügen, die Wagen zu Zweien marschiren (Wegbreite 20 m) auf 45 pCt., wenn die Infanterie und die Artillerie in Tiefkolonne, die Kavallerie in halben Eskadrons, die Fahrzeuge zu Vieren marschiren (Wegbreite 40 m) auf 25 pCt.

Bei Kolonnen aller Waffen verlängert sich die Marschtiefe beim Ueberschreiten von Schiffbrücken auf 150 pCt.

---

*) Die Munitionskolonnen und die Trains eines Armeekorps haben eine Gesammt-Marschtiefe von 18 km.

b. Unterkunft und Lagerung.
[F. D. 259 bis 307.]

1. Die verschiedenen Arten und deren Bedeutung.

Es sind zwei Hauptarten des Ruhezustandes der Truppen im Kriege zu unterscheiden:

1) Ortsunterkunft (Quartiere): Ruhe unter Dach und Fach.

2) Biwak (Lager): Ruhe unter freiem Himmel.

Aus einer Verbindung dieser beiden ergiebt sich eine neue, dritte Art der Ruhe: Das Ortsbiwak.

Die Ortsunterkunft hat den Vortheil der Schonung und der erhöhten Bequemlichkeit der Truppen und zwar umsomehr, je weitläufiger die Truppen untergebracht sind. Die schlechteste Ortsunterkunft ist nach einer alten Soldatenregel immer besser wie das beste Biwak. Erstere gewährt immer Schutz vor Witterung (Dach und Fach, Ruhelager, Feuerung), Mittel zur Ergänzung und Zubereitung der Verpflegung (Wasser, Lebensmittel, Kochen, Backen, Schlachten) sowie Mittel und Hülfe zum Reinigen, Instandsetzen der Bekleidung und Ausrüstung. Aber je mehr Ortschaften benutzt werden, je weiter dieselben voneinander entfernt sind, desto geringer ist die Gefechtsbereitschaft der Truppen.

Es giebt je nach dem Grade der Gefechtsbereitschaft drei Arten von Ortsunterkunft:

1) Weite Ortsunterkunft: Es werden nur so viele Mannschaften in den einzelnen Ortschaften untergebracht, als von den Bewohnern auf einige Tage verpflegt und gebettet werden können; für die Pferde muß Unterkunft in Stallungen sein.

Auf die Feuerstelle (Haushaltung) rechnet man höchstens 4 Mann; auf 2 Feuerstellen 3 Pferde; in Städten weniger wie auf dem Lande. Diese Unterbringung darf wegen großer Zerstreuung der Truppen vor dem Feinde niemals angewendet werden. Sie ist wegen größter Bequemlichkeit und Schonung am vortheilhaftesten bei Reisemärschen kleinerer Truppentheile zu verwenden.

2) Enge Ortsunterkunft: Die Mannschaften finden nicht alle Betten, die Verpflegung durch den Wirth ist nicht möglich, die Pferde sind bei Mangel an Ställen in Remisen, Scheunen, Schuppen untergebracht. Bei engster Belegung sind in einem mäßigen Bauernhofe bis 100 Menschen und 20 bis 30 Pferde unterzubringen.

Eine sofortige Vereinigung größerer Truppenverbände bei feindlichem Angriffe ist auch bei dieser Art der Unterkunft noch nicht möglich; daher wird dieselbe im Kriege nur angewendet, wo nach der Lage ein unmittelbarer feindlicher Angriff nicht möglich ist (Truppen rückwärtiger Heerestheile, große Entfernung des Feindes, Waffenruhe u. s. w.).

3) „Alarmquartiere": Größte Gefechtsbereitschaft unter Dach und Fach. Die Truppen werden in geschlossenen Abtheilungen (Kompagnien, Züge) in größeren Gebäuden (Scheunen, Kirchen, Gehöften) in Bereitschaft gehalten und je nach dem Verhalten der Bevölkerung besondere Maßregeln getroffen. Mannschaft angekleidet, Lederzeug umgeschnallt, Infanterie Gewehr und Gepäck bei sich, Kavallerie gesattelt und gezäumt, Artillerie geschirrt, Mannschaften angekleidet bei den Pferden, Beleuchtung der Straßen, in jedem Quartier Licht, außerdem eine Wache, mindestens ein Posten, lebhafter Patrouillengang nach außen.

Die Gefechtsbereitschaft der Infanterie ist die größte.

Da nicht alle Gebäude einer Ortschaft sich zu Alarmquartieren eignen, so wird man diese Art der Unterbringung selten allein anwenden, sondern in der Regel enge Quartiere mit Alarmquartieren verbinden, wobei durch Letztere die größere Sicherheit der Ersteren erzielt wird.

Das Biwak (Lager) gewährt die größte Gefechtsbereitschaft und gestattet eine Vereinigung der Truppen in größeren Verbänden, ist dagegen der Gesundheit gefährlich.

Truppen, welche längere Zeit an derselben Stelle in dieser Art der Ruhe verharren sollen (Festungskrieg), werden durch den Bau von Hütten (Stroh, Laub) oder Baracken (Holz) Schutz gegen die Unbill der Witterung suchen **(Hütten- oder Barackenlager)**.

Im Feldkriege pflegt man nicht längere Zeit dicht vor dem Feinde zu stehen; hier wird also das Lager ein **Freilager (Biwak)** sein. Dasselbe wird nur in den dringendsten Fällen größter Gefechtsbereitschaft angewendet und zwar:

a. bei den Sicherheitstruppen vorderster Linie, Vorposten;

b. bei Versammlung großer Truppenmassen dicht vor und nach Entscheidungsschlachten;

c. in wenig bevölkerten Gegenden.

Das Ortsbiwak ist aus dem Bestreben entstanden, einerseits die Truppen in großen Verbänden zusammen zu halten und doch andererseits dieselben zu ihrer Schonung unter Dach und Fach zu bringen. Es ist eine Verbindung von engen Quartieren, Alarmquartieren und Biwak, indem die Truppen (z. B. einer Division) in einigen nahe zusammenliegenden Ortschaften massenweise untergebracht werden, und der Rest in den Gärten, Hofräumen oder im anliegenden Felde biwakirt.

Das Ortsbiwak hat nahezu denselben Grad der Gefechtsbereitschaft wie das Biwak, es schont die Truppen und bietet außerdem der Infanterie bei überraschendem Angriffe in der belegten Ortschaft einen Stützpunkt für die Vertheidigung. Es ist somit die gebräuchlichste Art der Unterbringung der Truppen vor dem Feinde.

2. Anordnung der Ortsunterkunft.

α. Gesichtspunkte für die Gruppirung und Vertheilung der Truppen.

Die Waffen werden in den einzelnen Ortschaften gemischt, um sämmt= lichen Unterkunftsraum, der für Mannschaften weit mehr vorhanden ist wie für Pferde, auszunutzen und die berittenen Waffen den Schutz der Infanterie genießen zu lassen. Artillerie darf im Kriege niemals allein untergebracht werden.

Die einzelnen Alarmquartiere belegt man dagegen mit einer Waffen= gattung und vertheilt in diesem Falle auch bei Ortsbiwaks die Waffen der= art in der Ortschaft, daß die Infanterie in die dem Feinde zugekehrten, gefährdetsten Viertel gelegt wird.

Im Uebrigen findet die Vertheilung auf verschiedene Ortschaften nach dem Gesichtspunkte statt, daß die Verbände möglichst wenig zerrissen werden.

Für die höheren Truppenverbände theilt man das ganze zu belegende Gebiet in Ortsunterkunftsbezirke ein, und zwar derart, daß die Unterkunft für alle möglichst gleich ist, und daß die Truppen des Verbandes sich leicht und schnell versammeln können (Vierecksform).

Die Stabsquartiere der Befehlshaber legt man nicht weit von dem Mittelpunkte des Bezirks, an große Straßen, Telegraphenlinien und über= haupt derart, daß das Befehls= und Meldewesen erleichtert wird.

β. Alarmplätze.

Damit eine plötzlich nothwendige, sofortige Versammlung der Truppen (Alarm)*) mit Schnelligkeit und Ordnung vor sich gehen kann, muß Jeder wissen, wo der Sammelpunkt seines Truppentheils ist. Es wird daher bei jedem Unterkunftsorte für jedes Bataillon, jede Eskadron, Batterie, Ko= lonne u. s. w. ein Alarmplatz bestimmt, welchem jeder Mann, ohne vorhergehende Sammlung in Züge, Kompagnien u. s. w., unmittelbar zueilt.

---

*) Außer durch Alarmsignal muß die schleunige Versammlung der Truppen auch durch den stillen Alarm, d. h. ohne Signal, auf Grund besonderer Vorbereitungen durch schnelles Herumsagen bewirkt werden können.

Für größere Truppenverbände, auch für andere selbständige Truppen=
körper (Avant= oder Arrieregarden u. s. w.) werden unter Umständen
Alarm = Sammelplätze bestimmt, welche jedes gesammelte Bataillon,
jede Eskadron u. s. w. in der Regel ohne vorhergehende Vereinigung in
Regimenter u. s. w. zu erreichen sucht.

Die Alarmplätze dürfen nicht derart angeordnet werden, daß Theile
des einen Truppenkörpers den Weg eines anderen zum Alarmplatze durch=
kreuzen müssen. Für Herstellung von Verbindungen ist Sorge zu tragen.

In einer und derselben Ortschaft legt man die Alarmplätze der In=
fanterie innerhalb, bei mangelndem Raume theilweise seitwärts, die der
Kavallerie und Artillerie hinter den Ort (Artillerie bei den Geschützen),
damit bei überraschendem Angriffe der Ort durch die Infanterie vertheidigt
und die Versammlung der anderen Waffen beschützt werden kann.

γ. Der Wachtdienst in der Ortsunterkunft.

Derselbe bezieht sich auf die Sicherheit und auf die innere Ordnung.

Die Sicherheitswachen (Außenwachen) sind nothwendig, wenn auch
die Unterkunftsorte durch eine Vorpostenaufstellung gedeckt sind. Sie haben
die Aufgabe:

1) vor überraschendem Anfalle zu sichern und den ersten Widerstand
   zu leisten;
2) Verbindung mit den Vorposten und nebenliegenden Unterkunfts=
   orten zu unterhalten;
3) den Unterkunftsort nach außen für Unberufene abzusperren und
   den Ueberbringern von Befehlen und Meldungen Auskunft über
   die Quartiere der Vorgesetzten zu ertheilen.

Sie werden je nach der Bedrohung durch den Feind und je nach dem
Gelände vorgeschoben oder stehen an den Ausgängen und besetzen wichtige
Punkte des Saumes und des Vorgeländes mit Doppelposten oder Unter=
offizierposten. Es richtet sich nach der Gefährdung des Ortes, ob alle
Ausgänge, ob nur die auf der feindlichen Seite oder ob auch dort nur die
hauptsächlichsten mit Wachen besetzt werden sollen. Grundsätzlich aber ist
festzuhalten, daß alle Ausgänge und solche Punkte des Saumes, auf welchen
der Feind unbemerkt eindringen könnte, wenigstens mit Doppelposten besetzt
werden.

Sind Fußtruppen vorhanden, so werden die Außenwachen von diesen
gegeben (vielleicht einige Reiter zum Patrouilliren). Das Verhalten ist
dem der Feldwachen gleich.

Die inneren Wachen, welche für die Aufrechterhaltung der inneren
Ordnung bestimmt sind, werden von allen Truppentheilen gestellt, sie thun

bei den berittenen Waffen ihren Dienst zu Fuß und verhalten sich wie Garnisonwachen. Die Posten sind namentlich bei Marschquartieren auf das Mindeste zu beschränken.

Ist der Unterkunftsort sehr gefährdet, so kann es geboten sein, die Innenwachen zu vermehren und zu verstärken, auch bei Nacht einzelne Kompagnien oder Züge im Innern der Ortschaft, im Alarmquartier oder Biwak in Bereitschaft zu halten.

δ. Das Einrücken in die Unterkunftsorte.

Zur Vorbereitung der Unterkunft werden den Truppen, wenn möglich, Quartiermacher einen Tag vorausgeschickt. Ist dieses nicht möglich, und wird die Vertheilung der Truppen erst während des Marsches befohlen, so sind, wenn irgend die Zeit dazu vorhanden ist, berittene Offiziere (Offiziere vom Ortsdienst mit Quartiermachern) vorauszusenden, welche durch Vermittelung der Ortsbehörde die Unterkunft ordnen. (Ausgabe von Quartierzetteln.) Lassen die Verhältnisse dieses Verfahren nicht zu, so geht ein Offizier — möglichst der Offizier vom Ortsdienst — mit einer entsprechenden Abtheilung unter Beobachtung der nöthigen Sicherheits=maßregeln nach dem zu belegenden Orte und trifft nach schnellem Ueberblick eine Eintheilung des Ortes in Abschnitte, entsprechend den Unterabtheilungen der betreffenden Truppen, während letztere später selbst über die Belegung der einzelnen Häuser bestimmen. Bis dies vollendet, die Befehle aus=gegeben und der Alarmplatz bestimmt ist, ruhen die Truppen am besten außerhalb des Ortes.

ε. Verhalten im Unterkunftsorte.

Der Dienst wird von dem Ortskommandanten — dem rang=ältesten im Orte anwesenden Offizier oder einem von ihm beauftragten Stabs=offizier — gehandhabt. Er sorgt für Ruhe und Ordnung im Innern, für die Sicherung nach außen und bestimmt den Grad der Bereitschaft. Zu seiner Unterstützung werden ein Offizier vom Ortsdienst und nach Bedarf Rondeoffiziere kommandirt. Zur Aufrechterhaltung der Ruhe und Ordnung und zur Ausführung der Ortsbefehle innerhalb des Bezirks ihres Truppentheils werden von jedem Bataillon, jeder Abtheilung u. s. w. ein Offizier, von jeder Kompagnie, Batterie u. s. w. ein Unteroffizier vom Dienst ihres Truppentheils (vom Bataillonsdienst, vom Kom=pagniedienst u. s. w.) kommandirt.

Der innere Dienst gestaltet sich, je länger der Aufenthalt, desto mehr dem Garnisondienste gleich. Alle Einrichtungen sind garnisonmäßig zu er=weitern.

Erscheinen Vertheidigungseinrichtungen des Saumes der Oertlichkeit geboten, so sind die Truppentheile, welche zur Besetzung dienen sollen, vorher zu bestimmen und deren Alarmplätze dorthin zu verlegen.

Sollte der Feind mittelst Ueberfalls in den Ort und auf die Alarm= plätze bringen, bevor die Truppen sich versammeln konnten, so bleibt Alles in den Häusern und Gehöften, schließt und sperrt dieselben und verfährt so lange vertheidigungsweise, bis es möglich wird, sich nach und nach zu= sammen zu ziehen oder den Feind abzuweisen.

3. Anordnung der Biwaks.

α. Auswahl des Biwaksplatzes.

Die taktischen Rücksichten fordern:

1) Sicherheit gegen Ueberfall, geeignete Lage hinter der schützenden Vorpostenkette, Möglichkeit, das umliegende Gelände durch be= sondere kleine Wachen (Außenwachen) zu beobachten;

2) Deckung gegen feindliche Einsicht;

3) Möglichkeit eines schnellen Aufmarsches bezw. Weitermarsches (an der Hauptstraße oder ihr nahe an guten Wegen);

4) zweckmäßige Lage zu der Stellung, in der man sich schlagen will: hinter derselben, damit die Truppen zum Gefecht vorgehen, und nahe genug, daß bei plötzlichem Angriff eine rechtzeitige Besetzung möglich ist.

Die Rücksichten für Schonung und Bequemlichkeit der Truppen fordern Folgendes:

1) Der Boden muß trocken und fest sein. Wiesen sind morgens stets feucht, daher zu vermeiden; am besten sind Saat= oder Stoppelfelder.

2) Schutz gegen Wind und Wetter: daher Berglehnen oder der Saum von Dörfern und Wäldern, so daß die letzteren als Windschirm dienen.

3) Nähe der Biwaksbedürfnisse: Holz, Stroh (in Dörfern u. s. w.) und Brunnenwasser, auch Tränke für die Pferde (fließendes Wasser).

4) Vorhandensein des nöthigen Raumes:
     für ein Bataillon in der Front 200 m (im Frieden 120 m), in der Tiefe 210 m;
     für ein Kavallerie=Regiment in der Front 120 m (bei 5 Eskadrons 145 m), in der Tiefe 256 m;

für eine Batterie in der Front 100 m (im Frieden bei
4 Geschützen 48 m, bei 6 Geschützen 72 m), in der Tiefe
für eine fahrende Batterie 215 m, für eine reitende 230 m.
(Siehe folgende Zeichnungen der Biwaks a., b., c. und d.
Dieselben dienen als allgemeiner Anhalt für Biwaks in
größeren Verbänden. Kleinere Verbände sind zu zweck=
mäßiger Ausnutzung des Lagerplatzes an diese Formen nicht
gebunden.)

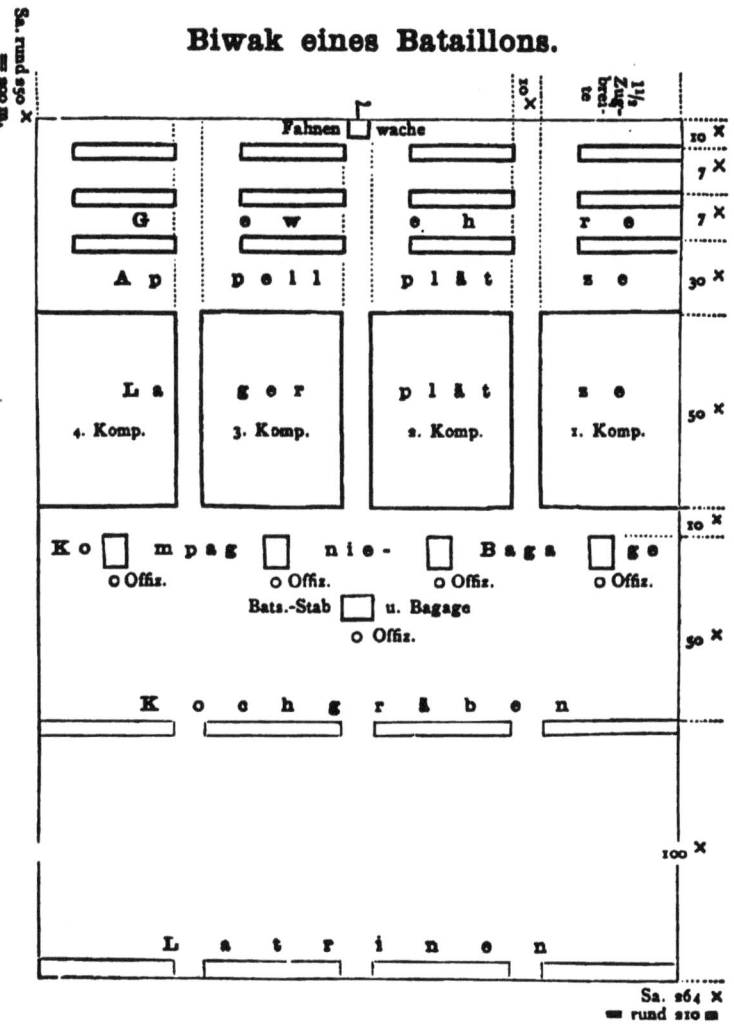

Biwak eines Bataillons.

Biwak eines Kavallerie-Regiments.

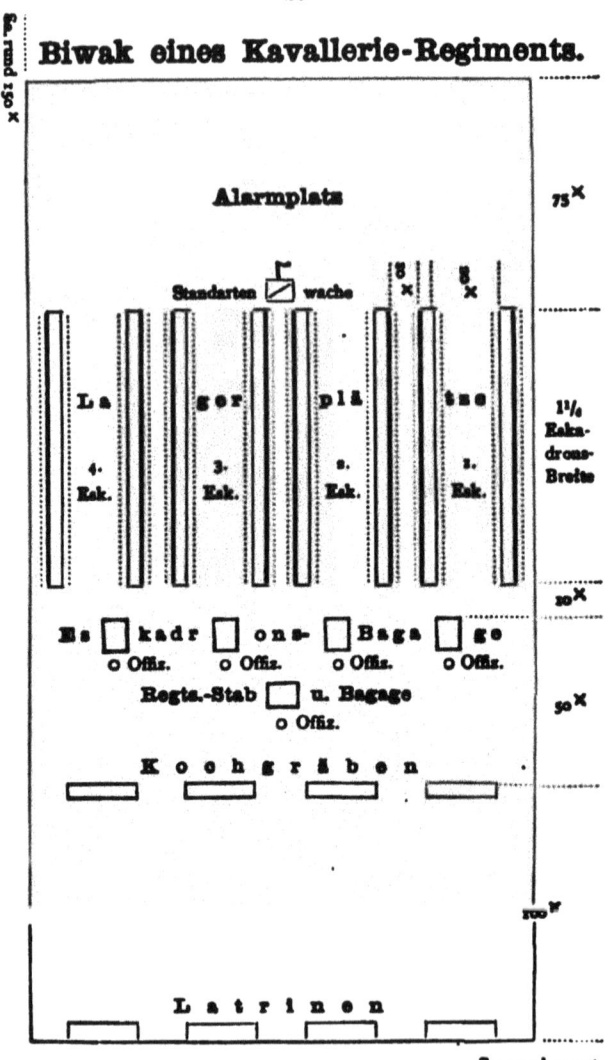

c.

Biwak einer fahrenden Batterie.

125" rund 100 m.

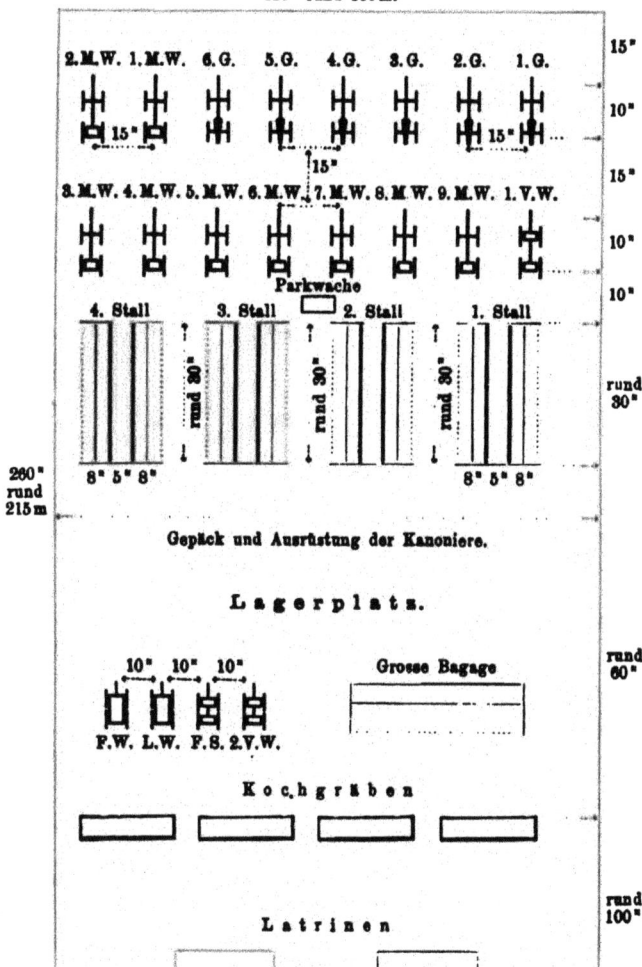

d.

Biwak einer reitenden Batterie.

125" rund 100 m.

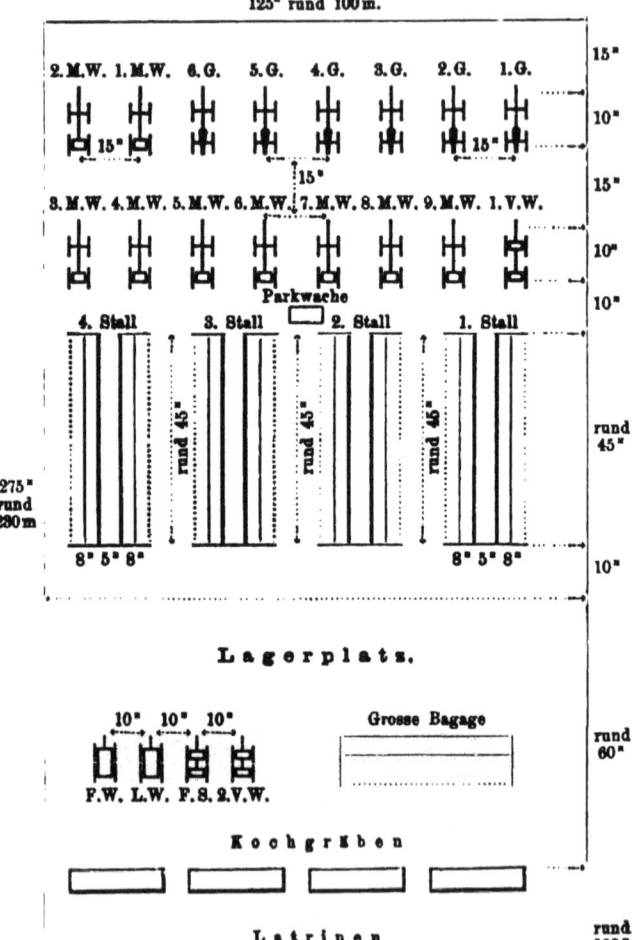

β. Anordnung der Biwaks.

Beim Biwak größerer Truppenkörper ist im Allgemeinen die Ordre de Bataille möglichst festzuhalten, aber auch darauf Bedacht zu nehmen, daß die Waffe, welche am schnellsten in Gefechtsbereitschaft zu kommen vermag, die Infanterie, auf den gefährdeten Seiten lagert.

Artillerie darf niemals allein biwakiren.

Mit der Masse der Truppen wächst die Schwierigkeit, dieselben bei einem unerwarteten Angriffe — besonders im Dunkeln — zu ordnen, so daß die nöthige Gefechtsbereitschaft großer Truppenverbände in einem Biwak oft in Frage gestellt würde. Es werden deshalb zweckmäßig die größeren Verbände in kleinere Gruppen zerlegt.

Am besten ist es, wegen Anlage der Kochlöcher und Aborte, in einem Treffen zu biwakiren. Müssen unter besonderen Umständen die Truppen hintereinander lagern, so sind die Abstände wegen der Aborte reichlich zu bemessen oder letztere seitwärts anzulegen.

Ist es nicht zu umgehen, größere Verbände in einem Biwak zu versammeln, so sind zwischen den einzelnen Truppentheilen zum Mindesten folgende Zwischenräume zu lassen:

Zwischen den Bataillonen eines Regiments 10 m, zwischen den Infanterie- und Kavallerie-Regimentern, zwischen den Batterien und zwischen den Truppentheilen verschiedener Waffen 20 m.

Jeder Biwaksplatz ist frühzeitig, gewöhnlich durch den vorauszusendenden Biwakskommandanten, auszusuchen. Den Truppen muß bei ihrem Eintreffen ihr Platz angewiesen werden können. Unverzüglich ist sodann mit der Einrichtung zu beginnen. Ein Verschieben des Biwaksplatzes nach begonnener Einrichtung bedeutet eine schwere Schädigung der Ruhe und ist nur in den dringendsten Fällen zu rechtfertigen.

γ. Der Wachtdienst im Biwak.

Wie bei der Ortsunterkunft, so hat man auch in den Biwaks Wachen für die Sicherheit: Außenwachen — und Wachen für die innere Ordnung: Innenwachen.

Für die Außenwachen der Biwaks gelten im Allgemeinen dieselben Grundsätze wie für die in der Ortsunterkunft. Ihre Aufgabe ist dementsprechend:

1) Das umliegende Gelände zu beobachten und bei überraschendem Angriffe den ersten Widerstand zu leisten;

2) Verbindung mit den Vorposten zu unterhalten;

3) das Biwak nach außen abzusperren und Auskunft zu ertheilen.

Man stellt die Außenwachen, deren Zahl sich nach dem Bedürfnisse richtet, mit Vorliebe an vertheidigungsfähigen Punkten und Abschnitten, besonders an den Wegen, auf. Wenn Fußtruppen zur Stelle sind, so werden die Außenwachen von diesen gegeben.

Sie verhalten sich wie Feldwachen. Allein biwakirende Kavallerie stellt ihre Außenwachen zweckmäßig zu Fuß auf.

Die Innenwachen sorgen für die Ordnung und stellen die nöthigen Posten im Innern des Biwaks (vor den Fahnen, den Befehlshabern, den Fahrzeugen u. s. w.). Jedes Bataillon, jedes Kavallerie=Regiment, jede Batterie hat eine solche Wache, welche bei der Infanterie Fahnenwache, bei der Kavallerie Standartenwache, bei der Artillerie, den Munitionskolonnen und Trains Parkwache heißt. Ihr Verhalten regelt sich nach den Be= stimmungen für den Garnisonwachdienst.

δ. Die innere Ordnung des Biwaks.

Der Dienst im Biwak wird von einem Biwakskommandanten ge= handhabt. Zu seiner Unterstützung werden ein Offizier vom Biwaks= dienst, nach Bedarf Rondeoffiziere, sowie Offiziere bezw. Unter= offiziere vom Truppendienst kommandirt. (Vergl. Ortsunterkunft.)

Die Infanterie setzt die Gewehre in Kompagniekolonnen zusammen. Im Bataillonsverbande stehen die Kompagniekolonnen mit einem Zwischen= raume von ½ Zugbreite + 10 Schritt nebeneinander. Auf den Appell= plätzen hinter den Gewehren werden die Helme und die zusammenhängende Ausrüstung gliederweise niedergelegt. In Bezug auf die übrigen Ein= richtungen siehe Zeichnung a, S. 180.

Die Kavallerie biwakirt in nach der Flanke abgeschwenkten Eskadrons= kolonnen, die Eskadrons auf halben Abstand aufgeschlossen. Die zweiten Glieder machen Kehrt und rücken bis auf 20 Schritt zurück, wobei sie sich von der Mitte so auseinander ziehen, daß sie 1¼ Eskadronsbreite ein= nehmen. Dieselbe Breite nehmen die ersten Glieder durch Seitwärtsziehen aus dem Halten. Die beiden 20 Schritt voneinander entfernten Pferde= reihen einer Eskadron bilden den Stall der Eskadron, innerhalb dessen die Mannschaft lagert. Die Pferde sind an Fouragirleinen angebunden, welche, an Piketpfählen befestigt, den Stall umschließen. Damit das Regiment sich schnell aufstellen kann, was im Lagerraume nicht möglich ist, befindet sich vorwärts ein freier Raum: der Alarmplatz. (Siehe Zeich= nung b, S. 181.)

Eine Batterie biwakirt so, daß in erster Linie mit 15 Schritt Zwischenraum die Geschütze, dahinter die Fahrzeuge der zweiten Wagenstaffel (fünf Munitionswagen und der erste Vorrathswagen) stehen. Daneben werden ebenso in zwei Linien und mit 15 Schritt Zwischenraum die Fahrzeuge der ersten Wagenstaffel aufgestellt. Hinter der zweiten Fahrzeuglinie werden die Ställe gebildet: jeder Geschützzug nebst den hinter ihm stehenden Fahrzeugen der zweiten Staffel sowie die erste Staffel bilden einen Stall für sich. Die beiden Pferdereihen eines Stalles stehen mit den Köpfen sich zugekehrt, zwischen sich eine Stallgasse von 5 Schritt Breite lassend, hinter den entsprechenden Geschützen und Fahrzeugen. (Siehe Zeichnung c und d, S. 182/83.)

Das Biwak einer reitenden Batterie wird gleich dem der fahrenden Batterie eingerichtet, nur ist für die Ställe der Züge bis zu den Lagerplätzen eine größere Tiefe vorgesehen.

Im Frieden bilden die Geschütze der Batterie eine Linie, dahinter werden entsprechend dem Obigen die Ställe der Züge aufgeschlagen. Bei der fahrenden Batterie ist eine Tiefe von 25×, bei der reitenden Batterie eine Tiefe von 40× für die Ställe der Züge einschließlich des Raumes für Gepäck und Ausrüstung der Bedienungsmannschaften erforderlich.

4. Anordnung der Ortsbiwaks.
[F. O. 285—288.]

Sind größere Truppenverbände im Ortsbiwak unterzubringen, so kommt es vor Allem darauf an, daß alle nöthigen Anordnungen vor Eintreffen der Truppen getroffen sind. Es ist daher, wenn angängig, der bestimmte Ortskommandant mit einigen Offizieren der verschiedenen Truppentheile vorauszusenden, um schnell die Maßnahmen zu treffen bezw. vorzubereiten, welche eine geordnete Unterbringung und die Sicherheit der Truppen erheischen.

Den Truppenverbänden bleibt es überlassen, welche Truppentheile in Häusern und Gehöften untergebracht werden, welche in Gärten und angrenzenden Feldern biwakiren sollen. Unter allen Umständen müssen die Fahrstraßen frei bleiben.

Die weiteren Anordnungen erfolgen unter Berücksichtigung der jeweiligen Verhältnisse nach den für die Ortsunterkunft und das Biwak aufgeführten Grundsätzen.

c. Die Verpflegung im Kriege.

[F. O. 315—328.]

Eine ausreichende Ernährung der Truppen im Kriege ist ebenso wichtig wie schwierig. Die Verpflegung kann beschafft werden: vom Quartiergeber, aus Magazinen, durch unmittelbare Beitreibung (Requisition) oder aus den mitgeführten Vorräthen.

Bei der Verpflegung durch den Quartierwirth stehen sich die Truppen am besten. Dieselbe reicht jedoch nur bei weiten Quartieren mit kurzem Aufenthalt (Marschquartieren). Sie ist daher als selbständige Verpflegungsart vor dem Feinde nicht anzuwenden.

Die Vorrathssammelorte (Magazine) werden möglichst nahe hinter den Truppen durch freiwillige (gegen Baarzahlung) oder zwangsweise Beitreibung aus rückwärtigen Gegenden oder (wirksamer) durch Lieferanten gefüllt. Der Nachschub von den Sammelorten zu den Truppen geschieht durch Fuhrpark-Kolonnen. Durch Sammelorte kann bei längerem Aufenthalt an demselben Orte (Massenversammlung der Truppen, Festungskrieg, Waffenruhe u. s. w.) die Ernährung großer Truppenmassen in ausreichender Weise bewerkstelligt werden (Paris, Metz); doch gehört dazu eine gewandte und zuverlässige Verwaltungstruppe, ein wohlhabendes Hinterland und Eisenbahnverbindung. Bei einer beweglichen Kriegführung können die Vorräthe nicht schnell genug nachgeschafft werden, um die Verpflegung zu sichern.

Die Beitreibung (Requisition) besteht darin, daß die Truppen durch eigene Absendung Lebensmittel aus den Ortschaften nehmen, wo sie solche finden (Ausführung einer Beitreibung siehe Grundzüge des kleinen Krieges). Diese Art der Beitreibung reicht bei großen Truppenmassen nur für einen Durchmarsch durch wohlhabende, noch nicht ausgesogene Gegenden; bei längerem Aufenthalte versagt sie vollständig. Außerdem führt sie zu Unordnungen, lockert die Mannszucht und schafft eine unregelmäßige Verpflegung.

Schlußfolgerung: Man ist im Kriege meist genöthigt, alle Arten der Verpflegung anzustrengen. Magazin- und Beitreibungsverpflegung ergänzen sich gegenseitig: letztere herrscht vor im Bewegungskriege und in wohlhabender Gegend, erstere beim Stillstande der Kriegshandlung und in wenig bevölkerten, armen Gegenden.

Schließlich giebt es Fälle, wo alle vorhergenannten Verpflegungsarten nicht ausreichen, z. B. bei schnellem Vormarsche in armer Gegend (Vormarsch Napoleons 1812 in Rußland), bei Massenbewegungen dicht vor und nach einer Schlacht (Königgrätz), bei Zerstörung oder Aufgabe der rück= wärtigen Verbindungen*) u. s. w.

Für diese Fälle des Nothstandes führen die Truppen eiserne Be= stände an Lebensmitteln mit:

Bei den Fußtruppen, der Feldartillerie und dem Train führt jeder Mann drei, bei der Kavallerie eine eiserne „Portion" an Zwieback, Reis, Speck, bezw. Erbswurst oder Konserven, auch Kaffee und Salz mit sich; jedes Kavalleriepferd trägt ein Drittel der täglichen „Haferration". Bei den fahrenden Batterien werden für sämmtliche Pferde 2, bei den reitenden Batterien und den Munitionskolonnen 1½, bei den Trains und den Fuß= truppen für das Reitpferd 1, für das Zugpferd 3 Rationen mitgeführt. Die Zugpferde der Kavallerie haben 3 eiserne Rationen.

Alle Offiziere sind verpflichtet, innerhalb ihres Befehlsbereichs auf die Erhaltung des eisernen Bestandes unausgesetzt und streng hinzuwirken.

Von den durch die Truppe mitgeführten Fahrzeugen sind die Lebens= mittelwagen zur Fortschaffung mindestens einer vollen Portion, einer breitägigen Theeportion für jeden Mann, einer Ration für die Offizier= reitpferde der Infanterie u. s. w., der nöthigen Back= und Schlachtgeräthe, der 5. Lebensmittelwagen jedes Bataillons für Marketenderwaaren, sowie die Futterwagen zur Fortschaffung einer Haferration für alle Reitpferde der Kavallerie und der Artillerie bestimmt. Die mitzuführenden Portionen und Rationen werden in der Regel an dem auf die Verladung folgenden Tage verbraucht und sind womöglich unverzüglich zu ersetzen.

Die Proviantkolonnen und Fuhrpark=Kolonnen eines Armee= korps enthalten einen Lebensmittelvorrath (Reservevorrath) für mehrere Tage.

Werden die Reservebestände angegriffen, so sind sie durch Zurücksendung der geleerten Wagen aus den nächsten Vorrathssammelorten wieder zu ver= vollständigen.

Brot ist in ausreichendem Maße am schwersten, Fleisch (in lebenden Häuptern, Speck oder Konserven) am leichtesten zu beschaffen. Den größten Troß an Fahrzeugen fordert die Mitführung der Verpflegung für die Pferde.

---

*) Für die Einschließung von Paris trat, da die einzige rückwärtige Verbindung, die Eisenbahn über Toul, durch diese Festung gesperrt war, in Bezug auf die Ver= pflegung eine Nothlage ein, die nur durch die größten Anstrengungen des Verpflegungs= personals (Ankauf im Lande) und die baldige Herstellung einer Eisenbahnverbindung unschädlich gemacht worden ist.

d. Bedeutung und Benutzung der Eisenbahnen und Telegraphen im Kriege.*)

[F. D. 362—378 u. 381.]

1. Die Eisenbahnen.

Durch die Eisenbahnen hat der Krieg einen veränderten Charakter erhalten, er hat an Schnelligkeit und Wucht gewonnen.

Die Bedeutung der Eisenbahnen für die Kriegführung besteht in Folgendem:

1) Die Eisenbahnen beschleunigen die Mobilmachung und die Versammlung der Heere an der Grenze.**) Auch führen sie die Truppen vollzählig auf den Kriegsschauplatz, ein Vortheil, der jedoch dadurch aufgehoben wird, daß die Truppen nicht einmarschirt sind.

2) Die Eisenbahnen ermöglichen den Nachschub zum Heere (Ersatz au Mannschaften und Geräth, Lebensmittel, Verstärkungen, Belagerungsmittel u. s. w.) und den Rückschub in die Heimath (Verwundete, Kranke, Gefangene, Siegeszeichen), beides in großartigem Maßstabe.***) Sie bilden daher die hauptsächlichsten, rückwärtigen Verbindungslinien, die Lebensadern der Kriegführung.

3) Die Eisenbahnen ermöglichen die gegenseitige Unterstützung getrennt handelnder Heereskörper†) und die schnelle Versetzung ganzer Heere von einem Kriegsschauplatze auf den anderen.††)

---

*) Militär-Eisenbahnordnung und Kriegs-Etappenordnung 1887.

Ein Ueberblick über die geschichtliche Entwickelung des Militär-Eisenbahnwesens findet sich in v. Löbells Jahresberichten für 1876, Seite 380 u. ff.

**) Vor der Zeit der Eisenbahnen würden die deutschen Heere mindestens sechs Wochen gebraucht haben, um nur mit den Hauptkräften den Aufmarsch an der französischen Grenze zu bewerkstelligen. Im Jahre 1870 überschritten die deutschen Heere am 20. Mobilmachungstage die Grenze.

***) Ohne Rückschub auf Eisenbahnen hätten im Feldzuge 1870 die Verwundeten weder gepflegt noch untergebracht werden können. Die Gefangenen, mehr als 300 000 Mann, hätten zu ihrer Beförderung ganze Heerestheile auf Monate von der Armee abgezogen; die Eisenbahn gestattete die Anwendung kleiner Begleittrupps, welche in 14 Tagen wieder bei ihren Truppen eintrafen.

†) Die I. deutsche Armee hatte bei ihren Bewegungen gegen die französische Nordarmee 1870 bei Amiens gegen Norden und Osten, bei Rouen gegen Westen Front zu machen. Sie benutzte die Eisenbahnlinie, welche diese beiden Städte verbindet, um ihre Hauptkräfte, je nach der Lage, an einem dieser beiden Punkte zu versammeln.

††) Im Jahre 1866 wurde die siegreiche österreichische Südarmee in ihren Haupttheilen mit der Eisenbahn aus Italien nach Wien versetzt, um die Haupt-

Die Bedeutung der Eisenbahnen ist wesentlich strategischer Natur. Die Verwendung zu taktischen Zwecken,*) d. i. auf dem Gefechtsfelde, kann nur in besonderen Fällen vorkommen, am ehesten noch bei der Vertheidigung ausgedehnter Stellungen (Fluß- oder Gebirgslinien), bei der Küstenvertheidigung und bei Festungen, welche eine Ringbahn besitzen.

Auch können Eisenbahnen mit großem Vortheile benutzt werden, um den Rückzug eines geschlagenen Heeres zu beschleunigen und ein schnelles Sammeln zerstreuter Heerestheile an rückwärtigen Punkten zu ermöglichen (österreichische Armee 1866, französische Truppen nach Wörth 1870).

Die Leistungsfähigkeit der Eisenbahnen hängt in erster Linie von der Zahl der Geleise ab: bei einer zweigeleisigen Bahn entsteht durch das Begegnen der hin- und herfahrenden Züge kein Aufenthalt. Ferner ist die Güte des Ober- und Unterbaues,**) die Menge brauchbarer Wagen mit ausreichender geschulter Bedienung und die Sorgfalt, mit welcher im Frieden die etwaige Kriegsverwendung vorbereitet wird (Eisenbahnabtheilung des Generalstabes), von wesentlichem Einfluß. Bei der Beförderung großer Truppenmassen, z. B. bei der Versammlung der Heere an der Grenze, ist die wichtigste Frage die: wieviel durchgehende und selbständige, d. h. nicht in- und durcheinander laufende Linien vorhanden sind.

Ein einzelner Zug (100, höchstens 110 Achsen, bei nahezu 500 m Länge) kann befördern:

1 Bataillon — 1½ Eskadrons — 1 fahrende Batterie — ¾ reitende Batterie — 1½ Pionier-Kompagnie mit 1 Divisions-Brückentrain — ¾ Munitionskolonne — ½ Proviant- oder Fuhrparkkolonne

bei Kriegsstärke der Truppentheile.

Die Anzahl der täglich auf einer Linie zu befördernden Truppenzüge bei völliger Einstellung des Friedensverkehrs betrug während der deutschen

---

stadt zu decken und der geschlagenen Nordarmee zum Rückhalt und Sammelpunkt zu dienen.

Bei der Angriffsbewegung des Generals Bourbaki gegen Belfort 1871 wurde die französische Südarmee auf der Eisenbahn überraschend von der Loire nach Dijon und Auxonne befördert.

*) Am 6. August 1870 wurden zur Schlacht von Spicheren aus Neunkirchen und St. Wendel vier Bataillone auf das Schlachtfeld mit der Eisenbahn herangezogen, von denen drei einen hervorragenden Antheil an der siegreichen Entscheidung nehmen konnten.

**) Steigungen über 1:80 und Krümmungen von einem Halbmesser, der geringer ist als 800 m, nöthigen zur Verwendung von halben Zügen.

Heeresversammlung 1870 bei einer eingeleisigen Bahn 11—12, bei einer zweigeleisigen 16—18.

Ein Armeekorps gebraucht zu seiner Beförderung mit Kolonnen und Trains etwa 100, ohne die letzteren etwa 60 Züge.

Bei großen Truppenmassen ist, wie aus diesen Zahlen ersichtlich, die Eisenbahnbeförderung nur dann schneller als der Fußmarsch, wenn es sich um Zurücklegung großer Entfernungen handelt.

Die Infanterie ist leichter zu befördern als die übrigen Waffen, weil sie verhältnißmäßig weniger Raum einnimmt und leichter ein- und aussteigen kann; das Ausladen der Pferde und Fahrzeuge ist zeitraubend und nur möglich, wenn Ausladerampen*) vorhanden sind.

Wenn, bei Beförderung auf nicht weite Strecken, Eisenbahnfahrt und Fußmarsch vereinigt werden, so wird man aus diesen Gründen die Infanterie fahren, die anderen Waffen marschiren lassen.

2. Die Telegraphen.

Die Bedeutung der Telegraphie für die Kriegführung besteht in folgenden wesentlichsten Punkten:

1) Die Telegraphie beschleunigt den diplomatischen Verkehr, die Mobilmachung (Bekanntmachung in wenigen Stunden durch das ganze Reich) und den Kriegsausbruch.

2) Sie gestattet während des Krieges den schnellen und lebhaften Verkehr mit der Heimath: Einforderung aller Bedürfnisse, Siegesnachrichten u. s. w.

3) Sie ermöglicht die vereinigte obere Leitung räumlich getrennter und nach verschiedenen Richtungen handelnder Heerestheile.**)

---

*) Französische in Blois mit der Eisenbahn anlangende Kavallerie (1870) konnte nicht aussteigen, weil auf genanntem Bahnhofe keine Rampen und Ausladebrücken vorhanden waren (Seubert, die Taktik in Beispielen).

**) Getrennt auftretende Heere mußten früher ihren selbständigen Entschlüssen überlassen bleiben und konnten nur selten allgemeine Mittheilungen und Ansichten austauschen, welche bei Ankunft an Ort und Stelle vielfach von den Ereignissen schon überholt waren. Deshalb trennte man seine Kräfte sehr ungern und behielt die unfügigsten Massen in einer Armee vereinigt (große Armee der Verbündeten 1814, anfangs nahezu 300 000 Mann). In den Feldzügen 1866 wie 1870/71 wurden die verschiedenen (drei oder vier) Armeen durch das große Hauptquartier selbst aus weit zurückgelegenen Punkten dauernd derart geleitet, daß jede derselben über die Absicht des Hauptquartiers wie über die Verhältnisse der anderen Armeen fortwährend im Klaren war. Im ersten Theile des Krieges 1866 geschah diese Leitung von Berlin aus, in der größeren, letzteren Hälfte 1870/71 von Versailles, während die Armeen beispielsweise vor Paris, bei Amiens, bei Le Mans und südlich Belfort sich befanden.

4) Sie begünstigt das Nachrichtenwesen.*)

5) Sie ist auch taktisch benutzbar durch die Mitführung von Feldtelegraphen, welche im Stande sind, in kurzer Zeit verschiedene
   Punkte ausgedehnter Stellungen, die Hauptquartiere, Unterkunftsorte, Einschließungslinien u. s. w. zu verbinden und dadurch das
   Befehls- und Meldewesen zu beschleunigen. Von ganz besonderem Werthe ist die Telegraphie in diesem Sinne in und vor
   Festungen.**)

---

*) Im Kriege 1870/71 wurden wichtige Nachrichten aus dem Innern Frankreichs durch dortige Spione über London oder die Schweiz nach Berlin und von dort zum Heere telegraphirt.

**) Bei der Einschließung von Paris waren alle Beobachtungspunkte und Haupt-
quartiere mit dem großen Hauptquartier zu Versailles telegraphisch verbunden. Dadurch wurde es möglich, bei jedem Ausfalle, jeder bedrohlichen Truppenbewegung des
Gegners in kürzester Frist die entsprechenden Gegenmaßregeln zu treffen und die durch
größeren Ausfall gefährdeten Punkte der Einschließungslinie rechtzeitig zu verstärken
(Champigny). Ohne Telegraphen hätte man hierauf nicht rechnen können: es hätte
die ganze Einschließungslinie wesentlich stärker sein müssen, um den Widerstand leisten
zu können, den sie geleistet hat.

Achter Abschnitt.

Der Sicherheits- und Kundschaftsdienst.
(F. O. C und D.)

a. Allgemeine Gesichtspunkte für den Kundschaftsdienst.
[F. O. 82—96.]

Kundschaft vom Feinde ist die erste und nothwendige Vorbedingung für eine erfolgreiche Heer- und Truppenführung.

Zuverlässige Kundschaft über den Feind ist jedoch im Kriege nicht leicht zu erhalten. Selbst wenn zahlreiche Nachrichten einlaufen, was nicht immer der Fall ist, so ist ein großer Theil derselben unzuverlässig, ein anderer geradezu falsch. Es ist eine der schwierigsten Aufgaben der höheren Truppenführung, durch Zusammenstellung der widersprechenden Nachrichten und Vergleich mit der bisher festgestellten Lage das Wahre vom Falschen zu sondern und ein annähernd richtiges Gesammtbild sich zu schaffen.

Die Kundschaft vom Feinde erhält man im Kriege durch das Nachrichtenwesen in den höheren Stäben und durch den Aufklärungs- und Kundschaftsdienst der Truppen.

1. Das Nachrichtenwesen.

Nicht nur im großen Hauptquartier, sondern auch bei jedem Armee-Oberkommando und selbst bei den Generalkommandos der einzelnen Armeekorps, besonders wenn letztere selbständig handeln, befindet sich ein Nachrichtenbüreau. Dasselbe erhält die Kundschaft vom Feinde hauptsächlich aus folgenden Quellen:

1) Die bedeutungsvollsten Nachrichten in Bezug auf die großen Truppenbewegungen und die Absichten der feindlichen Heeresleitung erhält man in der Regel von „geheimen Agenten", welche aus dem feindlichen Lande, auf dem Umwege durch parteilose Staaten, wichtige Nachrichten telegraphisch zusenden oder auch durch die

feindlichen Vorposten sich durchschleichen*) (Spione). Auch findet für Aufklärungszwecke bei dem Kampfe um befestigte Stellungen, vielleicht auch selbst im Bewegungskriege der Luftballon (Fessel=ballon) vortheilhafte Verwendung. Außerdem werden, um im Kriege wichtige Nachrichten von einer größeren Stadt, einer belagerten Festung über die feindlichen Linien hinweg dem eigenen Heere zuzuführen, Brieftauben im Frieden abgerichtet. Endlich bedient man sich in eingeschlossenen und belagerten Festungen mit Vortheil der freien Luftballons, um durch Ueberführung von Briefen und Menschen den Verkehr mit außen aufrecht zu erhalten und die feindlichen Aufstellungen zu erkunden.

2) Durch die bei schnellem Vorschreiten im feindlichen Lande in den Postanstalten u. s. w. vorgefundenen Briefe, Schriftstücke und Zeitungen können wichtige Aufschlüsse gegeben werden.

3) Die Aussagen der Gefangenen und Ueberläufer, welche stets auf das Sorgfältigste einzeln auszuforschen sind, auch die der Landeseinwohner bieten Anhaltspunkte für die Beurtheilung des gegenüberstehenden Feindes in Bezug auf Zusammensetzung und Stärke. Doch sind diese Nachrichten mit großer Vorsicht aufzunehmen.

2. Allgemeines über den Aufklärungsdienst der Truppen.

Der Aufklärungsdienst ist recht eigentlich und fast ausschließlich Sache der Kavallerie.

Es lassen sich nicht nur nach Stärke, sondern auch nach Zweck und Wirksamkeit kleinere und größere Aufklärungskörper unterscheiden.

Die kleinen Aufklärungskörper, die Patrouillen, sollen im Allgemeinen nur sehen; sie erreichen ihren Zweck durch Gewandtheit, List und Schnellig=

---

*) Die Kunst, eine wichtige Depesche beim Durchschreiten der feindlichen Vor=posten zu verbergen, ist heutzutage auf einen hohen Grad gebracht. Das Einnähen in die Kleider, das Verstecken zwischen den Schuhsohlen, zwischen den Zehen, in Cigarretten u. s. w. genügt nicht mehr. Man verkleinert eine solche Depesche mikro=photographisch, so daß sie, in eine Guttaperchahülle gerollt, nicht größer ist wie eine Erbse. Sie kann, mit Wachs überstrichen, im Haupthaar, im Ohr u. s. w. verborgen werden. Im Falle der Bedrängniß wird sie verschluckt, um nachher unversehrt in den Exkrementen wiedergefunden zu werden. Außerdem werden derartige Depeschen mit Schriftzeichen geschrieben, welche nur derjenige lesen kann, der den vorher verabredeten Schlüssel dazu besitzt.

Für eingeschlossene Festungen bilden die Brieftauben ein werthvolles Ver=kehrsmittel. Die meisten unserer größeren Festungen haben Militär=Brieftaubenstationen. Zur Beförderung von Personen und Briefschaften nach außen wendete Paris Luft=ballons in großartigem Maßstabe an.

keit und haben vor größeren Abtheilungen den Vortheil, daß sie dem Feinde weniger leicht auffallen, daher ungestörter beobachten und bei Gefahr sich leichter retten können. Die großen Aufklärungskörper sollen dagegen den feindlichen Aufklärungstruppen (Kavallerie) entgegentreten und durch Anwendung von Gewalt einerseits die Verhältnisse des Gegners einzusehen, andererseits die eigenen zu verschleiern suchen.

α. Patrouillen im Allgemeinen.

Die Patrouillen sind entweder kleinere oder größere; erstere werden kurzweg mit dem Namen „Patrouille" bezeichnet.

Die **Patrouille** ist in der Regel drei Mann stark. Man macht sie wohl stärker, selten aber schwächer (2 Mann). Sie besitzt nicht die Selbständigkeit der größeren Patrouillen und wird ihren Aufklärungskreis in der Regel nicht so weit ausdehnen, daß sie nicht mit den Abtheilungen, von welchen sie entsendet worden, Verbindung zu halten oder in kurzer Zeit herzustellen im Stande wäre. Ueber Verwendung und Thätigkeit dieser Patrouillen wird unter Marschsicherung und Vorposten mehrfach die Rede sein.

Die **größere Patrouille** ist entweder eine Offizier- (Unteroffizier-) oder eine Erkundungspatrouille. Sie soll in voller Selbständigkeit handeln ohne Rücksicht auf Verbindung. Die Offizierpatrouille wird selbst auf viele Meilen entsendet, um in einer bestimmten Richtung (Straße) oder gegen einen wichtigen Punkt (Stadt, Engweg u. s. w.) aufzuklären. Die Erkundungspatrouille soll weniger aufklären, als einen durch die Aufklärungstruppen schon gemeldeten Feind genauer feststellen. Von letzterer wird unter Erkundungen die Rede sein.

β. Die Offizierpatrouille im Besonderen.

Die Offizierpatrouille, welche im letzten Feldzuge zuerst zur ausgedehntesten, erfolgreichen Anwendung gekommen ist, besteht aus einem **Offizier** der Kavallerie, dem mehrere berittene Ordonnanzen, gewandte Leute auf ausgesuchten Pferden, zur Ueberbringung von Meldungen beigegeben sind. Damit mehrere Meldereiter gleichzeitig unterwegs sein können, ist die Patrouille nicht schwächer als etwa 6 Pferde zu machen.

Die Führung einer Offizierpatrouille ist die wichtigste Aufgabe, welche dem jungen Kavallerieoffizier im Kriege gestellt werden kann.*)

*) Während in den Blättern des Generalstabswerkes nur wenige brave, im Kampfe verübte Thaten der Einzelnen Erwähnung finden konnten, zeugen die zahlreichen Namen derjenigen Kavallerieoffiziere, welche auf ihren Patrouillenritten wichtige Meldungen zu erstatten im Stande waren, von der hohen Bedeutung, welche man an maßgebender Stelle dieser Thätigkeit beilegt.

Der Offizier muß die Eigenschaften eines dreisten, wagehalsigen Reiters mit einem schnellen Blick, einem geübten Urtheile über kriegerische Verhältnisse und einer großen Zuverlässigkeit in Bezug auf Meldungen verbinden. Diese Anforderungen sind hoch, Jeder genügt denselben nicht. In besonderen Fällen werden Generalstabsoffiziere oder Offiziere anderer Waffen verwendet.

Der Offizier muß mit einer guten Karte, einer Uhr (genaue Zeitangabe) und mit einem Fernglase versehen sein.

Bei Beginn des Rittes unterweist der Offizier seine Mannschaft, während desselben sorgt er dafür, daß die Leute den Rückweg zu Meldungen sich merken. Auch muß ein rückwärtiger Sammelpunkt verabredet sein, für den Fall, daß die Patrouille zersprengt würde.

Die Patrouille sucht Uebersichtspunkte, ohne sich selbst mehr als nöthig zu zeigen, sie vermeidet ein Gefecht und verläßt sich allein auf die Schnelligkeit ihrer Pferde. Unter Umständen kann der Offizier den größeren Theil seiner Patrouille an einer leicht zu findenden Stelle zurücklassen, um allein oder mit nur einem gut berittenen Begleiter desto unbemerkter vorzudringen.

Vor allen Dingen muß der Offizier sich hüten, in größeren Orten zur Erfrischung Halt zu machen; Letzteres muß auf freiem Felde geschehen. Größere Ortschaften sind zu umreiten. Sollte die Patrouille für die Dauer von Tag und Nacht entsendet sein, so übernachtet sie in einem kleinen Gebüsch, einer Scheune u. s. w. seitwärts der Straße in steter Bereitschaft, jeder Reiter hat sein Pferd am Zügel.

γ. Größere Aufklärungskörper.

Der Aufklärungsdienst der vorstehend erwähnten kleineren und größeren Patrouillen würde für die Erlangung der nöthigen Kundschaft im Kriege genügen, wenn nicht die Kavallerie des Gegners dieser Thätigkeit hindernd entgegenträte. Aus letzterem Grunde aber ist man genöthigt, überall da, wo feindliche Kavallerie zu gewärtigen ist, durch größere Aufklärungskörper von Kavallerie der Patrouillenthätigkeit Nachdruck zu verschaffen. Außerdem sollen diese stärkeren Kräfte die Kundschaft feindlicher Kavallerie verhindern.

Derartige größere Aufklärungskörper bewegen sich selbständig zwischen den eigenen Heerestheilen und dem Feinde, indem sie dem Vormarsche vorauseilen, dem Rückmarsche nachfolgen.

Die größten Aufklärungskörper in diesem Sinne sind die **Kavallerie-Divisionen,** welche selbst bis auf Entfernung von mehreren Tagemärschen ihren verschleiernden Aufklärungskreis vor dem Heere ausbreiten.

3. Erkundungen.

Während der Aufklärungsdienst feststellen soll, ob in einer bestimmten Gegend der Feind sich befindet, will man beim Erkundungsdienst einen Feind, der schon an irgend einem Orte festgestellt ist, näher erforschen.

Die Erkundungen des Feindes werden, wenn letzterer in der Nähe ist und schwerwiegende Entschlüsse zu fassen sind (Einleitung eines Gefechts, Auswahl einer Angriffsfront vor Festungen), von dem Oberbefehlshaber selbst, sonst von besonders damit beauftragten Abtheilungen ausgeführt.

α. Kleine Erkundungsabtheilungen.

Eine Erkundungspatrouille besteht aus einer kleinen Abtheilung unter Führung eines Offiziers, — bei wichtigeren Erkundungen eines Generalstabsoffiziers. Sie wird in der Regel aus Kavallerie gebildet. Nur bei großer Nähe des Feindes, in schwierigem, bedecktem Gelände, wo es gilt, den Gegner anzuschleichen, wird man Infanterie zu diesem Zwecke nehmen, aber auch dann wenigstens einige Reiter zum Melden beigeben.

Eine derartige Patrouille sucht unbemerkt dem Feinde sich möglichst zu nähern, weicht feindlichen Patrouillen aus. Indem sie verdeckt Aufstellung nimmt, beobachtet der Führer von günstigen Uebersichtspunkten aus und entsendet Patrouillen seitwärts zur weiteren Erkundigung. Es ist am besten, derartige Maßregeln gegen die Flanke des Gegners zu richten.

Je weniger man Aufsehen erregt, desto eher wird man seinen Zweck erreichen. Nur in Ausnahmefällen, wo es nicht möglich ist, etwas zu erfahren, ohne sich zu zeigen, kann es gerathen sein, in eine feindliche Aufstellung einzudringen, um Einsicht zu erhalten.

Bei einem derartigen Stoß in eine feindliche Postenkette u. s. w. muß man aber überraschend erscheinen, schnell und nachdrücklich vorwärts stürmen, möglichst weit zu gelangen, möglichst viel zu sehen suchen, um dann eben so schnell wieder zu verschwinden.

Zu heimlichen Erkundungen wählt man gern den Tagesanbruch, indem man noch bei Dunkelheit oder Dämmerung dem Feinde unbemerkt sich nähert.

β. Gewaltsame Erkundung.

Dieselbe soll dem Feinde den Eindruck eines Angriffs starker Kräfte machen, um ihn zur Entwickelung zu zwingen. Eine Erkundungsabtheilung wird daher aus allen drei Waffen, wenigstens aus Kavallerie und Artillerie, beſtehen müſſen. Letztere beiden Waffen haben den Vortheil, daß ſie das Gefecht leichter abbrechen können, wenn der Zweck erreicht iſt.

Die zu ſolcher Unternehmung vorgegangene Abtheilung ſucht dem Feinde unbemerkt ſo nahe als möglich zu kommen, handelt, ſo bald ſie entdeckt wird, ſchnell und entſchloſſen, läßt ſich aber nur ſoweit in ein Gefecht ein, als es zur Erreichung des Zweckes nothwendig iſt, und kehrt ſchnell wieder zurück.

Während des Gefechts beobachten eigens dazu beſtimmte Offiziere von guten Ueberſichtspunkten.

Alle derartigen größeren Erkundungen ſind aber, wenn man ein Gefecht ſucht, nur dann wirklich von Vortheil, wenn man die gewonnene Kenntniß bald nachher ausnutzen will, anderenfalls würde man die Auf= ſtellung des Feindes kurze Zeit ſpäter vielleicht doch wieder anders finden.

Außerdem haben ſie den Nachtheil, daß ſie bei den eigenen Truppen das Gefühl der Niederlage hervorbringen, und daß die Opfer vielfach mit dem Ergebniß nicht im Verhältniſſe ſtehen*); auch liegt in ihnen die Gefahr, daß durch das Gefecht der Erkundungstruppen die dahinter befindlichen größeren Abtheilungen gegen den Willen des Oberkommandos ſich zu einem Eingreifen und dadurch zu einem allgemeinen Kampfe verleiten laſſen (Er= kundung des V. Korps bei Wörth 1870).

Im Allgemeinen ſind gewaltſame Erkundungen zu vermeiden.

Erkundungen, welche ſich nicht auf den Feind, ſondern nur auf die Beurtheilung eines Geländes zu irgend welchem taktiſchen Zwecke beziehen, Geländeerkundungen, können zum Gegenſtande haben: Auswahl einer Vertheidigungsſtellung, eines Biwaksplatzes, einer Vorpoſtenſtellung, eines Weges für einen Marſch querfeldein (Kolonnenweg), eines günſtigen Punktes für einen Brückenſchlag, Beurtheilung der Vertheidigungsfähigkeit einer Oertlichkeit (Höhe, Dorf, Gehöft, Wald, Engweg u. ſ. w.), Beurtheilung einer Rückzugsſtraße u. ſ. w.

b. Allgemeine Geſichtspunkte für den Sicherheitsdienſt.

Durch den Sicherheitsdienſt will man ſich vor überraſchendem Anfalle des Feindes ſchützen. Zu letzterem Zwecke ſchiebt man Truppenkörper gegen den Feind vor, welche bei überraſchendem Zuſammenſtoße mit letzterem den Kampf aufnehmen und ſo lange fortführen ſollen, bis die zu ſichernde Truppe in der Lage iſt, gefechtsbereit einzugreifen oder ſich der feindlichen Einwirkung zu entziehen.

---

*) Montebello 1859.

Dieser Sicherheitsdienst ist um so bedeutungsvoller und erfordert um so stärkere Kräfte, je weniger die Truppe selbst sich augenblicklich in Gefechtsbereitschaft befindet. Ganz ist er niemals zu entbehren. Selbst auf dem Gefechtsfelde, bei voller Gefechtsbereitschaft, wird man nicht unterlassen dürfen, nach der einer Ueberraschung ausgesetzten Seite, besonders nach den Flanken, dauernd keine Sicherheitstruppen (Gefechtspatrouillen) zu unterhalten. Die größte Wichtigkeit erhält der Sicherheitsdienst auf Märschen (Marschsicherungen) und bei Lagerungen oder Ortsunterkunft vor dem Feinde (Vorposten), wo er einen großen Bruchtheil der Truppen in Anspruch nimmt.

Doch muß stets der Grundsatz festgehalten werden, daß bei den großen Anstrengungen, die der Sicherheitsdienst erfordert, niemals mehr Kräfte dazu verwendet werden, als unbedingt nöthig sind.

Die Sicherheitstruppen sind nicht nur nach der einen Richtung, aus welcher der Feind zu erwarten, sondern nach allen denjenigen Seiten, von welchen eine feindliche Annäherung überhaupt möglich ist, zu entsenden und zwar derart, daß sie untereinander sowohl als mit den zu sichernden Truppen (dem Gros) Verbindung zu halten im Stande sind, damit nichts Feindliches unbemerkt den Letzteren sich nähern kann. Doch wird man die Hauptkräfte, um eine Zersplitterung zu vermeiden, nach den gefährdetsten Richtungen gruppiren.

Eine derartige, je nach den Verhältnissen mehr oder weniger lockere Sicherheitskette gliedert sich nach dem Feinde zu in immer kleiner werdende Abtheilungen. Jede dieser Abtheilungen hat den Zweck, der nachfolgenden stärkeren eine größere Sicherheit und Zeit zu verschaffen, sich in Gefechtsbereitschaft setzen zu können, während sie andererseits von dieser ihre erste Unterstützung erhält.

Sicherheits= und Kundschaftsdienst gehen vielfach Hand in Hand. Im Allgemeinen genügt eine rechtzeitige Kundschaft allein zur Sicherung einer Truppe. Da auf eine solche aber niemals mit Bestimmtheit zu rechnen ist, so schließt die Entsendung von selbständigen Aufklärungskörpern die Nothwendigkeit der Sicherheitstruppen nicht aus. Aber bei kleineren Heeres= und Truppenkörpern, welche zu selbständiger Entsendung größerer Aufklärungskörper nicht genügende Kräfte besitzen, werden die Sicherheits= truppen den Aufklärungsdienst vielfach neben dem Sicherheitsdienste mit zu übernehmen haben.

Während der Kundschaftsdienst fast ausschließlich Sache der Kavallerie ist, werden die zum Kampfe bestimmten Sicherheitstruppen bei größerer Stärke aus allen drei Waffen, in der Regel mindestens aus Infanterie und Kavallerie bestehen müssen.

Marschsicherungen.

[F. D. D. 97—123.]

c. Allgemeines über Marschsicherungen.

1. Eintheilung in verschiedene Arten.

Diejenige Sicherheitstruppe, welche einer marschirenden Truppe vorausgeht, heißt Avantgarde, diejenige, welche dem Marsche nachfolgt, heißt Arrieregarde, diejenige, welche sich auf der Seite des Marsches befindet, heißt Seitendeckung.

Die Avantgarde ist Hauptmarschsicherung beim Vormarsch, die Arrieregarde beim Rückmarsch, die Seitendeckung beim Flankenmarsch.

2. Zusammensetzung und Stärke.

Sehr kleine Truppenkörper gemischter Waffen bilden ihre Marschsicherung vielfach nur aus Kavallerie, da die Marschkolonne derselben sich so schnell zum Gefecht zu entwickeln vermag, daß ein längerer Kampf behufs Deckung des Aufmarsches nicht nöthig erscheint.

Größere Abtheilungen gemischter Waffen bestimmen zur Marschsicherung mindestens Infanterie und Kavallerie. Truppenkörper, welche mehrere Batterien besitzen, pflegen der Hauptmarschsicherung auch Artillerie, mindestens eine Batterie, zuzutheilen. Ist bei kleineren Abtheilungen bloß eine Batterie überhaupt vorhanden, so vermeidet man es in der Regel, dieselbe zu zerreißen und der Avantgarde (Arrieregarde, Seitendeckung) einige Geschütze zuzutheilen. Bei den geringen Raumverhältnissen einer solchen Abtheilung ist die Batterie im Falle eines Kampfes schnell genug vorzuholen.

Die Kavallerie als Aufklärungswaffe muß möglichst zahlreich in der Marschsicherung vertreten sein. Man beläßt beim Gros in der Regel nur eine kleine Abtheilung, einen Abmarsch oder einen Zug, zum Melde- und Ordonnanzdienst. Nur in weithin schwierigem Gelände — ausgedehnten, nicht zu umgehenden Waldflächen, steilen Gebirgsgegenden —, wo die Verwendung größerer Aufklärungskörper der Kavallerie nicht möglich ist, erhält die Marschsicherung nur genügende Kavalleriekräfte für Patrouillen und Meldereiter. Der Rest der Kavallerie marschirt dann am Schluß der ganzen Kolonne.

In Bezug auf die übrigen Waffen gilt als Grundsatz, daß jedenfalls die Hauptkräfte sich im Gros befinden müssen. Die Marschsicherung hat daher die Stärke von $1/6$ bis höchstens $1/3$ des Ganzen.

Die taktischen Verbände müssen beim Abtheilen einer Avantgarde oder einer Arrieregarde u. s. w. möglichst geschont werden.

Bei größeren Heereskörpern (Divisionen u. s. w.) pflegt man den Marschsicherungen auch Pioniere, unter Umständen mit Brückentrain, und Sanitätstruppen zuzutheilen. Auch werden den Avantgarden Luftschiffer= abtheilungen zugetheilt, wenn solche vorhanden sind.

3. Verwendung der Waffen und Marschordnung.

Die Kavallerie dient hauptsächlich zur Aufklärung, die Infanterie und Artillerie zum Kampfe.

Die Kavallerie wird daher, wenn sie eine entsprechende Stärke besitzt — mindestens mehrere Schwadronen —, in der Regel selbständig dem Feinde über die Avantgarde hinaus entgegengeschickt: Selbständige Kavallerie. Ein bestimmter Abstand von der Avantgarde ist ihr nicht vorzuschreiben, die Verbindung mit der folgenden Infanterie darf sie unter keinen Umständen verlieren. Sie bleibt dem Führer des Ganzen unmittelbar unterstellt und muß ihre Bewegungen so einrichten, daß sie auch bei der Entwickelung zum Gefecht stets zur Hand ist.

Die Infanterie (und Artillerie) der Marschsicherung muß einen be= stimmten Abstand und Verbindung mit dem Gros innehalten, um nicht allein geschlagen oder vom Gros abgedrängt zu werden.

Nur eine sehr schwache Kavallerie wird bei der Infanterie bleiben, um dieselbe in unmittelbarer Nähe mit einem Sicherheitsschleier von Patrouillen und Trupps zu umgeben. Dies ist besonders in weithin schwierigem Gelände der Fall.

Für die Marschordnung gemischter Truppenkörper — sowohl der Marschsicherung wie des Gros — gelten folgende Grundsätze:

Die verschiedenen Waffen marschiren in derjenigen Reihenfolge, in welcher sie voraussichtlich zur Verwendung gelangen.

Am nächsten dem Feinde marschirt die Kavallerie: beim Vormarsche zuerst, beim Rückmarsche zuletzt (Ausnahme: weithin schwieriges Gelände).

Die Artillerie, welche beim Kampfe frühzeitig auftreten soll, befindet sich ebenfalls möglichst nahe der feindlichen Richtung, jedoch niemals gänzlich vorn oder zuletzt: beim Vormarsche hinter der vordersten, beim Rückmarsche vor der letzten Abtheilung (Bataillon, Kompagnie) der Infanterie.

Zunächst der Marschsicherung, d. i. beim Vormarsche an der Spitze, beim Rückmarsche an dem Ende, befindet sich diejenige Infanterieabtheilung, welche mit der Infanterie der Avant= (Arriere=) Garde in demselben höheren Verbande steht.

Bildliche Darstellung der Marschordnung der 1. Infanterie-Division im Vormarsche.

(Ordre de Bataille siehe S. 156.)

Die Kavallerie der Avantgarde mit Ausnahme eines Zuges 1. Eskadron ist selbständig vorauf.

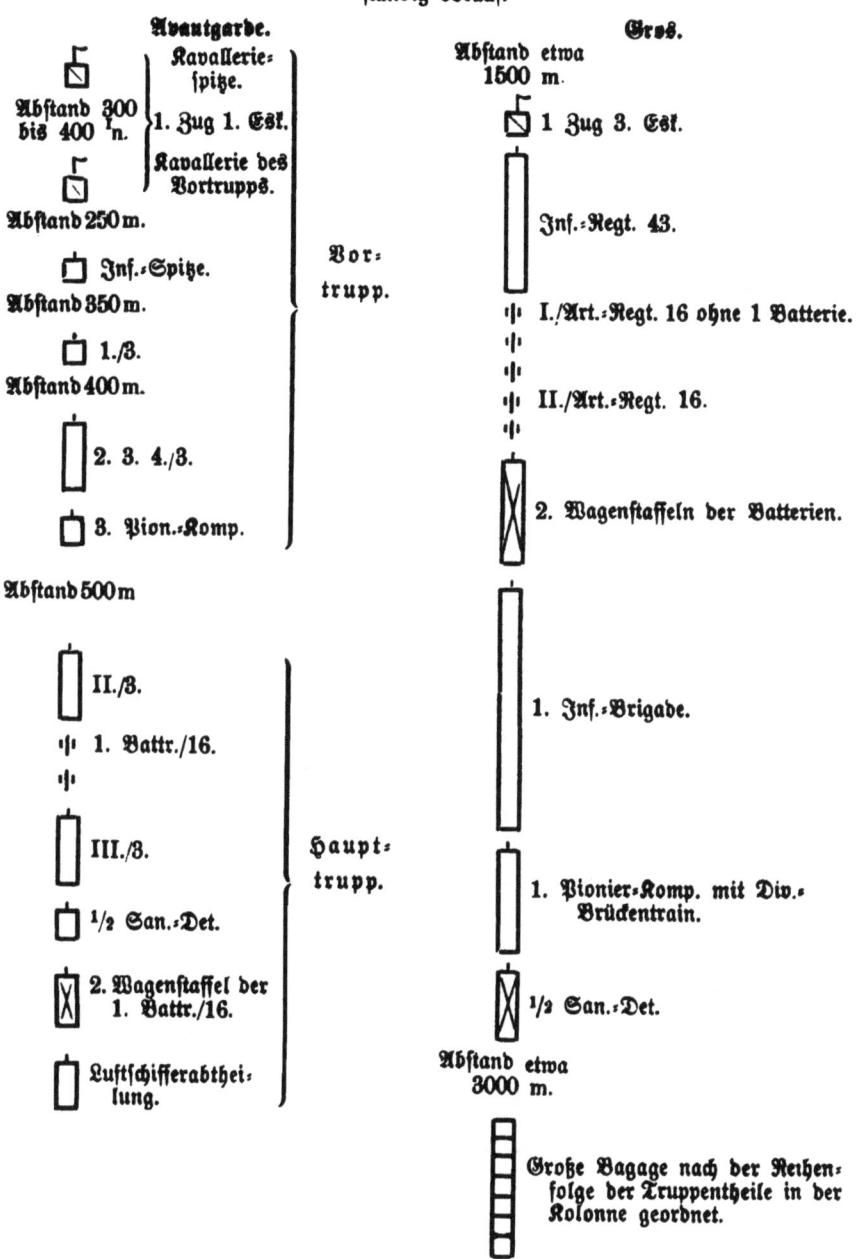

Bei größeren Kavalleriekörpern, welche mit reitender Artillerie versehen sind, marschirt Letztere in der Regel hinter dem vordersten (Vormarsch) oder vor dem letzten Regiment (Rückmarsch) der Hauptkolonne.

d. Der Vormarsch.

1. Die Avantgarde.*)

α. Aufgabe.

Die Avantgarde, als Hauptsicherung des Vormarsches, hat außer der Kundschaft zuerst die allgemeine Aufgabe jeder Sicherheitstruppe, den plötzlich und überlegen angreifenden Feind so lange zu bekämpfen, bis das Gros gefechtsbereit ist.

Dazu treten die besonderen Aufgaben, welche sich aus der Frage ergeben: „was will die marschirende Truppe?" Dieselbe marschirt gegen den Feind, sie will also den Letzteren erreichen und bekämpfen.

Die Avantgarde soll daher: die Marschstraße freimachen, von schwächeren Kräften des Feindes säubern, etwaige Hindernisse beseitigen und zwar derart, daß der Marsch des Gros dadurch möglichst wenig aufgehalten wird.

Ist der Feind erreicht, so soll die Avantgarde seine Stellung bezw. seine Anmarschrichtungen und womöglich auch seine Stärke erkunden und eine solche Aufstellung nehmen, daß das Gros gesichert aufmarschiren und das Ganze unter günstigen Verhältnissen zum Kampfe schreiten kann. Ein selbständiger Angriff, ein Handeln auf eigene Faust seitens der Avantgarde kann nur durch ganz besondere Verhältnisse, welche eiliges Zugreifen erheischen, gerechtfertigt sein. Für gewöhnlich wird man beim Ansetzen der Truppen zum Kampfe die Theile der Avantgarde in ihre ursprünglichen Verbände zurücktreten lassen. Die Avantgarde ist eine Marschsicherung, keine Gefechtsform.

Einen auf dem Rückzuge befindlichen Gegner soll die Avantgarde möglichst zu erreichen und zu schädigen suchen.

β. Zusammensetzung und Stärke.

Die Bildung einer Avantgarde zum Vormarsche geschieht in Bezug auf Waffengattung und Stärke nach den allgemeinen Gesichtspunkten des vorigen

---

*) Die sehr lehrreiche Thätigkeit der Katzlerschen Avantgarde des Yorckschen Korps 1813 und 1814 findet sich eingehend beschrieben in dem Werke des Generals v. Ollech: „C. Fr. W. v. Reyher, General der Kavallerie", Beiheft zum Militär-Wochenblatt. Doch ist zu bemerken, daß dies eine selbständige Avantgarde war, wie wir sie heute nicht mehr bilden, wenigstens in der Regel nicht mehr aus allen Waffen. Die Kavallerie-Divisionen sind die selbständigen Avantgarden der heutigen Heere.

Kapitels (c. 2). Nachfolgend soll für mehrere Abtheilungen verschiedener Stärke die etwaige Zusammensetzung der Avantgarde angegeben werden, jedoch nur als allgemeiner Anhalt, nicht als bindende Regel.

Gemischte Waffen.

Stärke der marschirenden Truppen	Zusammensetzung der Avantgarde		
	in übersichtlichem Gelände, bei großer Entfernung des Feindes	in wechselndem, gewöhnlichem Gelände	in weithin schwierigem Gelände
a. 1 Kompagnie und 1 Zug Kavallerie.	Zug Kavallerie (einige Reiter beim Gros).	Zug Kavallerie (einige Reiter beim Gros).	1 Halbzug oder 1 Zug Infanterie und ein Theil der Kavallerie.
b. 1 Bataillon und 1 Schwadron.	Die Schwadron (einige Reiter beim Gros).	1 Kompagnie und die Schwadron (einige Reiter beim Gros).	1 Kompagnie und 1 Zug Kavallerie.
c. 1 Regiment Infanterie, mehrere Schwadronen, 1 Batterie.	Die Kavallerie (1 Zug beim Gros)	1 Bataillon und die Kavallerie*) (1 Zug letzterer beim Gros).	1 Bataillon und 1 Schwadron.
d. Eine nach Vorschrift gebildete Infanterie-Division (s. Sechster Abschn. b.)	Das Kavallerie-Regiment (1 Zug bis 1 Schwadron beim Gros und zur Deckung der großen Bagage und der Trains).	1 Regiment Infanterie (eventuell auch das Jäger-Bataillon), das Kavallerie-Regiment*) (Abgabe an Gros u. s. w.), 1 Batterie, 1 Pionier-Kompagnie (eventuell mit Divisions-Brückentrain), ½ Sanitäts-detachement.	1 Regiment Infanterie (und Jäger-Bataillon), 1 Schwadron, 1 Batterie, 1 Pionier-Kompagnie, ½ Sanitäts-detachement.

*) Man kann die Kavallerie auch selbständig vorauffenden, ohne sie dem Kommandeur der Avantgarde zu unterstellen. Dann erhält die Avantgarde nur eine kleine Abtheilung dieser Waffe.

Kavalleriekörper.

1 Schwadron nimmt zur Avantgarde 1 Zug,

1 Regiment   =   =   =   1 Schwadron,

1 normalmäßig zusammengesetzte Kavallerie=Division (siehe Sechster Abschnitt b.) 1 Brigade und 1 reitende Batterie.

γ. Eintheilung und Form.

Die Avantgarde eines größeren Truppenkörpers gliedert sich in den Haupttrupp, den Vortrupp und e. F. die Avantgarden=Kavallerie. Sehr kleine Avantgarden schieben unter Umständen nur eine starke Spitze vor.

Der Vortrupp ist der eigentliche Aufklärungskörper; der Haupttrupp ist für die größeren Gefechtsaufgaben der Avantgarde bestimmt.

Der Haupttrupp

enthält, obigem Zwecke gemäß, die Masse der Infanterie der Avantgarde und in der Regel auch die Artillerie. Er hält von dem Gros der marschirenden Truppe einen bestimmten Abstand. Marschordnung siehe c. 3. dieses Abschnittes.

Der Vortrupp.

Der Vortrupp wird unter möglichster Schonung des Truppenverbandes aus ¼ bis ⅓ der Infanterie, der nöthigen Kavallerie und den Pionieren gebildet. Er marschirt dem Haupttrupp etwa auf ½ bis 1 km voraus, so daß er dem Letzteren durch den Abstand die nöthige Zeit zur Gefechtsentwickelung bezw. Schutz vor überraschendem wirksamen Gewehr= feuer verschafft. Ist der Vortrupp stark, so kann unter Umständen (unüber= sichtliches Gelände) zur besseren Sicherung noch eine Kompagnie oder ein Zug auf 300 bis 400 m vorgeschoben werden.

Der Vortrupp bezw. die von diesem noch vorgesandte Kompagnie hat 300 bis 400 m vor sich zum Absuchen der Marschstraße, gewöhnlich in aufgelöster Ordnung, die Infanteriespitze: 1 Offizier mit mindestens einer Sektion, damit dieselbe einige Widerstandsfähigkeit besitzt.

Um mit den rückwärtigen Gliedern der Marschsicherung die Verbindung leichter unterhalten zu können, werden der Spitze in der Regel einige Rad= fahrer zugetheilt.

Ueber die Infanteriespitze hinaus wird die Kavalleriespitze (1 Offizier, 4 bis 6 Reiter) oder die Kavallerie des Vortrupps mit ihrer Spitze vorgeschoben.

Dem Vortrupp ist soviel Kavallerie zuzutheilen, daß von dieser der Aufklärungsdienst in der Nähe der Marschstraße bewirkt, und die Infanterie von diesem für sie beschwerlichen und ermüdenden Dienste befreit werden kann.

Die Kavallerie darf nicht an der Infanterie kleben. Unter Aufrecht=
erhaltung der Verbindung nach rückwärts bewegt sie sich mit eigener
Sicherung gleichsam sprungweise vor, indem sie die Höhen in der Nähe
der Straße zum Spähen benutzt und den Aufenthalt sodann durch schnellere
Gangart wieder einholt. Zum Absuchen des in der Nähe der Marsch=
straße seitlich gelegenen Geländes — sofern dasselbe nicht übersichtlich ist —
entsendet die Kavallerie des Vortrupps Patrouillen. Das dauernde Ab=
suchen des weiter seitwärts gelegenen Geländes übernehmen Seiten=
patrouillen, unter Umständen kleinere oder größere Seitendeckungen.
Diese werden aber nicht von der Kavallerie des Vortrupps entsendet,
sondern dieselben schickt der Kommandeur der Avantgarde, nöthigenfalls
auch der Führer der Marschkolonne ab.

Die Stärke dieser seitwärts zu entsendenden Abtheilungen wächst mit
der eigenen Stärke, mit der Gefährdung dieser Seite und mit der Unüber=
sichtlichkeit des Geländes.

Die Seitendeckungen entsenden ihrerseits wieder Spitze und Seiten=
patrouillen (je 2 bis 3 Mann) zum Absuchen. Sie dehnen sich möglichst
weit nach der Seite aus, ohne Verbindung zu verlieren, und haben, wenn
nöthig, zwischen sich und dem Vortrupp Verbindungsleute oder eine Ver=
bindungspatrouille. Sie bestehen stets aus Kavallerie.

Die vorgeschobenen kleineren Abtheilungen sind an die nachfolgenden
größeren Körper gebunden, auch ist ihr Aufklärungskreis nach der Seite,
wegen der nothwendigen Verbindung, ein beschränkter (stärkere Seitendeckungen
bis auf eine halbe Meile). Man wird daher zur frühzeitigen Kundschaft der
selbständigen Patrouillen (Offizierpatrouillen) (siehe a. 2. β. dieses Abschnitts)
nicht entbehren können. Sie klären das Seitengelände meilenweit auf und
können auch den Sicherungen auf der Marschstraße vorausgeschickt werden.

Allein marschirende Infanterie gliedert ihre Avantgarde in sinngemäßer
Weise.

Die Avantgarden=Kavallerie.

Für die Gliederung der dem Vortrupp vorausgehenden Avantgarden=
Kavallerie sind wie für andere selbständig marschirende Kavallerie die
jeweilige Lage und die dieser Kavallerie zufallenden Aufgaben maßgebend.

Die Avantgarden=Kavallerie, dem Führer der Avantgarde unterstellt,
muß nach eigenem Ermessen so weit vorgehen, daß eine rechtzeitige
Aufklärung gewährleistet wird, und ohne daß sie als Theil der marschiren=
den Kolonne die Verbindung mit der folgenden Infanterie verliert.

Am besten erfüllt sie ihre Aufgabe durch ein entsprechendes Ausbreiten
von Patrouillen nach vorn und seitwärts der Marschlinie.

δ. Der Abstand der Avantgarde vom Gros.

Der Abstand gemischter Avantgarden bestimmt sich nach der eigenen Absicht, der Stärke, den Rücksichten auf den Feind und dem Gelände. Eine starke Marschkolonne muß ihre Avantgarde weiter vorschieben, um Zeit und Raum zum Gefechtsaufmarsche mit Sicherheit zu gewinnen, kann dies auch, weil die stärkere Avantgarde eine größere Gefechtskraft und Selbständigkeit besitzt; jedoch darf die Größe des Abstandes das rechtzeitige Eingreifen des Gros nicht in Frage stellen.

Die Avantgarde einer Infanterie-Division kann eine Viertelmeile, unter Umständen (z. B. Verfolgung) auch mehr Abstand gewinnen. Bei kleineren Abtheilungen ist der Abstand etwa gleich groß mit der Tiefe der Marschkolonne des Gros. Beim Vormarsche zum Angriff kann der Abstand behufs schnellerer Entwickelung nach vorwärts verringert werden. Jedenfalls ist derselbe bei der kleinsten Truppenstärke derart zu bemessen, daß bei plötzlichem Zusammenstoße mit dem Feinde das Gros nicht gleich in das wirksame Gewehrfeuer geräth.

Eine bloß aus Kavallerie bestehende Avantgarde kann größere Abstände nehmen.

ε. Das Verhalten.

Bei dem Absuchen des Geländes

muß grundsätzlich derart verfahren werden, daß die stete und gleichmäßige Fortbewegung des Ganzen nicht ohne dringende Noth gestört werde.

Man kann zwei verschiedene Arten: das gewöhnliche und das sorgfältige Absuchen unterscheiden.

Das gewöhnliche Absuchen besteht darin, daß die einzelnen Bedeckungen des Geländes, Dörfer, Wälder u. s. w. auf den durchführenden Wegen (Schneusen) durchritten, sowie umritten, außerdem die Uebersichtspunkte aufgesucht werden. Dies wird stattfinden, wenn unmittelbare Berührung mit stärkeren Abtheilungen des Feindes noch nicht erreicht ist.

Das sorgfältige Absuchen, welches dann eintritt, wenn feindliche Infanterie im unmittelbaren Vorgelände zu vermuthen oder festgestellt ist, unterscheidet sich dadurch, daß man mit mehr Vorsicht an die einzelnen Geländebedeckungen herangeht, und daß das Innere derselben sorgfältiger durchforscht wird. Die einzelnen Patrouillen und Trupps werden daher bei Annäherung an Dörfer, Waldungen u. dergl. zuerst durch einzelne Mannschaften, welche gedeckt oder in schnellster Gangart sich nähern, feststellen lassen, ob der betreffende Gegenstand besetzt ist; bis dahin halten sie selbst sich gedeckt außer wirksamster Schußweite. Außerdem wird auf jeder Dorfstraße, bei Waldungen auch seitwärts der Wege und Schneusen patrouillirt.

Die Spitze wird in der Regel genügen, um kleinere Gegenstände an der Straße: Gehöfte, Waldstücke, Gebüsche abzusuchen.

Der Führer des Vortrupps hält sich gewöhnlich bei diesem selbst auf, kann sich jedoch auch zur Spitze und auf nahe, gute Umsicht gewährende Punkte begeben, wenn dies für schnelle Ergreifung geeigneter Maßregeln von Nutzen ist. Er muß über den einzuschlagenden Weg klar sein, und ist für die richtige Einhaltung desselben verantwortlich. Er sorgt für recht= zeitige Unterstützung der Spitze durch Patrouillen.

Die Führer der Seitendeckungen u. s. w. verhalten sich entsprechend.

Beim Durchschreiten von Engwegen

muß das vornehmliche Bestreben der Avantgarde darin bestehen, möglichst früh den jenseitigen Ausgang zu erreichen, damit der Durchmarsch des Gros gesichert sei.

Ist der Feind in der Nähe, so darf die Avantgarde nach Zurücklegung des Engweges nicht sorglos den Marsch fortsetzen, sondern muß jenseits in gefechtsbereiter Stellung abwarten, bis der größte Theil des Gros heraus ist. Die Seitenpatrouillen oder Trupps und die seitwärts befindlichen selbständigen Patrouillen suchen, wenn irgend möglich, seitwärts des Eng= weges fortzukommen.

Bei der Verfolgung eines geschlagenen Feindes

tritt die Avantgarde in die glanzvollste, aber auch anstrengendste Seite ihrer Thätigkeit. Den Gegner nicht zu Athem kommen zu lassen, muß die Richtung aller Bestrebungen sein. Kavallerie und Artillerie, möglichst stark, spielen die Hauptrolle; sie gehen selbständig vorauf, die Infanterie folgt beschleunigt und greift dort ein, wo der Feind zu größerem Widerstande sich gesetzt hat, während die Kavallerie ihn umgeht und die Artillerie ihn erschüttert. Steht der Feind in starker Stellung, so ist für alle Waffen der Hauptnachdruck auf schnelle Umgehung und Gefährdung seines Rückzuges zu legen.

2. Die Seitendeckung beim Vormarsche.

Für gewöhnliche Fälle des Vormarsches genügen die von der Avant= garde in das Seitengelände entsendeten Trupps und selbständige Patrouillen vollständig für die Sicherheit. Die Entsendung einer besonderen Seiten= deckung ist nur dann nöthig, wenn eine Flanke des Vormarsches besonders gefährdet erscheint.

Diese Seitendeckung besteht entweder aus einer stärkeren Kavallerie=
abtheilung (Schwadron) oder, wenn sie voraussichtlich in die Lage kommt,
sich schlagen zu müssen, aus gemischten Waffen, in der Stärke von ½ bis ¼
der Avantgarde. Einer stärkeren Seitendeckung können einige Geschütze zu=
getheilt werden.

Beispiel: Eine Seitendeckung einer Infanterie=Division besteht in der
Regel aus 1 Schwadron oder 1 Bataillon und 1 Schwadron.

Eine stärkere Seitendeckung wird meist aus den Verbänden des Gros
genommen und steht in der Regel nicht unter dem Führer der Avant=
garde. Die Letztere hat ihre Flanke selbst zu decken. Schwächere Seiten=
deckungen können vom Vortrupp oder Haupttrupp der Avantgarde abgezweigt
werden.

Eine solche Seitendeckung begleitet den Marsch auf Nebenwegen derart,
daß das Gros nach der gefährdeten Richtung gedeckt wird. Sie entsendet
ihre Sicherheitskette und selbständige Patrouillen nach vorwärts und den
äußeren, gefährdeten Seiten und hält mit der Avantgarde durch Patrouillen
Verbindung (Verbindungspatrouillen).

3. Die Arrieregarde beim Vormarsche.

Die geringste Bedeutung beim Vormarsche hat die Arrieregarde. Sie
ist nur dann nöthig, wenn der Rücken des Marsches durch Kavallerie=
abtheilungen des Gegners, Streifparteien oder durch eine feindlich gesinnte
Bevölkerung beunruhigt wird. In diesem Falle folgt die Arrieregarde der
großen Bagage und den Trains, welche sie bedeckt. Ihre Stärke hängt
gänzlich von dem Grade der Gefährdung des Rückens ab.

e. Der Flankenmarsch.
1. Die Seitendeckung beim Flankenmarsche.
α. Aufgabe.

Der Flankenmarsch ist ein um so gefährlicheres Unternehmen, je
kräftiger, je näher und je unternehmender der Feind ist.

Das Gros, welches einen Flankenmarsch ausführt, will marschiren, es
will sich nicht schlagen. Je mehr es gelingt, dem Feinde den Marsch zu
verbergen, desto mehr hat man Aussicht, ein Gefecht zu vermeiden.

Der Seitendeckung erwachsen daher die besonderen Aufgaben:

1) Die Flankenbewegung des Gros dem Feinde zu verschleiern, den
   Gegner zu täuschen;
2) bei einem Angriffe des Feindes zu verhindern, daß das Gros
   während des Flankenmarsches zum Kampfe gezwungen wird.

Diese besonderen Aufgaben sind schwieriger wie die der Avantgarde beim Vormarsche. Während Letztere beim beginnenden Kampfe auf Unterstützung und Aufnahme seitens des Gros sicher zu rechnen hat, soll die Seitendeckung darauf verzichten.

β. Zusammensetzung, Form, Verhalten.

Die Seitendeckung beim Flankenmarsche muß mindestens die Stärke einer Avantgarde beim Vormarsche haben. Die Zusammensetzung ist entsprechend. Besonders stark sind Kavallerie und Artillerie zu machen. Entsteht der Flankenmarsch aus dem Vormarsche durch Rechts- oder Linksabmarsch, so wird zweckmäßig die bisherige Avantgarde als Seitendeckung verwendet, während das Gros eine neue Avantgarde ausscheidet.

Das Verhalten der Seitendeckung kann ein dreifaches sein:

1) Die Seitendeckung begleitet (kopirt) das Gros auf der bedrohten Seite, indem sie nach dem Feinde zu in ähnlicher Weise entsendet und sich gliedert, wie die Avantgarde beim Vormarsche nach vorn. Durch diese Maßregel wird dem Feinde, wenn er in der Nähe ist, der Marsch leicht verrathen; greift der Gegner an, so muß die Seitendeckung sich nach seitwärts zum Gefecht entwickeln und sich schlagen, wo sie sich befindet, auch wenn das Gelände ungünstig ist. Ein solches Begleiten ist daher nur bei großer Entfernung des Gegners anzuwenden.

2) Die Seitendeckung deckt den Marsch durch entsprechende Stellungen an geeigneten Punkten. Es ist dies das empfehlenswertheste Verhalten, wenn der Feind in der Nähe ist, und wenn das Gelände gute Stellungen bietet.

3) Die Seitendeckung sucht den Feind zu täuschen, indem sie einen Scheinangriff macht. Diese Maßregel ist gefährlich und nur dann geboten, wenn es gilt, einem sehr nahen und überlegenen Gegner um jeden Preis den Marsch des Gros zu verbergen, bis Letzteres sich der größten Gefahr entzogen hat.

2. Die Avantgarde beim Flankenmarsche.

Dieselbe hat nicht solche wichtigen Zwecke wie beim Vormarsche, darf jedoch nicht fehlen. Sie soll nur die Straße weithin aufklären und freihalten bezw. wieder herstellen. Da ihr größere Kräfte des Feindes nicht gegenüberstehen, so wird sie in der Regel von geringerer Stärke sein dürfen. Vielfach wird Kavallerie, von Pionierabtheilungen gefolgt, genügen.

3. Die Arrieregarde beim Flankenmarsche.

Feindliche Kavallerie kann, die Seitendeckung umgreifend, den Rücken des Gros zu erreichen versuchen. Um dies zu verhindern, läßt man eine Infanterieabtheilung mit einigen Reiterpatrouillen als Arrieregarde folgen. Dieselbe übernimmt in gegebenen Fällen die Deckung der großen Bagage und der Trains, welche jedoch beim Flankenmarsche nur ausnahmsweise am Ende der Kolonne marschiren, sondern vielmehr letztere auf einem Neben= wege an der der feindlichen Richtung entgegengesetzten Seite begleiten werden.

f. Der Rückmarsch.

1. Die Arrieregarde beim Rückmarsche.

α. Aufgabe.

Die besonderen Aufgaben der Arrieregarde als Hauptmarschsicherung beim Rückmarsche sind von denjenigen der Avantgarde beim Vormarsche ver= schieden.

Beim Rückmarsche will man sich der Einwirkung des Feindes entziehen, während man beim Vormarsche den Kampf sucht. Die Arrieregarde beim Rückmarsche soll jedes Gefecht, soweit möglich, vermeiden und nur dann dem Feinde sich entgegenstellen und äußersten Falles einen zähen Widerstand nicht scheuen, wenn die Sicherheit des Gros dies erfordert. Ihre Aufgabe ist abwehrender Natur.

Dazu kommt, daß, wenn ein Kampf nothwendig ist, derselbe gegen einen überlegenen Gegner mit dem Bewußtsein geführt werden muß, daß mit der längeren Dauer die Unterstützung sich immer weiter entfernt, und früher oder später das Gefecht abgebrochen werden muß. Außerdem ist der innere Gehalt der Truppen auf dem Rückmarsche nicht derselbe wie beim Vormarsche.

Daraus folgt, daß die Aufgabe der Arrieregarde beim Rückmarsche schwierig ist und zwar umsomehr, je näher der Feind, je heftiger er drängt, je stärker er ist.

β. Zusammensetzung, Stärke, Form, Verhalten.

Die schwierigere Aufgabe der Arrieregarde erfordert eine größere Stärke derselben, etwa $\frac{1}{3}$ bis $\frac{1}{4}$ des Ganzen. Doch hängt dies besonders von der Stärke der nachfolgenden feindlichen Kräfte ab.

Um die Verfolgungswaffen des Gegners, die Kavallerie und Artillerie, von der Infanterie abhalten zu können, müssen die gleichen Waffen mög=

14*

bei Nacht die Linie der Feldwachen mit ihren Posten und Patrouillen, in zweiter Linie stehen die Vorposten-Kompagnien, in dritter Linie lagert das Vorpostengros.

1. Die Vorposten-Kavallerie.

Ihre vorzugsweise Aufgabe ist die Aufklärung der Verhältnisse beim Feinde.

Ist man durch große Nähe des Feindes, durch sehr schwieriges Gelände oder aus anderen Gründen gezwungen, von der Aufstellung einer besonderen Vorposten-Kavallerie Abstand zu nehmen, so müssen doch den Vorposten-Kompagnien und dem Vorpostengros behufs Aufklärung und Festhalten der Fühlung am Feinde kleinere Kavallerieabtheilungen, unter allen Umständen aber Meldereiter, zugewiesen werden.

Bei ihrer Beweglichkeit ist die Vorposten-Kavallerie weniger als die Vorposten-Infanterie an die genommene Aufstellung und an eine Form gebunden.

Ihre Gliederung richtet sich nach den jeweiligen Verhältnissen. Sie kann in der Aufstellung von einem oder mehreren Pikets bestehen, welche eine oder einige Feldwachen oder selbständige Unteroffizierposten oder Beides abzweigen.

In der Nacht treten die in der vorderen Linie entbehrlichen Theile der Kavallerie zum Vorpostengros zurück und werden, wenn irgend angängig, dem Letzteren nahe in Ortschaften untergebracht.

α. Das Kavalleriepiket.

In übersichtlichem Gelände kann der Führer der Vorposten-Kavallerie seine Kräfte in einem Piket zusammenhalten, während es sich in unübersichtlichem Gelände empfiehlt, die Vorposten-Kavallerie in mehrere Pikets zu theilen. Die Stärke eines Pikets kann somit verschieden sein.

Ueber die Plätze der Pikets entscheiden die Verhältnisse. Bedingen die letzteren ein weiteres Vorschieben nicht, so können die Pikets bei den Vorposten-Kompagnien Aufstellung nehmen, mit welchen sie übrigens unter allen Umständen die Verbindung zu halten haben.

β. Die Kavallerie-Feldwachen und selbständigen Unteroffizierposten.

Je nach den Verhältnissen (Gelände, Feind, Kräfteersparniß) schiebt das Piket Feldwachen oder selbständige Unteroffizierposten oder beides vor.

Die Feldwache soll dort Verwendung finden, wo in größerer Entfernung vom Piket eine selbständigere Abtheilung nothwendig erscheint. Sie besteht in der Regel aus einem Zuge Kavallerie und wird grundsätzlich einem Offizier unterstellt.

Sind vom Piket Feldwachen abgezweigt, so werden selbständige Unteroffizierposten meist nur auf der Flanke und zur Verbindung aufgestellt.

Außerdem können unter Umständen vom Piket bei Nacht zur Aufrechterhaltung der Fühlung mit dem Feinde stärkere Posten unter Führung eines Offiziers über die Vorpostenlinie hinausgeschoben werden, welche, an einen bestimmten Punkt nicht gebunden, sich den Bewegungen des Feindes anhängen.

Die Kavallerie=Feldwache (selbständiger Unteroffizierposten) setzt zur Beobachtung des ihr überwiesenen Abschnitts einen oder einige Unteroffizierposten oder Vedetten oder beides, zu ihrer unmittelbaren Sicherung einen Schnarrposten (einfachen Posten) aus.

1) Der Unteroffizierposten besteht aus einem Unteroffizier (oder Gefreiten) und drei oder mehr Reitern. In der Regel sitzt der ganze Posten ab, und zwei Mann werden zum Ausspähen verwendet. Zutreffenden Falles können diese beiden Leute behufs besseren Ueberblicks (Getreidefelder) zu Pferde, oder auch von anderen erhöhten Gegenständen (Bäume) beobachten. Patrouillen entsendet der Unteroffizierposten auf weitere Entfernungen nicht.

Die bei Tage von der Vorposten=Kavallerie auf den im Vorpostenbefehl hierzu bezeichneten Straßen auszusetzenden Durchlaßposten werden ebenfalls als Unteroffizierposten aufgestellt.

2) Die Vedette besteht nur aus zwei oder drei Reitern. Sie bietet somit gegenüber dem Unteroffizierposten den Vortheil, daß durch ihre geringe Stärke die Feldwache weniger geschwächt wird. Ist die Vedette nur zwei Reiter stark, so beobachten beide zu Pferde, während im anderen Falle zwei Mann, unter Umständen abgesessen und Ausspähepunkte benutzend, beobachten, der dritte Mann die Pferde hält.

Die von der Kavallerie=Feldwache bezw. von dem selbständigen Unteroffizierposten zu entsendenden Patrouillen sind in der Regel drei Reiter stark. Ueber Anordnung des Patrouillendienstes siehe i. 4 dieses Abschnittes.

2. Die Vorposten=Kompagnien.

Die Vorposten=Kompagnien bilden die Hauptsicherungslinie. Sie sind die eigentlichen Pfeiler einer Vorpostenaufstellung, an welchen sich die Gewalt, selbst eines sehr überlegenen Angriffs, bis zum Eingreifen des Vorpostengros zu brechen hat.

Für Zahl und Aufstellung sind die Gefahr und das Gelände, ins=
besondere das Wegenetz, maßgebend.

Die Vorposten=Kompagnien werden nicht als solche numerirt, sondern
mit ihrer Kompagnienummer bezeichnet.

Eine Vorposten=Kompagnie schiebt für die Nacht, nöthigenfalls schon
bei Tage, Feldwachen oder selbständige Unteroffizierposten oder
beides vor. Feldwachen grundsätzlich zur Sicherung wichtiger Wege und
Punkte, selbständige Unteroffizierposten in der Regel zur Verbindung und
Flankensicherung.

Feldwachen und selbständige Unteroffizierposten werden ohne Unter=
schied, ob Wache oder Posten, innerhalb der Kompagnie vom rechten Flügel
numerirt.

a. Die Infanterie=Feldwachen

sind die Träger der Sicherung in vorderer Linie. Sie haben den Zweck:

1) mit ihren Posten das Vorgelände zu beobachten,
2) mit ihren Patrouillen das nähere Vorgelände zu durchsuchen,
3) bei feindlichen Angriffen den ersten Widerstand zu leisten.

Zu Feldwachen sind möglichst geschlossene Züge oder Halbzüge unter
einem Offizier zu verwenden. Fehlt ein Offizier, so übernimmt der tüch=
tigste und zuverlässigste Unteroffizier die Feldwache.

Eine jede Feldwache schiebt nach den möglichen Anmarschrichtungen
des Feindes Posten derart vor, daß nichts unbemerkt und unangehalten die
Postenkette passiren und sich der Feldwache nähern kann.

Wir unterscheiden folgende Arten von Posten einer Infanterie=Feld=
wache:

1) **Die Doppelposten** bestehen aus zwei Mann. Sie sind die ge=
bräuchlichsten Posten für die dem Feinde zunächst befindliche Kette.

2) **Der Unteroffizierposten** besteht aus einem Doppelposten und dessen
Ablösungen, welche Letzteren (vier Mann) unter Kommando eines
Unteroffiziers an geeigneter Stelle hinter dem Posten aufgestellt sind.

Unteroffizierposten werden **innerhalb** der Postenkette an beson=
ders wichtigen, gefährdeten, zu vertheidigenden Punkten, besonders
auch auf nicht gedeckten Flanken, und auf entfernten Punkten
(weiter Ablösungsweg von der Feldwache aus) aufgestellt.

Derjenige Unteroffizierposten, welcher an einem größeren
Verkehrswege, sowohl zur besonderen Sicherung in dieser Richtung,
als besonders zur Ueberwachung aller die Postenkette Durch=
schreitenden aufgestellt wird, heißt **Durchlaßposten**.

3) **Einfache Posten**, bloß aus einem Mann bestehend, werden nur hinter der eigentlichen Beobachtungslinie angewendet, und zwar:

 α. als **Zwischenposten** zur Herstellung der nothwendigen Verbindung zwischen Posten und Abtheilungen, welche sich nicht sehen können;

 β. als **Posten vor dem Gewehre** der geschlossenen Vorpostenabtheilungen. Derselbe hat die Gewehre zu bewachen und für die Sicherheit der betreffenden Abtheilung (Feldwache, Vorposten-Kompagnie) zu sorgen. Bei Unterkunft in bedecktem Raume wird ein **Doppelposten** vor Gewehr ausgesetzt.

4) **Beobachtungsposten** befinden sich bei Tage auf guten Uebersichtspunkten (Bergkuppen, Kirchthürmen) innerhalb der Vorpostenstellung. Sie werden bei besonderer Wichtigkeit von der Vorposten-Kompagnie oder dem Vorpostengros mit einem Offizier besetzt. Eine größere Rolle spielen dieselben bei längeren Vorpostenaufstellungen vor dem Feinde, besonders vor Festungen (Metz, Paris).

Die Patrouillen einer Infanterie-Feldwache.

Die Infanterie-Patrouillen sollen die Kavallerie-Patrouillen auf zulässige Entfernung ergänzen.

Eine Feldwache entsendet folgende Arten von Patrouillen:

1) **Patrouillen in das Vorgelände**, selten zwei, in der Regel drei Mann stark, werden über die Postenkette hinaus, gegen den Feind vorgeschickt, um Kenntniß von dem vorliegenden Gelände und Nachrichten vom Feinde zu erhalten.

2) **Patrouillen innerhalb der Postenlinie** (in der Regel zwei Mann einschl. Führer), welche, längs der Postenlinie gehend, das Feld zwischen den Posten abzusuchen, Letztere zu überwachen und die Verbindung mit einer etwaigen Nebenfeldwache zu unterhalten haben. Sie sind von besonderer Bedeutung bei geringer Uebersicht in der Postenkette, bei Nacht und Nebel.

3) **Größere Patrouillen**, etwa ein Unteroffizier und sechs bis acht Mann, können nur selten von der Feldwache entsendet werden; dies geschieht, wenn es gilt:

 a. das Vorgelände von lästigen feindlichen Patrouillen zu säubern,

 b. einen feindlichen Doppelposten zurückzutreiben, um zu sehen, was dahinter steht,

 c. auf weitere Entfernungen zu kundschaften.

Größere Patrouillen von bedeutenderer Stärke werden nur auf An=
ordnung des Vorpostenkommandeurs von den größeren Vorpostenabtheilungen
gestellt.

Der geschlossene Theil der Feldwache.

Die nicht auf Posten befindlichen und nicht als Patrouillen entsendeten
Mannschaften bilden die Wache selbst, welche die Posten und Patrouillen
abzulösen und die etwaigen Gefechtsaufgaben der Feldwache zu über=
nehmen hat.

ƀ. Der selbständige Unteroffizierposten.

Derselbe hat in der Linie der Infanterieaufstellung für einen engeren
Bezirk die Aufgabe der Feldwache. Dieser Posten kann auch zur Fest=
haltung eines Punktes in der Linie vorgeschobener Kavallerie (Brücke,
Buschsaum u. dergl.) oder zur ständigen Beobachtung feindlicher Bewegungen
während der Nacht dienen. Seine Stärke richtet sich nach seinem Zweck.
Wird er über die Linie der Infanterie hinaus vorgeschoben, so müssen
ihm außer der Ablösung der Posten noch einige Mann zum Patrouilliren
zugetheilt werden.

3. Das Vorpostengros.

Um bei einer größeren Vorpostenstellung dem Feinde dort, wo er
einen Hauptangriff macht, mit den Hauptkräften der Vorpostentruppen ent=
gegentreten zu können, wird ein großer Theil, womöglich die Hälfte der
Kräfte, als Vorpostengros vereinigt derart hinter der ganzen Linie
aufgestellt, daß alle, besonders die wahrscheinlichen Angriffspunkte (Haupt=
wege), von dort schnell und leicht zu unterstützen sind.

Das Vorpostengros bildet den Kern der Widerstandsfähigkeit und
gleichzeitig die Reserve, aus welcher eine etwa nothwendige Verstärkung und
das Ablösen der vorderen Abtheilungen erfolgt. Dem Vorpostengros
und den Vorposten=Kompagnien werden vier bis sechs Meldereiter zugetheilt,
von denen je zwei den Infanterie = Feldwachen überwiesen werden. Wo
das Gelände es gestattet, können die Meldereiter durch Radfahrer ersetzt
werden.

h. Die Anordnung von Vorpostenaufstellungen.

1. Stärke der Vorposten.

Die Stärke der Vorposten darf nicht größer sein als unumgänglich
nothwendig ist. Sie hängt ab von der Stärke der zu sichernden Truppen,
der eigenen Absicht und den Rücksichten auf den Feind, dann auch von

der Gunst des Geländes und von der Ausdehnung der zu besetzenden Sicherheitslinie.

Im Bewegungskriege werden die Vorposten in der Regel von der Avantgarde (Arrieregarde u. s. w.) nach Beendigung des Marsches gestellt. Große Avantgarden, d. h. die von Divisionen und größeren Heerestheilen, verwenden dazu $1/2$—$1/4$ ihrer Kräfte, während die Hauptkraft als Haupt= trupp hinter dem Vorpostengros lagert bezw. untergebracht wird. Bei geringeren Kräften bildet die gesammte Avantgarde (Arrieregarde) die Vorposten.

Das Aeußerste (selbst vor Festungen selten) ist $1/3$ der Stärke des Ganzen (dreifache Ablösungsmöglichkeit).

Bei gemischten Waffen wird man die Vorposten aus Infanterie (Jägern), Kavallerie und womöglich Pionieren zusammensetzen. Die Vor= posten=Kavallerie muß so stark sein, daß sie ihre Aufgabe, in der über= wiesenen Frontbreite weit vorwärts zu sehen, erfüllen kann. Artillerie, welche bei Nacht wenig Verwendung finden kann, wird nur dann den Vor= posten zugetheilt, wenn es sich um Festhaltung bestimmter wichtiger Gelände= punkte, besonders Engwege, handelt.

2. Anforderungen an eine Vorpostenaufstellung.

Die beste Vorpostenaufstellung ist diejenige, durch welche mit den ge= ringsten Kräften die nöthige Sicherung erreicht wird. In diesem Sinne ist eine Stellung vortheilhaft, in welcher die feindliche Annäherung auf einzelne, von uns zu bewachende Engwege beschränkt ist. Auch wird durch große Uebersichtlichkeit des Vorgeländes Kräfteersparniß ermöglicht.

Durch die Vorpostenaufstellung muß das Gros wirklich gedeckt werden, die Stellung muß einige geeignete Vertheidigungspunkte bieten, das Innere der Stellung muß feindlicher Einsicht möglichst entzogen sein, die einzelnen Vorpostenkörper müssen sich gegenseitig unterstützen können, die Flanken müssen zurückgebogen sein. Anlehnung der Flügel an Vertheidigungspunkte oder an ungangbares Gelände ist sehr erwünscht.

3. Innere Anordnung einer Vorpostenaufstellung.

Ist die Linie, in welcher die Vorposten aufzustellen sind, im Allge= meinen bestimmt, was in der Regel seitens der höheren Befehlshaber ge= schieht, so fragt man sich:

1) „Welche Straßen und Wege müssen gesichert werden?"
2) „Welche Punkte sind zur Vertheidigung gegen einen feindlichen Angriff zu benutzen?" Es sind dies in der Regel Bedeckungen (Gehöfte, Gebüsche, Dorf= und Waldsäume u. s. w.) oder Höhen=

linien, und zwar im Besonderen diejenigen, welche an Haupt=
annäherungslinien (Straßen) gelegen sind.

3) „Bietet das Gelände die Möglichkeit, diese Vertheidigungspunkte
mit den Vorposten=Kompagnien zu besetzen und die Feldwachen be=
obachtend vorzuschieben?"

Ist die letzte Frage zu bejahen, so erhält man den Vortheil, daß,
selbst wenn es dem Feinde gelingt, eine Feldwache zu überrumpeln, die
Vertheidigungsstellung selbst dadurch noch nicht gefährdet ist.

Muß die letzte Frage verneint werden, so ist man genöthigt, die
Feldwachen in die Vertheidigungspunkte zu legen, welche letzteren von ihnen
unter allen Umständen zu halten sind, die Vorposten=Kompagnien aber so
nahe dahinter aufzustellen, daß eine sofortige Unterstützung möglich ist.

Immer aber müssen die Wege besetzt werden, welche vom
Feinde heranführen. Die Vorposten=Kompagnien sind deshalb an oder
in der Nähe der Marschstraßen aufzustellen.

Das Vorpostengros wird immer hinter den Vertheidigungspunkten
der Vorpostenaufstellung, etwa hinter der Mitte der ganzen Linie, besonders
an Hauptstraßen und in der Nähe gefährdeter Punkte, lagern.

Bei größeren Vorpostenaufstellungen kann es nöthig werden, wichtige,
in der vorderen Linie liegende Geländepunkte, Dörfer, Engwege u. dergl.
selbständig mit ganzen geschlossenen Truppenkörpern zu besetzen, welche
für ihre Sicherheit selbst zu sorgen haben.

An Stelle von einheitlichen Vorposten können rein örtliche Sicherheits=
maßregeln in und vor den vorderen Ortschaften zur Anwendung kommen,
wenn das Gros Ortsbiwats bezieht.

Sind die Verhältnisse des Geländes besonders verwickelt, oder ist die
Vorpostenlinie sehr ausgedehnt (z. B. mehr als ³/₄ Meilen), so kann es sich
empfehlen, die Linie in mehrere selbständige Abschnitte, jeden mit eigenem
Vorpostenkommandeur und Vorpostengros, zu zerlegen (vor Festungen immer).

Bei der Verschiedenartigkeit der Verhältnisse, der Zwecke und des
Geländes, sagt die Felddienstordnung, lassen sich überhaupt keine für alle
Fälle passenden Vorschriften für Vorposten geben. In jedem einzelnen
Falle ist Gliederung, Befehlsverhältniß und Dienst bei den Vorposten den
besonderen Umständen entsprechend zu ordnen.

i. Die Vorschriften für das Aussetzen, das Verhalten, das Ablösen und das Einziehen der Vorposten.

1. Der Vorpostenkommandeur.

Alle Truppen der Vorposten stehen unter dem Vorpostenkommandeur.
Derselbe hat die Aufstellung der Vorposten anzuordnen, den Dienst zu

überwachen und bei feindlichem Angriffe das Gefecht derselben zu leiten. Er ist für die Sicherheit des Gros verantwortlich.

Auf Grund des von dem Avantgardenkommandeur erhaltenen Avant= gardenbefehls erläßt der Vorposten=Kommandeur nach einem schnellen Ueber= blick über die Karte sowie, wenn angängig, über das Gelände und wo= möglich schon während des Marsches — in der Regel mündlich — den Vorpostenbefehl.

Derselbe enthält:

a. eine allgemeine Angabe über die Gesammtlage (Feind, Stellung des Gros und des Haupttrupps),

b. die Bezeichnung der von der Vorpostenkavallerie einzunehmenden allgemeinen Linie sowie der Straßen, welche von ihr unbedingt zu bewachen sind,

c. die Gliederung der Abschnitte für die Vorposten=Kompagnien unter Bestimmung der ungefähren Aufstellung derselben,

d. allgemeine Vorschriften für das Verhalten beim feindlichen Angriff,

e. die Ueberweisung von Meldereitern und der Infanterie zuzutheilenden Kavallerieabtheilungen,

f. die Aufstellung des Vorpostengros und den Aufenthalt des Vor= postenkommandeurs.

Hiermit wird in der Regel gleich zu verbinden sein: Die Bezeichnung der mit Durchlaßposten zu besetzenden Straßen, die Anordnung über etwa vom Vorpostengros unmittelbar zu stellende Sicherungen, die Bestimmung über das Einrücken der Kavallerie am Abend zum Vorpostengros, die Aufgaben dieser Waffe für die Nacht, etwa erforderliche Weisungen über den Grad der Bereitschaft sowie die Anordnung vielleicht zu treffender besonderer Maßregeln, wie Wegesperrungen u. dergl.

Nach eingenommener Aufstellung besichtigt der Vorpostenkommandeur im Einzelnen, berichtigt die Aufstellung, wo es ihm nöthig scheint, und regelt den Anschluß an etwaige Nachbarabschnitte sowie die Verbindung zwischen seinen Kompagnieabschnitten.

Der Vorpostenkommandeur muß die Aufstellung für die Nacht zwar am Abend selbst prüfen, dann aber im Allgemeinen seinen Aufenthalt beim Vorpostengros nehmen, um auf Grund der dort eingehenden Meldungen ohne Zeitverlust die etwa erforderlichen Anordnungen treffen zu können.

Die Entsendung größerer Aufklärungskörper der Kavallerie über die Vorpostenlinie hinaus, die Anordnung von Erkundungen, Alarmirungen und Ueberfällen ist Sache des Vorpostenkommandeurs.

2. Der Führer der Vorpostenkavallerie.

Die gesammte Vorposten=Kavallerie ist dem Führer der Vorposten=Kavallerie unterstellt. Unmittelbar nach Empfang des Vorpostenbefehls hat der Führer seine Anordnungen dahin zu treffen, daß die Fühlung am Feinde nicht verloren geht, daß unter fortdauernder Beobachtung der ihm bezeichneten Straßen die Aufklärung nicht unterbrochen wird, und daß bei größerer Entfernung vom Feinde das Gelände weithin eingesehen wird.

Der Führer der Vorposten=Kavallerie ist für Aufstellung aller Theile seiner Truppe verantwortlich.

In Form einer einfachen Skizze mit den nöthigen Erläuterungen meldet er dem Vorpostenkommandeur seine Aufstellung sowie später etwa eintretende wesentliche Veränderungen. Ferner hat er hierüber die Vorposten=Kompagnien, über deren Aufstellung er sich zu unterrichten hat, zu benachrichtigen.

3. Die Führer der Vorposten=Kompagnien.

Sogleich nach Empfang des Vorpostenbefehls rücken die Vorposten=Kompagnien in diejenigen Aufstellungen ab, welche sie für die Nacht einnehmen sollen. Der Kompagnieführer eilt seiner Kompagnie voraus und unterrichtet sich schnell über das Gelände des ihm zur Sicherung überwiesenen Abschnittes. Hiernach bestimmt er den Platz für Aufstellung der Kompagnie und Zahl, Art und Plätze der vorzuschiebenden Sicherungsabtheilungen. Mit der vorausbefindlichen Kavallerie ist die Verbindung zunächst durch Sicht aufzunehmen. Danach muß sich der Kompagnieführer schlüssig machen, ob etwa die eine oder die andere Feldwache oder ein selbständiger Unteroffizierposten schon bei Tage vorzuschieben ist.

Die nächste wichtigste Aufgabe für den Kompagnieführer ist, für baldiges Abkochen und Ruhen seiner Kompagnie zu sorgen, damit dieselbe für die Nacht wieder frisch ist.

Dem Vorpostenkommandeur ist seitens des Führers möglichst bald nach dem Eintreffen der Kompagnie auf ihrem Aufstellungsplatze die genommene und die für die Nacht vorgesehene Aufstellung in Form einer einfachen Skizze mit den nöthigen Erläuterungen zu melden. Mit den Nachbarkompagnien ist die Verbindung aufzunehmen und diesen sowohl wie dem Kavalleriepiket Mittheilung von der Aufstellung zu machen.

Der Kompagnieführer ist für die Aufstellung und den Dienst aller Theile seiner Kompagnie und dafür persönlich verantwortlich, daß ein Angriff die Kompagnie jederzeit gefechtsbereit findet.

4. Das Aussetzen der Feldwachen (der selbständigen Unteroffizierposten).

Der Feldwachhabende muß mit Meldepapier und Bleifeder, mit richtig gestellter Uhr und wenn irgend möglich mit einer brauchbaren Karte der Gegend versehen sein.

Nachdem er Waffen, Schießbedarf, Pferde u. s. w. der ihm übergebenen Mannschaft nachgesehen hat, rückt er mit derselben unter Sicherheitsmaßregeln, d. h. unter Vorsendung von Patrouillen, in den ihm überwiesenen Raum.

Für das Abrücken der Feldwachen nach ihren Plätzen ist der Gesichtspunkt maßgebend, daß, wo irgend angängig, die Feldwachen so frühzeitig abrücken, daß alle Theile derselben vor Dunkelheit im Gelände bekannt und an ihren Plätzen sind.

Werden mehrere Feldwachen nebeneinander ausgesetzt, so suchen dieselben, indem sie gegenseitig Verbindung halten, in gleicher Höhe vorzurücken und sich dadurch gegenseitig in der Flanke zu decken.

Der Feldwachhabende läßt an dem Punkte, der ihm für den Standort der Feldwache bezeichnet ist, Halt machen, und nachdem er sich schnell im Gelände umgesehen, beginnt er das Aussetzen der Posten. Dasselbe wird durch Patrouillen gedeckt, welche bis zu einem bestimmten Punkte (Abschnitt) vorgehen und bis zur beendigten Aufstellung der Postenlinie dort verbleiben.

Das Aussetzen der Posten (Vedetten).

Der Kavallerie-Feldwachthabende ist hierbei nicht an bestimmte Vorschriften gebunden, sondern hat seine Anordnungen nach eigenem Ermessen lediglich unter dem Gesichtspunkte zu treffen, daß die Beobachtung frühzeitig aufgenommen bezw. nicht unterbrochen wird.

Das Aussetzen der Infanterieposten kann auf zwei verschiedene Arten stattfinden:

1) Der Feldwachhabende geht mit der Hälfte der Mannschaft vor, stellt, vom rechten Flügel anfangend, die Posten aus und instruirt dieselben, während die andere Hälfte unter Befehl des ältesten Unteroffiziers im Gewehr gefechtsbereit zurückbleibt.

2) Der Feldwachhabende entsendet die Posten von der Feldwache aus unter je einem Unteroffizier in ihre Aufstellung, indem er jedem seinen ungefähren Standort bezeichnet, und geht später vor, um die Aufstellung nachzusehen und die Posten nebst deren Ablösungen zu unterweisen.

Das letztere Verfahren hat den Vortheil, daß man schneller gesichert ist und daß man sich weniger dem in der Nähe befindlichen Feinde verräth.

Es ist unter gewöhnlichen Verhältnissen das gebräuchlichere. Das erstere empfiehlt sich im bedeckten, verwickelten Gelände, wenn Zahl und Aufstellung der Posten nicht von vornherein zu übersehen sind.

Sind die Posten vom Feldwachhabenden unterwiesen, so kehrt der Unteroffizier, falls er sich nicht als Unteroffizierposten einzurichten hat, mit der zweiten und dritten Nummer des Postens zur Feldwache zurück.

Die Posten jeder Feldwache werden in sich — gleichgültig ob Doppel- oder Unteroffizierposten — vom rechten Flügel aus numerirt.

Bei Aufstellung der einzelnen Posten (Vedetten) ist Folgendes besonders zu beachten:

1) Freie und weite Umsicht, vornehmlich nach dem Feinde hin, dessen Blicken aber möglichst entzogen. Auch während der Nacht ist eine hohe Aufstellung für Sehen und Hören vortheilhaft.
2) Anschluß an die nebenstehende Postenkette, bezw. für die äußersten Posten der Flügelfeldwachen anderweitige Sicherung (Unteroffizierposten).
3) Gute Verbindung mit der Feldwache selbst. Die von der Feldwache aus abzulösenden Doppelposten sind in der Regel nicht weiter als 400 m von derselben aufzustellen.
4) Besonders genaue Beobachtung der vom Feinde herkommenden Straßen, der Brücken und anderer Engwege, vorzugsweise bei Nacht, wo jeder derartige Punkt mindestens mit einem Posten zu besetzen ist.
5) Aufstellung so vieler Posten, daß sich von feindlicher Seite her Niemand unbemerkt der Postenlinie nähern und daß Niemand dieselbe, weder von vorwärts, noch von rückwärts her, unangehalten durchschreiten kann.
6) Möglichste Ersparung an Kräften durch geschickte Benutzung des Geländes.

Die Unterweisung (Instruktion) der Posten
ist von der größten Wichtigkeit.

Die allgemeine Unterweisung, welche sich auf sein Verhalten bezieht, ist dem Soldaten bei der Friedenserziehung schon zu Theil geworden.

Die besondere Unterweisung bezieht sich auf die besonderen augenblicklichen Verhältnisse. Sie muß durch den Offizier mitgetheilt und seitens des Postens bei der Ablösung wiederholt bezw. weitergegeben werden. Sie soll den Posten in den Stand setzen, sich richtig zu verhalten und verständliche Meldungen zu machen, und bezieht sich auf folgende Punkte:

a. In Bezug auf das Vorfeld muß der Posten wissen,

1) von wo der Feind zu erwarten,

2) wie die Ortschaften, Höhen, Wasserläufe, Waldungen im Vor=felde heißen, wohin die Wege führen u. s. w.,

3) den Stand vorgeschobener eigener Abtheilungen.

b. In Bezug auf das Seitengelände:

1) den Standort und die Nummern der Nebenposten sowie des Durchlaßpostens,

2) die Namen der auffälligen Gegenstände des Geländes.

c. In Bezug auf den Standort und das Verhalten des Postens:

1) die Nummer seines Postens (Vedette),

2) ob er mit Gewehr über, Gewehr im Arm oder Gewehr bei Fuß stehen, ob er als Vedette zu Pferde die Schußwaffe gebrauchsbereit umgehängt oder auf die Lende gesetzt haben soll,

3) ob er die Verbindung mit seinem Nebenposten durch Patrouilliren halten soll,

4) ob er Tragegerüst mit Tornister und hinterer Patronentasche ablegen, und ob er rauchen darf.

d. In Bezug auf die rückwärtigen Verhältnisse:

1) den Standort der Feldwache und der Vorposten=Kompagnie bezw. des Pikets,

2) die Namen des Feldwachhabenden und des Vorpostenkommandeurs,

3) den Meldeweg (kürzesten Weg) zur Feldwache,

4) einen gedeckten Rückzugsweg.

Der Standort der Feldwache

muß derart gewählt sein, daß dieselbe:

1) gedeckt,

2) hinter der Mitte der Postenlinie oder hinter den wichtigsten Punkten,

3) möglichst an einem Wege (leichtes Auffinden bei Nacht, Anmarsch des Feindes),

4) an einem für das Gefecht geeigneten Punkte

aufgestellt ist.

Eine Infanterie=Feldwache wird bei Tage in der Nähe eines Ver=theidigungspunktes, bei Nacht möglichst in einem solchen aufgestellt. Für eine Kavallerie=Feldwache muß auf freies Attackenfeld, überhaupt auf leichte Bewegung nach allen Seiten gesehen werden. Die Kavallerie=Feldwache darf niemals in umschlossenem Raume stehen.

Eine Infanterie=Feldwache darf sich in Häusern oder Gehöften nur mit besonderer (ausnahmsweiser) Erlaubniß aufstellen.

Die Anordnung des Patrouillendienstes.

Der Patrouillendienst ist die bedeutungsvollste Thätigkeit innerhalb des Vorpostendienstes, besonders in bedecktem, durchschnittenem Gelände, bei Nacht und Nebel.

Im Allgemeinen werden, wenn mit dem Feinde engere Fühlung vorhanden ist, die Patrouillen der Feldwachen nur bis an die feindlichen Vorposten vorgehen, während weiter gehende Aufklärung auf höhere Weisung hin zu erfolgen hat.

Je unübersichtlicher das Vorgelände ist, um so sorgsamer und häufiger muß der Feldwachhabende patrouilliren lassen.

Bei Nacht müssen die Patrouillen der Infanterie=Feldwachen das ganze dem Feinde zugewendete Feld auf zuverlässige Entfernung durchstreifen, wobei die Wege besonders zu berücksichtigen sind. Kavallerie=Patrouillen, welche auch grundsätzlich in der Nacht vorzutreiben sind, um die Fühlung mit dem Feinde aufrecht zu erhalten, reiten nach näherer Anordnung des Vorpostenkommandeurs bezw. des Führers der Vorposten=Kavallerie.

Im Allgemeinen kann zweckmäßigerweise den Patrouillen die Zeit ihrer Rückkehr vorgeschrieben werden. In übersichtlichem Gelände sind Kavallerie=Patrouillen zur Schonung der Pferde längere Zeit zu belassen.

Patrouillen zum Nachsehen der Posten oder größere Patrouillen werden nach Bedarf aus den nicht unterwegs befindlichen Patrouillenmannschaften entnommen.

Zur Sicherheit der Feldwachen werden die Patrouillen sehr wesentlich beitragen, vorausgesetzt, daß ihr Gang nach Zeit und Ort gehörig geregelt und eine sehr sorgfältige Auswahl an Leuten für diesen wichtigen Dienstzweig getroffen wird.

Bei mehrtägigem Verweilen in derselben Stellung ist jede Regelmäßigkeit in dem Gange der Patrouillen, sowohl der Zeit als dem Wege nach, zu vermeiden.

Die Unterweisung (Instruktion) der Patrouillen,

welche durch den Offizier der Feldwache mit großer Sorgfalt zu handhaben ist, bezieht sich im Allgemeinen auf das Verhalten der Patrouille (siehe 5, γ), im Besonderen auf Folgendes:

1) Belehrung über den Feind und das Gelände (siehe Instruktion der Posten);
2) Richtung des Patrouillenganges;
3) Angabe wichtiger Beobachtungspunkte und besonders sorgfältig zu durchsuchender Gegenstände;
4) Bestimmung des Zeitraumes, bis zu welchem die Rückkehr erfolgt sein muß.

Die Eintheilung und Aufstellung (Rangirung) der Feldwache findet statt, nachdem die Posten, auch ein Posten vor Gewehr (Schnarrposten), aufgestellt und die ersten Patrouillen entsendet sind.

Für jeden Posten, der Tag und Nacht steht, müssen drei, für jeden Nachtposten oder Tagesposten zwei Ablösungsnummern vorhanden sein, einschließlich der auf Posten befindlichen Nummer Eins. Für Tag und Nacht gehören daher zu einem Doppelposten sechs Mann, zu einem einfachen Posten drei Mann; für die Nacht (den Tag) allein vier bezw. zwei Mann.

Unter gewöhnlichen Verhältnissen wird etwa ein Drittel der Mannschaft für den Patrouillendienst bestimmt; reichen die Uebrigen zu einer Ablösung der Posten nicht aus, so wird man sich lieber mit weniger Posten begnügen und die Sicherheit durch vermehrtes Patrouilliren erstreben.

Während der Eintheilung wird die Mannschaft derart aufgestellt, daß die Posten nach den Nummern der Ablösungen zusammengestellt auf dem einen, die Patrouillen auf dem anderen Flügel sich befinden, so daß, wenn die Posten abzulösen oder Patrouillen zu entsenden sind, nicht die ganze Feldwache, sondern nur die betreffende Mannschaft an die Gewehre (Pferde) zu treten braucht.

Darauf sitzt die Kavallerie ab und befestigt die Pferde mit den Trensenzügeln an Fouragirleinen, eine Infanterie-Feldwache setzt die Gewehre zusammen und darf auf Anordnung des Feldwachhabenden Tragegerüst mit Tornister und hinterer Patronentasche ablegen.

Die Meldung des Feldwachhabenden

an die Vorposten-Kompagnie bezw. an das Piket findet statt, nachdem alles Obige bewerkstelligt und die Verbindung mit den Nebenfeldwachen und der Anschluß an dieselben hergestellt ist.

Sie wird auf eine Meldekarte in möglichster Kürze geschrieben und durch eine Bleiskizze erläutert.

5. Das Verhalten auf Feldwache (auf selbständigem Unteroffizierposten).

α. Die Postenkette.

Der Posten muß wachsam sein. Er darf ohne Befehl weder sich setzen oder niederlegen, noch das Gewehr aus der Hand lassen. Der Infanterieposten steht gewöhnlich mit Gewehr über. Kavallerieposten zu Fuß haben den Karabiner im Arm bezw. zur Hand; Posten zu Pferde die Schußwaffe — zum Gebrauche bereit — an Ort oder umgehängt. Unter Umständen wird auf besonderen Befehl die Waffe auf die Lende gesetzt. Kavallerie=Unteroffizierposten dürfen nicht absatteln, müssen jedoch einzeln umsatteln, tränken und füttern.

Die Doppelposten legen in der Regel das Gepäck nicht ab. Kein Posten erweist Ehrenbezeugungen, er läßt sich in seiner Wachsamkeit durch die Anwesenheit von Vorgesetzten nicht stören, er meldet nicht, sondern be=antwortet nur etwa gestellte Fragen in militärischer Haltung.

Da die Vorpostenkette dem Feinde möglichst verborgen bleiben muß, so ist weder eine unberechtigte Bewegung noch Lärm in derselben zu dulden.

Niemand darf sich in der Postenkette aufhalten, ausgenommen die un=mittelbaren Vorgesetzten und deren Begleitung.

Bei Nacht oder Nebel, auch in unübersichtlichem Gelände patrouilliren nöthigenfalls die Posten untereinander, jedoch derart, daß ein Mann stets auf dem Posten sich befindet.

Bei Tage dürfen Offiziere, geschlossene Abtheilungen, Patrouillen, Meldereiter und Ordonnanzen der eigenen Armee ohne Weiteres die Posten=kette durchschreiten. Allen übrigen Personen ist dies, von innen wie von außen her, nur auf den mit Durchlaßposten besetzten Wegen gestattet. Wer es auf anderen Wegen versucht, wird von dem betreffenden Posten mit „Halt!" gestellt und auf den mit einem Durchlaßposten besetzten Weg verwiesen.

Wer auf ein drittes „Halt!" nicht steht und überhaupt den An=weisungen des Postens nicht gehorcht, auf den wird geschossen.

Bei Dunkelheit wird Jeder, der sich dem Posten nähert, mit lautem „Halt! Wer — da?" unter Fertigmachen des Gewehrs angerufen. Im Uebrigen wird wie bei Tage verfahren.

Alles, was die Posten in Bezug auf den Feind wahrnehmen, meldet ein Mann an die Feldwache bezw. Kompagnie.

Die Posten sollen, um die Vorpostenabtheilung nicht unnütz zu alar=miren, nur wenn Gefahr im Verzuge oder ein feindlicher Angriff erkannt ist, schießen. Zugleich meldet ein Mann so schnell als möglich, der andere bleibt und beobachtet weiter.

β. Der Durchlaßposten

läßt alle Personen der eigenen Armee passiren, alle übrigen Personen dagegen zur Feldwache bezw. zur Kompagnie führen. Parlamentären sind vorher die Augen zu verbinden.

γ. Die Patrouillen.

Die Kunst, sich in fremdem Gelände schnell zurecht zu finden, eine Unermüdlichkeit, wie sie nur der Lust zur Sache innewohnt, Gegenwart des Geistes und Verschlagenheit, die im Augenblicke der Gefahr immer noch eine List zur Hand hat, um sich herauszuziehen, sind die für Patrouillen, welche über die Postenlinie hinaus gegen den Feind entsendet werden, unentbehrlichsten Eigenschaften.

Die Patrouillen der Infanterie bewegen sich langsam und möglichst gedeckt; freies Feld überschreiten sie schnell; sie machen häufig Halt, um zu horchen. Die Kavallerie=Patrouillen können sich freier bewegen und verlassen sich auf die Schnelligkeit ihrer Pferde. Jedes Gefecht wird von den Patrouillen vermieden.

Kavallerie= wie Infanterie=Patrouillen haben beim Durchschreiten der Postenkette dem nächsten Posten über die Richtung ihres Vorgehens und die Wahrnehmungen im Beobachtungskreise dieses Postens kurze Mittheilung zu machen.

δ. Die Feldwache selbst. (Selbständiger Unteroffizierposten.)

Für das Verhalten des geschlossenen Theiles der Feldwache gelten folgende Bestimmungen:

1) Es werden keine Ehrenbezeugungen erwiesen und ein Herausrufen findet nicht statt. Der Führer meldet sich — der der Kavallerie zu Pferde oder zu Fuß — bei jedem eintreffenden Vorgesetzten, die Mannschaften verbleiben in der Ruhe, insofern der Vorgesetzte nicht an sie herantritt, sind jedoch stets bereit, auf einen leisen Ruf schnell an die Gewehre zu treten bezw. aufzusitzen.

2) Bei Tage wird abtheilungsweise geruht, gefüttert und getränkt. Die Sicherstellung der Verpflegung auch der Meldereiter erfolgt seitens der Kompagnie bezw. Schwadron.

3) Bei Nacht darf die stete Bereitschaft der Wache nie aufhören, ein Theil der Mannschaft muß wachen.

4) Mit Rücksicht auf die Möglichkeit oder Wahrscheinlichkeit eines überraschenden feindlichen Angriffs ist zu bestimmen, ob die Infanterie des Nachts das Gepäck umgehängt behält.

5) Die Kavallerie sattelt niemals ab; das Umsatteln hat abtheilungsweise (bei den Meldereitern einzeln) stattzufinden. Nur zum Füttern und Tränken darf abtheilungsweise bezw. einzeln abgekandart werden. Stets müssen einige Patrouillen bereit gehalten werden.

6) Das Anmachen von Feuer und selbst das Rauchen wird untersagt, wenn dadurch die Stellung der Feldwache dem Feinde verrathen werden könnte.

7) Es darf kein Lärmen auf der Wache stattfinden.

8) Kein Mann darf ohne Auftrag oder Erlaubniß die Feldwache verlassen. Die nöthigen Bedürfnisse werden durch Mannschaften der rückwärtigen Abtheilungen zugeführt.

Der Posten vor dem Gewehr der Feldwache hält das Gelände nach der Postenkette und letztere selbst im Auge. Er benachrichtigt den Feldwachhabenden von Allem, was sich der Feldwache nähert, von jedem verdächtigen Vorkommniß (Anrufen, Schießen) in der Postenkette und bei den Nebenfeldwachen. Er verhindert ein unbefugtes Entfernen von der Feldwache.

Die Posten werden in der Regel alle zwei Stunden abgelöst. Ein besonders dazu bestimmter Unteroffizier führt die Ablösungen und überwacht die genaue Ueberlieferung der Unterweisung. Das Ablösen der Posten muß möglichst verdeckt und ohne Aufsehen stattfinden.

Der Feldwachhabende ist persönlich dafür verantwortlich, daß ein Angriff die Feldwache in gefechtsbereiter Verfassung treffe. Der Feldwachhabende der Kavallerie=Feldwache ist außerdem auch dafür verantwortlich, daß durch frühzeitige Benachrichtigung der rückwärtigen Infanterie die Zeit gegeben wird, einem Angriffe entgegenzutreten.

Bei Tage muß er sich nicht nur im Raume seiner Feldwache umthun, er hat vielmehr die Verpflichtung, sich durch eigene Anschauung im Gelände und über dessen Wegsamkeit nach allen Richtungen Klarheit zu verschaffen, um seine Unterweisung an Posten und Patrouillen und seine Maßregeln für die möglichen Fälle, besonders in der Nacht, danach bemessen zu können.

Bei Nacht hält sich der Feldwachhabende stets bei der Wache selbst auf, deren Wachsamkeit er rege zu halten und besonders gegen Tagesanbruch hin auf das Aeußerste zu steigern hat.

Die vom Durchlaßposten der Wache zugeführten Personen hat der Feldwachhabende näher zu erkunden und erforderlichenfalls an die Vorposten=Kompagnie abzusenden.

Außerdem läßt er es seine hauptsächlichste Sorge sein, Nachrichten über den Feind zu erhalten. Alles Wesentliche hat er schriftlich und stets unter genauer Angabe der Zeit der Vorposten = Kompagnie zu melden. Die Kavallerie=Feldwachen müssen mit der rückwärtigen Infanterie dauernd in Verbindung bleiben. Besonders sind wichtige Meldungen unmittelbar der nächsten Infanterieabtheilung zuzusenden.

6. Das Ablösen der Feldwachen.

Bleibt man länger als 24 Stunden an Ort und Stelle, so sind die Feldwachen täglich abzulösen. Die Ablösung geschieht aus der Vorposten-Kompagnie — wenn nöthig dem Vorpostengros — zweckmäßig gegen Tagesanbruch, im Uebrigen den Umständen gemäß, jedenfalls aber in aller Stille und gebotenenfalls unter dem Schutze von Sicherheitsmaßregeln.

Die neue Feldwache marschirt zur Seite der abzulösenden auf, und führen die beiden Wachhabenden die Ablösung der Postenkette, bei welcher es wesentlich nur auf vollständige und genaue Uebernahme ankommt, gemeinschaftlich aus.

Gleichzeitig gehen Patrouillen aus Mannschaften der alten und der neuen Wache vor, um letztere mit dem Gelände bekannt zu machen.

7. Verhalten der Vorposten-Kompagnien und des Vorposten-Gros.

Das über das Verhalten der Mannschaften in der Feldwache Gesagte gilt im Allgemeinen auch für die Vorposten-Kompagnien und Pikets; nur können ihre Führer nach Maßgabe der geringeren Gefährdung und des Grades der nothwendigen Bereitschaft unter Umständen mehr Erleichterung für die Mannschaften und Pferde eintreten lassen. Vorposten-Kompagnien und Pikets dürfen unter Umständen in bedecktem Raume untergebracht werden.

Zur unmittelbaren Sicherung und zum Ausblick nach den vorgeschobenen Abtheilungen der Kompagnie bezw. des Pikets wird ein einfacher Posten (bei der Kavallerie Schnarrposten genannt), bei Unterbringung in bedeckten Räumen oder in unübersichtlichem Gelände ein oder mehrere Doppelposten vor Gewehr ausgesetzt. Diese Posten erweisen keine Ehrenbezeugungen. Bei der Kavallerie stehen sie zu Fuß, den Karabiner zur Hand. Da es wünschenswerth ist, daß der Schnarrposten einen weiten Ueberblick hat, so weist man ihm, wenn angängig, seinen Platz auf einem erhöhten Ausspähepunkt (Baum, Haus u. s. w.) an, und zwar möglichst nahe an der zu sichernden Abtheilung, damit er dieselbe mit der Stimme erreichen kann.

Das Vorpostengros bivakirt (Alarmquartiere) nach den Gesichtspunkten des siebenten Abschnittes b. 3. Es umgiebt sich bei größerer Stärke nach Bedarf mit Außenwachen.

Die Infanterie legt ab. Im Uebrigen ordnet der Vorpostenkommandeur mit Rücksicht auf den Grad der nöthigen Bereitschaft an, ob die Mannschaften oder ein Theil derselben sich in unmittelbarer Nähe der Gewehre oder des Gepäcks aufhalten müssen, ob im Ganzen oder abtheilungsweise gekocht und gefuttert bezw. getränkt, ob abtheilungsweise abgesattelt oder nur umgesattelt werden darf.

8. Gefechtsverhältnisse der Vorposten.

Wenn bei den Posten geschossen wird, so sendet der Feldwachhabende sofort je nach den Verhältnissen eine schwächere oder stärkere Patrouille unter einem Unteroffizier an Ort und Stelle, um a. einem bedrohten Posten zu Hülfe zu kommen, b. zu sehen, was vorgeht, c. einen scharf vordringenden Feind aufzuhalten, bis die Feldwache kampfbereit ist.

Wenn irgend möglich, wird er selbst schnell einen Ueberblick zu gewinnen suchen, während die Feldwache sich in Bereitschaft setzt.

Aehnlich wird verfahren, wenn bei einer Nebenfeldwache geschossen wird.

Einen schwächeren Feind werden die Feldwachen auf eigene Faust zurückweisen und sofort melden, damit Vorposten-Kompagnie und Gros sich nicht unnütz in Bereitschaft setzen. Ist der Feind zurückgewiesen, so wird er nur mit Patrouillen verfolgt, um seinen weiteren Verbleib festzustellen (Verfolgungspatrouillen).

Einen stärkeren Feind wird die Feldwache, wenn sie nur beobachtend vorgeschoben ist, durch kurzes Feuergefecht zur Entwickelung zwingen, um dann aber auf die Kompagnie (die Eskadron) sich zurückzuziehen. Nur bei großer Ueberraschung, wenn es gilt, der Kompagnie unter allen Umständen Zeit zur Gefechtsbereitschaft zu verschaffen, wird eine derartige Feldwache sich in einen ernsten Kampf einlassen. Bei Nacht darf man dabei von einem dreisten Gegenangriff mehr erwarten als vom Feuergefecht. Ist Gefahr vorhanden, daß die Meldungen zu spät kommen, so ist Alles durch heftiges Schießen (Salven) zu alarmiren. Befindet sich eine Feldwache (Infanterie) in einem Vertheidigungsposten, so hat sie sich unter allen Umständen dort zu halten, bis die Kompagnie zur Unterstützung herangeeilt ist.

Vorposten-Kompagnie und Gros setzen sich in Gefechtsbereitschaft, sobald bei den Vorposten Alarm entsteht. Sie stellen sich erforderlichenfalls dem Feinde entgegen oder greifen ihn selbst an.

Im Allgemeinen gilt für die Vorposten, daß sie nicht Waffenerfolge, sondern Zeit gewinnen sollen. Sie suchen daher den Kampf nicht, die Führer aber werden eingedenk sein, daß zur Sicherung der Kampfbereitschaft des Ganzen die vorgeschobenen Theile keine Opfer zu scheuen, sondern den Feind so lange aufzuhalten haben, bis solche erreicht sein kann.

9. Das Einziehen der Vorposten.

Beim Einziehen von Vorposten zum Beginn neuer Bewegungen ist stets zu beachten, daß die Sicherung der zu deckenden Abtheilung beim Uebergange in die Marschform nicht unterbrochen werde.

Die Vorposten ziehen sich unter dem Schutze vorgeschickter Patrouillen im geeigneten Zeitpunkte zusammen, um je nach dem erhaltenen Befehle entweder den äußersten Theil der Avant=(oder Arriere=)garde zu bilden, oder sich an entsprechender Stelle in die Marschkolonne einzufügen.

k. Die Vorposten selbständiger Infanterie und selbständiger Kavallerie. (Kavallerie-Divisionen.)

Die Vorposten der Infanterie, welchen nur Meldereiter beigegeben sind, gliedern sich in derselben Weise und werden nach denselben Grundsätzen aufgestellt wie die Infanterie der gemischten Vorposten. Die Infanterie=Feldwachen u. s. w. werden von vornherein ausgesetzt und die Meldereiter der Vorposten=Kompagnien ausgiebiger, auch bei Tage, zum Patrouillendienst verwendet. Fehlen die Meldereiter ausnahmsweise gänzlich, so müssen die Infanterie=Patrouillen in beschränkterem Gebiete die Aufklärung übernehmen.

Die Vorposten selbständiger Kavallerie gliedern sich bei enger Versammlung ähnlich wie die gemischten Vorposten in Vorpostengros, Vorposten=Schwadron und Feldwachen. Wird eine Kavallerie=Division in größerer Breite untergebracht — Brigaden nebeneinander —, so werden die Vorposten der einzelnen Gruppen meist nur aus Vorposten=Schwadronen bestehen, welche die nöthigen Feldwachen u. s. w. vorschieben. Bei noch weiterer Ausdehnung sichert sich jede Ortschaft, jedes Biwak, den jeweiligen Verhältnissen entsprechend, selbständig. Bei größerer Entfernung vom Feinde werden weit vorgeschobene Schwadronen ein wirksames Mittel zur Aufklärung und Sicherung sein.

l. Einfluß der jedesmaligen Kriegslage auf die Anordnung von Vorpostenaufstellungen.

Nach dem Grundsatze, zum Vorpostendienste die Kräfte der Truppen nur so weit in Anspruch zu nehmen, als nothwendig ist, wird man die Dichtigkeit, die innere Kraft und den Zusammenhang der Vorpostenaufstellungen jedesmal nach der Kriegslage, besonders nach der Entfernung des Feindes und der eigenen Gefährdung, einrichten müssen.

Eine nach obigen Gesichtspunkten gebildete, zusammenhängende Vorpostenaufstellung wird hauptsächlich dort angewendet, wo man dem Feinde auf erreichbare Entfernung gegenübersteht. Möglich ist sie aber nur bei ausreichender Tageszeit und Kraft.

Je weiter der Feind entfernt ist, je mehr die Truppen angestrengt sind, je später sie zur Ruhe kommen, desto mehr kann und muß man auf Erleichterung, Lockerung der Aufstellung Bedacht nehmen. Je näher man andererseits dem Feinde gegenübersteht, je länger dieser Zustand dauert, desto mehr muß die Vorpostenaufstellung an Dichtigkeit und innerer Kraft sich einer Gefechtsstellung nähern.

Zur Gruppe lockerer Aufstellungen gehören die Unterkunfts= und die Marschvorposten; zur dichten die Gefechtsvorposten und die Vorposten vor Festungen.

1. Vorposten bei ausgedehnter Unterkunft.

Die Truppen sind nur dann durchgehends in weite Unterkunft zerstreut, wenn ein unmittelbarer Zusammenstoß mit dem Feinde nach der Kriegslage nicht möglich ist (Aufmarsch des Heeres an der Grenze, Stillstand der Kriegshandlung bei größerer räumlicher Trennung u. s. w.).

In diesem Falle genügt es, auf allen von feindlicher Seite in den Unterkunftsbereich führenden Hauptstraßen Beobachtungsabtheilungen vorzuschieben. Dieselben sollen weniger dem Feinde Widerstand leisten, als vielmehr dessen Annäherung aus weiter Entfernung melden. Sie bestehen aus stärkerer Kavallerie, gestützt durch Infanterieabtheilungen an geeigneten Punkten (Engwegen). Je mehr die Unterkunftsorte ausgedehnt sind (Zeit= dauer der Vereinigung), desto weiter müssen diese Abtheilungen vor= geschoben sein.

2. Die Marschvorposten.

Im Bewegungskriege ist den spät zur Ruhe kommenden, meist sehr angestrengten Truppen eine nach allen Regeln gebildete Vorpostenstellung nicht zuzumuthen. Der Feind ist in der Regel ebenfalls müde, bei be= ginnender Nacht sind seine etwaigen Unternehmungen auf die Wege beschränkt, und er hat keine Gelegenheit, die Blößen unserer Aufstellung auszuspähen.

Es genügt hier, auf den Hauptwegen selbständige Vorposten= abtheilungen (eine oder mehrere Kompagnien mit etwas Kavallerie) an geeigneten Vertheidigungspunkten aufzustellen. Dieselben sichern sich durch Feldwachen und halten untereinander Verbindung.

Hinter diesen Abtheilungen lagert (Biwak oder Ortsbiwak) das Gros der Avant=(Arriere=)garde.

3. Die Gefechtsvorposten.

Wenn die gegnerischen Theile auf Gefechtsentfernung voneinander lagern, was im Feldkriege nur bei einem durch die Nacht unterbrochenen

Kampfe vorkommen wird, so ist größte Gefechtsbereitschaft nöthig. Alle für die kommende Fortsetzung des Kampfes wichtigen Punkte (Stützpunkte, Artilleriestellungen u. s. w.) muß man durch starke Infanteriekräfte fest in der Hand behalten. Alle in erster Linie befindlichen Truppentheile sichern sich selbständig und suchen gegenseitigen Anschluß. Kavallerie ist höchstens auf den Flügeln zu verwenden. Die Aufstellung ist dichter, die Vorposten= Kompagnien sind näher an die Feldwache gerückt wie sonst gebräuchlich. Feuer wird von den Vorpostenabtheilungen in der Regel nicht angezündet. Die Verwendung von Patrouillen ist eine sehr beschränkte.

4. Die Vorposten vor Festungen.

Vor Festungen gelten ähnliche Gesichtspunkte wie bei Gefechtsvorposten. Kavallerie ist hier noch weniger zu verwenden, da Flügel der Aufstellung nicht vorhanden sind.

Die Vorpostenaufstellung wird in selbständige Abschnitte, jeder unter besonderem Befehl, eingetheilt. Vertheidigungseinrichtungen und Deckungs= arbeiten können in ausgedehntem Maße stattfinden.

Luftballons können für Aufklärungszwecke besonders vortheilhafte Ver= wendung finden.

Neunter Abschnitt.

Allgemeine Gefechtslehre.

a. Das Gefecht.

1. Nothwendigkeit und Zwecke des Gefechts, die entscheidende und die hinhaltende Gefechtsabsicht.

Das Gefecht, der blutige Kampf, ist das einzige Mittel zur Ueber-wältigung und Niederwerfung des Gegners, d. h. zur Erreichung des Kriegszweckes. Der Begriff des Gefechts ist daher mit dem des Krieges unlösbar verknüpft.

Streben beide Theile gleichzeitig nach der Kriegsentscheidung durch den Kampf, so entsteht eine Hauptschlacht. Dies ist jedoch nicht bei allen Ge-fechten eines Krieges der Fall.

Dem Zusammentreffen der Hauptkräfte gehen viele Zusammenstöße kleinerer Heereskörper vorauf, auch entwickeln sich solche aus den großen Entscheidungen. Derartige Heerestheile werden mit bestimmten Aufträgen entsendet, sie sind besonderen Zwecken der Oberführung dienstbar; werden sie durch den Feind angegriffen oder an der Ausführung ihrer Aufgabe gehindert, so führen sie das Gefecht für die Erreichung ihres besonderen Zweckes, welcher nicht immer unmittelbar mit dem allgemeinen Gefechts-zweck, der Niederwerfung des Gegners, zusammenfällt.

Derartige Gefechte zu besonderen Zwecken sind Arrieregarden=, Avant-garden=, Vorposten=, Erkundungsgefechte, Kämpfe zum Schutz einer kriege-rischen Thätigkeit (Brückenschlag, Verschanzung, Beförderung von Wagen und Gefangenen, Beitreibung), Kämpfe zur Beunruhigung oder Täuschung eines Gegners u. s. w.

Ist es möglich, mit dem besonderen Gefechtszweck den allgemeinen, die Besiegung des Gegners, zu verbinden, so ist dies selbstverständlich an-zustreben. Ist solches wegen feindlicher Ueberlegenheit oder sonstiger un-günstiger Umstände nicht zu erreichen, so ist jedenfalls der besondere

Gefechtszweck im Auge zu behalten und unter allen Umständen nach den Plänen und Absichten der Oberführung, selbst unter Gefahr der eigenen **Niederlage, festzuhalten.**

Aus obigen Betrachtungen ergeben sich zwei wesentlich verschiedene Gefechtsabsichten:

Verbindet man den etwa vorhandenen besonderen Gefechtszweck mit dem allgemeinen, indem man den taktischen Erfolg, den Sieg, erstrebt, so führt man ein **entscheidendes Gefecht.**

Führt man das Gefecht nur zu besonderen Zwecken, indem man wegen gänzlichen Mangels an Aussicht auf den taktischen Erfolg die Entscheidung des Kampfes nicht nur nicht sucht, sondern sogar vermeidet, so führt man ein **hinhaltendes (demonstratives) Gefecht.**

Das entscheidende Gefecht hat die größte Verwandtschaft mit dem Angriffsgefecht. Doch auch in der Vertheidigung kann die entscheidende Gefechtsabsicht vorhanden sein, wenn man den Zweck verfolgt, nach Ausbeutung der Feuerkraft der eigenen Stellung im günstigen Augenblick über den Gegner herzufallen und ihn entscheidend zu schlagen.

Die hinhaltende Gefechtsabsicht ist der Vertheidigung am meisten zugeneigt. Doch kann das hinhaltende Gefecht auch angriffsweise geführt werden (demonstratives Gefecht, Scheinangriff), wenn man einen in der Vertheidigung befindlichen Gegner erkunden, beschäftigen, festhalten oder täuschen will.

Die Gefechtsabsicht, ob entscheidend oder hinhaltend, ist nicht immer schon zu Beginn des Gefechts klar ausgesprochen, sie ergiebt sich vielfach erst aus der Einleitung des Gefechts und der dadurch bewerkstelligten Erkennung der Stärke, Aufstellung und Absicht des Gegners. Auch ist beim entscheidenden Gefecht nicht für jeden Truppentheil die Gefechtsabsicht eine entscheidende: das Kennzeichen einer guten Gefechtsführung besteht darin, daß man, um an den wichtigsten Punkten mit Ueberlegenheit aufzutreten, auf den übrigen Theilen des Gefechtsfeldes den Feind mit möglichst wenig Kräften hinzuhalten und zu beschäftigen verstehe.

2. Sieg und Niederlage.

Der Sieg, der taktische Erfolg des Gefechts, beruht in der Ueberwältigung des Gegners und bewahrheitet sich dadurch, daß letzterer infolge des Kampfes durch Verlassen des Schlachtfeldes die Ueberlegenheit unserer Waffen anerkennt. Ein Sieg ist somit auch dann vorhanden, wenn der Gegner freiwillig und in Ordnung das Schlachtfeld räumt. Je mehr das letztere nicht der Fall ist, je mehr der Feind durch die Waffenwirkung genöthigt wurde, in Unordnung das Schlachtfeld zu verlassen, desto entscheidender ist der Sieg.

Die Erreichung des Sieges über den Feind ist nach allem Obigen nicht gleichbedeutend mit der Erreichung der besonderen Gefechtsabsicht. Man kann geschlagen werden und doch den Zweck des Gefechts erreichen.*)

Der Sieg auf dem Gefechtsfelde ist hauptsächlich abhängig von der Tüchtigkeit der Truppen und der Führung, von den Verhältnissen des Ge= ländes, der Witterung und Tageszeit, von der Stärke der Streitkräfte und von manchen nicht vorherzusehenden Zufälligkeiten, welche das Glück im Kriege ausmachen.

Das Zahlenverhältniß der beiderseitigen Streitkräfte ist von wesentlichem Einflusse auf den Ausgang des Kampfes. An entscheidender Stelle mit überlegenen Kräften aufzutreten, ist der vornehmste Grundsatz der Heerführung.

Auch die Verhältnisse des Bodens können dem einen Theile wesentlich den Sieg erleichtern, dem anderen erschweren.

Aber in erster Linie ausschlaggebend ist die Tüchtigkeit der Truppen und der Führung. Die Kriegsgeschichte beweist durch zahlreiche Bei= spiele, daß ein hervorragender Feldherr mit guten, siegewohnten Truppen einen an Zahl zwei= und mehrfach überlegenen Feind zu besiegen im Stande ist.

Allerdings muß von einem den Sieg anstrebenden Führer gefordert werden, daß ihn das Glück nicht verlasse. Aber Fortuna pflegt sich nur der Tüchtigkeit und Kühnheit zu ergeben.

Die Ergebnisse des Sieges sind hauptsächlich seelischer Art. Zwar wird die Einbuße an Todten und Verwundeten meist, die an Gefangenen und Siegeszeichen (Geschützen, Fahnen, Standarten u. s. w.) immer auf Seite des Besiegten eine größere sein, aber seine Hauptbedeutung erhält jeder Sieg durch die größere oder geringere Entmuthigung, den Verlust an Zucht und Ordnung, welche durch das Bewußtsein der Niederlage erzeugt werden. Je entscheidender der Sieg war, desto größer sind die letzteren Ergebnisse, desto mehr bietet sich dem Sieger die Möglichkeit, durch eine energische Verfolgung, welche den geschlagenen Gegner nicht mehr zur Wiederher= stellung der Ordnung kommen läßt, die gänzliche Auflösung des feindlichen Heeres zu bewirken.

---

*) Die Abtheilung Flies, welche bei Langensalza 1866 das hannoversche Heer angriff, wurde zwar von dem doppelt überlegenen Gegner geschlagen, erreichte jedoch ihren Zweck, den Letzteren bis zur völligen Umschließung seitens der von verschiedenen Seiten heraneilenden preußischen Truppen festzuhalten.

3. Die verschiedenen Bezeichnungen für das Gefecht.

Gefecht ist der Sammelname für jede Art von Kampf kriegerischer Kräfte. Im Besonderen wird jedoch der Ausdruck „Gefecht" nur von den Zusammenstößen kleiner Heeresabtheilungen gebraucht.

Die Kämpfe größerer Heeresmassen heißen **Schlachten**, auch **Treffen**.

Entscheidungsschlacht ist derjenige Zusammenstoß der Hauptheere, der über den Ausgang eines Feldzuges entscheidet.

Kanonade ist ein bloß durch Artillerie geführtes (hinhaltendes, demonstratives) Gefecht.

Scharmützel ist ein durch den Sicherheitsdienst herbeigeführter Zusammenstoß kleinerer Kavallerieabtheilungen.

Unter **geplanter Schlacht** (bataille rangée) versteht man ein großes Zusammentreffen, in welchem die ganzen Heerestheile in zusammenhängenden Fronten zum Kampfe gelangen. Sie bildet den Gegensatz zur **Gelegenheits- oder Zufallsschlacht (Rencontre)**, welche sich durch unerwarteten Zusammenstoß ergiebt und daher weniger geordnet ins Werk gesetzt wird.

Das **Theilgefecht** macht einen mehr oder weniger selbständig sich abspielenden Theil eines größeren Kampfes aus. Fast jeder der letzteren zerfällt in Theilgefechte, welche in der Summe ihrer Ergebnisse die Gesammtwirkung der Schlacht darstellen, einzeln jedoch von sehr verschiedener Wichtigkeit und Bedeutung sein können.

Nachtgefechte kommen selten vor. Sie schließen die Verwendung der Kavallerie und Artillerie fast vollständig aus, wirken verderblich auf die Ordnung und sind in ihren Ergebnissen sehr vom Zufalle abhängig.

b. Angriff und Vertheidigung im Gefecht.

Angriff und Vertheidigung sind schon in den allgemeinen Betrachtungen über Kriegführung dahin gekennzeichnet, daß, um den Gegner zu bekämpfen, man im Angriffe ihn aufsucht, in der Vertheidigung ihn erwartet.

Bei Beginn eines Gefechts können Angriff und Vertheidigung scharf ausgesprochene Gegensätze bilden, im Verlaufe des Gefechts pflegen sie jedoch vielfach auf beiden Seiten abzuwechseln.

Hauptvorzüge des Angriffs:

1) Ueberlegene Willenskraft: der Angriff schüchtert den Gegner ein, und zwar um so mehr, je mehr er Schnelligkeit, Ueberraschung und Stärke auf seiner Seite hat.

2) Freie Wahl der Handlung in Bezug auf Ort und Zeit (Initiative), welche gestattet, den Hauptangriff gegen einen beliebigen Punkt, zu

beliebiger Zeit und mit beliebigen Kräften zu führen. Der Gegner kann dadurch getäuscht und in die Gefahr gebracht werden, seine Kräfte zu zersplittern oder am falschen Orte zu verwenden.

3) Nur durch den Angriff können entscheidende Gefechtsergebnisse erzielt werden.

Hauptvorzüge der Vertheidigung:

1) Möglichkeit einer besseren Ausnutzung und auch einer künstlichen (fortifikatorischen) Verstärkung des Geländes behufs Deckung und Erhöhung der Waffenwirkung.

2) Größere Feuerwirkung des stehenden Vertheidigers gegenüber dem sich bewegenden Angreifer, auch leichterer Ersatz des Schießbedarfs.

3) Kenntniß des Gefechtsfeldes.

Hieraus folgt:

Die Vortheile des Angriffs sind mehr seelischer, die der Vertheidigung mehr äußerlicher Art. Der Angriff ist leichter wie die Vertheidigung. Eine jede Vertheidigung, welche entscheidende Erfolge erzielen will, muß früher oder später zum Angriffe übergehen.

Die Frage, welche der beiden Gefechtsarten die vortheilhaftere ist, hängt in jedem einzelnen Kriegsfalle von der ganzen Lage, von den Absichten, dem besonderen Gefechtszweck und besonders auch von dem Gelände ab. Doch kann als Grundsatz festgehalten werden, daß, wenn die Kriegslage beide Gefechtsarten gestattet, der Angriff zu wählen ist.

Die hervorragenden Feldherren aller Zeiten haben selbst in einer bedeutenden Zahlenüberlegenheit des Gegners niemals einen bindenden Grund gefunden, auf den Angriff zu verzichten. Die kriegerischen Ueberlieferungen der preußischen und deutschen Waffen, von den ungestümen Keilangriffen der Altvorderen bis zu den jüngsten großen Erfolgen des geeinigten deutschen Volkes, weisen ganz besonders auf den Angriff hin.

c. Gesichtspunkte für den Angriff.

Nur beim Schein= (demonstrativen) Angriff wird es gerechtfertigt sein, daß alle Theile der feindlichen Stellung gleichmäßig stark angegriffen und beschäftigt werden (**Parallelangriff**).

Ein jeder Angriff jedoch, welcher auf eine Entscheidung hinzielt, muß, von den Vortheilen der Freiheit des Handelns Gebrauch machend, die Hauptkräfte in gemeinsamer Wirkung gegen einen bestimmten Theil der feindlichen Stellung vereinigen, um, wenn dort die Ueberlegenheit gewonnen, die übrigen, bis dahin unbeschäftigten Theile des Gegners desto leichter zu überwältigen. Er zerfällt meist in einen Hauptangriff und in einen Neben= oder Scheinangriff.

1. Die Auswahl des Hauptangriffspunktes.

Abgesehen von den strategischen Rücksichten, welche aus dem besonderen Gefechtszwecke hervorgehen und den Angriff eines bestimmten Punktes nothwendig machen können, sind für Auswahl des Hauptangriffs=punktes folgende taktische Gesichtspunkte maßgebend:

1) Gedeckte Annäherung; sie ist die wichtigste Rücksicht, sowohl der Ueberraschung als auch der geringeren Verluste wegen.

2) Möglichkeit, den betreffenden Theil der feindlichen Stellung von verschiedenen Seiten angreifen, stärkere Kräfte gegen denselben vereinigen zu können. Aus diesem Gesichtspunkt ergeben sich vor=springende Punkte der Front und die Flügelpunkte der feindlichen Stellung als die natürlichen Angriffspunkte.

3) Schwäche des betreffenden Theiles der feindlichen Stellung, Möglichkeit einer besonders günstigen Artilleriewirkung gegen denselben.

4) Entfernung des Angriffspunktes von den wahrscheinlichen Reserve=stellungen des Gegners (schwierige Unterstützung); auch in diesem Sinne sind die Flanken vielfach mit Vortheil anzugreifen.*)

5) Wichtigkeit des Punktes; ein Schlüsselpunkt, von welchem der Besitz der ganzen Stellung abhängt, wird in der Regel zum Hauptangriffspunkte zu bestimmen sein.

2. Der durchbrechende (keilförmige) und der überflügelnde Angriff.

Aus Obigem geht hervor, daß für den einen entscheidenden Ausgang erstrebenden Angriff zwei Hauptarten zu unterscheiden sind:

1) Ueberwältigung eines Theiles der feindlichen Front durch den Hauptangriff, Beschäftigung der übrigen Theile durch Nebenangriff: **Der durchbrechende oder keilförmige Angriff.**

2) Ueberwältigung der Flanke, Beschäftigung der Front: **Der über=flügelnde Angriff.**

Der durchbrechende Angriff hat Aussicht beim Gelingen die feind=lichen Kräfte zu zersprengen; umgreifende Bewegungen können vermieden, schnellere Ergebnisse erzielt werden; der Rückzug ist weniger gefährdet wie bei dem überflügelnden Angriff.

---

*) In der Schlacht von Gravelotte—St. Privat, 18. August 1870, standen die Reserven der Franzosen hinter dem linken Flügel. Die Deutschen machten einen um=fassenden Angriff gegen den rechten Flügel bei Roncourt und St. Privat und führten hier die Entscheidung herbei, bevor die Armeereserven der Franzosen eingreifen konnten.

Aber der durchbrechende Angriff kann, statt selber zu umfassen, von den nebenstehenden Truppen des Vertheidigers umklammert und erdrückt werden.*) Außerdem macht der Hauptangriff gegen die Flanke einen größeren Eindruck auf den Feind und bringt Letzteren in Gefahr, von seiner Rückzugslinie abgedrängt zu werden.

Die Ueberwältigung der Flanke ist unvergleichlich leichter wie die der Front, vorausgesetzt, daß es gelingt, den Gegner wirklich zu überflügeln, d. h. mit einer Front auf eine wirkliche Flanke zu stoßen. Bei der heutigen

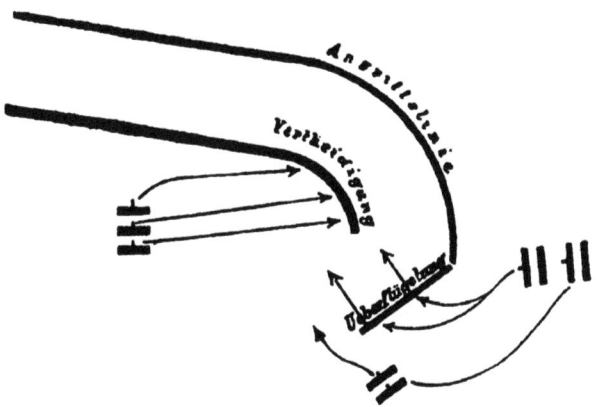

Gliederung nach der Tiefe, bei der taktischen Beweglichkeit der Heerestheile ist aber hierauf nicht mit Sicherheit zu rechnen. Man wird in der Regel auch in der Flanke auf eine neugebildete Front (Defensivflanke) des Vertheibigers treffen. Da aber das Bestreben nach Ueberflügelung in der nothwendigen Tiefe des Angriffs seine Begrenzung findet, so wird man sich auch bei einer umfassenden Entwickelung vielfach genöthigt sehen, einen Punkt der Front, der ursprünglichen oder der neugebildeten, anzugreifen, d. h. zu durchbrechen. Aussicht auf eine überflügelnde Durchführung des Angriffs wird man nur dort haben, wo man überraschend gegen die Flanke des Gegners auftreten kann oder wo die eigene Schwäche dem Vertheidiger nicht gestattet, der fortgesetzten Ausdehnung und umklammernden Verlängerung der Angriffslinien eine ähnliche Maßregel entgegenzusetzen.

Die umfassende Entwickelungsform des Angriffs kann daher zum Durchbruch wie zur Ueberflügelung führen. Sie hat gegenüber der rein frontalen Entwickelung, welche nur zum Durchbruch führen kann, den Vortheil der gegen einen Punkt vereinigten Wirkung und des größeren

---

*) Am deutlichsten zeigt sich dieser Umstand bei den Durchbruchsversuchen der Franzosen aus Metz (Noisseville 31. August 1870) und aus Paris (Champigny 30. November bis 2. Dezember 1870).

Eindrucks auf den Feind. Sie bringt in den meisten Fällen ein Ver=
hältniß der Fronten hervor, welches die Längenbestreichung einzelner Theile
der feindlichen Stellung ermöglicht. Dies ist in der Regel am Flügelpunkt
der ursprünglichen Front der Fall.

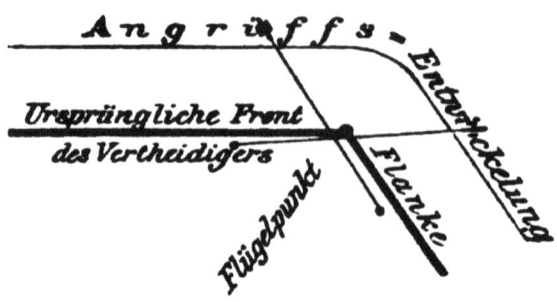

Die umfassende Entwickelung birgt die Gefahr allzugroßer Aus=
dehnung auf Kosten der Tiefe, d. h. auf Kosten der Kraft und der Nach=
haltigkeit des Angriffs. Sie ist die gegebene Form für Ausnutzung der
Ueberlegenheit an Zahl. Sie darf aber nicht aus dem grundsätzlichen,
ängstlichen Vermeiden der feindlichen Front hervorgehen. In diesem Sinne
angewendet, führt sie zur Rathlosigkeit, wenn man in der Flanke des
Feindes eine neue Front vorfindet. Man muß sich bewußt sein, daß,
gleichgültig ob man umfaßt oder nicht, für die einzelnen Heerestheile der
Angriff in der Regel ein frontaler sein wird. Unsere Infanterie muß
daher auf den Frontangriff vorbereitet werden.

Die doppelt umfassende Entwickelung, gegen Front und beide
Flanken gerichtet (Königgrätz 1866), ist in der Regel nur bei großer
Ueberlegenheit anwendbar. Sie wird in der Begegnungsschlacht (dem Ren=
kontre) aus einem auf einen Punkt gerichteten Anmarsche getrennter Ab=
theilungen hervorgehen, birgt hier die Gefahren der Zersplitterung und
des Durchbrochenwerdens in erhöhtem Maße, bietet aber auch Aussicht zu
Ueberraschung und zu wirklicher Ueberflügelung, zum Aufrollen der feind=
lichen Linien. Bei weiterer Umklammerung kann eine Umzingelung des
Gegners entstehen, welche, siegreich durchgeführt, den Untergang des Letzteren
zur Folge hat (Sedan 1870).

3. Der Neben= oder Scheinangriff.

Der Nebenangriff soll den Feind über den Hauptangriffspunkt
täuschen und die feindlichen gegenüberstehenden Streitkräfte festhalten,
damit sie sich nicht gegen den Hauptangriff zu wenden vermögen. Daher
muß er auf den Gegner trotz verhältnißmäßig geringer Stärke den Ein=

16*

druck eines Hauptangriffs machen. Er beginnt vor dem Hauptangriffe oder spätestens gleichzeitig mit demselben.

Sobald der Hauptangriff gelungen ist oder der gegenüberstehende Feind zu weichen beginnt, wird er zu einem entscheidenden Angriffe.

4. Die Verwendung der Streitkräfte beim Angriff.

Im Allgemeinen wird man die Kräfte der Infanterie derartig gruppiren, daß (höchstens) ein Viertel derselben zum Neben= (Schein=) Angriff — wenn ein solcher überhaupt nöthig ist —, die Hälfte für den Hauptangriff verwendet und (mindestens) ein Viertel als Reserve zurückgehalten wird.

Die Masse der Artillerie bereitet den Hauptangriff vor. Die Kavallerie wird, dem Letzteren möglichst genähert, meist auf einem Flügel zu umgreifender Bedrohung der feindlichen Flanken verwendet. Kleinere Kavallerie= abtheilungen suchen das beiderseitige Seitengelände weithin ab.

Bezweckt man einen umfassenden Angriff, so wird die Infanterie der bisherigen Avantgarde in der Regel den Nebenangriff gegen die Front, das Gros, unter möglichst gedeckter Annäherung, den Hauptangriff gegen die Flanke übernehmen, während die aus dem Gros ausgeschiedene Reserve möglichst nahe der Rückzugsstraße sich derart aufstellt, daß sie sowohl alle Theile der Gefechtslinie möglichst schnell und leicht zu unterstützen, als auch gegen den Hauptangriffspunkt den letzten, entscheidenden Stoß auszuführen im Stande ist. Eine zu weite Ausdehnung und Theilung der Kräfte behufs Umfassung ist zu vermeiden.

Für einen durchbrechenden Angriff entsendet man einzelne Theile seitwärts gegen die Flügel des Feindes, während die Hauptkräfte sich mit der Infanterie der Avantgarde zur Ausführung des Hauptangriffes vereinigen. Die Reserve steht hinter der Mitte.

5. Die Umgehung.

Bei der Umfassung will man die Flanke des Gegners anfassen, bei der Umgehung um dieselbe herumgehen. Die Umgehung mit gesammter Macht oder mit den Hauptkräften hat den Zweck, den Gegner durch Gefährdung seines Rückzuges aus einer Stellung heraus zu zwingen, in welcher man ihn nicht angreifen will. Wer umgeht, ist umgangen. Eine derartige Maßregel ist daher nur gerechtfertigt, wenn man sich einer Ueber= legenheit bewußt ist, oder wenn man durch die Bewegung den feindlichen Rückzug gefährdet, ohne den eigenen preiszugeben.

Die Umgehung mit einem kleinen Theile der Streitkräfte soll durch Bedrohung des feindlichen Rückzuges den Angriff der Hauptkräfte erleichtern.

Eine solche Umgehungsabtheilung ist in Gefahr, vereinzelt geschlagen zu werden (Vandamme bei Culm 1813). Diese Maßregel ist daher selten (z. B. im Gebirgskriege) gerechtfertigt.

6. Von den Gefechtsausdehnungen.

Die Breite einer Kampfesstellung, sei es zum Angriffe, sei es zur Vertheidigung, muß mit der Tiefe im richtigen Verhältniß stehen. Die Letztere allein bürgt für Nachhaltigkeit des Kampfes und durchgreifende Führung (vergl. Dritter Abschnitt i. und q.). Man kann in der Breite wie in der Tiefe zu weit gehen; das heutige Bestreben nach Ausbeutung des Feuers, besonders aber das Vermeiden der feindlichen Front, führen leicht zur übergroßen Breite, und hierin liegt die größte Gefahr.

Mit der größeren Stärke und Zahl muß die Schichtung nach der Tiefe wachsen. Die Truppentheile, welche in größeren Verbänden kämpfen, bedürfen in sich einer größeren Tiefenaufstellung, wie diejenigen, welche selbständig auftreten.

Für eine Armee rechnet man 10 Mann auf den Schritt der Front; für eine einzelne Infanterie-Division genügen 5 Mann, bei kleineren Abtheilungen 2 bis 3 Mann. Es gilt als Grundsatz, daß ein im höheren Verbande kämpfendes Bataillon in der Regel nicht über 200 m Frontbreite einnehmen soll. Ein allein auftretendes Bataillon braucht eine Ausdehnung von etwa 400 m, besonders wenn das Gelände Deckung gewährt, nicht zu scheuen. Diese Zahlen bilden jedoch nur einen Anhalt, keine Regel. Die Stärke einer Stellung, die Schwäche oder die Untauglichkeit des Gegners können verhältnißmäßig große Ausdehnungen rechtfertigen.*)

d. Gesichtspunkte für die Vertheidigung.

1. Anforderungen an eine Vertheidigungsstellung.

Die Anforderungen, welche an eine Stellung zu machen sind, hängen in erster Linie von der Gefechtsabsicht ab.

Bei hinhaltender Vertheidigungsabsicht kommt es darauf an, daß die reine Vertheidigung begünstigt werde: Stärke der Front (womöglich Fronthinderniß auf wirksame Schußweite), besonders aber Stärke der

---

*) In der siegreichen Schlacht an der Lisaine 1871 hatten die Deutschen nur 1 bis 1½ Mann auf den Schritt der Front. Durch diese außergewöhnliche Breitenausdehnung erhielten sie in den Augen der Franzosen eine Stärke, die sie nicht hatten.

Flanken (ungangbares Gelände oder starke Stützpunkte), Schwierigkeit der Umgehung und Möglichkeit einer schrittweisen Vertheidigung von Stützpunkt zu Stützpunkt sind von besonderer Wichtigkeit.

Eine Vertheidigungsstellung zu entscheidendem Gefecht dagegen muß nicht nur eine abwartende Vertheidigung begünstigen, sondern mehr noch die Möglichkeit eines Gegenangriffs mit den Hauptkräften gewähren. Sie muß außer einem starken Vertheidigungsfelde ein geräumiges, für freie, ungehinderte Bewegung starker Kräfte geeignetes Angriffsfeld enthalten, damit man im Stande sei, im geeigneten Augenblick unter günstigen Um= ständen zum Angriff vorzugehen. Ein Hinderniß vor der Front der ganzen Stellung, ungangbares Gelände in den Flanken würden diesem Zwecke zu= wider sein.

Das Angriffsfeld muß unter dem unterstützenden Feuer des Ver= theidigungsfeldes liegen. Seine günstigste Lage ist zu beiden Seiten des Letzteren.

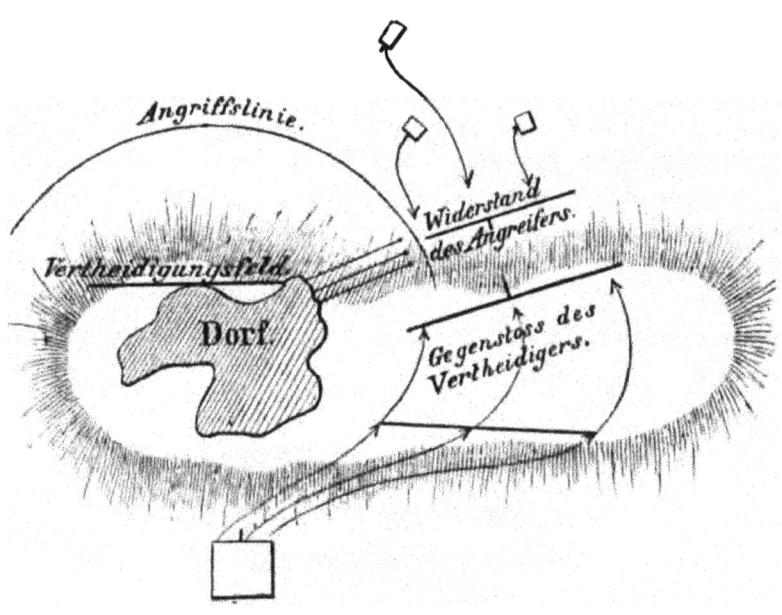

Sieht man von der Gefechtsabsicht ab, so sind an eine gute Ver= theidigungsstellung folgende allgemeine Anforderungen zu stellen:

1) Das Vorgelände muß ein freies, von der Stellung wenn mög= lich überhöhtes Schußfeld bieten.

2) Das Seitengelände muß ungangbar (hinhaltende Vertheidigung) oder möglichst frei und durch Feuer weithin zu beherrschen sein.

3) Die Stellung selbst muß

    a. in ihrer Ausdehnung der Truppenstärke entsprechen;

    b. Deckung, Stützpunkte der Vertheidigung (Dorf, Gehöft, Waldstück, Höhenlinien) und zugleich gute Artillerieaufstellungen bieten;

    c. freie, leichte Bewegung im Innern der Stellung gestatten. Ausgedehnte Geländebedeckungen oder ein mit Hindernissen durchflochtenes Gelände sind für Stellungen nicht geeignet.

Die Stellung ist besonders günstig, wenn die Beschaffenheit des Geländes gestattet, die Infanteriestellung vor diejenigen Punkte zu legen — aber höchstens 700 m —, welche mit der Artillerie zu besetzen sind. Dadurch wird letztere Waffe geschützt, vor Nahkämpfen bewahrt; sie behält volle Freiheit der Handlung. Durch ein weiteres Vorschieben würde die Infanterie der feindlichen Artilleriewirkung preisgegeben, ohne daß sie genügend wirksam durch die eigenen Batterien unterstützt werden könnte. Die Infanteriestellung muß aber gedeckte Aufstellung der Unterstützungen und Reserven und damit die Entfaltung der ganzen Kraft an jedem beliebigen Punkte gestatten. Ist dies nicht der Fall, so erhält eine solche vorgeschobene Aufstellung die Eigenart und die Nachtheile vorgeschobener Posten (vergl. 2. Seite 250).*)

4) Das rückwärtige Gelände muß den freien Abzug im Falle des Rückzuges gestatten, die zurückgehenden Truppen den Augen des Gegners bald entziehen und die Deckung des Rückzuges durch Aufnahmestellungen begünstigen. Die Rückzugslinie muß senkrecht zur Front der Stellung stehen; wenn dies nicht der Fall ist, so

---

*) Eine vortheilhafte Aufstellung der Infanterie vor der Artillerie findet sich nicht immer. Der Artillerie gehören die Höhenränder, der Infanterie würden die Abhänge zufallen. Sind Letztere bedeckt, so wird das Feuer der Artillerie vielfach gehindert, sind sie unbedeckt, so bieten sie keine vortheilhafte Infanteriestellung. In dem Beispiele von Tafel II findet der Vertheidiger keine vortheilhafte Infanteriestellung vorwärts der Artillerie. In Tafel I ist die Infanterie des Vertheidigers auf 200 bis 400 Schritt vor der Artillerie eingegraben, aber nur auf dem linken Flügel ist eine gedeckte Aufstellung naher Unterstützungen möglich. Außerdem ist die Infanterie zu nahe, um die Artillerie vor dem Fernfeuer der feindlichen Infanterie zu schützen (Bild 2). Wollte man aber in diesem Gelände die Infanteriestellung noch um einige Hundert Schritt weiter vorschieben, so würden bei dem eigentlichen Infanteriekampfe die hinter der Höhenlinie gedeckten Unterstützungen des Vertheidigers weiter von der Feuerlinie entfernt sein wie die im Walde stehenden des Angreifers.

muß derjenige Flügel der Stellung, der zur Rückzugslinie im spitzen Winkel steht, besonders stark sein.*)

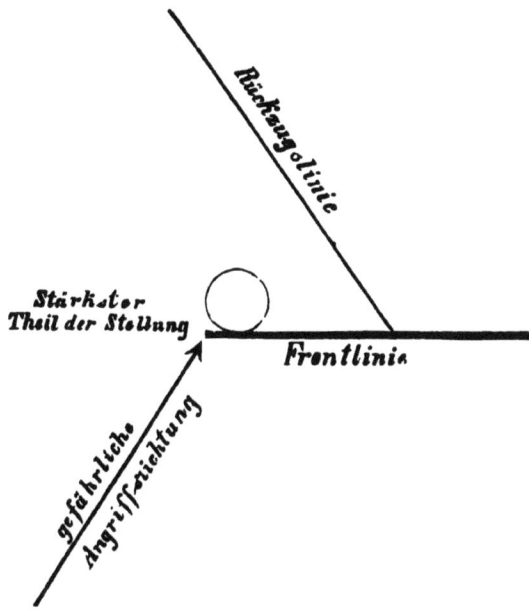

Höchst ungünstig und für den Fall der Niederlage verderblich ist das Vorhandensein von Engwegen in dem Rücken der Stellung (Friedland 1807, Königgrätz 1866). Gut ist ein welliges, wechselndes Gelände oder auch ein größerer lichter oder gut wegsamer Wald.

Die schönste Stellung ist ohne Werth, ja kann bei ihrer Benutzung von erheblichem Nachtheile sein, wenn sie der Truppenstärke nicht entspricht. „Eine gute Stellung ist wie ein Kleid; es muß demjenigen passen, der es tragen soll."

2. Die Besetzung der Stellung.

Die Besetzungstruppen einer Stellung (Infanterie und Artillerie) zerfallen in die Besetzung der Vertheidigungslinie und die Reserve; Erstere soll die eigentliche Vertheidigung übernehmen, Letztere soll, wenn nöthig,

---

*) Tafel II. Die Rückzugslinie nach Metz liegt senkrecht zur Stellung, wenn der von Montois kommende Gegner die Front oder den rechten Flügel angreift (Bild 2 und 3). Sollte aber ein umfassender Angriff von Westen her erfolgen, so müßte der Vertheidiger die von Roncourt nach Süden streichende Höhenlinie besetzen. Die Front dieser Stellung steht nicht senkrecht, sondern gleichlaufend zur Rückzugslinie. Erstürmt der Feind die Höhe, so wird der Vertheidiger von Metz abgedrängt. Aber dieser Nachtheil wird dadurch aufgewogen, daß das glatt bestrichene, sanft abfallende Vorfeld diese Front sehr stark macht.

Unterſtützung verleihen, eintretenden Falles einen Gegenſtoß ausführen oder den Rückzug decken und bei unerwarteten Ereigniſſen Verwendung finden.

Damit man dem Hauptangriffe des Feindes mit den eigenen Haupt= kräften entgegentreten könne, muß man letztere ſo lange zurückhalten, bis die Abſicht des Feindes erkannt iſt. Die Reſerve muß daher urſprüng= lich aus den Hauptkräften, mindeſtens aus der Hälfte der Infanterie beſtehen.*)

Die Artillerie wird in der Regel zu Anfang des Kampfes in Stellung gebracht. Doch kann es auch gerechtfertigt ſein, bis zum klaren Hervor= treten des feindlichen Hauptangriffs die Hauptkräfte derſelben zurück= zubehalten.

Die Truppen der erſten Vertheidigungslinie beſetzen die wichtigſten und günſtigſten Punkte ſtark, dazwiſchen liegendes Feld ſchwach oder gar nicht. Sie ſchaffen ſich auf dieſe Weiſe ſelbſtändige Vertheidigungs= gruppen,**) jede unter beſonderem einheitlichen Befehle.

Die Reſerve ſteht in Verſammlungsform möglichſt gedeckt hinter der Mitte oder hinter beſonders wichtigen Punkten.

Die Kavallerie befindet ſich beobachtend im Vorfelde***) und zieht ſich, durch den feindlichen Anmarſch genöthigt, hinter denjenigen Flügel, der am eheſten Ausſicht und Möglichkeit eines überraſchenden Vorbrechens gegen die feindliche Flanke bietet.†)

Die Pioniere werden bei der Verſtärkung der Stellung, welche nie= mals unterlaſſen werden darf, zur Unterweiſung und Unterſtützung der Infanterie verwendet. Bei Beginn des Kampfes zieht man ſie am beſten

---

*) Taf. II. Bild 1. — Von 7 Bataillonen ſind 3 in erſter Linie (Regt. 1 mit 2 Bataillonen zur Vertheidigung von Roncourt, das Jäger=Bataillon öſtlich der Ar= tillerie), 4 Bataillone vorläufig in Reſerve. Von der Letzteren iſt das Regt. 2 beſtimmt, ganz oder theilweiſe dort zur Verſtärkung der erſten Linie verwendet zu werden, wo der Hauptkampf ſtattfindet, ſei es, daß gegen Angriff von Norden der rechte Flügel zu verſtärken und zu verlängern iſt (Bild 2b), ſei es, daß bei Umfaſſung unſeres linken Flügels die Höhenlinie ſüdlich Roncourt zu beſetzen wäre (2 Bataillone unter dem Regimentskommandeur), ſei es, daß eine günſtige Gelegenheit zum Gegenangriff benutzt wird (Bild 2a). III./1. und die etwa nicht verwendeten Theile des 2. Regts. bildeten dann die Reſerve des Brigadekommandeurs.

**) Taf. II. Bild 1 u. 2a. — Dorf Roncourt und die Schützengräben öſtlich der Artillerie.

***) Taf. II. Bild 1.

†) Taf. II. Die Kavallerie zieht ſich hinter den linken Flügel ſüdlich Roncourt. Von dort begleitet ſie umgreifend den Gegenſtoß gegen die feindliche linke Flanke (Bild 2a), oder ſie ſetzt ſich in beſchleunigter Gangart auf den äußerſten rechten Flügel, nachdem erkannt iſt, daß der Feind gegen dieſen Flügel ſeine Hauptkräfte marſchiren läßt, und nachdem beſchloſſen iſt, ihm geradeswegs entgegenzutreten (Bild 2b).

zurück, damit sie rückwärtige Aufnahmestellungen einrichten oder, wenn nöthig, Verbindungen im Rückzugsgelände herstellen.

Vorgeschobene Posten, d. s. einzelne, außerhalb wirksamer Gewehr= schußweite vor der Stellung gelegene, somit nur mit untergeordneten Kräften zu besetzende Vertheidigungspunkte, sind im Allgemeinen zu ver= meiden. Sind es Gehöfte, Dörfer, Waldstücke, so werden sie durch die feindliche Artillerie bald unhaltbar gemacht.*) Die Truppen, welche man zur Besetzung verwendet, werden entweder geschlagen und übel zugerichtet — man beginnt den Kampf mit einer Niederlage, die auf die Truppe den allerungünstigsten Eindruck machen muß —, oder man läßt sich verleiten, die vorgeschobenen Abtheilungen zu unterstützen, und schlägt sich dann nicht in der günstigen Stellung, sondern im ungünstigen Vorfelde. (Lowositz 1756, Ste. Marie aux Chênes 18. August 1870.)

3. Bereitschaftsstellung, Gefechtsstellung.

Ist der Feind noch nicht in Sicht, so genügt es, die Truppen derart versammelt zu halten, daß sie schnell die Vertheidigungsstellung einzunehmen im Stande sind, während bei Tage die vorgeschobene Kavallerie, bei Nacht Vorpostenabtheilungen vor Ueberraschung sichern. Nur etwaige Stütz= punkte, Dörfer, Gehöfte, Waldstücke wird man sogleich mit ihrer Besatzung versehen, welche sich dort einrichtet. Die Artillerie kann in Stellung ge= nommen werden, wenn letztere unzweifelhaft und nicht von den Maßregeln des Feindes abhängig ist. Eine derartige Stellung nennt man eine **Bereit= schaftsstellung.****)

Sobald der Feind erscheint, geht man in **Gefechtsstellung** über, indem die in erster Linie befindlichen Truppen sich zum Gefecht entwickeln. Die **volle Gefechtsentwickelung** kann jedoch erst dann eintreten, wenn die Maß= regeln des Feindes und die eigenen Absichten klar vorliegen.***)

4. Der Gegenangriff.

Derselbe darf bei keiner Vertheidigung, welche eine Entscheidung be= zweckt, fehlen. Er kann in zweifacher wesentlich verschiedener Weise unter= nommen werden:

*) Gehöft St. Hubert am 18. August 1870.
**) Taf. II. Bild 1.
***) Taf. II. Denkt man sich in Bild 2a. und 2b. das 2. Regiment noch in Reserve am Wege nach Metz (vergl. Bild 1), so hat man die Gefechtsstellung, welche beim Erscheinen des Feindes eingenommen wird. Bild 2b. zeigt, so wie es ist, die volle Gefechtsentwickelung, welche eintritt, nachdem die Absicht des Feindes, unseren rechten Flügel anzugreifen, erkannt ist.

a. Der Vertheidiger wartet, bis die Kräfte des Angreifers an dem Widerstande der Stellung sich gebrochen haben, um dann mit frischen Kräften vorzubrechen.

b. Der Vertheidiger benutzt die Stellung nur, um den Gegner zu ausholenden Bewegungen, Theilung der Kräfte zu bewegen, kommt dann aber durch schnellen Vorstoß der Hauptkräfte im Angriffe zuvor, um den Ueberraschten an empfindlichen Stellen zu treffen und in ungünstigem Gelände zur Vertheidigung zu nöthigen.*)

In dem letzteren Falle ist die Vertheidigungsstellung weiter nichts als eine Bereitschaftsstellung für den Angriff, durch Vertheidigungspunkte gedeckt. Dies Verfahren, mit Geschick ausgeführt, verspricht große Erfolge, weil es den Angreifer in Verwirrung setzt und seine Pläne über den Haufen wirft.**)

e. Allgemeine Beschreibung des Verlaufs der Gefechte.

Jedes Gefecht hat seine besonderen Erscheinungen und seinen besonderen Verlauf. Dennoch lassen sich im Allgemeinen für alle Gefechte, welche vollständig durchgeführt werden, vier Entwickelungsstufen des Kampfes unterscheiden, die zwar nicht der Zeit nach sich genau abgrenzen und scheiden,

---

*) Die glänzendsten Beispiele sind: Roßbach (Friedrich der Große) 1757 und Austerlitz (Napoleon) 1805.

**) Taf. II. Fig. 2a. zeigt die Verwendung der Streitkräfte für den Fall, daß der Vertheidiger dem Gegner im Angriffe zuvorkommen will. Nachdem er bemerkt, daß der Angreifer gegen den diesseitigen rechten Flügel starke Kräfte zu umgreifenden Bewegungen verwendet, daß somit der rechte Flügel des Angriffs auf eine baldige Unterstützung der Hauptkräfte nicht rechnen kann, beschließt er, den Letzteren mit Macht anzugreifen und auf dem eigenen rechten Flügel, begünstigt durch das Gelände, den feindlichen Hauptangriff so lange hinzuhalten, bis der Gegner durch die Niederlage seines rechten Flügels gezwungen wird, vom Angriffe abzustehen. Er zieht daher III./1 zur Unterstützung des rechten Flügels heran und geht mit dem ganzen zweiten Regiment und der Kavallerie, um Roncourt schwenkend, zum umfassenden Angriff der feindlichen rechten Flanke vor, gegen welchen Punkt sich nunmehr auch das Feuer einer Batterie richtet.

Durch dies Verfahren hat der ursprüngliche Vertheidiger alle Vortheile des Geländes in der Hand: dort, wo er gegen die Hauptmacht des Feindes vertheidigungsweise verfährt, lehnt er sich an starke Stützpunkte, dort, wo er selbst den Angriff ausführt, nöthigt er den Gegner zur Abwehr in einem Gelände, welches zur Vertheidigung nicht geeignet ist.

Taf. II. Bild 3 dagegen zeigt die Verwendung der Streitkräfte für den Fall, daß man dem feindlichen Hauptangriffe vorab in der Vertheidigung entgegentreten und erst nach ganzer Ausnutzung des Feuers zum Gegenstoße übergehen will.

jedoch in ihren Zwecken und in ihren äußeren Eindrücken wesentlich ver=
schieden sind:

1) Einleitung,
2) Hauptkampf, Verwickelung und Durchführung,
3) Entscheidung,
4) Verfolgung und Rückzug.

1. Die Einleitung.

Durch den einleitenden Kampf der Vortruppen des Angreifers soll
der Feind festgehalten und erkundet, der Aufmarsch und Anmarsch der
Hauptkräfte gedeckt und verschleiert und das vor der Stellung liegende
Gelände, insoweit es gute Artilleriestellung und gedeckte Entwickelung ge=
währt, besetzt werden.

Die Einleitung besteht in der Kundschaft und einem etwa durch diese
herbeigeführten Kampfe der beiderseitigen Kavallerie, sowie vielfach einem
leichten, auf weitere Entfernung geführten Infanterie= und Artillerie=
gefechte.

2. Der Hauptkampf, die Verwickelung und Durchführung.

In dem heutigen Kampfe der drei Waffen, bei der grundsätzlichen
Gliederung nach der Tiefe und dem allmählichen Gebrauche der Streit=
kräfte kann eine Entscheidung nur dann herbeigeführt werden, wenn die
Hauptkraft des Gegners in einem langen Ringen gebrochen ist.

Zuerst tritt auf beiden Seiten die gesammte Artillerie in Thätigkeit.
Ist hier von Seiten des Angreifers ein Erfolg errungen und der Haupt=
angriffspunkt genügend erschüttert, so beginnt der Hauptkampf der In=
fanterie. Derselbe zeigt meist ein Hin= und Herschwanken der Erfolge,
einen häufigen Wechsel zwischen Angriff und Vertheidigung, ein allmähliches
Abzehren der Kräfte.

Das Hauptbestreben des Angreifers ist darauf gerichtet, an einem
Punkte in die Vertheidigungsstellung einzudringen und sich zu behaupten;
das des Vertheidigers besteht darin, durch Feuer und gelegentlichen Gegenstoß
das Eindringen in die Stellung zu verhindern und, wenn dasselbe dennoch
stattgefunden, den Eingedrungenen wieder hinauszuwerfen.

Ist in diesem langen Ringen endlich von einem der beiden Theile ein
dauernder Erfolg errungen, fehlen dem anderen Theile die Kräfte zur Aus=
gleichung des Mißerfolges, so beginnt die Entscheidung.

3. Die Entscheidung

ist entweder eine gewaltsame oder eine durch freiwilligen Abzug herbei=
geführte.

Im letzteren Falle benutzt der durch den Hauptkampf in Nachtheil gerathene Theil seine letzten frischen Kräfte, um den Abzug der übrigen zu decken. Gelingt es dagegen dem überlegenen Theile, durch den Gewaltstoß seiner zur Entscheidung vorgehenden Reserve den Gegner vor dem Abzuge zu erreichen und zum Einsetzen der letzten Kräfte zu nöthigen, so entsteht für diesen die Gefahr, gänzlich geschlagen zu werden.

4. Das Abbrechen des Gefechts und die Verfolgung.

Für das Abbrechen des Gefechts gilt als Hauptgrundsatz, daß man dort am längsten Widerstand leisten muß, wo der Feind am meisten drängt. Dies geschieht entweder durch eine Aufnahmestellung der Reserve oder auch durch einen kurzen Vorstoß.

Die Artillerie geht zuerst in rückwärtige Stellungen; die Kavallerie bleibt zum Schutze der abziehenden Infanterie. Für geordneten Abzug ist es vielfach wichtig, daß es den zur Deckung bestimmten Truppen (Arriere-garde) gelingt, bis zur Dunkelheit sich zu behaupten.

Die thatkräftige Verfolgung auf dem Schlachtfelde ist allein im Stande, den Sieg bis zur Vernichtung des Gegners zu vollenden. Doch findet man wenige Beispiele einer solchen,*) weil die Kräfte des Siegers in der Regel dazu nicht mehr ausreichen. Die Verfolgung geschieht durch frische Infanterie und die gesammte verfügbare Kavallerie sowie Artillerie.

f. Gefechtsführung.

Die Gefechtsführung besteht in dem Ansetzen der Truppen zum Ge-fecht und in der Leitung während des Gefechts.

1. Das Ansetzen der Truppen zum Gefecht

geschieht infolge des Gefechtsplanes, welchen der Führer entworfen hat, entweder durch einen gemeinsamen, schriftlichen, alle Unterabtheilungen betreffenden Befehl oder durch Absendung einzelner mündlicher oder schriftlicher Befehle für eine jede Unterabtheilung.

Ein gemeinsamer schriftlicher Gefechtsbefehl ist den einzelnen Befehlen vorzuziehen. Aber er erfordert Muße und Zeit der Anfertigung und der Ueberbringung an alle Theile. Er ist immer anwendbar, wenn es sich um

---

*) Das berühmteste Beispiel ist die Verfolgung nach der Schlacht bei Belle Alliance (Waterloo) 1815. Dieselbe sollte, nach dem Wortlaute des Blücherschen Be-fehls, „bis zum letzten Hauche von Mann und Roß" geführt werden.

Besetzung einer vorbereiteten Vertheidigungsstellung oder um den Angriff eines Gegners, dem man schon längere Zeit gegenübersteht, handelt. Bei einer Heeresabtheilung, welche in einer Kolonne marschirt, kann, wenn der Feind stehenden Fußes den Anmarsch erwartet, während der Einleitung des Gefechts, nachdem die Stellung des Gegners erkundet ist, an die versammelten Unterführer ein gemeinsamer Befehl mündlich in die Brieftasche gegeben werden. Je mehr der Kampf die Eigenart des Zufallsgefechts annimmt, um so weniger wird er auf andere Art, wie durch Einzelbefehle, geleitet werden können.

Die Bestandtheile eines Befehls sind unter II. Einleitende Betrachtungen 1. S. 161 erörtert. Bei den Einzelbefehlen darf man nicht unterlassen, den betreffenden Truppentheil über die Thätigkeit der Nebenabtheilungen soweit aufzuklären, als diese auf die Erfüllung der Aufgabe von Einfluß sein kann.

Soll der Rückzug eintretenden Falles auf einer anderen als der bisherigen Marschstraße stattfinden, so darf dies nur den höheren Führern mitgetheilt werden. Im Uebrigen wird der Geschlagene selten in der Lage sein, eine vorher bestimmte Rückzugsrichtung innezuhalten.

Es ist nothwendig, daß den Truppen von allen denjenigen Anordnungen Kenntniß gegeben werde, welche sich auf Verbandplätze, Ersatz des Schießbedarfs, Truppenfahrzeuge und Trains beziehen.

Das Ansetzen der Truppen zum Gefecht muß ohne Ueberstürzung, nach vorher fest gefaßtem Plane stattfinden.

2. Die Leitung während des Gefechts

darf nicht soweit gehen, daß der Oberkommandirende Alles selber sehen und anordnen will. Derselbe muß vielmehr bestrebt sein, sich außerhalb der Einzeleindrücke und des Getümmels des Kampfes zu halten. Er muß einen zur Uebersicht geeigneten, Allen bekannten Standort dauernd einhalten und stets mit Sicherheit von Meldungen, Anfragen, entsendeten Offizieren gefunden werden können.

Die Leitung während des Gefechts bezieht sich auf:

1) Uebersendung von Verhaltungsbefehlen an die im Gefecht befindlichen Truppen;
2) Verwendung der Reserven;
3) persönliches Eingreifen des Führers.

Die im Kampfe befindlichen Truppen müssen ihre Maßregeln hauptsächlich nach denen des Gegners richten. Man muß sie aus diesem Grunde selbstständig handeln lassen, sofern sie im Sinne ihres Auftrages verfahren.

Die Uebersendung von Verhaltungsbefehlen beschränkt sich daher im Allgemeinen auf folgende Fälle:

a. wenn ausnahmsweise der Auftrag im Laufe des Gefechts geändert werden muß;

b. wenn der Auftrag erfüllt ist und erneuert werden muß;

c. wenn vom Auftrage abgewichen wird.

Die Verwendung der Reserven ist der wichtigste Theil der Gefechtsleitung; sie bietet das einzig sichere Mittel der Einwirkung auf das Gefecht. Die Reserve darf nicht vorzeitig aus der Hand gegeben, aber auch nicht so lange zurückgehalten werden, daß man geschlagen ist, bevor sie eingegriffen hat.

Das persönliche Eingreifen des Führers darf nur ausnahmsweise, in den wichtigsten Augenblicken und nur auf kurze Zeit stattfinden. Dann aber, z. B. beim Vorführen der letzten Reserven zum entscheidenden Gewaltstoß, kann das ergreifende Beispiel eines geliebten Führers von der größten Wirkung sein.

Anhang.

Der Sanitätsdienst im Gefecht.

(Kriegs-Sanitätsordnung vom 10. Januar 1878.)

Die Verwundeten erhalten den ersten Nothverband auf den Verbandplätzen, welche hinter der Gefechtslinie errichtet werden, sie werden dann in die Feldlazarethe, welche sich in den nächstgelegenen Ortschaften einrichten, zurückgeschafft und, sobald sie dazu fähig sind, in die Lazarethe der Heimath oder in rückwärtige, stehende Kriegslazarethe, Etappenlazarethe, befördert. Jeder Soldat führt im vorderen linken Rockschoße eingenäht ein Verbandpäckchen bei sich, jeder Lazarethgehülfe führt Tasche und Labeflasche, jeder Sanitätsoffizier ein Besteck.

Ein jeder Truppentheil kann mit Hülfe der Truppenärzte, der Lazarethgehülfen, der Hülfskrankenträger*) und des Medizinwagens**) einen „Truppenverbandplatz" anlegen.

---

*) Bei der Truppe sind Mannschaften als Hülfskrankenträger ausgebildet. Dieselben legen bei beginnendem Gefecht, wo der Krankenträgerdienst beginnt, eine rothe Binde um den linken Oberarm.

**) Nur die Infanterie-Bataillone und die Kavallerie-Regimenter haben einen Medizinwagen, die übrigen Truppentheile führen auf ihren Fahrzeugen Sanitätskasten und Krankentragen.

Die Hauptverbandplätze werden von den Sanitätsbetachements errichtet; jedes derselben kann zwei Verbandplätze errichten.

Der Ort der Verbandplätze muß den Truppen angegeben werden. Der Hauptverbandplatz wird durch die deutsche Flagge und die Fahne mit dem Genfer Kreuz, bei Nacht außerdem durch rothe Laternen kenntlich gemacht.

Sämmtliche zum Sanitätsdienst bestimmte Personen tragen als Er= kennungszeichen ihrer „Neutralität" eine weiße Binde mit rothem Kreuze am Oberarm. Das Material wird durch eine Flagge oder eine Marke (rothes Kreuz im weißen Felde) gekennzeichnet.

Zehnter Abschnitt.

Die Ortsgefechte (das lokalisirte Gefecht).

---

a. Allgemeines.

Jeder Kampf erhält durch die Gegenstände des Geländes, an welche er anknüpft, seine Eigenart, wenn auch die im vorigen Abschnitte betrachteten allgemeinen Grundsätze des Gefechts dadurch nicht berührt werden.

Bei der ausgedehnten Benutzung des Geländes, welche das heutige Gefecht fordert, sind die Oertlichkeiten, sofern sie dem Vertheidiger Deckung und dem Angreifer Hindernisse bieten: Dörfer, Gehöfte, Wälder, Höhenlinien, Engwege u. s. w., nicht nur gesuchte Vertheidigungspunkte kleiner Abtheilungen, sondern auch auf den weiten Gefechtsfeldern großer Schlachten vielfach die Brennpunkte des Kampfes geworden.

Die allgemeine Rolle der drei Waffen beim Ortsgefechte ist folgende:

Die Infanterie allein kann den eigentlichen Kampf um den Besitz der Oertlichkeit durchführen.

Die Artillerie ist zwar nur Hülfswaffe, aber vermöge ihrer Fähigkeit, Deckungen und Annäherungshindernisse zu zerstören, feste Punkte dadurch unhaltbar zu machen, den Gegner zu erschüttern, von der größten Wichtigkeit, besonders für den Angriff.

Die Theilnahme der Kavallerie am Ortsgefechte ist nur eine mittelbare, da sie sich meist nur gegen solche Truppen des Feindes richten kann, welche außerhalb der Oertlichkeit sich befinden. Ihre Thätigkeit vor und nach dem Kampfe sowie ihre Bedeutung für die Flanken der Gefechtstruppen bleibt unverändert.

Die Verwendung der Pioniere ist eine hervorragende. Sie sollen in der Vertheidigung die anderen Waffen unterweisen und unterstützen, um Hindernisse und Deckungen zu schaffen, im Angriffe dieselben begleiten, ja selbst überholen, um Annäherungshindernisse zu beseitigen.

Es lassen sich im Allgemeinen vier verschiedene Gruppen von Orts=
gefechten unterscheiden, welche in sich eine gemeinsame Art des Kampfes zeigen:

1) Der Kampf um Erhebungen und Vertiefungen;
2) der Kampf um Bedeckungen des Geländes, im Besonderen um
   Wald, Gehöft und Dorf;
3) der Kampf um Engwege;
4) der Kampf um Wafferlinien.

Erste Gruppe.

Der Kampf um Geländeerhebungen und Vertiefungen.

b. Der Kampf um Höhen.*)

1. Die Bedeutung von Höhenstellungen.

Die Vortheile einer Höhenstellung bestehen in Folgendem:

1) Uebersicht über das Vorfeld, daraus hervorgehend:
   a. begünstigte Feuerwirkung, besonders der Artillerie;
   b. frühzeitige Wahrnehmung der Maßregeln des Gegners.
2) Deckung für alle Truppen, welche sich rückwärts des vorderen
   Randes auf der Höhe selbst und auf dem rückwärtigen Abhange
   befinden;
3) Erschwerung der feindlichen Annäherung durch den Abhang
   und zwar umsomehr, je steiler der Hang und je bedeutender die
   Erhebung ist.

Aus diesen Vortheilen geht die hohe Bedeutung der Höhenstellungen
hervor. Jede Aufstellung, möge sie zu Zwecken der Vorposten oder zu
Zwecken des Kampfes genommen werden, pflegt an die Erhebungen des
Bodens anzuknüpfen. Sowie die Geländebedeckungen (Waldstücke, Dörfer,
Gehöfte) als die Kampfespunkte des heutigen Gefechts zu betrachten sind,
so bezeichnen die Höhenränder die eigentlichen Kampfeslinien größerer
Truppenkörper, und die Bedeutung der vorgenannten Stützpunkte hängt
wesentlich davon ab, wie sie zu den betreffenden Höhenlinien gelegen sind.

2. Die Beurtheilung einer Höhenstellung.

Die an jede Vertheidigungsstellung zu machenden allgemeinen An=
forderungen laufen bei einer Höhenstellung auf folgende Besonderheiten
hinaus:

---

*) Beispiele von Höhenkämpfen: Rothensohl bei Malsch 1796, Calbiero 1805,
Craonne 1814, Spicheren 1870.

Der Abhang muß möglichst stetig geböscht sein. Unregelmäßigkeiten in der Böschung geben todte Winkel, welche dem Feinde gedeckte Aufstellung seiner Schützen und gesicherte Ansammlung seiner Angriffskräfte gestatten. Steile Erhebungen bieten meist todte Winkel und bohrenden Schuß. Am besten ist ein sanfter, stetiger Hang.

Außerdem muß der Abhang möglichst frei, unbedeckt sein.

Der Rand der Höhe, d. i. derjenige Theil, wo der Abhang in die obere Fläche übergeht, soll eine deutlich erkennbare Linie bilden, damit er gute Deckung biete. Da dies jedoch selten der Fall ist, so muß wenigstens die Möglichkeit vorliegen, durch Schützengräben und Batterieeinschnitte eine derartige Deckungslinie dort zu schaffen, wo man von der Höhe aus den Abhang bestreichen kann.

Die obere Fläche muß entsprechende Ausdehnung nach Breite und Tiefe haben. Breite Höhenrücken und Hochflächen bieten die günstigste Aufstellung für größere Truppenkörper. Höhenkämme sind nicht sehr vortheilhaft, auch wenn sie mit der breiten Seite gegen den Feind Front machen: sie haben zu wenig Tiefe und bieten gegen Flankenangriffe nur geringen Vertheidigungsraum. Kuppen sind mehr zu Stützpunkten und Artillerieaufstellungen in einer Stellung, wie zu selbständigen Aufstellungen geeignet. Kegel gewähren in der Regel bloß Uebersicht, keinen Raum für Truppenentwickelungen.

Der rückwärtige Rand muß für eine Aufnahmestellung möglichst geeignet sein; der rückwärtige Abhang muß womöglich Deckung beim Abzuge gewähren.

3. Die Besetzung und Vertheidigungseinrichtung.

Die Truppen der Vertheidigungslinie besetzen den vorderen Rand der Höhe. Bedeckungen auf dem Abhange werden nur dann mit Vortheil besetzt und in die Vertheidigung gezogen, wenn man sie von der Höhe gedeckt unterstützen kann. In diesem Falle aber gewährt ihre Besetzung den Nutzen eines besseren Schutzes der Artillerie.

Die Artillerie steht am besten rückwärts des vorderen Randes derart, daß sie, gedeckt durch letzteren und eben über ihn hinwegsehend, die wichtigsten Annäherungsrichtungen und die voraussichtlichen Artilleriestellungen des Gegners gut unter Feuer nehmen kann. In vielen, ja vielleicht den meisten Fällen wird sie von einer solchen Aufstellung den Fuß der Höhe nicht überall einsehen und bestreichen können. Dies ist aber ohne wesentliche Bedenken, wenn die weiter vorwärts aufgestellte Infanterie Fuß und Abhang unter der Wirkung ihres Nahfeuers hat. Es liegt hierin sogar ein Vortheil:

die bis zum Fuße der Höhe vorgedrungenen Feuerlinien des Angreifers können die diesseitige Artillerie nicht sehen und beschießen.

Sehr vortheilhaft ist es, wenn die Artillerie aus solchen rückwärtigen Stellungen, selbst auf weite Entfernung, den Fuß der Höhe an wichtigen Stellen der Länge nach bestreichen kann.

Die Vertheidigungseinrichtung einer Höhe besteht gewöhnlich in der Herstellung von Deckungen am Höhenrande: von Schützengräben für Infanterie und von Einschnitten für Artillerie.

Die Einrichtung von „Etagenfeuer", bestehend in der Herstellung verschiedener am Abhange übereinandergelegener Feuerlinien, gewährt die Möglichkeit einer großen Feuerentwicklung, ist aber selten zweckmäßig durch= zuführen. Jedenfalls müssen die Truppen der unteren Feuerlinien gedeckten Rückzug auf die Höhe haben, um, wenn sie geworfen sind, nicht vernichtet zu werden oder die anderen in ihrer Flucht mit fortzuziehen.

4. Angriff einer Höhe und Gang des Gefechts.

Die Durchführung des Gefechts besteht in dem Kampfe um den vorderen Rand der Höhe.

Der siegreich durchgeführte Angriff einer Höhe läßt sich in drei Stufen zerlegen:

1) Kampf bis zum Eindringen des Angriffs auf den Höhenrand (Einleitung und Hauptkampf).
2) Behauptung und Ausbreitung auf dem Höhenrande (Entscheidung).
3) Ausbreitung auf der oberen Fläche bis zum rückwärtigen Rande und Verfolgung.

Für die erste Entwickelungsstufe des Angriffs gelten folgende Grundsätze:

1) Ausgiebigste Feuervorbereitung, besonders durch Artillerie. Der eigentliche Angriffspunkt (meist ein vorspringender Punkt) muß von verschiedenen Seiten unter zusammenwirkendes Feuer genommen werden.
2) Starke Feuerlinien, keine Unterstützungen; tiefe Gliederung; die größeren geschlossenen Abtheilungen anfangs weit zurückgehalten.
3) Schonung der Kräfte beim Ersteigen des Abhanges: häufiges Niederlegen, Benutzung von todten Winkeln und Deckungen zum Sammeln und Athemholen.
4) Nachführen geschlossener größerer Abtheilungen beim Bajonett= angriff zum sofortigen Besetzen des genommenen Randes.
5) Versuch der Kavallerie, die Flanke des Feindes zu umgehen oder durch die Linien der eigenen Infanterie hindurch zu attackiren.

Der Kampf um die Behauptung des gewonnenen Höhen=
randes ist in der Regel von kurzer Dauer. Der Vertheidiger wird zum
Angreifer. Alle in der Nähe befindlichen frischen Abtheilungen stoßen von
beiden Seiten an dem streitigen Punkte des Höhenrandes aufeinander. Hier
kann es zu Zusammenstößen geschlossener Abtheilungen und zu Nahkämpfen
kommen.

Wenn die erste Stufe des Angriffs die schwerste ist, so ist die zweite
die gefährlichste. Die meist athemlos und wenig geordnet auf dem Höhen=
rande erscheinenden Truppen des Angreifers können leicht durch einen Gegen=
stoß frischer Kräfte wieder hinuntergeworfen werden.

Für die Fortsetzung des gelungenen Angriffs gelten folgende Gesichts=
punkte:

1) möglichst baldiges Heranführen der Artillerie auf die Höhe;*)
2) rücksichtsloses Vordringen mit dem Bestreben, den rückwärtigen
   Rand baldigst zu erreichen;
3) verfolgendes Feuer vom rückwärtigen Rande durch Infanterie und
   Artillerie, Eingreifen der Kavallerie; dann Vorgehen frischer
   Kräfte zur weiteren Verfolgung.

Gelingt es dem Vertheidiger, in der ersten oder zweiten Entwicklungs=
stufe des Kampfes den Angreifer zurückzuwerfen, so wäre es fehlerhaft,
wollte er dem fliehenden Feinde den Abhang hinunter sofort nachstürzen.**)
Zuerst ist das verfolgende Feuer auszubeuten, während die Kavallerie
nachhaut; dann erst kann mit frischen und gesammelten Kräften der Gegen=
angriff beginnen.

c. Der Kampf um Vertiefungen (Thäler und Schluchten).

Der Kampf um Thäler und Schluchten***) ist als ein Höhenkampf zu
betrachten. Der Vertheidiger besetzt den rückwärtigen Thalrand, so daß er
das Thal vor sich hat. Der Angreifer muß das Thal durchschreiten und
dann einen Höhenangriff ausführen. Auch hier dreht sich die Entscheidung
des Kampfes um den Besitz des vom Vertheidiger besetzten Höhenrandes.

---

*) Batterien Stumpf und Voß auf dem Rothen Berge bei Spicheren 1870.
**) In der Schlacht bei Malsch (Ettlingen) 1796 wurden 6 Bataillone Oesterreicher
auf den steilen Höhen bei Rothensohl durch General St. Cyr mit doppelter Ueber=
legenheit angegriffen. Mehrere Stürme wurden von den Oesterreichern abgewiesen,
bis diese sich verleiten ließen, den fliehenden Franzosen in den Grund nachzustürzen.
Hier wurden sie von frischen Truppen des Feindes geworfen, und die Höhen gingen
nun ohne wesentlichen Kampf verloren.
Durch eine gleiche Unvorsichtigkeit der Sachsen ging die Schlacht bei Kessels=
dorf verloren.
***) Angriff der 38. Infanterie=Brigade bei Mars la Tour 1870.

Doch sind folgende Unterschiede vorhanden:

1) beim Kampf um Höhen hat der Vertheidiger allein eine Höhen=
stellung. Beim Kampfe um Thäler hat der Angreifer auch eine
solche und ist dadurch in der Lage, in günstigerer Weise den
Kampf durch Feuer vorzubereiten und während der ganzen Dauer
desselben über die eigenen Truppen hinweg mit Feuer zu wirken;

2) andererseits wird der Vertheidiger dadurch begünstigt, daß der
Feind nicht nur einen Abhang hinauf, sondern auch vorher einen
solchen hinunterzusteigen hat, wobei er die günstigsten Ziele bietet.

Im Allgemeinen ist derjenige der beiden Gegner im Vortheile, der
einen überhöhenden Thalrand auf seiner Seite hat.

Bei größeren Thalbildungen ist die Sohle vielfach mit Gehöften,
Mühlen, Dörfern, Gebüschen u. s. w., dem Wasserlaufe folgend, bedeckt.
Hat der Vertheidiger diese Bedeckungen im Thale besetzt, so wird ein
großer Theil des Infanteriekampfes in der Niederung sich abspielen, während
die Artillerie beiderseits von den Höhen aus einwirkt. Die Entscheidung
fällt jedoch am Höhenrande des Vertheidigers.*)

Zweite Gruppe.

Der Kampf um Bedeckungen des Geländes.

d. Allgemeine Betrachtung des Kampfes um Wälder und Ortschaften.

1. Bedeutung der Wälder und Ortschaften als Kampffelder.

Vortheile der Vertheidigung:

1) Deckung für alle Truppen in und hinter dem betreffenden
Gegenstande;

2) Hindernisse für den Angreifer im Saume wie im Innern oder
Möglichkeit, solche leicht und schnell herzustellen;

3) günstiger Gebrauch der Infanterieschußwaffen (Anstreichen an
Bäume, Auflegen in Scharten, Fenstern u. s. w.).

---

*) An der Hallue 1870, wo die Franzosen die vorliegende Thalniederung mit einem
Theile ihrer Infanterie in obengenannter Weise besetzt hatten, bemächtigten sich die
Deutschen nach theilweis leichten Kämpfen des Thales, konnten jedoch den Höhenrand
gegenüber dem an Zahl überlegenen Gegner nicht dauernd gewinnen. Das Gefecht kam
schließlich zum Stehen und wurde nur dadurch für die Deutschen siegreich, daß die
Franzosen, durch den Kampf in höherem Grade erschüttert wie ihre geschulteren
Gegner, am nächsten Tage den Höhenrand räumten.

Daraus folgt:

Waldstücke, Gehöfte und Dörfer sind die natürlichen Stützpunkte der Vertheidigung, sie bilden die Brennpunkte der heutigen Gefechte und sind, insofern sie das umliegende Feld durch ihr Feuer beherrschen, meist die Schlüsselpunkte der Stellungen.

Doch ist die Benutzung derartiger Bedeckungen nicht ohne Nachtheile:

1) der Kampf ist wegen mangelnder Uebersicht schwer zu leiten, die Bewegung ist erschwert, besonders für geschlossene Truppenkörper, das Gefecht gewinnt mit der Dauer an Unordnung und ist bei unglücklichem Ausgange mit Einbuße vieler Gefangenen und großer Zerrüttung der Truppen verknüpft;

2) die Angriffskraft der Besatzung ist gelähmt durch Hindernisse und durch die nothwendige Vertheilung der Truppen; Umgehungen des Feindes können durch die Besatzung nicht gehindert werden;

3) Dörfer, Gehöfte und Waldungen leiden besonders stark unter dem Feuer feindlicher Artillerie.

Daraus folgt:

a. da die bedeutungsvollen Nachtheile unter 1. und 2. mit der Ausdehnung steigend zunehmen, so sind ausgedehnte Waldungen und Ortschaften nicht als günstige Stellungen zu betrachten;

b. eine jede Vertheidigung von Bedeckungen fordert nicht nur Truppen in der Bedeckung selbst, sondern auch solche außerhalb („äußere Reserven"), welche Letzteren nicht den vorgenannten nachtheiligen Einflüssen unterliegen und, gedeckt durch die Ortschaft (den Wald), zum etwaigen Gegenangriffe bereit stehen;

c. bei Ortschaften muß man sich hüten, die Truppen in ausgedehntem Maße in die Häuser zu stecken. Sie kommen hier ganz aus der Hand der Führung und unterliegen am meisten der zerstörenden Wirkung feindlicher Artillerie. Die Vertheidigungslinie liegt hier in der Umfassung der Gärten, meist aber in Schützengräben vor und seitwärts der Häuser. Die Letzteren dienen besser zum Schirm für Unterstützungen wie zur Vertheidigung. Auch bei Waldungen wird man wegen der feindlichen Artilleriewirkung die Feuerlinie lieber in Schützengräben vor, wie in dem Saume aufstellen.

2. Verwendung der Waffen zur Vertheidigung.

Die Infanterie dient zur eigentlichen Vertheidigung.

Die Kavallerie kann durch überraschende Anfälle des Angreifers wesentlich zur Vertheidigung beitragen. Wenn sie ihre Kundschaftsthätigkeit im Vorgelände aufzugeben gezwungen ist, zieht sie sich hinter denjenigen Flügel der Aufstellung, der ihr Deckung und die beste Gelegenheit zu schnellen Vorstößen bietet. Bei glücklichem Kampfe übernimmt sie die Verfolgung, bei unglücklichem deckt sie den wahrscheinlich sehr ungeordneten Rückzug der Besatzung gegen feindliche Kavallerie.

Die Artillerie soll zuerst das verheerende Feuer der Angriffsartillerie niederhalten oder wenigstens vom Dorfe (Gehöfte, Walde) abziehen. Später richtet sie ihre ganze Kraft gegen die angreifende Infanterie.

Sie steht am besten seitwärts der Ortschaft (des Waldes); hinter der Bedeckung nur im Nothfalle und nur dann, wenn die Aufstellung sehr überhöht. Eine Aufstellung vor der Bedeckung ist aus folgenden Gründen zu vermeiden:

α. der Rückzug ist gefährdet;

β. die Artillerie muß entweder früh den Kampfplatz verlassen oder wird in das Infanteriegefecht verwickelt;

γ. sie hindert das Feuer der eigenen Infanterie;

δ. sie zieht das Feuer der feindlichen Artillerie auf den besetzten Gegenstand, anstatt dasselbe abzulenken.

Eine Aufstellung in dem Saume der Bedeckung ist nur mit einigen Geschützen auf Wegen ausführbar; sie nutzt wenig, und die Geschütze gehen mit der Ortschaft in der Regel verloren.

3. Saum (Lisiere), Kernpunkt (Reduit), Abschnitt.

Der Saum bildet die eigentliche Vertheidigungsstellung der Besatzung. Doch ist nach Verlust des Saumes ein weiterer Widerstand im Innern nicht ausgeschlossen.

Man unterscheidet zwei Arten von rückwärtigen Stellungen im Inneren von Ortschaften und Wäldern: den „Kernpunkt" (das Reduit) und den „Abschnitt".

Der Kernpunkt ist ein selbständiger Vertheidigungspunkt im Inneren (Gehöft, Kirche, Häusergruppe), welcher gehalten werden kann, auch wenn alle übrigen Theile verloren sind. Er soll die Wiedereroberung erleichtern.

Der Abschnitt ist eine zweite Vertheidigungslinie, welche gestattet, den Rückzug der Vertheidiger des Saumes zu decken und die rückwärtigen Theile der Ortschaft (des Waldes) von Neuem zu vertheidigen. Er hat den Zweck des Zeitgewinnes.

Der Kernpunkt entspricht mehr der entscheidenden, der Abschnitt mehr der hinhaltenden Gefechtsabsicht.

Der Kernpunkt erhält gleich zu Beginn eine besondere, von allen übrigen abgeschlossene Truppe zur Besatzung; der Abschnitt wird nur im Bedarfsfalle mit den zurückgehaltenen Kräften besetzt.

Anforderungen an einen Kernpunkt:

1) der Kernpunkt muß nach allen Seiten abgeschlossen und vertheidigungsfähig sein;

2) er muß freien Abfluß der vorderen Truppen seitwärts gestatten;

3) er muß das Innere, besonders die Wege, möglichst unter Feuer haben;

4) er muß zurückgezogen und möglichst verdeckt liegen, um nicht schon aus der Ferne mit Artilleriefeuer zerstört zu werden.

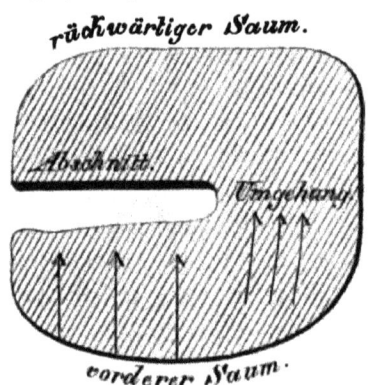

Anforderungen an einen Abschnitt:

1) der Abschnitt muß die Ortschaft (den Wald) von einem Ende zum anderen durchziehen und zwar derart, daß nicht Theile desselben mit dem vorderen Saume zugleich angegriffen werden können;

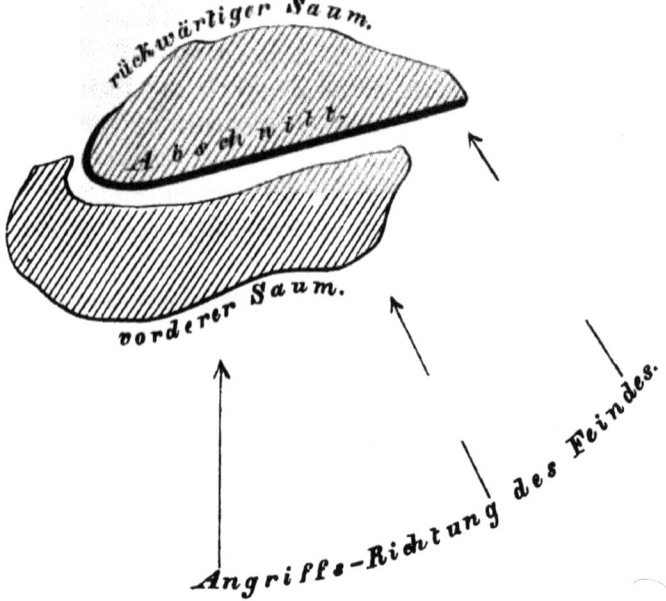

2) er muß ein gewisses Hinderniß bieten (Bachlauf, Querstraße mit Häuserreihe, Mauern, Hecken u. s. w.);

3) er muß viele, bequeme und leicht zu findende Durchlässe für die vorderen Truppen besitzen.

4. Eintheilung, Aufstellung und Verwendung der Infanterie zur Vertheidigung.

Die zur Vertheidigung von Ortschaften und Wäldern bestimmte Infanterie zerfällt in die „Besatzung" und die „äußere Reserve".

a. Die Besatzung

steht unter besonderem Befehle. Ihre Stärke richtet sich nach der Ausdehnung des zu besetzenden Saumes. Man rechnet im Allgemeinen auf den Schritt 1 bis 2 Mann Besatzung.

Bei einer zu starken Besatzung hindern die Truppen sich gegenseitig, leiden unnöthig durch Artillerie und gehen für eine Verwendung außerhalb (äußere Reserve) verloren.

Die Besatzung zerfällt in: α. „die Besatzung des Saumes", β. „die innere Reserve", γ. die etwa vorhandene „Besatzung des Kernpunktes".

Die Besatzung des Saumes, etwa die Hälfte der ganzen Besatzung, dient zur Bildung der Feuerlinie. Die Vertheidigungslinie wird in Kompagnieräume (Reviere) eingetheilt und den verschiedenen Kompagnien zugewiesen, so daß alle wichtigen Vertheidigungspunkte: vorspringende Punkte, Eingänge, schwache oder gefährdete Punkte bestimmten Kompagnien zugewiesen sind. Eingänge dürfen niemals Grenzen der Kompagnieräume sein.

Die Kompagnien gliedern sich in Feuerlinie und Unterstützungstrupps. Sie besetzen die wichtigen Punkte stark, die unwichtigen schwach oder gar nicht.

Die innere Reserve, etwa die Hälfte der Besatzung, hat folgende Zwecke:

1) sie soll die Besatzung des Saumes verstärken, wenn der Hauptangriffspunkt des Feindes erkannt ist;

2) sie soll einen etwa eingedrungenen Feind durch sofortigen Gegenangriff wieder hinauswerfen;

3) sie dient zur Aufnahme der Besatzung des Saumes, zur Vertheidigung eines etwaigen Abschnittes.

b. Die äußeren Vertheidigungstruppen: „äußere Reserve".

Die Besatzung bildet das Schild, die äußere Reserve das Schwert des Ortskampfes.

Letztere soll:

1) angriffsweise verfahren,
2) feindlichen Umfassungen oder Umgehungen entgegentreten,
3) die Besatzung im Bedarfsfalle verstärken,
4) eintretenden Falles die Wiedereroberung unternehmen,
5) bei glücklichem Kampfe die Verfolgung übernehmen, bei unglück= lichem den Rückzug der Besatzung, welche in schlimmem Zustande sein wird, decken.

Daraus folgt die hohe Bedeutung der äußeren Reserve. Sie darf nie fehlen und muß möglichst stark sein

Die äußere Reserve der Infanterie steht in der Regel hinter der Mitte oder hinter einem besonders gefährdeten Flügel zum Eingreifen bereit.*)

5. Allgemeine Grundsätze für die Vertheidigungseinrichtung.

Die dem Kampfe vorhergehende Vertheidigungseinrichtung ist bei allen Bedeckungen wichtig, bei Dörfern und Gehöften nothwendig.

Das Erste ist: Herstellung von Verbindungen (Kommunikationen) im Innern; das Zweite: Einrichtung des Saumes; das Dritte: Vertheidigungs= einrichtung des Innern, Herstellung von Abschnitten oder Kernpunkten.

Es gilt als Grundsatz, daß jeder Truppentheil diejenige Vertheidigungs= einrichtung trifft, welche nachher für ihn zur Benutzung gelangt.

Die Pioniere werden in der Regel an die verschiedenen Truppentheile behufs Unterweisung in der Arbeit vertheilt.

6. Verwendung der Waffen beim Angriff.

Der Infanterie fällt der eigentliche Kampf zu.

Außer der Kundschaftsthätigkeit ergeben sich für die Kavallerie folgende Aufgaben:

1) die Flanken der angreifenden Infanterie zu beschützen;
2) die äußeren Vertheidigungstruppen durch umgreifende Bewegungen zu bedrohen und im günstigen Falle anzugreifen, auch im ent= scheidenden Augenblicke durch Scheinangriffe das Feuer der feind= lichen Artillerie auf sich zu ziehen.
3) in den aus der Bedeckung geworfenen Gegner einzuhauen.

Die Rolle der Artillerie ist bedeutungsvoll. Zuerst wird sie suchen, das Feuer der Vertheidigungsartillerie zu überwältigen, dann nimmt sie den Saum als Vertheidigungs= und Hindernißlinie, besonders den Haupt=

---

*) Vergl. Taf. II Vertheidigung von Roncourt.

angriffspunkt unter Maffenfeuer, die Truppen, die Deckungen, Hinderniffe und Häuser beschießend.

Feuer gegen das Innere wird, weil meist aufs Gerathewohl geschoffen werden muß, nur mit untergeordneten Kräften stattfinden. Bei einem Dorfe oder Gehöfte wird man besonders leicht Feuer fangende Gegenstände (gefüllte Scheunen, Strohdächer u. f. w.) unter Feuer nehmen.

Beim Vorgehen der Infanterie und beim Kampfe selbst wird sich das Feuer besonders gegen das Innere, vielleicht auch wieder gegen die feindliche Artillerie und gegen äußere Vertheidigungstruppen wenden müffen.

Wo Hinderniffe im Angriffe zu überwinden sind, folgen der Feuerlinie „Arbeiterabtheilungen" von 10 bis 20 Mann mit nöthigem Werkzeuge. Es sind dies, wenn möglich, Pioniere.

7. Gefechtsverlauf beim Kampfe um Ortschaften und Wälder.

Der Hauptkampf dreht sich um den Besitz des Saumes. Ueber-wältigende Feuervorbereitung ist die nothwendigste Vorbedingung für den Erfolg des Angriffs.

Der Vertheidiger will den Gegner durch Feuer zurückweisen oder den etwa Eingedrungenen mit dem Bajonett wieder hinauswerfen. Der An-greifer will den Saum an einzelnen Punkten gewinnen und durch schleunige Heranführung geschloffener Abtheilungen den Besitz sichern. Hier kann es zum Handgemenge kommen.

Die Entscheidung des Kampfes ist jedoch meist nicht im Dorfe (Walde) selbst, sondern seitwärts deffelben zu suchen; Ausnahme: große Ausdehnung nach den Seiten. Wer außerhalb der Ortschaft (des Waldes) Sieger ist, beraubt den in derselben kämpfenden Gegner des Zusammen-hanges mit den übrigen Truppen und nöthigt ihn zur Aufgabe des Orts. Doch darf der Angreifer die Entscheidung seitwärts erst suchen, wenn er einen Theil des Innern im Besitze hat.*)

Beim Kampfe im Innern muß das vornehmste Bestreben des An-greifers darauf gerichtet sein, durch kräftiges Vorbringen, gestützt durch geschloffene Abtheilungen, baldigst den jenseitigen Saum zu erreichen.

---

*) In dem Städtchen Bazeilles bei Sedan 1870 wurde das stundenlange Ringen der beiden bayerischen Korps mit den Franzosen dadurch entschieden, daß durch bayerische und preußische Streitkräfte die französische Stellung seitwärts (nördlich) des Ortes genommen wurde.

Aehnlich war die Entscheidung des Kampfes um Mödern bei Leipzig 1813.

Bei Beaune la Rolande 28. November 1870 wurde der Kampf zu Ungunsten des Angreifers außerhalb des heftig umstrittenen Ortes durch Zurückwerfen des linken französischen Flügels entschieden.

Ist ein Abschnitt vorhanden und durch frische Kräfte rechtzeitig besetzt, so kann der Kampf lange Zeit zum Stehen kommen.*)

Stößt der siegreiche Angreifer auf einen Kernpunkt, so muß er denselben schnell und dicht einschließen, durch Feuer mundtobt machen und dann mit Gewalt öffnen. Artilleriewirkung gegen denselben ist wünschenswerth, aber selten zu erreichen.**)

Ist der Kampf entschieden, so bleiben die in der Bedeckung befindlichen Truppen des Siegers, indem sie ihre Ordnung wiederherstellen, als Rückhalt für die äußeren Truppen, welche die Verfolgung übernehmen.

8. Der Kampf um den Ausgang (das Debouchee) aus ausgedehnten Ortschaften und Wäldern.

Die Ausgänge aus Wäldern und Ortschaften sind in der Regel für die Kavallerie und Artillerie als Engwege zu betrachten.

Daraus ergeben sich für denjenigen, der sich derart den Ausgängen gegenüber aufstellt, daß er dieselben unter wirksamem Feuer halten kann, folgende Vortheile:

1) der Angreifer, d. i. der Heraustretende, kann anfangs nur seine Infanterie entwickeln, es fehlt ihm die Artillerievorbereitung, er ist genöthigt, mit Artillerie und Kavallerie außer Schußweite umzugreifen, geräth in die Gefahr, sich zu zersplittern, verliert Zeit;

2) der Angreifer muß die Truppen in der Ortschaft, dem Walde, zum Kampfe ansetzen, wodurch leicht Unordnung und Mißverständnisse entstehen.

Dagegen hat der Angreifer den Vortheil der Deckung in der Ortschaft (dem Walde); er kann überraschend seitwärts vorbrechen und hat einen Rückhalt in dem Saume der Bedeckung.

Daraus folgt: Die Vertheidigung des Ausganges aus größeren Ortschaften und Wäldern entspricht mehr der hinhaltenden wie der entscheidenden Gefechtsabsicht.

---

*) In dem Dorfe Ligny 1814 bildete der gleichnamige, durchfließende Bach einen Abschnitt, an welchem der Kampf stundenlang zum Stehen kam, weil keiner der streitenden Theile trotz der mannigfachsten Versuche über denselben vorzudringen vermochte.

**) Fälle anhaltender Kernpunktvertheidigungen des letzten Feldzuges: Loigny 1870, Meßas bei Beaugency 1870. Fälle eines langanhaltenden Häuserkampfes im letzten Feldzuge: Champigny, Bazeilles bei Sedan.

e. Besondere Betrachtung des Waldgefechts.*)

Das Innere eines Waldes bietet seltener neue Widerstandsgelegenheit wie das einer Ortschaft.

Abschnitte finden sich nicht häufig, am ehesten noch an einem Wasserlaufe oder einem Wiesenstreifen, auch in einer Schneuse, wenn sie mit Hindernissen (Verhauen) versehen ist.

Kernpunkte kommen nur in größeren Waldungen vor (Förstereien, Gehöfte, Jagdschlösser u. s. w.).

Der Saum eines Waldes bietet weniger Hindernisse und Deckungen wie der des Dorfes. Durch Anlage eines Verhaues erschwert man die eigene Feuerwirkung; diese Maßregel ist daher nur dort zu empfehlen, wo man den Saum nicht besetzen, sondern abschließen und unter seitlichem Feuer halten will. —

Eine zu große Ausdehnung findet sich bei Wäldern häufiger wie bei Dörfern. Dagegen ist für einen ausgedehnten Wald der Umstand vortheilhaft, daß das Innere weniger unter feindlichem Artilleriefeuer leidet.

Daraus folgt:

1) beim Waldgefechte liegt der Schwerpunkt der Vertheidigung mehr wie bei Ortschaften in der Behauptung des Saumes;

2) der Kampf im Innern eines Waldes hat einen heftig hin- und herwogenden, nicht den zähen Verlauf des Häuserkampfes in Ortschaften.

Die Bedeutung des Waldes für die Vertheidigung ist verschieden, je nach der Beschaffenheit des Holzes:

Lichter, dickstämmiger Wald bietet Deckung und freie Bewegung; er ist am günstigsten.

Wald mit Unterholz hat den Vortheil, gegen das Auge des Feindes zu decken, erschwert dagegen die Bewegung und hindert die Uebersicht. Dies kann sich bei dicht durchwachsenem (Dorn-) Gestrüpp bis zu einem Grade steigern, daß eine Vertheidigung unmöglich wird.

Junges Holz, Schonung deckt nicht genügend und erschwert die Bewegung, ist daher nicht günstig.

---

*) Berühmte Waldgefechte: Hohenlinden 1800, das Erlenwäldchen bei Grochow 1831, der Wald von Masloweb bei Königgrätz 1866.

f. Besondere Betrachtung des Kampfes um Ortschaften.

Dörfer und Gehöfte (Schlösser) bilden am häufigsten den Gegenstand eines Kampfes. Größere offene Städte werden selten besetzt und vertheidigt, weil man sie nicht einem Kampfe aussetzen will und weil sie die Vertheidigung nicht begünstigen. Man zieht zu ihrer Vertheidigung eine Stellung vorwärts im Felde vor (Amiens, Orleans 1870).

1. Das Dorf.

Das Dorf*) begünstigt eine zähe Vertheidigung mehr wie der Wald. Der Saum ist stärker und hindernißreicher, das Innere gestattet eine schrittweise Vertheidigung. Auch ist das Dorf in der Regel von entsprechender, nicht zu großer Ausdehnung.

Dagegen ist die Bewegung in Dörfern seitwärts der Wege erschwert, und das feindliche Artilleriefeuer ist von verheerender Wirkung.

Man macht an die Beschaffenheit eines Dorfes folgende Hauptanforderungen:

Der Saum muß ein zusammenhängendes Hinderniß oder wenigstens Gelegenheit zur Herstellung von guten Deckungen bieten. Auch muß freier Schuß aus der Umfassung in das Vorfeld möglich sein.

Das Innere muß ein günstiges Wegenetz und womöglich einen Wegeknoten für günstige Aufstellung der inneren Reserve bieten; auch muß leichte Herstellung anderweitiger Wegeverbindungen möglich sein. Die Gebäude müssen stark gebaut, wenigstens nicht mit Stroh= oder Schindeldächern versehen sein, und womöglich einzelne in sich geschlossene Gruppen bilden.

2. Das Gehöft.

Bei einem Gehöfte**) kann in der Regel von einem längeren Kampfe im Innern nicht die Rede sein. Durch das Feuer der Angriffsartillerie (und Infanterie) wird mit der Vertheidigungskraft der Umfassung gleichzeitig auch die des Innern gebrochen.

Einzelne Gehöfte haben den Nachtheil, daß durch eine entsprechend starke Artillerie die Vertheidigungsfähigkeit gänzlich aufgehoben werden kann.

---

*) Beaune la Rolande, 28. November 1870, ist ein Beispiel einer hartnäckigen und glücklich durchgeführten Ortsvertheidigung gegen weit überlegene Kräfte.
**) Beispiele: La Haye=Sainte und Schloß Hougomont bei Belle Alliance 1814, Schloß Geißberg bei Weißenburg 1870.

g. Der Straßenkampf.

Der Straßenkampf bildet einen Theil des Kampfes um Ortschaften.

Der Kampf im Inneren größerer Städte kommt im Feldkriege sehr selten, im Festungskriege schon eher (Saragossa, Puebla), am häufigsten aber bei Empörungen und Volksaufständen vor.

Die Absperrung der Straßen geschieht durch die Anlage von „Barrikaden". Dieselben liegen am günstigsten an Schnitt= und Brechpunkten der Straßen.

Man kann einen methodischen und einen gewaltsamen Angriff gegen Barrikaden unterscheiden.

Beim methodischen Angriffe (Festungskrieg) geht man zu Seiten der Straße durch die Häuser und Höfe mittelst Durchbruchs bis zu den der „Barrikade" gegenüberliegenden Häusern vor. Beim gewaltsamen Angriffe (Insurrektionskrieg) stürmt man auf der Straße.

Die Entscheidung eines Barrikadenangriffs dreht sich um den Besitz der neben der Barrikade liegenden Häuser, durch welche man die Barrikade selbst beherrscht.

Artilleriefeuer ist gegen „Barrikaden" von besonderer Wirkung.

Für den Angriff einer gänzlich im Aufstande befindlichen Stadt gelten folgende Gesichtspunkte:

Die Stadt wird durch Kavallerie umschlossen. Dort, wo der Angriff stattfinden soll, geht auf jeder Straße eine Kolonne von mehreren Bataillonen und einigen Geschützen vor. In den breiten und geraden Straßen sucht man mit Hülfe der Artillerie schnell vorwärts zu kommen.

Starke Reserven folgen auf den Hauptstraßen.

Ist der Empörer auf einige Stadtviertel oder öffentliche Gebäude u. s. w. beschränkt, so hungert man ihn aus; auch kann man durch überraschende nächtliche Angriffe einzudringen suchen, wenn Rücksicht auf Schonung der Gebäude einen Massengebrauch der Artillerie verbietet.

Dritte Gruppe.

h. Der Kampf um Engwege (Defileen).

1. Taktische Bedeutung der Engwege.

Unter einem Engwege (Defilee) versteht man eine schmale gangbare Verbindung, welche durch oder über ein Hinderniß führt, so daß ein Durchschreiten des Letzteren in einer gewissen Gefechtsentwickelung nicht möglich ist.

Die Engwege sind der mannigfachsten Art. Doch lassen sich diejenigen, welche über ein vollständiges Hinderniß führen, in ihrer taktischen Bedeutung in zwei Hauptarten zusammenfassen: kurze Engwege, bei welchen eine Feuerwirkung über das Hinderniß möglich ist (Brücken, Furten u. s. w.), und lange Engwege, bei welchen dies nicht möglich ist (Gebirgspässe, Dämme über ausgedehntes Weichland).

Die Bedeutung der Engwege ist eine durchaus verschiedene, je nachdem der Vertheidiger vor, hinter oder in denselben sich aufstellt.

Bei der Aufstellung **vor** dem Engwege ist die Bedeutung des letzteren eine nachtheilige und unheilvolle:

1) das Bewußtsein, auf einen einzigen Rückzugsweg angewiesen zu sein, die Furcht, diesen Rückzug zu verlieren, verhindert eine freie Truppenverwendung;

2) bei beginnendem Rückzuge muß man aus der Gefechtsentwickelung in eine schmale Kolonne übergehen; der Feind gewinnt Zeit, die Abziehenden einzuholen und zu vernichten;

3) durch das Bewußtsein der Gefahr entsteht Ueberstürzung und Unordnung beim Uebergange, der Rückzug wird verlangsamt, der Engweg leicht verstopft.

Ein unglücklicher Kampf vor einem Engwege kann daher leicht zu einer Vernichtung werden. (Friedland 1807.)

Die Aufstellung **hinter** dem Engwege bietet dem Vertheidiger folgende Vortheile:

1) der Feind kann nur an einer schmalen Stelle zum Angriffe vorgehen, der Hauptvortheil des Angriffs: freie Wahl des Angriffspunktes, geht verloren;

2) der Vertheidiger kann gegen den in schmaler Kolonne vorrückenden Gegner seine ganze Kraft vereinigen, und die Verhältnisse werden erst gleich, wenn der Angreifer seine Kräfte übergeführt und jenseits entwickelt hat;

3) aber auch dann ist der Angreifer in der ungünstigen Lage, mit einem Engwege im Rücken sich schlagen zu müssen.

Der einzige Nachtheil der Aufstellung hinter dem Engwege besteht in der Schwierigkeit der Ausführung des Gegenstoßes und der Verfolgung eines geschlagenen Gegners.

Die Aufstellung hinter dem Engwege ist daher stets die günstigere. Doch ist man genöthigt, vor den Engweg sich zu stellen, wenn derselbe für die Benutzung durch eigene Truppen offen zu halten ist, sei es, daß dieselben über den Engweg vormarschiren wollen (Gefechtsaufgabe einer Avantgarde beim Vormarsche), sei es, daß sie einen Rückmarsch über denselben beabsichtigen (Arrieregarde beim Rückmarsche.)

Die Aufstellung in Engwegen ist die seltenere und kann nur bei einer großen Ausdehnung und Verzweigung derselben vorkommen (Gebirge, Dämme). Gestattet der Aufstellungspunkt eine gewisse Frontentwickelung des Vertheidigers, so hat man die Vortheile der Aufstellung hinter einem Engwege mit den Nachtheilen der Aufstellung vor einem solchen.

2. Der Kampf um Brücken oder Furten: kurze Engwege.

a. Aufstellung des Vertheidigers vor der Brücke.

1. Vertheidigung. Die Aufstellung ist derart zu nehmen, daß es dem Gegner nicht möglich ist, von irgend einer Seite die Brücke (Furt) ohne Kampf zu erreichen oder dieselbe unter Feuer zu nehmen.

Die Vertheidigungslinie wird sich in der Regel halbkreisförmig vor der Brücke hinziehen, beide Flügel an den Fluß gelehnt. Vorliegende Höhen, welche die Brücke beherrschen, sind besonders stark zu besetzen.

Die Verwendung der Truppen richtet sich danach, ob es sich für die Hauptkräfte um einen Vormarsch über die Brücke (Avantgarde) oder um einen Rückzug (Arrieregarde) handelt.

Im ersten Falle werden alle Waffen möglichst schnell vor dem Engwege entwickelt. Die Verwendung der Truppen kann eine freiere sein, da die Unterstützung sicher ist. Vor allen Dingen muß durch die Aufstellung dem übergehenden Gros genügender Raum für seine Entwickelung und für das Eingreifen in das Gefecht gesichert sein.

Bei einem Arrieregardengefechte vor dem Engwege muß dagegen die Aufstellung dem Uebergange mehr genähert sein. Eine starke Reserve muß in der Nähe desselben stehen. Die Artillerie wird, wenn irgend möglich, auf dem rückwärtigen Flußufer aufgestellt, und auch die Kavallerie befindet sich hinter der Brücke, um das Ufer weithin abzustreifen und zu verhindern, daß feindliche Truppen unbemerkt den Fluß weiter oberhalb oder unterhalb überschreiten und im Rücken der kämpfenden Vertheidigungstruppen den Uebergang bedrohen könnten. Pioniere werden an der Brücke selbst verwendet, um sie frei zu halten und die Zerstörung vorzubereiten.

Das Abbrechen des Kampfes vor einem Engwege ist eine der schwierigsten Aufgaben des Krieges.

Der erste Grundsatz ist: dort am längsten Widerstand zu leisten, wo der Gegner am heftigsten drängt. Zuerst geht die Artillerie zurück, dann die Kavallerie, beide womöglich im Trabe. Die Infanterie folgt zuletzt

im allmählichen, stückweisen Abzuge. Die letzte Reservestellung liegt brücken=
kopfartig dicht vor dem Uebergange.

Die Artillerie und die zuerst übergegangene Infanterie besetzen das
rückwärtige Ufer, um ein Nachbringen des Gegners über die Brücke zu hindern.

Ist Gefahr für den Rückzug über die Brücke, so bleibt manchmal nur
ein kurzer Vorstoß übrig, um Luft zu schaffen.

Sobald die letzten Truppen übergegangen sind, wird die Brücke zer=
stört. Doch ist eine rechtzeitige Zerstörung schwierig.

2. **Angriff.** Das Hauptbestreben muß darauf gerichtet sein, die nach
allen Seiten vertheilten Truppen des Vertheidigers auf einem Punkte ent=
scheidend zu schlagen und lebhaft gegen die Brücke zu werfen.*) Ein zweiter
Gesichtspunkt ist baldige Beschießung der Brücke durch Artillerie.

Sitzt man dem weichenden Feinde auf der Ferse, so hat man Aussicht,
zugleich mit ihm über die Brücke zu bringen und ohne Verluste den Ueber=
gang zu erzwingen (Ebelsberg 1809).

b. **Aufstellung des Vertheidigers hinter der Brücke.**

1. **Vertheidigung.** Die Aufstellung liegt entweder dicht am Flußufer
und der Brücke, oder sie ist zurückgezogen.

Die Aufstellung dicht an der Brücke (Furt) beschränkt sich auf
eine unmittelbare Verwehrung des Ueberganges. Sie ist gut für schwache
Truppenkörper, für eine Vertheidigung bei Nacht und Nebel; kann auch
durch das Gelände geboten sein.

Bei der zurückgezogenen Aufstellung will man vor sich Raum
für einen Gegenangriff haben. In ihr können alle Waffen besser zur Ver=
wendung kommen, man kann eine große umfassende Front entwickeln, und
das vorbereitende Feuer des Angreifers ist gegen diese Aufstellung weniger
wirksam. Sie ist somit in der Regel vorzuziehen.

Bei der Aufstellung dicht am Uebergange wird das Flußufer mit
Schützen besetzt und eine größere geschlossene Abtheilung in der Nähe der
Brücke (Furt) gedeckt aufgestellt, mit dem Zwecke, bei jedem Versuche eines
Sturmes zu erscheinen und durch Salven oder Bajonett den Feind zurück=
zutreiben.**)

---

*) Mustergültig ist in dieser Beziehung die Schlachtführung Napoleons bei Fried=
land 1807. Er griff den linken Flügel der Russen, welcher durch einen tiefen Grund
von dem Centrum getrennt war, mit Uebermacht an und warf ihn auf Friedland und
die Brücke. Dadurch wurden die Mitte und der rechte Flügel, welche bis dahin nur
beschäftigt worden waren, von der Brücke abgedrängt und vernichtet. Nur ein Theil
der Infanterie und die Kavallerie konnten durch eine Furt ihre Flucht bewerkstelligen.

**) Vertheidigung der Brücke von Wavre durch die Preußen 1814.

18*

Bei der zurückgezogenen Aufstellung wird man sich in der Regel halb=kreisförmig um den Ausgang der Brücke aufstellen.

Die Artillerie muß die Brücke und das Anmarschfeld des Gegners wirksam beschießen können. Ist man stark an Artillerie, so wird man gut thun, einige Geschütze, welche sich am Artilleriekampfe nicht betheiligen, ge=deckt zur Längenbestreichung der Brücke, dauernd auf dieselbe gerichtet, bloß für die Augenblicke des Sturmes bestimmt, aufzustellen.

Die Kavallerie sucht die seitwärtige Flußstrecke mit Patrouillen weit=hin ab, um Umgehungsversuche rechtzeitig zu entdecken. Bei Gegenstößen gegen einen übergegangenen Feind kann sie Verwendung finden.•

2. **Angriff.** Eine gut vertheidigte Brücke oder Furt gewaltsam zu nehmen, ist ein schwierig Ding. Man wird sich ernstlich fragen müssen, ob es nicht möglich ist, durch Umgehung den Frontangriff zu vermeiden oder wenigstens zu erleichtern (Magenta 1859, Kissingen 1866). Auch kann man manchmal durch überraschenden Angriff bei Nacht billigen Kaufs in den Besitz einer Brücke gelangen (Podol 1866).

Für den gewaltsamen Angriff ist eine überwältigende Feuervorbereitung durch die gesammte Artillerie und zahlreiche Schützen die erste Vor=bedingung des Erfolges.*)

Darauf geschieht der Uebergang folgendermaßen:

Die zum Sturme bestimmten Infanteriekräfte stehen in der Nähe der Brücke, in Kolonnen mit entsprechender Breite, gedeckt in Bereitschaft. Im gegebenen Augenblicke stürzt die vorderste Kompagnie über die Brücke; eine kleine Arbeiterabtheilung geht vorauf. Jenseits wird hurtig Feuerstellung genommen. Ist dies geschehen, so geht sofort die folgende Kompagnie über.

Die Entscheidung des Kampfes liegt am Ausgange der Brücke. Dort kann es zu kurzen aber blutigen Zusammenstößen kommen. Behauptet sich der Angreifer, so dehnt er sich nach Maßgabe der ein=treffenden Verstärkungen aus und sprengt schließlich mit durchbrechendem Angriffe die feindliche Linie. Artillerie und Kavallerie dürfen erst über=gehen, wenn die Brücke nicht mehr vom Feinde beschossen wird.

Größere Heereskörper können die Aufstellung hinter einem oder mehreren Engwegen auch in reiner Angriffsabsicht nehmen, indem sie die Uebergänge nur beobachten lassen und selber weit zurück gedeckt in Bereit=schaft stehen, um über den Gegner herzufallen, bevor derselbe seine Haupt=kräfte diesseits entwickelt hat.**)

---

*) Lodi 1796.
**) Das glänzendste Beispiel für ein ähnliches Verfahren ist die Schlacht an der Katzbach; ein verfehltes ist Ostrolenka.

3. Der Kampf um lange Engwege: Gebirgspässe und Dämme.

Hier ist eine Aufstellung des Vertheidigers in dem Engwege angängig.

Gebirgspässe bilden selten vollständige Engwege. Meist können die begleitenden Thalhänge von Infanterie erklettert und zum Kampfe benutzt werden. Da diese Hänge die Thalstraße beherrschen, so entscheiden sich die Kämpfe meist auf ihnen.

Bei allen Gebirgskämpfen*) spielt die Umgehung eine große Rolle. Die Feldzüge in den Pyrenäen und Alpen, besonders der des Jahres 1799, beweisen, daß jede Gebirgsstellung zu umgehen ist.

Eine Aufstellung in Gebirgspässen eignet sich daher mehr zu Gefechten um Zeitgewinn wie zu entscheidenden Kämpfen. Letztere können nur angriffsweise geführt werden, auch wenn man im Vertheidigungskriege sich befindet, indem man in einer „Centralstellung“,**) von welcher die verschiedenen Anmarschstraßen des Gegners leicht zu erreichen sind, seine Hauptkräfte vereinigt hält, um überraschend über eine Kolonne des Gegners herzufallen und sie zu schlagen, bevor die anderen eingreifen können. Doch ist dies Verfahren nicht ohne Gefahr, umfaßt und erdrückt zu werden.

Artillerie kann meist nur mit einigen Geschützen auf der Straße verwendet werden: Gebirgsartillerie allein kann auf Saumpfaden die Hänge ersteigen.

Die Kavallerie dient nur zu Kundschaftszwecken.

Dämme*) können von der verschiedensten Bedeutung sein, je nachdem das seitwärtige Feld gänzlich oder nur stellenweise nicht zu überschreiten ist.

Ist Ersteres der Fall, so ist der Angriff über einen gut vertheidigten Damm kaum denkbar; man wird umgehen müssen.

Ist Letzteres der Fall, so bezeichnet der Damm nur den Weg für die schwereren Truppengattungen und die Fahrzeuge.

Stellungen inmitten von Dämmen können dort sich bieten, wo ein Querdamm oder eine trockene Insel im Weichlande eine breitere Frontentwickelung gestattet.

---

*) Kühne, der Krieg im Hochgebirge u. s. w. Berlin 1876.

**) Vertheidigung von Tirol gegen Garibaldi durch Oberst Kuhn 1866. In früheren Zeiten, besonders zu Ende des vorigen Jahrhunderts, war die reine Vertheidigung der Gebirge durch eine Reihe einzelner Posten (Kordonstellungen) gebräuchlich. Die Erfahrung hat gezeigt, daß gegen einen thatkräftigen Angreifer dieselben unhaltbar sind.

***) Die lehrreichsten Dammgefechte bietet der dreitägige Kampf bei Arcole 1796 und in Bezug auf ein Netz von Dämmen der Angriff der Preußen 1787 auf die holländischen Stellungen um Amsterdam.

Vierte Gruppe.

i. Der Kampf um Wasserlinien.

1. Allgemeines.

Der Kampf um solche Flüsse, Bäche, Kanäle u. f. w., welche bedeutend genug sind, um ein vollständiges Hinderniß abzugeben, besteht darin, daß der Angreifer versucht, Brücken über das Hinderniß herzustellen und überzugehen, während der Vertheidiger bestrebt ist, entweder den Brückenschlag selbst zu hindern oder den Uebergehenden mit gesammter Macht anzugreifen, bevor der Letztere entsprechende Kräfte übergesetzt hat.*)

Da ein Brückenschlag im wirksamen feindlichen Feuer nicht wohl ausführbar ist,**) so wird der Angreifer zu weit ausgreifenden Umgehungen genöthigt. Die Vertheidigung einer Wasserlinie führt daher stets einen Zeitgewinn herbei und eignet sich für hinhaltende Kampfesabsicht.

Für einen Entscheidungskampf sind dagegen, wie die Kriegsgeschichte lehrt, die Aussichten der Vertheidigung geringer. Nirgends tritt der Vortheil der freien Wahl in Ausführung des Angriffes, der Möglichkeit einer Täuschung durch Scheinangriff, der Ueberraschung mächtiger hervor, wie bei Flußgefechten.

2. Maßregeln des Vertheidigers.

1) Vernichtung aller vorhandenen Uebergangsmittel.

2) Beobachtung und Aufklärung des jenseitigen Ufers durch Kavallerie, welche sich, wenn nöthig, seitwärts (weit oberhalb oder unterhalb) zurückzieht.

3) Besetzung der Flußstrecke durch **Beobachtungsabtheilungen** von der Stärke einiger Kompagnien mit etwas Kavallerie, bezw. auch Artillerie.

Dieselben halten die wahrscheinlichen Uebergangspunkte besetzt, streifen mit Kavallerie Tag und Nacht an dem diesseitigen Ufer, beobachten von günstigen Uebersichtspunkten aus und suchen einen Brückenschlag zu verhindern.

4) Aufstellung der Hauptkräfte als **Reserve** an einem Wegeknoten, etwa hinter der Mitte der ganzen Linie, um bei feindlichem Uebergange vorzugehen und die übergesetzten Truppen des Gegners zurückzuwerfen.

---

*) Erzherzog Karl bei Aspern 1809.

**) Eines der wenigen Beispiele der Herstellung einer Brücke im feindlichen Feuer bietet das Gefecht bei Rain am Lech 1631; Gustav Adolph gegen Tilly.

5) Herstellung schneller Benachrichtigungsmittel zwischen Beobachtungs=
abtheilungen und Reserve: Feldtelegraphen, Fanale, „optische Tele=
graphen“, außerdem Brieflinien.

3. Günstige Uebergangspunkte.

Der Punkt des Brückenschlages muß folgenden Anforderungen genügen:

a. unbemerkte Ausführung des Brückenschlages: bedeckte Ufer;

b. schnelle und leichte Herstellung der Brücke: fester Flußboden, sanfte
Ufer, geringe Breite und Tiefe, Inseln, alte Fährstellen u. s. w.;

c. Möglichkeit der Sicherung des Brückenschlages auf dem jenseitigen
Ufer durch übergesetzte Truppen: Deckungen und Stützpunkte vor
der Brückenstelle, — und Möglichkeit der Unterstützung durch
Feuer vom Angriffsufer aus: einspringender Bogen, der eine Ver=
einigung des Feuers vor der Brückenstelle ermöglicht, beherrschende
Angriffsufer;

d. Möglichkeit einer schnellen Entwickelung der Truppen jenseits.

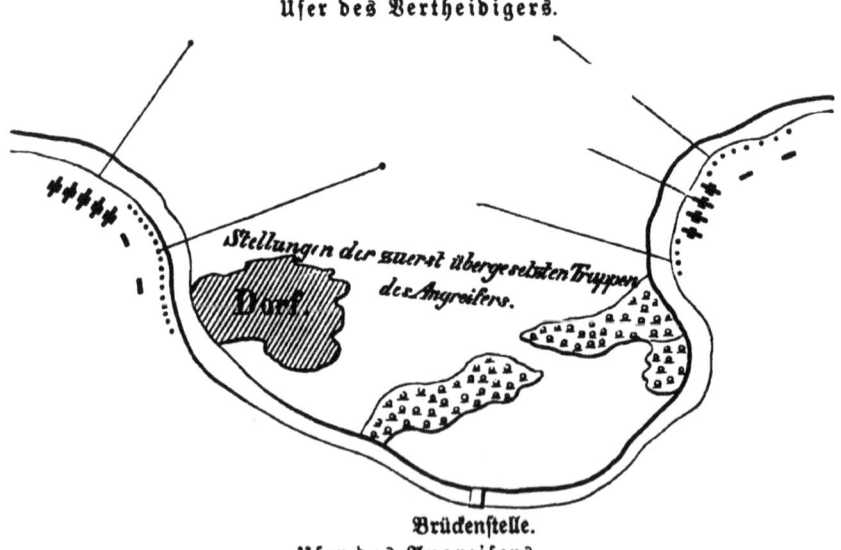

Ufer des Vertheidigers.

Stellungen der zuerst übergesetzten Truppen des Angreifers.

Dorf.

Brückenstelle.
Ufer des Angreifers.

4. Ausführung des Ueberganges.

Die erste und einzige Vorbedingung des Erfolges ist die Ueberraschung.
Es gilt, durch Scheinbewegungen, durch einen scheinbaren Brückenschlag den
Gegner zu täuschen und seine Kräfte nach einer falschen Richtung zu
ziehen.*)

---

*) Uebergang Massenas über die Limmat bei Zürich 25. September 1799.

Der Brückenschlag selbst wird meist bei Nacht begonnen, so daß in den Tag hinein gearbeitet und übergegangen werden kann.

Vor Beginn der Arbeit, auch während derselben, werden zur Deckung des Brückenschlages Truppen auf Flößen, Kähnen u. dergl. nach dem jenseitigen Ufer übergesetzt, welche dort Stellung nehmen. Das diesseitige Ufer wird möglichst stark mit Schützen und Artillerie besetzt.

Der Brückenschlag selbst geschieht durch die Pioniere mit Hülfe des Brückentrains.

Den Uebergang eröffnet eine Avantgarde aller Waffen: dieselbe deckt den Uebergang und die Entwickelung des Gros.

Die Gesichtspunkte des Kampfes gehören in das Gebiet der Kämpfe um Engwege.

Elfter Abschnitt.

Die Grundzüge des kleinen Krieges.

a. Allgemeines über den kleinen Krieg.

Der kleine Krieg*) kann entweder ganz für sich allein bestehen und an die Stelle der großen, auf Entscheidung hindrängenden Heeresbewegungen treten, oder er kann neben den Unternehmungen des großen Krieges unterstützend einhergehen.

Im ersteren Falle bezweckt der kleine Krieg einen Zeitgewinn, eine Ermüdung des Gegners, um den Krieg in die Länge zu ziehen, Verstärkungen zu erwarten, neue Heere aufzubieten u. s. w.

In seiner zweiten Eigenschaft, als Begleiter des großen Krieges, will er nur Schaden zufügen, jedoch in solcher Weise, daß dadurch die großen Unternehmungen des Gegners möglichst erschwert werden. Er richtet sich daher hauptsächlich gegen die rückwärtigen Verbindungen, Eisenbahnen, Telegraphen, Etappenlinien u. s. w. Er sucht den Feind in Flanken und Rücken zu beunruhigen, wichtige Nachrichten zu erhalten, Engwege und sonstige wichtige Punkte im Rücken des Gegners zu besetzen und im Falle einer feindlichen Niederlage durch Ueberfall weithin Angst und Schrecken zu verbreiten.

So geringfügig die Kräfte zu derartigen Unternehmungen sein mögen, so wichtig kann eine erfolgreiche Thätigkeit für den Gang der großen Heeresbewegungen werden.

Der keine Krieg wird besonders begünstigt:

a. durch ein Gelände, welches die Bewegungen großer Heeresmassen erschwert und Ueberraschungen erleichtert (Hochgebirge: Schweiz, Tirol, Spanien, — weite Wald- und Sumpfgegend: Polen, ostpreußische Seengebiete);

---

*) C. v. Decker, der kleine Krieg. v. Brandt, der kleine Krieg, 1857 (Handbibl. für Offiziere, 6. Band, 2. Abtheilung).

b. durch Kriegführung im eigenen Lande, wo man durch den Beistand der Bevölkerung Nachrichten vom Feinde erhält, vor Entdeckungen und vernichtenden Schlägen mehr gesichert ist und die Schlupfwinkel der Gegend besser kennt.

Die Abtheilungen, welche für die Unternehmungen des keinen Krieges bestimmt sind, nennt man „**fliegende Kolonnen**", wenn sie zu einem bestimmten Zwecke entsendet werden, um nach Erfüllung ihres Auftrages zu ihrem Truppentheile wieder zurückzukehren, — oder „**Parteien, Streif-** und **Freikorps**", wenn sie auf die Dauer, und zwar mit dem allgemeinen Zweck, den Gegner auf jede Weise zu schädigen, den keinen Krieg führen.

Die Bezeichnung der „fliegenden Kolonne" ist dann besonders gebräuchlich, wenn eine Abtheilung den Auftrag erhält, eine im Aufstande begriffene Gegend zu durchziehen und zu beruhigen, etwa vorhandene Banden Bewaffneter zu zerstreuen und weitere Zusammenrottungen zu hindern.

Da die zum keinen Kriege verwendeten Truppenabtheilungen und Freikorps in der Regel schwach sind und es meist mit einem überlegenen Gegner zu thun haben, so werden sie selten mit offener Gewalt gegen einen vorbereiteten Feind etwas ausrichten können. Sie müssen daher ihre Zuflucht zur List und Ueberraschung nehmen. Das Wesen des keinen Krieges besteht vornehmlich in dem

Ueberraschungsgefecht.

Sucht man den Gegner in Ortsunterkunft, Biwaks, Stellungen u. s. w. auf, um ihn überraschend anzugreifen, so macht man einen **Ueberfall**; wartet man dagegen einen anmarschirenden Feind in versteckter Stellung ab, um plötzlich über den sorglos Marschirenden von der Seite herzufallen, so legt man ein **Versteck** oder einen **Hinterhalt**.

b. Der Ueberfall.*)

Die Bedingungen des Erfolges eines Ueberfalls bestehen darin, daß einestheils der Gegner sich nicht in Gefechtsbereitschaft befindet, daß er lagert, biwakirt oder in Orten liegt, und daß anderntheils eine unbemerkte Annäherung bis auf nächste Gefechtsentfernung möglich ist, d. h. daß der Sicherheitsdienst bei dem Feinde nachlässig betrieben wird.

---

*) Das bedeutendste Beispiel ist Hochkirch 1758. Andere: Nächtlicher Angriff bei Laon 1814; Ueberfall deutscher Etappenorte (Chatillon und Stenay) 1870/71; Angriff der 8. Kompagnie 4. Hessischen Regiments auf Schloß Chambord bei dunklem Abend, 9. Dezember 1870 (Geschichte des 4. Großh. Hess. Inf. Regts. Nr. 118 von A. Keim, S. 361).

Die Wahl der Waffengattungen für einen Ueberfall unterliegt folgenden Gesichtspunkten:

Die Kavallerie ist zu überraschenden Anfällen besonders geeignet, jedoch nur einem Feinde gegenüber, der sich im freien Felde befindet.

Hat der Gegner Stützpunkte des Widerstandes in seinen Biwaks oder befindet er sich in Ortsunterkunft, so ist Infanterie sehr wünschenswerth, obwohl abgesessene Kavallerie in diesem Falle auch zu verwerthen ist.*) Außerdem hat die Infanterie den Vortheil, daß sie das Gewonnene besser zu sichern und etwa schnell gesammelten Theilkräften des Gegners den Kampf in jeder Weise anzubieten vermag.

Die Hauptthätigkeit der Artillerie, die Vorbereitung des Angriffs, fällt beim Ueberfalle fort, da man dadurch dem Gegner Zeit verschaffen würde, sich in Gefechtsbereitschaft zu setzen. Doch hat die Mitwirkung von Artillerie die Bedeutung, daß einige, während des Ueberfalls in den belegten Ort oder das Biwak einschlagende Granaten im Stande sind, die Verwirrung und Bestürzung in hohem Grade zu vermehren. Außerdem deckt die Artillerie im Falle des Mißlingens den Rückzug.

Man wird daher einen größeren Ueberfall aus allen drei Waffen zusammensetzen, einen kleineren, wenn möglich, aus Infanterie und Kavallerie, auch wohl allein aus Kavallerie bilden.

Die beste Zeit der Ausführung eines Ueberfalls ist der Tagesanbruch: der Anmarsch wird durch die Dunkelheit gedeckt und das Gefecht selbst durch das beginnende Tageslicht beleuchtet.

Nächtliche Ueberfälle sind gefährlich, weil die eigenen Truppen leicht in Verwirrung gerathen; Kavallerie ist wenig zu verwerthen (Blüchers Ueberfallsversuch bei Groß=Görschen 1813), Artillerie gar nicht. Nach einer unentschiedenen Schlacht kann ein nächtlicher Ueberfall gelingen. (Ueberfall Marmonts durch York und Kleist bei Laon 1814.)

Der Anmarsch zum Ueberfall muß möglichst schnell und gedeckt stattfinden. Vor allen Dingen muß man vermeiden, durch weit vorgesendete Patrouillen und Sicherheitstrupps vorzeitig dem Gegner seine Anwesenheit zu verrathen.

Findet der Anmarsch auf große Entfernungen statt, ein Umstand, der den Erfolg begünstigt, so lege man den Marsch nicht in einem Zuge zurück (Nachtmarsch). Man marschire am vorhergehenden Tage bis außerhalb Patrouillenweite, etwa eine Meile an den Feind, mit Vermeidung aller größeren Straßen, so daß man bei Dunkelheit dort ankommt. Dann lasse

---

*) Ueberfall von Meyel, 9. Januar 1814, durch Rittmeister v. Colomb (Aus dem Tagebuche desselben. Streifzüge 1813 und 14), zugleich Beispiel für das Verhalten von Kavallerie, die in der Ortsunterkunft überfallen wird.

man die Truppen seitab von der Straße in irgend einem Walde oder einer sonstigen Bedeckung versteckt ruhen und breche erst wieder auf, wenn man Aussicht hat, durch einen schnellen Marsch den Gegner gerade bei Tages=anbruch zu treffen.

Der letzte Theil des Anmarsches muß bei kleineren Ueberfällen in einer Kolonne stattfinden, damit einzelne Truppenkörper nicht abirren oder durch vorzeitiges Zusammentreffen mit dem Feinde Alles verrathen. Doch ist größte Gefechtsbereitschaft nöthig: die Infanterie in Kompagniekolonnen hintereinander, die Kavallerie in Zugkolonne, die Artillerie mit besonderer Bedeckung am Ende, womöglich in geöffneter Batterie.

Eine keine Avantgarde, schwache Seitentrupps mit Spitzen und Seiten=läufern, nahe an die Kolonne herangehalten, geben die nöthige Sicherheit.

Obgleich es wünschenswerth ist, daß der Gegner gleichzeitig von ver=schiedenen Seiten überfallen werde, so theile man sich doch erst in dem Augenblicke des Anlaufes und benutze besonders die Kavallerie zu umgreifenden Bewegungen.

Die Ausführung des Angriffs selbst muß beginnen, sobald man entdeckt wird oder sobald man genöthigt ist, ungedeckt angesichts des Feindes vorzugehen.

Vorher schon wird man die Artillerie auf Schußentfernung derart auf=stellen, daß sie ihr Feuer beginnen kann, sobald das Tageslicht dies erlaubt.

Der Angriff geschieht mit größter Schnelligkeit, möglichst ohne zu schießen. Der Widerstand etwa vorhandener Wachen u. s. w. muß durch rücksichtsloses Vorgehen von allen Seiten gebrochen werden.

Auf baldige Besitznahme der Gewehre und Geschütze, auf Unschädlich=machen der feindlichen Führer, auch der Spielleute, welche das Alarmsignal beginnen, muß ein besonderes Augenmerk gerichtet sein.

Wird man vorzeitig entdeckt oder findet man den Gegner zum Widerstande gerüstet, so muß man sich wohl hüten, dasjenige mit Gewalt durchsetzen zu wollen, was man nur hoffen durfte durch Ueberraschung zu erreichen.

Der Rückzug nach mißlungenem Ueberfalle muß schnell geschehen.

c. Das Versteck und der Hinterhalt.

Versteck und Hinterhalt bedeuten im Allgemeinen dasselbe: Eine seit=wärts der Straße verdeckt aufgestellte Truppe erwartet einen anmarschirenden Gegner, um ihn überraschend anzufallen. Beim Hinterhalte kommt noch hinzu, daß der Gegner durch andere, mit ihm kämpfende Truppen in die für ihn verderbliche Marschrichtung gezogen wird.

Man legt dem Feinde ein Versteck und man lockt ihn in einen Hinter=halt. Das Versteck ist in der Regel keiner wie der Hinterhalt.

Will man ein Versteck*) legen, so muß man sicher sein, daß der Feind wirklich die Straße marschirt, an welcher man ihn erwartet.

Die Wahl des Ortes für ein Versteck unterliegt folgenden Gesichts=punkten:

Die Entfernung von der Marschstraße darf bei der Infanterie nicht über die Grenze des wirksamen Schusses gegen Kolonnen, bei der Kavallerie nicht über gute Attackenentfernung hinausgehen. Je mehr das Versteck der Straße genähert liegt, desto mehr befindet man sich in Gefahr, entdeckt zu werden, je mehr es abliegt, desto geringer ist die Einwirkung auf den Feind und die Möglichkeit einer Ueberraschung.

Für kleinere Verstecke, sowohl der Infanterie wie der Kavallerie, ist die Entfernung von 400—600 m von der Marschstraße als die beste anzusehen.

Das geeignetste Gelände für die Anordnung eines Verstecks ist ein solches, welches übersichtlich erscheint und dennoch in Falten, Rissen, Hohl=wegen, Gruben u. f. w. Gelegenheit zu verdeckter Aufstellung bietet. Auch bedecktes Gelände: Wald, Heckengegend, selbst hohe Saatfelder, eignen sich zum Verstecke recht gut. Es ist günstig, wenn das Feld, welches die feindlichen Patrouillen durchschreiten müßten, um das Versteck zu erreichen, Schwierigkeiten bietet, während vom Versteck bis zur Straße die Gegend frei ist.

Die Wahl der Waffengattung wird durch das Gelände bedingt. In bedeckter und durchschnittener Gegend hat Infanterie, in offener Kavallerie den Vorzug. Die letztere Waffe ist zu überraschenden Anfällen besonders geeignet und kann sich beim Mißlingen schnell den üblen Folgen entziehen.

Die Infanterie ist im Verstecke mehr gefährdet, hat aber die Vor=theile, daß sie leichter zu verstecken ist und daß sie in ihrem Schnellfeuer ein Mittel besitzt, den Gegner mit einem Schlage in einen hohen Grad von Bestürzung und Verwirrung zu setzen. Ist es möglich, beide Waffen zu verbinden, so ist dies besonders günstig: die Infanterie schießt den Feind zusammen, während die Kavallerie einhaut. Auch wenn nur Kavallerie vorhanden ist, wird man das Feuer einiger abgesessenen Mannschaften mit der Attacke verbinden.

Artillerie ist im Verstecke nicht anwendbar, kann jedoch bei größerem Hinterhalte mit Vortheil benutzt werden, um durch einige Schüsse die Ver=wirrung zu vermehren und auch den Rückzug zu decken.

---

*) Untergang des Lützow'schen Korps 1813.

Das Verhalten im Versteck muß sehr vorsichtig sein: größte Stille und größte Gefechtsbereitschaft. Eine Sicherung durch Posten und Patrouillen darf nicht stattfinden, damit man sich nicht vorzeitig verrathe. Der Führer liegt gedeckt auf der Lauer, um den Augenblick des Vorbrechens anzugeben.

Man läßt die feindlichen Sicherheitskörper wenn möglich vorbei und bricht erst dann vor, wenn größere Abtheilungen zu überraschen sind. Die Infanterie darf nicht versäumen, vor dem Anlaufe den ausgiebigsten Gebrauch von ihrem Schnellfeuer zu machen. Die Kavallerie attackirt eingliederig, gegen feindliche Kavallerie geschlossen; kleinere Abtheilungen wenden sich umgreifend gegen Spitze und Ende der Kolonne.*)

Mißlingt die Ueberraschung, so löst man sich auf und zieht sich schnell, ohne lange zu fechten, zurück. Für diesen Fall muß vorher ein allgemeiner Sammelpunkt bestimmt sein.

Verstecke sind besonders auf den rückwärtigen Verbindungsstraßen des Feindes von Wirksamkeit, weil dort die nöthigen Sicherheitsmaßregeln vielfach verabsäumt werden, auch vor dem Feinde dort, wo bei längerem Verweilen in derselben Gegend die Patrouillen u. s. w. sicher geworden sind. **)

Für einen Hinterhalt***) gelten dieselben Gesichtspunkte wie für ein Versteck.

Die mit dem Gegner kämpfenden Abtheilungen müssen, sobald der Hinterhalt losbricht, ihrerseits ebenfalls zum Angriffe vorgehen.

Aufträge für Abtheilungen des kleinen Krieges.

d. Deckung und Störung der rückwärtigen Verbindungen.

1. Die Deckung.

Die Deckung der rückwärtigen Verkehrs- und Telegraphenlinien ist äußerst schwierig, wenn man sich im aufständischen, von Streifkorps durchzogenen feindlichen Lande befindet.

Das beste Mittel besteht darin, daß man die Gemeinden für alle in ihrer Gemarkung stattfindenden Zerstörungen und Beschädigungen an Eisen-

---

*) Erbeutung auf dem Marsche befindlicher französischer Artilleriefahrzeuge aus einem Versteck durch Rittmeister v. Colomb bei Zwickau, 29. Mai 1813.

**) Gelungenes Versteck französischer Franktireurs gegen eine größere deutsche Patrouille bei Vannes, 7. Januar 1871. (Zimmermann, Geschichte des Großh. Hess. Garde-Dragoner-Regts. Nr. 23, Seite 194.)

***) Das berühmteste Beispiel ist der Blücher'sche Hinterhalt bei Haynau 1813.

bahnen, Telegraphen und Heerstraßen unter Androhung hoher, empfindlicher Strafen verantwortlich macht. Man erreicht dadurch, daß die feindlichen Einwohner selbst die besten und eifrigsten Hüter der Verbindungslinien werden.

Außerdem wird man gut thun, beim Befahren einer gefährdeten Eisenbahnstrecke auf den wichtigsten Zügen jedesmal eine der einflußreichsten und angesehensten Persönlichkeiten der Gegend mitzunehmen. —

Bei Telegraphenlinien ist die Verantwortlichmachung der Gegend das einzige Mittel der Sicherung; bei gefährdeten Eisenbahnen und Heerstraßen wird man außerdem eine Besetzung der wichtigsten Punkte und einen lebhaften Aufklärungsdienst einrichten.

Die Etappentruppen besetzen alle diejenigen Punkte, deren Zerstörung besonders leicht und besonders unangenehm sein würde (Brücken, Ueberführungen, Tunnels u. s. w.), mit stärkeren Posten von einem Zuge oder einer Kompagnie und lassen lebhaft einestheils auf der Bahnstrecke zwischen diesen verschiedenen Posten durch Infanterie, anderntheils in der ganzen Umgegend durch Kavallerie streifen.

Die wichtigsten Posten erhalten eine Telegraphenstation zu rascher Meldung. Ein gut eingerichtetes Spionir= und Nachrichtenwesen ist wünschenswerth.

Ist ein hoher Grad von Gefahr vorhanden, so wird man außerdem die Vorsicht gebrauchen müssen, auf jedem größeren Bahnhofe eine Truppenabtheilung und einen Zug mit geheizter Lokomotive bereit zu halten, um dorthin, wo ein feindlicher Angriff und Zerstörungsversuch stattfindet, schnell Unterstützung senden zu können.

Ist die Gegend im Aufruhr begriffen, sammeln sich Banden von bewaffneten Aufständischen, so ist es nöthig, durch fliegende Kolonnen schnell und gründlich die Gegend zu säubern.

2. Die Zerstörung von Eisenbahnen und Telegraphen.*)

Die Störung feindlicher Verbindungen ist leichter wie die Deckung eigener.

Die Unterbrechung feindlicher Telegraphenverbindungen und die flüchtige Zerstörung von Eisenbahnen kann durch (Offizier=) Patrouillen stattfinden.

Will man dagegen eine gründliche Zerstörung für längere Zeit an Brücken, Ueberführungen, Tunnels u. s. w. ins Werk setzen, so müssen besondere Abtheilungen dazu entsendet werden.

---

*) Zerstörung der Eisenbahnbrücke bei Frouard im Januar 1871 durch Garibaldianer.

Dieselben setzt man entweder aus Kavallerie, welche von Pionieren auf Wagen begleitet wird, oder aus allen Waffen zusammen.

Nachdem man durch schnellen Anmarsch und Ueberfall des betreffenden Punktes sich bemächtigt hat, beginnen die Pioniere sofort das Zerstörungswerk, während die anderen Truppen dasselbe decken.

Zu letzterem Zwecke werden nach allen Seiten, von welchen eine feindliche Annäherung möglich ist, besonders aber auf dem Bahnkörper, kleine Abtheilungen vorgeschoben, um einen etwa angreifenden Feind aufzuhalten. Dieselben entsenden weithin zur Aufklärung, besonders auch zur flüchtigen Zerstörung der Eisenbahn an entfernteren Punkten.

Ist die Zerstörung vollendet, so entfernt man sich schnell, womöglich auf anderen Wegen, als man gekommen ist.

e. Deckung von Arbeiten im Felde.

Soll im Kriege eine Arbeit ausgeführt werden, welche durch einen feindlichen Angriff gestört werden könnte, so stellt man Deckungstruppen in der Richtung des Feindes und zwar in solcher Entfernung auf, daß bei einem Angriffe die Arbeit nicht in den Bereich des Kampfes kommt und womöglich auch von feindlicher Artillerie nicht zu beschießen ist.

Ist der Feind in der Nähe, so stellt man sich in Bereitschaftsstellung auf, ist derselbe weit entfernt, so bezieht man eine Vorpostenstellung. Weit vorgesendete Kavallerie muß für rechtzeitige Benachrichtigung sorgen.

Hat die Truppe selbst die Arbeit auszuführen, so werden die etwa vorhandenen Pioniere und ein Theil der Infanterie zur Arbeit verwendet, während der andere Theil der Letzteren und die übrigen Waffen die Deckung übernehmen.

Die Arbeiter der Infanterie und Pioniere legen Gepäck und Lederzeug ordnungsmäßig ab, so daß sie dasselbe schnell erreichen können. Das Gewehr hat jeder Mann in der Regel dicht bei sich; einige Patronen befinden sich in Brotbeutel oder Taschen.

Doch soll eine Betheiligung der Arbeiter am Gefecht nur im Nothfalle, wenn an eine Fortsetzung der Arbeit nicht zu denken ist, stattfinden.

f. Deckung von Wagen- und Gefangenenzügen.

1. Wagenzüge.

Ein jeder Wagenzug, welcher durch eine nicht gänzlich gesicherte Gegend geführt wird, muß durch eine besondere Truppenabtheilung gedeckt werden.

Diese Aufgabe ist sehr schwierig. Einestheils ist die zur Bedeckung bestimmte Truppe (Eskorte) in der Regel sehr schwach und ist genöthigt, sich nach den verschiedensten Seiten zu vertheilen; anderntheils sind die Wagen mit ihrer Bedienung selbst schwer in Zucht zu halten und wenig beweglich.

a. Deckung beim Marsche.

Die zur Deckung eines auf dem Marsche befindlichen Wagenzuges bestimmten Truppen theilt man in zwei Theile. Der eine Theil, die Begleitung, bleibt beim Wagenzuge selbst und wird derart vertheilt, daß er die polizeiliche Aufsicht und den unmittelbaren Schutz nach allen Seiten übernehmen kann. Der andere Theil, die Sicherung, übernimmt die Aufklärung des Geländes und den Sicherheitsdienst, hat etwaige Verstecke des Gegners vor Annäherung der Wagen aufzuheben und einen anmarschirenden Feind durch Gefecht fernzuhalten.

Die Begleitung wird nicht stärker gemacht, als unbedingt nöthig ist.

Einem jeden Wagen wird, wenn möglich, je ein Mann der Begleitung zugetheilt, welcher den Fuhrmann zu beaufsichtigen hat und für ordnungsmäßiges Verhalten des Wagens verantwortlich ist.

Der ganze Wagenzug wird in Abtheilungen von etwa 10 Wagen eingetheilt; eine jede Abtheilung wird einem Unteroffizier oder Gefreiten, womöglich der Kavallerie, zur Beaufsichtigung unterstellt.

Die Ordnung ist strenge aufrecht zu erhalten. Alle Wagen bleiben dicht aufgeschlossen in ihrer bestimmten Reihenfolge. Zu letzterem Zwecke werden die Wagen numerirt. Beschädigte Wagen müssen sofort ausbiegen, damit die Ordnung nicht gestört werde. Sind sie schnell ausgebessert, so schließen sie sich hinten an, sonst bleiben sie liegen. Ist die Gegend gefährdet, so zerstört man den Inhalt, damit er nicht in Feindes Hand falle.

An der Spitze und am Ende, bei sehr langen Wagenreihen auch in der Mitte, marschirt ein Trupp der Begleitung zum unmittelbaren Schutze an der Straße. Diese Trupps bestehen am besten aus Infanterie.

Die Sicherung muß, wenn sie ihrer Aufgabe genügen soll, aus beiden Waffen bestehen. Sie darf nicht an den Wagen kleben, aber auch nicht zu weit sich von denselben entfernen. Indem sie nach allen Seiten, besonders nach den gefährdetsten, weithin Patrouillen entsendet, befindet sie sich selbst auf derjenigen Seite des Wagenzuges, an welcher der Feind am ehesten zu erwarten ist. Sie marschirt somit je nach der wahrscheinlichen Anmarschrichtung des Feindes im Verhältnisse einer Avantgarde, einer Arrieregarde oder einer Seitendeckung. Doch wird sie in den letzteren Fällen immer eine kleine Abtheilung (Kavallerie) den Wagen vorausgehen lassen, um die Straße auf Fahrbarkeit nachzusehen und das nächstgelegene Gelände sorgfältig nach Verstecken zu durchsuchen.

Hat man längere Engwege zu durchschreiten, so muß man mit besonderer Vorsicht verfahren, da beim Durchmarsche ein Ausweichen nicht möglich ist. Vor allen Dingen darf der Engweg von dem Wagenzuge selbst nicht früher betreten werden, als bis er vollständig abgesucht ist. Außerdem muß man suchen, frühzeitig den jenseitigen Ausgang zu besetzen und die Zeit, welche man in diesem ungünstigen Verhältnisse zubringt, möglichst abzukürzen.

Wird man während des Marsches angegriffen, so ist die erste und wesentlichste Aufgabe der Sicherung, zu verhindern, daß die Wagen in den Bereich des Gefechts kommen.

Ist ein vorheriges Ausweichen nicht möglich, so hält die Sicherung den Feind auf, während die Wagen unter dem Schutze der Begleitung sich zu retten suchen. Geschieht der Angriff von vorn, so drehen die Wagen um, greift der Feind von der Seite oder von hinten an, so sucht man nach vorn durchzukommen. Dabei muß die Ordnung, welche in solchen Lagen leicht verloren geht, mit rücksichtslosester Strenge gehandhabt werden.

Sind die Wagen in Sicherheit, so folgt die Sicherung kämpfend als Arrieregarde.

Werden die Wagen auf dem Marsche durch den Feind überrascht, sind dieselben zum Halten angesichts eines überlegenen Gegners genöthigt, so wird die ganze Bedeckung sie vertheidigen, so gut es geht.

Erfährt man einen aus verschiedenen Richtungen stattfindenden feindlichen Anmarsch, so daß an ein Entkommen nicht zu denken ist, so bildet man als letztes Vertheidigungsmittel, besonders feindlicher Kavallerie gegenüber, eine Wagenburg. Sämmtliche Wagen werden kreisförmig zusammengefahren, so daß die Räder möglichst ineinander gerathen und die Deichseln nach innen gekehrt sind, dann werden die Pferde ausgespannt und die Wagen besetzt. Doch braucht man zu dieser Vorrichtung Zeit, wenn sie ordnungsmäßig stattfinden soll.

b. Deckung in der Ruhe.

Dauert die Fortschaffung der Wagen mehrere Tage, so wird in der Nacht biwakirt.

Zu diesem Zwecke parkiren die Wagen in Ordnung derart, daß sie möglichst wenig Raum einnehmen. In der Regel wird man sie abtheilungsweise hintereinander auffahren lassen. Die Pferde, die Fuhrleute, die zu den Wagen vertheilten Mannschaften bleiben bei ihren Wagen. Die Pferde sind ausgespannt und an die Deichseln angebunden.

Die übrigen Abtheilungen der Begleitung umgeben den Wagenpark mit Wachen.

Die Sicherung setzt nach der gefährdeten Seite Vorposten aus und klärt nach allen Richtungen auf.

Findet ein Angriff statt, so geht die Sicherung dem Feinde dreist entgegen und sucht ihn, begünstigt durch die Nacht, einzuschüchtern und abzuweisen. Gelingt dies nicht, so wird, so gut es geht, eine Wagenburg gebildet und diese vertheidigt.

2. Geleitung von Gefangenen.

Die Geleitung von Gefangenen auf dem Marsche ist in gefährdeter Gegend nicht minder schwer wie die Deckung von Wagenzügen, da bei beginnendem Gefecht die Haltung der Gefangenen den Widerstand gegen feindliche Angriffe sehr erschweren kann.

Die Gesichtspunkte für Marsch und Ruhe sind ähnlich den bei der Deckung von Wagenzügen angeführten. Die Bedeckung zerfällt auch hier, sofern Gefahr vorhanden ist, in Begleitung und Sicherung.

Die polizeiliche Ordnung wird dadurch am besten aufrecht erhalten, daß man die Gefangenen in Abtheilungen von etwa 20 Mann eintheilt und jede Abtheilung durch einen Gefreiten und einige Mannschaften beaufsichtigt. Trupps marschiren an der Spitze und am Ende.

Die Schußwaffen sind geladen und in Bereitschaft. Jeder Gefangene muß wissen, daß bei Fluchtversuch auf ihn geschossen wird.

Ist die Haltung der Gefangenen eine widersetzliche, ein Entspringen sehr leicht, z. B. beim Marsche durch Wälder, so wird man die Vorsicht gebrauchen, Knöpfe und Gurten der Beinkleider der Gefangenen abzuschneiden, so daß die Letzteren am Laufen verhindert sind.

Ein Biwakiren wird man vermeiden; am meisten empfiehlt es sich, die Gefangenen in großen Gebäuden (Kirchen, Scheunen, Schuppen) einzuschließen und diese oder die umliegende Ortschaft mit Wachen zu besetzen.

Um die Theilnahme der Gefangenen an einem etwa stattfindenden Kampfe zu hindern, sind dieselben anzuweisen, daß, sobald ein Schuß fällt, sie sich sofort auf den Boden, das Gesicht nach unten, zu werfen haben, und daß jedes Zuwiderhandeln ein sofortiges Niederschießen zur Folge hat. Auch muß diese Drohung im gegebenen Falle mit aller Strenge zur Ausführung gebracht werden.

Die Sicherung verhält sich wie bei der Beförderung von Wagenzügen.

g. Wegnahme marschirender und ruhender Wagenzüge.

Die Wegnahme von Wagenzügen, wenn man über sie zuverlässige Nachrichten hat, ist sehr leicht und kann selbst durch sehr untergeordnete Kräfte versucht werden.

19*

Man legt entweder ein Versteck oder man sucht die Wagen zu er=
reichen und durch Gewalt zu nehmen, oder endlich man überfällt sie, wenn
sie ruhen.

Zu einem Verstecke wird man am besten eine Stelle aussuchen, wo der
Wagenzug durch schlechte Beschaffenheit des Weges aufgehalten wird, einen
längeren Engweg zu durchschreiten hat, und wo Bedeckungen des Geländes
ein genaues Absuchen unmöglich machen (Wald).

Macht man einen Angriff, so muß man zu überraschen suchen. Außer=
dem wird man gut thun, von verschiedenen Seiten anzugreifen, um eine
schnelle Entfernung der Wagen während des Gefechts zu verhindern.

In allen Fällen muß das erste Bestreben darauf gerichtet sein, die
Wagen möglichst früh mit Feuer zu erreichen, dadurch Bestürzung und
Unordnung zu verursachen und das Liegenbleiben derselben zu veranlassen.

h. Beitreibungen von Lebensmitteln und Kriegsbedürfnissen.

Die Beitreibungen*) geschehen in gesicherten Gegenden, hinter dem Heere,
behufs Füllung der Magazine seitens der Militärbehörden (Intendanturen)
mittelst Ausschreibung von Lieferungen; in der Nähe der Truppen aber
durch die Letzteren selber. Dieses Kapitel hat es nur mit der letzteren Art
zu thun.

In der Regel entsendet jedes Bataillon, jedes Kavallerie=Regiment,
jede Artillerie=Abtheilung eine besondere Beitreibungsabtheilung. Ist aber
mehreren Truppentheilen desselben höheren Verbandes (z. B. mehreren
Bataillonen desselben Regiments) dieselbe Ortschaft angewiesen, so empfiehlt
es sich, die verschiedenen Abtheilungen in einer Hand zu vereinigen, damit
die Verrichtung in Ordnung und ohne Störung vor sich gehen kann.

Zu einer Beitreibung, welche stets unter den Befehl eines Offiziers
zu stellen ist, kommandirt jede Kompagnie (Schwadron, Batterie) in der
Regel einen Unteroffizier und einige Mannschaften, so daß je nach Wichtigkeit
und Gefährdung eine derartige Abtheilung aus 1 Offizier, 4 Unteroffizieren
und 20 bis 60 Mann besteht. Außerdem wird derselben ein Hornist
(Trompeter) beigegeben. Die Beitreibungsabtheilungen der berittenen Waffen
sind in der Regel schwächer wie die der Fußtruppen, können sich auch eher
einer Gefahr durch schnelle Flucht entziehen.

*) Die Beitreibung von Pferdefutter nennt man Fouragirung. Sie war im
vorigen Jahrhundert, wo die Verpflegung der Mannschaft grundsätzlich aus Magazinen
stattfand, die einzig gebräuchliche Art der Beitreibung durch die Truppe und verdankt
diesem Umstande ihre besondere Bezeichnung.

Die Beitreibung in nicht gänzlich gesicherten Ortschaften ist eine Unternehmung, welche häufig an den jungen Offizier herantritt. Sie erfordert Umsicht und taktisches Verständniß.

Das Kommando marschirt mit Sicherheitsmaßregeln nach der betreffenden Ortschaft und sucht dieselbe ab.

Der Offizier bleibt mit einem Theile der Mannschaft und einigen Unteroffizieren in der Ortschaft selbst, um die Beitreibung vorzunehmen, während der älteste Unteroffizier mit dem anderen Theile bis zum jenseitigen Ausgange, d. h. nach der gefährdeten Seite hin, vorgeht und zur Deckung eine geeignete Aufstellung im Sinne einer kleinen Feldwache an einem günstigen Vertheidigungspunkte einnimmt. Patrouillen suchen die Gegend möglichst weit ab.

Ist die Ortschaft besonders gefährdet, so wird der Offizier die letzteren Anordnungen für taktische Sicherung selbst treffen und dann erst zur Ausführung der Beitreibung schreiten. —

Die beste Art der Beitreibung ist die durch die Ortsbehörde, welcher man aufgiebt, in bestimmtem Zeitraume, 1 bis 1½ Stunden, das Erforderliche an Lebensmitteln u. s. w. zu liefern und die zur Fortschaffung nöthigen bespannten Fahrzeuge sofort zu stellen.

Ist die Ortsbehörde nicht willig oder ist eine solche nicht vorhanden, ist die Ortschaft verlassen, oder wird das Geforderte nicht beigetrieben, so bleibt nichts übrig als die Selbstbeitreibung durch die Mannschaft.

Dabei ist eine strenge Beaufsichtigung nöthig; ein Zerstreuen in der ganzen Ortschaft ist zu verhindern. Der Offizier muß vielmehr mit der gesammten Mannschaft an einem Theile des Ortes beginnen und, indem er nur die unter seiner Aufsicht befindlichen nächsten Häuser gleichzeitig absuchen läßt, den Ort durchschreiten.

Am rückwärtigen Ausgange wird Alles unter Aufsicht eines Unteroffiziers sofort verladen, so daß die Fahrzeuge jeden Augenblick abfahren können.

Ist die Beitreibung beendet, so bilden die Mannschaften, durch welche sie ausgeführt, die Begleitung der beladenen Wagen, während der zur Sicherheit aufgestellte Theil des Kommandos im Sinne einer Arrieregarde folgt.

Findet ein feindlicher Angriff statt, so leisten die zur Sicherheit aufgestellten Mannschaften Widerstand gegen einen schwächeren Feind, bis die Beitreibung beendet ist, gegen einen überlegenen und gefährlichen Angriff, bis die beladenen Wagen mit Begleitung sich in Marsch gesetzt und einen genügenden Vorsprung erlangt haben. Der kämpfende Theil folgt dann, als Arrieregarde den Marsch deckend.

Für den schlimmsten Fall muß ein Sammelpunkt bestimmt sein.

Einige Begriffe vom Parteigängerkriege.

Die Unternehmungen der Parteigänger,*) d. h. der Füh[rer]
Parteien, Streif= oder Freikorps (vergl. a. S. 281) sind gegen die [e]
lichsten Seiten der feindlichen Armee, besonders gegen deren rüc[k]
Verbindungen, gerichtet.

Es bietet sich im Parteigängerkriege ein großes Feld des [Ruh]
die Führer kleiner Truppenabtheilungen, welche bei den großen Hee[r]
in der Masse verschwinden würden.

Der Parteigängerkrieg ist mit Erfolg nur durch vorzügliche [L]
zu führen, welche an Entbehrungen gewöhnt, jeden Augenblick [zu]
Anstrengungen bereit, stets voll von Kampflust, kurz, mit gan[zem]
bei der Sache sind.

Von dem Führer muß man einen hohen Grad von Unterne[hmungs]
geist und Verwegenheit verlangen, verbunden mit jener Schlauheit[,]
selbst in ungünstiger Lage dem Gegner immer noch einen Vortheil
gewinnen weiß.

Außerdem muß er genügendes soldatisches Verständniß besitzen[,]
Bedeutung alles dessen, was er vom Feinde sieht und erfährt, be[u]
und, wenn es wichtig ist, richtig melden zu können. —

Die Stärke und Zusammensetzung der Parteien ist stets sehr ve[r]
gewesen. Doch lassen sich im Allgemeinen folgende Grundsätze h[i]

Kleinere Korps von einigen Hundert Mann sind erfahrung[s]
günstiger wie größere, weil sie sich leichter verstecken können und
Beweglichkeit besitzen.

In vielen Fällen wird man das Streifkorps aus Infante[rie]
Kavallerie zusammensetzen, die Erstere in vorwiegender Zahl beim
in Gebirgen und Waldgegenden, die Letztere in jedem anderen Gel[ände]

Ist die Gegend des Kriegsschauplatzes ziemlich frei und offen, so
die Parteien bloß aus Karabinerkavallerie bestehen.

Artillerie darf bei starken Parteien höchstens mit einigen
(reitenden) Geschützen vertreten sein.

Geschulte und gut ausgebildete Soldaten sind ungeübten vorz[u]
Am brauchbarsten sind Freiwillige aus den Regimentern.

*) Berühmte Parteigänger sind: im siebenjährigen Kriege auf öster[reichischer]
Seite Laudon, Lascy, Haddik, Quasco; auf preußischer Kleist, Schenkendorf, [•]
in den Kriegen 1812—14 auf verbündeter Seite Platoff, Daviloff, Orloff, [•]
nitscheff, Tettenborn, Mensdorff, Thielmann, Dörnberg, Bork, Colomb, Lü[•]
Im nordamerikanischen Bürgerkriege haben die „Raids", größere Reiter[•]
(ein oder mehrere Tausend Pferde mit einigen leichten Geschützen) insbesond[ere]
die Unternehmungen des Generals Stuart eine große Berühmtheit erlangt.

Das Gepäck der Mannschaft und der Pferde muß möglichst leicht sein, nur das Nöthigste an Lebensmitteln (eiserner Bestand) und Schießbedarf darf mitgeführt werden.

Die Thätigkeit der Parteigänger ist eine vollständig selbständige. Doch werden sie gut thun, Verbindung mit ihren Heerestheilen aufrecht zu halten.

Der Erfolg des Parteigängerkrieges beruht auf Verborgenheit, über= raschendem Erscheinen und schnellem Verschwinden. Dazu wird man sich vielfach des Ausstreuens falscher Gerüchte bedienen, oder man wird, um die Bewohner über die Marschrichtung zu täuschen, aus der Ortsunter= kunft, dem Alarmquartier oder dem Biwak offen nach der einen Richtung ausmarschiren, um dann verborgen im Kreisbogen eine ganz andere Richtung zu erreichen und zu verfolgen.

Die Parteien dürfen sich nie längere Zeit offen an einem Orte auf= halten; sie sind bald hier bald dort, verschwinden unbemerkt an einem Punkte und tauchen plötzlich an einem andern wieder auf. Tage und Nächte lang un= thätig und verborgen in irgend einem sicheren Winkel auf der Lauer liegen und dann plötzlich durch einen Gewaltmarsch*) vor irgend einem Punkte erscheinen; heute hungern und morgen im Ueberflusse leben; jetzt scheu vor einem über= legenen Feinde zurückweichen und bald darauf keck von einer anderen Seite wieder erscheinen, — das ist die Kriegführung des Parteigängers.

Nachtmärsche sind keine Seltenheit. Große Straßen und belebte Ort= schaften werden vermieden, sowohl beim Marsche wie in der Ruhe. Die Nacht wird, wenn ihre Dunkelheit nicht zu Unternehmungen benutzt wird, in der Regel im Biwak in irgend einem abgelegenen Walde oder in einer sonstigen Bedeckung zugebracht. Verbietet die Jahreszeit ein dauerndes Biwakiren, so sucht man sich irgend ein einsames größeres Gehöft, Gut, kleines Dorf zum Alarmquartier. Die Mannschaft ist stets vereinigt zu halten, nie in Quartiere zu zerstreuen.

Die Sicherheitsmaßregeln beim Marsche wie bei der Ruhe sind mit großer Vorsicht nach allen Seiten zu nehmen, dürfen jedoch nicht zu weit ausgedehnt werden, damit man sich nicht verrathe, und müssen durch desto größere Gefechtsbereitschaft ergänzt werden.

Das Hauptmittel des Kampfes ist die Ueberraschung durch Ueberfall und Versteck. Auf Gefechtsabsichten des Gegners läßt man sich nicht ein. Für alle Fälle muß stets ein gesicherter Sammelpunkt vereinbart sein.

Im Uebrigen überlasse man sich seinem frischen Geiste, braven Herzen und guten Sterne.

---

*) Marsch des Colomb'schen Streifkorps zur Wegnahme auf dem Marsche be= findlicher französischer Artilleriefahrzeuge am 29. Mai 1813 bei Zwickau (vergl. S. 285).

Anhang.

Abriß der Geſchichte der Taktik.

Die Geſchichte der Taktik iſt ſo alt wie die der Völker.

Wir ſehen ſchon in den älteſten, von der Geſchichte nur :
leuchteten Zeiten der erſten Kulturvölker geordnete Heere; wir ſe
Heere in viele ſelbſtändige Schlachthaufen zerlegt, die einzelnen
in ſich nach Breite und Tiefe, d. i. nach Gliedern und Rotten,
geordnet, die verſchiedenen Haufen zur Erzielung einer Gefechtsf
beſtimmten Zwiſchenräumen nebeneinander geſtellt, aber auch zur geg
Unterſtützung in mehrere Treffen nach der Tiefe gegliedert; wir
Truppen von der kleinſten Zuſammengehörigkeit (in der Regel 10
in immer größere Verbände durch eine ſtufenweis gegliederte Befeh
derart zuſammengefaßt, daß alle Fäden der Führung in der ſ
Feldherrn zuſammenlaufen; wir ſehen die Verbindung des Fer
mit dem Nahkampfe, der geöffneten Form (Fernkämpfer: Sch
Bogenſchützen, Speerwerfer) mit der geſchloſſenen (Nahkämpfer); n
Truppen zu Fuß und Truppen zu Pferde, auch zum Gefecht t
Fahrzeuge (Streitwagen, Sichelwagen, ſpäter Artillerie: Balli
Katapulten u. ſ. w.); wir ſehen dieſe verſchiedenen Waffengattungen
getrennten Truppenkörpern zuſammengefaßt, aber dennoch zur geg
Unterſtützung verwendet, wir ſehen gut gefügte Gefechtsbewegung
Schlachtlinie: Vorgehen in Staffeln zur Ueberflügelung des Fein
förmige, umfaſſende und erdrückende Angriffe; wir ſehen die Str
und die Artillerie den Kampf vorbereiten, die Fußtruppen in d
den Kampf durchführen, die Kavallerie auf den Flügeln wirken
Verfolgung übernehmen u. ſ. w.

Aber wenn auch beſtimmte Grundſätze des Kampfes ſich e
jüngen, alles Uebrige iſt einem ſteten Wechſel unterworfen, der
durch die Verſchiedenartigkeit des Bildungsgrades, des Staatsweſ

Landesbeschaffenheit u. dergl., andererseits durch die fortschreitende Vervollkommnung der Waffen hervorgerufen wird.

Im Alterthume und im Mittelalter ist der letztere Einfluß kein großer; die Waffen sind bei den Kulturvölkern dieser Zeiten ziemlich gleichartige.*)

Erst durch Einführung der Feuerwaffen trat ein Umschwung und eine fortwährend treibende Kraft in der Entwickelung der Taktik zu Tage. Dadurch theilt sich die Geschichte der Taktik in den Zeitraum vor und den nach der Einführung der Feuerwaffen.

a. Die Taktik vor Einführung der Feuerwaffen.

1. Das Alterthum.

Da die Fernwaffen von geringer Bedeutung waren, nur auf nahe Entfernung gebraucht wurden und nur unvollkommen gegen die Schutzwaffen des Gegners wirken konnten, so wurde der eigentliche Kampf mit den Nahwaffen im geschlossenen Anlaufe der Massen durchgeführt. Der Fernkampf stand wegen seiner geringen Bedeutung wenig in Achtung, besonders bei den Griechen und Römern, es wurden dazu die untergeordneten Kräfte verwandt, welche, der Natur des Fernkampfes entsprechend, in geöffneter Form den geschlossenen Massen vorauseilten oder auch in den Zwischenräumen derselben kämpften.

Aus dieser Natur des Kampfes geht hervor, daß beide Gegner bestrebt sein mußten, sich in möglichst gangbarem, offenem Gelände im Anlaufe zu treffen. Ein Benutzen und Vertheidigen von Oertlichkeiten und Bedeckungen war nur in sehr bedingter Weise möglich.

Es stehen in diesem Zeitraume zwei Grundsätze sich gegenüber: die Taktik der großen vereinten Massen und die kleiner selbständiger

---

*) Die wesentlichsten Waffenarten des Alterthums und Mittelalters sind:
  a. Fernwaffen: Schleuder, Wurfspieß, Bogen; im Mittelalter: Armbrust;
  b. Nahwaffen: Schwert, Dolch, Lanze (Pike, im Mittelalter: Hellebarde), Keule (im Mittelalter: Streithammer, Streitkolben, Morgenstern), Beil (Streitaxt);
  c. Schutzwaffen: Schild von den verschiedensten Größen und Formen, eiserne Helme, Beinschienen, Brustharnisch; im Mittelalter: Panzer für den ganzen Körper, selbst für die Brust des Pferdes u. s. w.;
  d. Artillerie: Maschinen zum Werfen, durch Pferde gezogen; Hauptarten derselben: Katapulten: Horizontalgeschütze, schleuderten große Pfeile und Lanzen; Ballisten: Wurfgeschütze, schleuderten große Steine, Bleikugeln u. s. w. im hohen Bogen.

Haufen. Die Erste, auf den Höhepunkt gebracht durch die „Phalanx" der Griechen und Macedonier, kennzeichnet sich durch Sicherstellung der Massen= wirkung im Nahkampfe, aber auch durch Unbehülflichkeit in den Gefechts= bewegungen; die Letztere, welche in der „Manipular=Ordnung" der römischen Legionen ihren höchsten Ausdruck findet, durch Beweglichkeit und Gewandt= heit, aber auch durch die Gefahr der Zerstückelung der Kräfte. Die Letztere bezeichnet die höhere Entwickelungsstufe. Sie fordert geübte Truppen und gewandte Führung, ist dann aber dem großen Haufen überlegen.

Die ältesten Kulturvölker, Chinesen, Inder und Aegypter, hatten Heere mit festem Gefüge und ausgebildeter Gliederung, wenn auch die Schlacht= haufen noch sehr unförmlich tief erscheinen.

Die Inder hatten den Gebrauch der Elephanten als Kampfmittel, der später auch auf andere orientalische Völker, besonders aber auf die Kar= thager, ja selbst auf Griechen und Römer, überging. Diese durch die Natur gegen die damaligen Waffen sehr geschützten, zugleich gelehrigen und muthigen Thiere trugen auf ihrem Rücken einen kleinen gepanzerten Thurm mit Bewaffneten und gingen den Schlachthaufen der Fußtruppen voraus, um den ersten Einbruch in den Feind zu bewerkstelligen.

Auch bedienten sich die orientalischen Völker zum Anlaufe gegen den Feind der Streit= oder Sichelwagen.

Der Schlachthaufen der Aegypter hatte eine Stärke von 10 000 Mann, 100 Mann Breite und 100 Mann Tiefe; auf den Flügeln kämpften die Leichtbewaffneten mit Fernwaffen und die wenig zahlreiche Reiterei.

Die Perser waren schon leichter gegliedert, indem die einzelnen Heeres= körper eine Tiefe von nur 10 bis 12 Mann besaßen, dagegen in mehreren Treffen hintereinander standen.

Im Allgemeinen war bei diesen Völkern der Gebrauch der Truppen zu Pferde wenig im Ansehen, die Reitkunst wenig bekannt. (Kameelreiterei bei Thymbrea.)

Der „Hauptschlachtkörper" der Griechen und Macedonier war die „Phalanx".

Die Grundeinheit der Aufstellung wurde durch das aus 250 Mann bestehende Syntagma gebildet, welches unserer Kompagnie entspricht. Dasselbe stand in einem gleichseitigen viereckigen Haufen zu 16 Mann Breite und 16 Mann Tiefe.

Vier aneinandergeschlossene „Syntagmen" bildeten die „Chiliarchie", 1000 Mann ($\mathit{Xίλιοι}$ = tausend) unter dem „Chiliarchen", entsprechend unserem Bataillon, und vier „Chiliarchien" bildeten eine Phalanx, 4000 Mann, unter dem „Phalangarchen" oder „Strategen".

Bestand das Heer aus mehreren dieser Phalangen, so wurden dieselben nicht als selbständige Schlachthaufen verwendet, sondern wiederum zu einer größeren Phalanx zusammengeschlossen. Ein aus vier Phalangen zusammengesetzter Schlachtkörper wurde für die Normalphalanx gehalten; dieselbe war somit aus 16 000 Streitern zusammengesetzt, wurde jedoch vor der macedonischen Zeit wegen der Kleinheit der griechischen Staaten selten erreicht. Alexander der Große bildete die Phalangen seines Heeres bloß aus 3 Chiliarchien, seine Normalphalanx hatte somit 12 000 Mann.

Die eigenthümliche Kampfweise der griechischen und macedonischen Phalanx war der geschlossene Anlauf mit der Lanze. Zu diesem Zwecke waren die fünf vorderen Glieder (Schwerbewaffnete) mit derart langen Lanzen versehen, daß die des fünften Gliedes noch über die Leute des ersten Gliedes vorragten. Die hinteren Glieder legten die Lanze auf die Schulter ihrer Vorderleute, die ersten Glieder hatten beim Anlaufe gefällt. Es war dies ein dicht gedrängter Wald von Lanzen, der gegen den Feind anstürmte.

Vor und neben der Phalanx schwärmte leichtes Fußvolk mit Fernwaffen.

Die Römer hatten schon früh die geschlossene Ordnung der Phalanx gebrochen und in langsamer Entwickelung eine Taktik kleiner beweglicher Haufen ausgebildet. Gerade in dem Augenblicke, wo die römischen Legionen mit der macedonischen Phalanx zusammentrafen, hatte diese Taktik in der **Manipularordnung der Legion** ihren Höhepunkt erreicht.

Die „Legion" war der aus allen Waffen zusammengesetzte selbständige Heereskörper, der in mancher Beziehung unserer heutigen Infanterie-Division entspricht. Sie hatte eine Stärke von 4000 bis 6000 Mann Fußvolk und 300 Mann Reiterei, in späteren Zeiten war ihr auch eine bestimmte Anzahl Geschütze zugetheilt. Das Fußvolk der Legion war in drei Treffen aufgestellt, jedes Treffen aus zehn selbständigen kleinen Kolonnen, „Manipeln", gebildet, welche mit Zwischenräumen (etwa 30 Schritt) nebeneinander standen, die hinteren Treffen auf die Zwischenräume der vorderen gedeckt. Die Manipel der beiden vorderen Treffen waren je 120 Mann stark und hatten 12 Mann in der Front, 10 Mann in der Tiefe, die Manipel des dritten Treffens bestanden aus je 60 Mann mit 6 Mann Breite, 10 Mann Tiefe.

Die jüngere Mannschaft befand sich im ersten, die älteste im dritten Treffen.

Die eigenthümliche Kampfweise der römischen Legion war die Verbindung des Fernkampfes mit dem Nahkampf, indem die vorderen Glieder der Manipel, auf kurze Entfernung (10 Schritt) vom Feinde angelangt, zuerft das Pilum, einen kurzen Wurfspeer, warfen und dann sich mit dem Schwerte auf den Gegner stürzten.

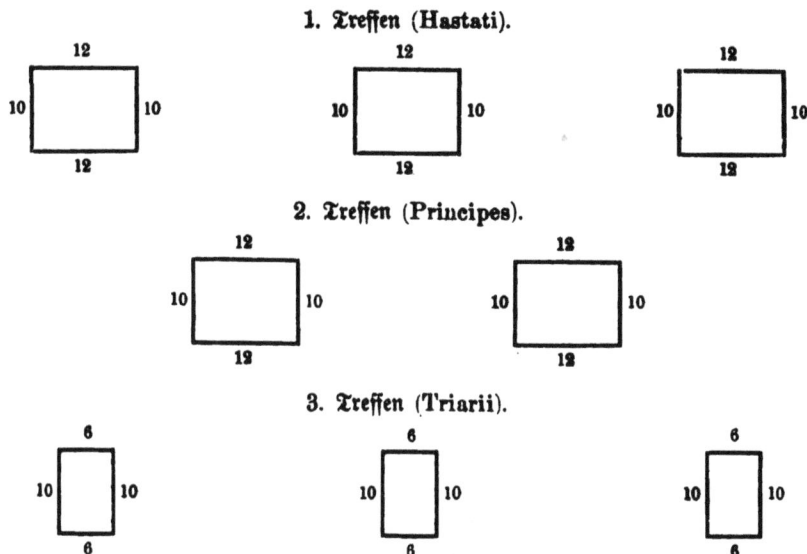

1. Treffen (Hastati).

2. Treffen (Principes).

3. Treffen (Triarii).

Das zweite Treffen war zur Unterstützung des erften beftimmt, das dritte Treffen dagegen hatte den Zweck, den Vorkämpfern im Falle der Niederlage zur Aufnahme zu dienen, indem die mit Lanzen bewaffneten Manipel stehenden Fußes den Feind erwarteten und dadurch den Streitern der vorderen Treffen Gelegenheit boten, in den Zwischenräumen zu erneutem Kampfe sich zu stellen oder hinter der Linie des letzten Treffens sich neu zu ordnen.

Außer den zum eigentlichen geschlossenen Anlaufe beftimmten Streitern besaß jedes Manipel noch 40 Fernkämpfer (Veliten), welche jedoch zu Beginn des Kampfes sich absonderten, um dem Angriffe in zerstreuter Ordnung vorauszueilen.

Dem umfassenden Angriffe dieser äußerst beweglichen und doch zu nachhaltigem Gefechte geeigneten Kampfesgliederung, welche unserer Kompagnie=kolonnen=Taktik entspricht, mußte die unbehülfliche, nach der Flanke wenig widerstandsfähige Phalanx der Macedonier erliegen.

In späterer Zeit, als die römischen Heere größer, aber in ihrem inneren Gehalt schlechter wurden und immer mehr die Eigenart der Sold=heere annahmen, sah man sich genöthigt, wieder auf größere Haufen zurück=zukommen. Cäfar schon vereinigte je drei Manipel zu einer „Cohorte“, indem er aus den Veliten derselben ein viertes Manipel bildete und zum

Kampfe in geöffneter Ordnung bestimmte. Man ging daher gleichsam von der Kompagnietaktik auf die Bataillonstaktik zurück.

Auch bei den Römern und Griechen bildete das Fußvolk den weitaus wichtigsten, den entscheidenden Theil des Heeres; die Reiterei war gering an Zahl und Bedeutung. Die Ausrüstung der Pferde war mangelhaft, die Reitkunst wenig ausgebildet, einen geschlossenen Angriff im schnellsten Laufe schätzte man nicht, und im geöffneten Handgemenge fühlte sich der Fußkämpfer dem Reiter mindestens gewachsen, so daß die römische Reiterei vielfach sich bewogen fühlte, abzusteigen und zu Fuß zu kämpfen.

Nur die größten Feldherren des Alterthums, Alexander, Hannibal, Cäsar, verstanden es, in richtiger Erkenntniß des Wesens dieser Waffe, durch ihre Massenverwendung zur Aufklärung während der Heeresbewegungen, zum Anfall der feindlichen Flanke während des Gefechts der Reiterei eine höhere Bedeutung zu verschaffen.

Die Artillerie des Alterthums hatte wegen ihrer sehr geringen Wirkung und Schußweite nur eine untergeordnete Bedeutung. Je besser die Heere waren, desto mehr glaubten sie die Mitwirkung dieser Maschinen entbehren zu können. Zu Zeiten Alexanders und Cäsars wurden sie nur gebraucht, wenn der Kampf um befestigte Stellungen, um Flußläufe und dergleichen den unmittelbaren Gebrauch der Nahwaffen nicht gestattete.

Je mehr jedoch der kriegerische Geist der Heere abnahm, desto mehr traten die Kriegsmaschinen in den Vordergrund, so daß in der späteren Zeit der römischen Kaiser jeder Legion 40 Geschütze zugetheilt wurden.

Die Germanen besaßen schon bei ihren ersten Zusammenstößen mit den Römern eine eigenthümliche, wenn auch wenig kunstvolle Taktik.

Das Eigenthümliche der germanischen Kampfweise bestand in dem Durchbruch mit großem Angriffstheile, dessen Spitze durch die Tapfersten gebildet wurde, und dessen lange Flanken einer feindlichen Umfassung starken Widerstand entgegensetzen konnten. Der Angriff geschah in dichtgeschlossener Masse, in vollem Laufe mit großem Geschrei.

Die Geschlossenheit war eine derartige, daß die großen Schilde der Nebenleute sich berührten und dadurch eine Schutzwand gegen die feindlichen Fernwaffen bildeten; bei Vercellae waren die Schilde mit Ketten aneinander geschlossen. Die römischen Soldaten erzählten, daß sie auf diese Schildreihe hinaufspringen mußten, um die Gegner zu erreichen.

Die germanische Reiterei war gewandt zu Pferde, kämpfte jedoch nach Art der wilden Reitervölker nicht geschlossen, sondern im Schwarme. Sie wurde vielfach mit leichten und gewandten Fußkämpfern untermischt.

2. Das Mittelalter.

In den Wogen der Völkerwanderung verwischte sich jede Spur einer geregelten Taktik, und das nachdem aufblühende Ritterwesen war nicht geeignet, eine solche wieder ins Leben zu rufen.

Wenn das Ritterthum in Bezug auf Veredelung des Waffenhandwerks seine hohe Bedeutung hat, so beschränken sich seine Verdienste in Bezug auf Führung und Ordnung des Kampfes auf Eines, d. i. die Hebung des Reiterangriffs durch Einführung des geschlossenen Ansturms im Galopp.

Die Ritter nahmen für sich allein das ganze Waffenhandwerk in Anspruch. Der Städter und Bauer entwöhnte sich lange Zeit des Kriegsdienstes, und somit verlor die Infanterie ihre kriegerische Bedeutung. Die zur Begleitung der Ritter bestimmten Fußknechte waren wenig zahlreich und standen den schwergepanzerten Herren an Kampfeseifer, Ausbildung und Ausrüstung weit nach. Die persönliche Tapferkeit des Einzelnen überwog so sehr alles Uebrige, daß der Ruf einzelner Gegner ganze Heere in Schrecken setzte, und Haufen von Knechten vor dem Anlaufe einzelner Ritter davon flohen.

b. Die Taktik nach Einführung der Feuerwaffen.

Das Wiederaufleben der Taktik geht mit dem Verfalle des Ritterthums Hand in Hand.

Je mehr der Heerbann versagte, desto mehr wurde die Unterhaltung von Soldtruppen zur Nothwendigkeit. Diese Söldnerheere aber wurden zu einer neuen Schule des Kriegswesens und im Besonderen des Infanteriedienstes.

Zu Ende des 14. Jahrhunderts, bei Morgarten und Sempach, wo das leichte Fußvolk der Eidgenossen, begünstigt durch das Gelände, die schwergepanzerten, tapferen österreichischen Ritter besiegte, trat die Gefechtsbedeutung der Infanterie zum ersten Male in den Vordergrund.

Durch die Einführung einer kriegsbrauchbaren Handfeuerwaffe erhielt das Ritterthum den Todesstoß, so daß mit den Schlachten bei Marignano und Pavia zu Anfang des 16. Jahrhunderts die ritterliche Fechtweise ihr Ende fand.

Die wachsende Vervollkommnung der Feuerwaffen mußte, wenn nicht besondere Umstände hinderlich gewesen wären, die Taktik nach folgenden Richtungen beeinflussen:

1) der Fernkampf und damit auch die biegsamen, geöffneten Formen mußten an Bedeutung und an Ausdehnung steigend gewinnen:

2) die taktischen Formen mußten Schritt für Schritt leichter werden, sowohl zur Verkleinerung der Ziele gegenüber dem feindlichen Feuer, als auch zur leichteren Anpassung an das Gelände;

3) die Benutzung des Geländes und damit auch das örtliche Gefecht, besonders der Kampf um Dörfer, Gehöfte, Waldungen u. s. w., mußten steigend an Bedeutung gewinnen.

Dieser naturgemäße Entwickelungsgang der Taktik wurde jedoch durch die Verhältnisse der Soldheere verhindert. Man getraute sich nicht, die Leute, welche heute dem einen und morgen dem anderen Herrn dienten, deren kriegerische Neigung vielfach entweder auf Hang zu Abenteuern oder auf Geldgier und Raubsucht beruhten, durch die zerstreute Fechtart und noch mehr durch den Kampf in Oertlichkeiten aus der Hand zu geben; die Möglichkeit ihrer geordneten Verwendung im Gefecht beruhte auf der Macht der Mannszucht bei steter Beaufsichtigung in Reih und Glied.

Daher konnte zur Zeit der Soldheere nur die unter 2 angeführte Richtung des taktischen Fortschritts, die schrittweise Erleichterung der taktischen Formen durch Verkleinerung der Haufen und Verringerung ihrer Tiefe, Platz greifen. Die zerstreute Fechtart kam gänzlich außer Gebrauch, und man schlug sich nur im offenen Gelände oder hinter Wall und Pallisaden. Erst die Einführung der Volksheere konnte die Taktik ihrer natürlichen Entwickelung nach den obigen Richtungen wiedergeben.

Die Einführung und kriegsbrauchbare Entwickelung der Feuerwaffen ging zu Anfang sehr langsam von Statten. Obwohl in der Mitte des 14. Jahrhunderts die ersten Feuergewehre erschienen, so können doch erst die in der Mitte des 16. Jahrhunderts in den europäischen Heeren vorhandenen Handfeuerwaffen und Geschütze als wirkliche Kriegswaffen betrachtet werden. Und auch diese Waffen hatten noch sehr bedeutende Unvollkommenheiten. Die Artillerie war, wenn sie auf Wirkung berechnet wurde, zu schwer und unbehülflich, oder wenn sie beweglich hergestellt war, von geringer Wirkung. Auch im weiteren Verlaufe der Zeiten ist es, trotz der mannigfaltigsten Versuche, erst durch Einführung des gezogenen Geschützes gelungen, die Anforderungen der Wirkung und der Beweglichkeit in genügend hohem Maße zu vereinigen. Außerdem wurden die Geschütze von Fahrknechten bewegt und von Stückknechten bedient, die von den übrigen Waffen nicht als ebenbürtige Soldaten angesehen wurden; die Artillerie war mehr Zunft als Waffe. Erst zur Zeit Friedrichs des Großen finden wir die ersten Bestrebungen, die Geschütze dauernd zu festen Truppenkörpern, Batterien, zu vereinigen.

Die Handwaffen (Haken, Muskete) waren im 16. Jahrhundert 30 bis 40 Pfund schwer, wurden mit losem Pulver geladen und mit der Lunte auf einer Gabel abgefeuert. Das Gewehr mußte die mannigfaltigsten Vervollkommnungen erfahren, bevor es den Standpunkt der heutigen Handwaffen erreichen konnte: Allmähliche Erleichterung bis auf etwa 4 kg, Beschleunigung der Ladeweise und des Abfeuerns (Patronen, Luntenschloß, dann Rad=, Stein= und Perkussionsschloß, eiserne Ladestöcke, endlich Hinterladung und Mehrladevorrichtung), vergrößerte Treffsicherheit und flache Flugbahn (gezogener Lauf und kleines Kaliber) und Vereinigung der blanken Waffe mit der Feuerwaffe durch die Einführung des Bajonetts.

Von allen diesen künstlichen Vervollkommnungen der Handfeuerwaffen ist die Letztere für die Entwickelung der Taktik die einflußreichste geworden.

Die Zeit nach Einführung der Feuerwaffen wird durch den Zeitpunkt der allgemeinen Einführung des Bajonetts (Ende des 17., Anfang des 18. Jahrhunderts) in zwei gesonderte Entwickelungszeiten getrennt.

1. Von der Einführung der Feuerwaffen bis zum allgemeinen Gebrauch des Bajonetts.

In diesem Zeitabschnitte besteht die Infanterie aus zwei gänzlich verschiedenen Arten von Truppen: den für das Feuergefecht ausgerüsteten „Schützen" oder „Musketieren", und den für den Kampf mit der blanken Waffe bestimmten „Spießen" oder „Pikenieren."

Die wiederauflebende Infanterietaktik greift in den ersten Stufen ihrer Entwickelung naturgemäß auf die ursprünglichen Formen des Alterthums zurück: große viereckige Schlachthaufen von mehreren Tausend Mann, in deren Zwischenräumen die Fernkämpfer (Armbrustschützen, Hakenschützen) in geöffneter Form das Gefecht führen.

Doch verschwindet die zerstreute Fechtart bald gänzlich, indem die Schützen in die Schlachthaufen der Spieße derart eingereiht werden, daß die Ersteren die äußeren Glieder, die Letzteren den inneren Kern des Haufens bilden.

Im weiteren Verlaufe werden schließlich die Schützen, welche nunmehr allgemein Musketiere genannt werden, in besondere geschlossene Kompagnien, selbst Regimenter formirt; sie bilden das erste Treffen der Schlachtordnung und bereiten den Kampf vor, während die im zweiten Treffen befindlichen Pikenierhaufen den Ausschlag geben sollen. Ist noch ein drittes Treffen vorhanden, so wird dies in der Regel im Sinne einer Reserve aus beiden Gattungen gebildet.

Der Entwickelungsgang der Infanterietaktik giebt sich in diesem Zeitabschnitte nach Maßgabe der weiteren Vervollkommnung und der erhöhten
Bedeutung der Feuerwaffen hauptsächlich nach zwei Richtungen kund:

1) Die Zahl der Feuergewehre nimmt steigend zu, die Stärke der
   Pikeniere nimmt ab, bis zu Ende des 16. Jahrhunderts das bis
   zur Einführung des Bajonetts maßgebende Verhältniß von zwei
   Dritteln Musketen, einem Drittel Piken Platz greift.

2) Mit der Vermehrung der Feuergewehre geht eine stete Vermin-
   derung der Größe und Tiefe der Schlachthaufen Hand in Hand,
   obwohl dies bei den verschiedenen Heeren in sehr verschiedenem
   Maße stattfindet.

Das „Fähnlein" der deutschen Landsknechte, des berühmtesten Fuß-
volkes der damaligen Zeit, zeigte bei einer Stärke von 500 Mann schon
einen wesentlichen Fortschritt gegen die unbehülflichen Haufen der vorhergehenden Zeit. Besonders einflußreich aber auf diese Richtung der Entwickelung ist der niederländisch-spanische Krieg, und den Höhepunkt der
Vollendung erreicht die Infanterietaktik dieses Zeitabschnitts unter Gustav
Adolph.

Dieser hervorragende Feldherr gliederte seine Infanterie in Brigaden,
diese in Regimenter und die Regimenter in Kompagnien. Er führte in
seiner Brigadestellung eine Schlachtordnung kleiner beweglicher Haufen
nach dem Muster der römischen Manipularlegion ein. Außerdem ver-
minderte er die Tiefenstellung der Infanterie bis auf sechs Glieder, und
zwar derart, daß die Musketiere zum Feuern nur drei Glieder bilden
konnten. Er ist der Vertreter der Beweglichkeit und der Ausbeutung des
Feuers, während seine Gegner, die Kaiserlichen, in ihren Regimentsmassen
(Terzien) die Taktik der tiefen Haufen beibehalten.

Die Kavallerie bemächtigte sich in dieser Zeit nicht minder der
Schußwaffen wie die Infanterie. Da sie jedoch der letzteren Truppengattung im Feuerkampfe nicht das Gleichgewicht halten konnte, so war
ihre Bedeutung für das Gefecht im Verhältniß zu ihrer Zahl (sie bildete
etwa ein Drittel der Heere) nur eine geringe. Dagegen erlangte sie vermöge der Feuerwaffen eine große Selbständigkeit in ihrer Gefechtsweise.
Besonders im dreißigjährigen Kriege hat die Kavallerie durch ihre weiten
und kühnen Streifzüge, welche nach damaliger Kriegführung mit Aus-
plünderung und Verheerung der betreffenden Landstriche verbunden waren,
sich eine große, wenn auch traurige Berühmtheit verschafft.

Gustav Adolph stellte seine Kavallerie in drei Glieder, von denen
die beiden ersten die Schußwaffen, das dritte den Degen gebrauchen sollten.

Die noch jetzt gebräuchliche Eintheilung der Kavallerie-Regimenter in Schwadronen zu 125—150 Pferden stammt aus der ersten Hälfte des dreißigjährigen Krieges.

Eine Verwendung größerer Kavalleriemassen sieht man selten. In der Regel wurde die Kavallerie zwischen den Infanteriehaufen vertheilt.

Die Bedeutung der Artillerie in diesem Zeitabschnitte ist eine sehr geringe. Die Geschütze, welche derart schwer und unbehülflich waren, daß sie nur mit Mühe und mit Hülfe langer Pferdereihen (manchmal bis 40 Pferde) in Stellung gebracht werden konnten, wurden vor der Front des Heeres vertheilt und blieben beim Angriffe, nachdem die Infanterie und Kavallerie durchgegangen waren, unthätig stehen. Bei einer Niederlage wurden sie größtentheils vom Feinde erbeutet.

Eine taktische Verwendung der Artillerie in Gefechtskörpern und ein Vereinigen der Wirkung gegen entscheidende Punkte kannte man nicht. Nur unter der Führung Gustav Adolphs sieht man eine Vereinigung großer Batterien auf den Flügeln oder an besonders wichtigen Punkten.

Diese Schwerfälligkeit der Stellungsartillerie (Positionsartillerie) führte während des dreißigjährigen Krieges zur Einführung der **Regimentsstücke,** sehr leichter, bloß auf Kartätschwirkung berechneter Geschütze, welche, im Gefecht durch Mannschaften bewegt, die Infanterie begleiten und in den Zwischenräumen kämpfen sollten. Das vorbereitende Kartätschfeuer dieser Geschütze kann als eine Art von Ersatz für die fehlende Vorbereitung durch Schützenfeuer angesehen werden. Deshalb hielten sich die Regimentsstücke, welche später unter dem Namen „Bataillonskanonen" an die einzelnen Bataillone vertheilt wurden (in der Regel für das Bataillon 2 Stücke), bis zum Wiederaufleben der geöffneten Kampfordnung.

2. Die Taktik seit Einführung des Bajonetts.

Das Bajonett, welches das Feuergewehr zugleich zur blanken Waffe macht, vertritt die innigste Verbindung des Fernkampfes mit dem Nahkampfe. Das Bajonettgewehr giebt jeder Infanterietruppe die Möglichkeit, ihren Angriff selber durch Feuer vorzubereiten und die Erfolge ihres Feuergefechts unmittelbar durch den Angriff mit der blanken Waffe auszubeuten.

Die Einführung des Bajonetts, welche zu Anfang des 18. Jahrhunderts bei allen europäischen Heeren stattgefunden hatte, mußte daher die Unterscheidung zwischen Musketieren und Pikenieren aufheben und die bisher zur Gefechtsentscheidung nothwendige Pike verdrängen.

a. Lineartaktik.

Durch die Bewaffnung der ganzen Infanterie mit der Bajonettflinte, deren Leistungsfähigkeit durch die Einführung des Steinschlosses und später des eisernen Ladestockes in Bezug auf Schnelligkeit des Feuers erheblich gesteigert war, bildete sich eine neue Entwicklungsstufe für die Taktik der Soldheere heraus, welche mit dem Namen der „Lineartaktik" bezeichnet wird.

Diese eigenartige, von der früheren Kampfesweise abweichende Art der Verwendung der Truppen im Gefecht bezeichnet den äußersten Punkt jener durch die Verhältnisse der Soldheere und die alleinige Anwendung der geschlossenen Gefechtsform herbeigeführten Abirrung von dem natürlichen Entwickelungsgange der Taktik. Sie beherrscht das 18. Jahrhundert und tritt am klarsten in den Kämpfen des siebenjährigen Krieges hervor, wo sie ihren Höhepunkt erreicht.

In der Lineartaktik nimmt die Ausbeutung des Feuers einen glänzenden Aufschwung, denn alle Verhältnisse der Infanterieverwendung sind auf den geschlossenen Feuerkampf gerichtet, ohne daß im Uebrigen auf den Gebrauch des Bajonetts verzichtet wird. Man sucht den Feind durch das Feuer geschlossener Gefechtsfronten zu erschüttern und, sofern er sich nicht zur Flucht wendet, ihn mit dem Bajonettangriff niederzuwerfen. Doch überwiegen die Verhältnisse des Feuerkampfes bei Weitem, und ein wirklicher Gebrauch des Bajonetts im Handgemenge tritt selten ein.

Das Bataillon in der Stärke von 600—800 Mann, eingetheilt in 8 Züge (Pelotons), war die taktische Einheit der Infanterie geworden.

Die einzige Gefechtsform dieses Schlachtkörpers war die Linie, auf drei Glieder gebildet.

Da die Flanken der einzelnen Bataillone bei dieser Aufstellung sehr schwach waren, so stellte man die Bataillone eines Treffens in eine zusammenhängende Linie, nur durch Zwischenräume von 20 Schritt getrennt. In diesen Zwischenräumen sollten die Bataillonskanonen sich bewegen.

Die ganze Infanterie stand in zwei Treffen, welche in der Regel gleich stark und etwa 300 Schritt voneinander entfernt waren. War ein Angriff der Flanke dieser dünnen Linien möglich, so wurden Bataillone zwischen den Flügeln beider Treffen mit der Front nach der Flanke aufgestellt, so daß die ganze Schlachtordnung die Form eines großen hohlen Karrees erhielt.

Man hatte somit die bewegliche Taktik selbständiger Haufen gänzlich verlassen und eine Schlachtordnung geschaffen, welche an Unbehülflichkeit alle bisherigen Formen weit hinter sich ließ.

Nur durch die strengste Mannszucht und durch langjährige Exerzir=
gewohnheit war es möglich, diese zerbrechlichen, dünnen Linien in gut gang=
barem Gelände geordnet zu bewegen und im feindlichen Feuer zu einer
Wirksamkeit kommen zu lassen.

Erstes Treffen.

Zweites Treffen.

Es leuchtet ein, daß die Lineartaktik, obwohl Feuertaktik, durch diese
Verhältnisse noch mehr auf ein freies, hindernißloses Gelände angewiesen
war wie die Taktik der Nahwaffen. Gräben, Hohlwege, Gebüsche u. s. w.,
welche die heutigen Feuerlinien ohne Aufenthalt überwinden und die kleinen
Gefechtskolonnen mit Leichtigkeit durchklettern oder umgehen, waren für die
damaligen Gefechtslinien Gegenstände von der höchsten Bedeutung, und bei
einem Angriffe in etwas schwierigem Gelände war die erste Frage die, ob
die angreifenden Truppen überhaupt innern Halt, Zucht und Uebung genug
besäßen, um an den Feind zu gelangen, ohne zu zerbröckeln. Daher der
hohe Werth von Verschanzungen und geringen künstlichen Hindernissen
(Wolfsgruben) für die Vertheidigung.

Der Kampf um Oertlichkeiten und jede Art Bedeckung wurde gemieden.
War das Letztere nicht möglich, so wurde eine besondere, leichte oder regel=
lose Infanterie (Freibataillone, bei den Oesterreichern Kroaten und
Panduren) dazu verwendet; nur im äußersten Nothfalle gab man den
eigentlichen Schlachtbataillonen einen derartigen Auftrag, zu welchem die=
selben im Uebrigen auch wenig geschickt waren.

Der ganze Stolz der Infanterie bestand in dem ruhigen, geschlossenen,
im langsamen Gleichschritt (70 Schritt in der Minute) ausgeführten Vor=
marsche in Linie bis auf nahe Entfernung, etwa bis 150 oder 200 Schritt,
an den Gegner, einem geordneten und schnellen Pelotonfeuer (zugweise
Salven) und dem nachfolgenden Bajonettangriff. Der Dienst in Frei=
bataillonen und der Kampf in zerstreuter Ordnung wurden verachtet.

Diese Kampfweise kennzeichnet sich am besten durch die Art und
Weise, wie Friedrich der Große dieselbe benutzte, um seine Gegner zu
schlagen.

Der König verfuhr stets angriffsweise, und zwar derart, daß er, wenn
der Feind in Stellung war, die starke Front des Gegners vermied, durch

eine Flankenbewegung an der feindlichen Schlachtlinie entlang (Abschwenken mit Zügen), oder durch ein schräges Vorgehen in Staffeln (schiefe Schlacht= ordnung) sich in die Flanke des Gegners brachte und durch Einschwenken seine Schlachtlinie derart bildete, daß er mit voller Front auf die feind= liche Flanke stieß, diese leicht überwältigte und von dort aus die ganze Linie aufrollte, bevor der unbehülfliche Gegner im Stande war, aus seinen langen Linien eine neue Front nach der Angriffsseite zu bilden (Leuthen). War der Gegner seinerseits im Anmarsche zum Angriff, so verließ der König durch eine geschickte Bewegung die Stelle, wo er vermuthet wurde, und fiel plötzlich über den Feind her, bevor derselbe seine Schlachtordnung gebildet hatte (Roßbach, Soor).

Diesem auf die Schwäche der Flanken und die Unbehülflichkeit der Lineartaktik berechneten Verfahren verdankt der große König seine glänzenden Siege, in denen er selbst einen an Zahl dreifach überlegenen Gegner ver= nichtete.

Ja, man wird begreifen, daß die Kleinheit seines Heeres ihm dabei sogar zu statten kam, da mit der Größe des zusammenhängenden Schlacht= körpers die Bewegungsfähigkeit des Heeres und die Möglichkeit eines über= raschenden Anfalles sich nothwendig vermindern mußten.

Darin aber kennzeichnet sich die Unnatur dieser Taktik, daß die Kriegs= wissenschaft der damaligen Zeit dazu kommen konnte, die Behauptung auf= zustellen, daß eine über ein gewisses Maß hinausgehende Stärke der Streit= kräfte vom Uebel sei.

Die Kavallerie erlebte unter dem Einflusse Friedrichs des Großen den Höhepunkt ihres Ruhms, indem sie endgültig ihrem eigentlichen Elemente, dem geschlossenen Anlauf in der schnellsten Gangart, übergeben wurde.

Durch unermüdliche Uebungen auf Grund einer vortrefflichen Zucht und vor allen Dingen durch die Bestimmtheit und Schärfe seiner „In= struktionen", welche den Kavallerieoffizier, der dem Feinde nicht in der Attacke zuvorkommt, mit „infamer Kassation" bedrohten, befähigte der große König dieselbe Kavallerie, die ihn vorher bei Mollwitz ohne Ruhm im Stiche gelassen hatte, in der nachfolgenden Zeit zu Ruhmesthaten, die für immer unerreicht dastehen.

Die Infanterie mit ihrem Bestreben, im offenen Gelände zu kämpfen, mit ihren schwachen Flanken und den langen, unbehülflich zusammen= hängenden Linien, bot allerdings der Kavallerie ein außerordentlich günstiges. Feld der Thätigkeit.

Niemals hat eine Kavallerie sich ein größeres Denkmal von Siegesz= zeichen gesetzt, wie die preußische unter der Führung des großen Königs; das Bayreuth=Dragoner=Regiment allein eroberte in der Schlacht bei Hohen=

friedberg, wo es 20 Bataillone niederritt, 66 Fahnen*) und fünf Kanonen, machte außerdem 2500 Gefangene.

Die Kavallerie focht zu dieser Zeit auf den Flügeln der Infanterie. Ihre erste Aufgabe war, die gegenüberstehende feindliche Kavallerie aus dem Felde zu schlagen, die zweite und wichtigere, die nunmehr preisgegebene Flanke der Infanterie zu überwältigen.

Die Stärke der Kavallerie betrug, bei ihrer großen und entscheidenden Bedeutung, ein Drittel der Stärke des Heeres.

Die Artillerie, obgleich sie durch Friedrich den Großen zuerst eine dauernde Eintheilung in Batterien und Zutheilung an Infanteriekörper (Brigaden) erfährt, bleibt doch in Bezug auf Beweglichkeit und Gefechts- verwendung auf dem Standpunkte der früheren Zeitläufte stehen.

In die Zeit des siebenjährigen Krieges fällt die erste Herstellung reitender Artillerie durch Friedrich den Großen.

β. Neuere Taktik.

Die durch die Kämpfe der französischen Republik herbeigeführte letzte Entwickelungsstufe der Taktik kann als **neuere Taktik** bezeichnet werden.

Das stehende Heer Frankreichs war durch die Revolution zerstört worden, nur einige altgediente Soldaten und Offiziere waren im Lande vorhanden. Als nun die französische Republik, mit ganz Europa in Streit gerathend, ernstlich um ihr Dasein zu kämpfen hatte, sah sie sich genöthigt, auf den großen Gedanken des Alterthums zurückzugreifen, durch Aufgebot der Massen ein „Volksheer" zu schaffen.

Es liegt auf der Hand, daß man die Freiwilligen und jungen „Kon- skribirten" (ausgehobene Rekruten) nicht in Formen zum Kampfe führen konnte, welche die strafffte Schulung und langjährige Exerzirgewohnheit altgedienter Soldaten forderten. Man war genöthigt, die Truppen der eigentlichen Gefechtslinie in aufgelöster Ordnung zu verwenden, da ein Geschlossensein im Gefecht von ihnen nicht verlangt werden konnte. Die geschlossene Ordnung war nur in der hinteren, weniger gefährdeten Gefechts- linie anwendbar, um den schwanken Schützenlinien Halt und Nachdruck zu verleihen. Aber auch diese Abtheilungen wurden nicht in der schwerbeweg- lichen Linie formirt, sondern in Kolonnen zusammengefaltet, welche nur für kurze Zeit, besonders im Falle eines stehenden Feuergefechts, zur Linie sich entwickelten.

Die Fechtweise bestand darin, daß der Feind mit dichten Schützen- schwärmen in Front und Flanken angefaßt, mit Feuer auf nahe Entfernung

---

*) Jede Kompagnie besaß eine Fahne.

überschüttet und, wenn seine gelichteten Reihen zu wanken anfingen, durch die bereitgehaltenen Bataillonskolonnen angefallen und zersprengt wurde.

Da die auf eigene Thätigkeit angewiesenen Schützen vor dem feindlichen Feuer Deckung im Gelände suchten, und die Kolonnen vermöge ihrer größeren Beweglichkeit und keinen Frontbreite sich dem Gelände besser anschmiegen konnten als die bisher gebräuchlichen Linien, so geht mit dieser Fechtweise eine ausgedehntere Benutzung des Bodens Hand in Hand.

Auch in anderer Beziehung griff man auf natürlichere Zustände zurück, indem man dem alten, auf das Wesen des Krieges begründeten Grundsatze, daß der Krieg den Krieg ernähren müsse, wieder volle Geltung verschaffte. Die früheren Soldheere hatten nicht gewagt, ihre Truppen vor dem Feinde dadurch der fortwährenden Beaufsichtigung zu entziehen und in ihrer straffen Zucht zu gefährden, daß dieselben in Ortschaften untergebracht, und in Bezug auf Verpflegung auf eigene Beitreibung der Lebensmittel angewiesen wurden. Man lagerte stets unter Zelten, welche zur Fortschaffung einen großen Troß von Fahrzeugen bedingten. Zur Sicherung der Verpflegung war man derart an die Magazine gebunden, daß der Feldkrieg seine bewegliche, auf Entscheidung hindrängende Eigenart gänzlich verlor.

Die französischen Heerführer scheuten sich nicht, die Truppen biwakiren oder in Ortschaften ruhen zu lassen, und auf diejenigen Lebensmittel anzuweisen, die sie im Lande vorfanden. Auf diese Weise gewannen ihre Heeresbewegungen vermöge ihrer Schnelligkeit und Gewandtheit einen hohen Grad der Ueberlegenheit.

Nachdem die jungen Heere der Republik in den ersten Kriegsjahren sich an den Kampf gewöhnt und in ihrer Kriegszucht etwas befestigt hatten, mußte die Naturtaktik dieser Massen die alten Formen mit leichter Mühe über den Haufen werfen. Die berühmtesten Heere Europas erlagen der neuen Fechtweise, welche durch die hohe kriegerische Begabung Napoleons I. auf Grund einer geregelten Heeresverfassung und Ausbildung zur Vollendung und zum Höhenpunkte der Erfolge geführt wurde.

Nachdem die europäischen Staaten ihre stolzen Linien vor dem Massenfeuer der unsichtbaren, im Gelände versteckten Gegner zerstieben sahen, mußten sie nothwendig zu der Einsicht gelangen, daß diese neue Taktik nur durch sich selbst zu besiegen sei, — und da außerdem das siegesberauschte Frankreich zu einer furchtbaren Angriffsbewegung überging, so trat nach der Reihe an jeden der anderen Staaten die Nothwendigkeit heran, zur Vertheidigung seines Daseins die wehrfähige Mannschaft des Landes aufzurufen und das Volksheer herzustellen.

Vor allen Dingen war es Preußen, welches nach tiefer Niederlage, in schwerer Zeit, mit Ueberwindung der größten Schwierigkeiten, durch unausgesetzte Arbeit und durch die größte Opferfreudigkeit des Volkes die innere Kraft und äußere Stärke des Heeres so neu zu schaffen und zu beleben verstand, daß dasselbe zum ersten Vorkämpfer des geeinigten Europas werden und diesen Platz bis zur gänzlichen Niederwerfung der Fremdherrschaft behaupten konnte.

Auch in den nachfolgenden Zeiten hat das preußische Heer diesen Ehrenplatz innegehalten.

In der Durchführung des Gedankens der allgemeinen Wehrpflicht wußte man den Heeresdienst zu einem Ehrendienste zu machen und das Heer zu einem Sammelpunkte der geistigen Kräfte und der sittlichen Tüchtigkeit zu erheben, während die anderen Staaten mehr oder weniger durch die allmählich eingeführte Stellvertretung gerade die besseren Elemente des Volkes von der Pflicht der Vaterlandsvertheidigung befreiten.

Die neubelebten ruhmreichen Ueberlieferungen der Vergangenheit und die Verbindung des althergebrachten ritterlichen Sinnes des Offizierkorps mit dem Geschmack an wissenschaftlicher Thätigkeit bildeten einen weiteren mächtigen Hebel, um das preußische und deutsche Heer in den Stand zu setzen, für die neuere Taktik die Spitze des Fortschritts zu bezeichnen.

Die wesentlichsten Verdienste des preußischen Heeres um die Entwickelung der Infanterietaktik beziehen sich auf zwei Hauptpunkte:

1) die Einführung der Kompagniekolonnen-Taktik, d. i. die Zerlegung der Bataillone der ersten Gefechtslinie in selbständige Kompagnien, und

2) die erste Einführung der Hinterladungsgewehre und die sich als Folge ergebende erhöhte Bedeutung des Feuergefechts und der Ausnutzung des Geländes.

Mit dieser Betrachtung betreten wir den Standpunkt der heutigen Infanterietaktik. Sie ist weder Linear= noch Kolonnentaktik. Sie kennzeichnet sich durch die Ausnutzung und die gegenseitige Unterstützung aller Formen, durch die Verbindung der Linie mit der Kolonne, der geöffneten mit der geschlossenen Form, des Fernkampfes mit dem Nahkampfe, der Taktik ausgedehnter Schützenlinien vereinigt mit der Verwendung kleinerer Haufen (Unterstützungen der vorderen Gefechtslinie) und großer Gefechts= körper (Reserven).

Die neuere Fechtweise ist die Taktik **der freien Formen** und der Ausnutzung des Geländes im Gegensatze zu einer an strenge Formen gebundenen, der Bodenbenutzung feindlichen Truppen= verwendung früherer Zeitläufte.

Die Kavallerie hat jene entscheidende Gefechtsrolle, welche sie mit so großem Glanze zur Zeit der Lineartaktik ausgeübt, durch die neuere Taktik theilweise eingebüßt.

Der heutige Kampf haftet an den Bedeckungen des Geländes und giebt daher an und für sich der Kavallerie selten Gelegenheit zum Eingreifen vor gefallener Entscheidung. Außerdem ist durch die neue Bewaffnung die Widerstandskraft der Infanterie in hohem Grade gewachsen, der Grundsatz der Gliederung nach der Tiefe macht die Möglichkeit eines Angriffs un= gedeckter Flanken zur Seltenheit, und die Verwendung unabhängiger, selbst= ständiger Gefechtskörper, von denen ein jeder gesonderten Widerstand leisten kann, macht das Niederreiten ganzer Schlachtlinien überhaupt zu einer Unwahrscheinlichkeit.

Schon Napoleon I. mußte in dem Mißlingen seiner großen Kavallerie= attacken bei Aspern, Leipzig und Waterloo die Erfahrung machen, daß selbst im freien Gelände eine Entscheidung der Schlachten der Kavallerie nicht mehr vorbehalten ist.

Die Kavallerie hat heute mehr eine ausbeutende wie eine entscheidende Gefechtsrolle. Ist die Kraft dieser Waffe vor der Schlacht zur Erkundung des Feindes und zur Umschleierung der eigenen Bewegungen, nach der= selben zur rastlosen Verfolgung oder zur Abwehr feindlicher Kavallerie mit Erfolg verwendet, so sind die größten Eigenschaften verwerthet. Ein= greifen in das Gefecht, Niederreiten geworfener, im freien Felde befind= licher Infanteriemassen, Ueberraschungen feindlicher Schützenlinien u. s. w. sind ein Uebriges.

Die Artillerie gelangt zu einer eigentlichen Gliederung und Taktik.

Die Bestrebungen, die Artillerie zu einer beweglichen, einflußreichen, den anderen ebenbürtigen Waffe zu erheben, erhielten durch Napoleon I. ihren ersten Abschluß. Die Vereinigung der Batterien in größere Verbände, die Eintheilung derselben in die Divisionen oder Armeekorps und der glänzend durchgeführte Grundsatz der Massenwirkung gegen den ent= scheidenden Punkt verschafften der Artillerie einen großen Antheil an den Erfolgen der französischen Waffen.

Im weiteren Laufe der Zeit ist dann der Artillerie durch die Ein= führung der gezogenen Geschütze ein erneuter Aufschwung verliehen, indem man nicht nur in den Stand gesetzt wurde, einen hohen Grad der Wirkung mit der nöthigen Beweglichkeit zu verbinden, sondern auch durch die große Wirkungsweite dieses Geschützes dem Streben nach vereinigter Wirkung gegen die entscheidenden Punkte in höherem Maße gerecht zu werden.

Auch hat die Artillerie durch die erhöhte Rolle des örtlichen Gefechts, welches heute die Schlachtfelder beherrscht, an Bedeutung, besonders für

den Angriff, gewonnen. Das äußerst schwierige und verlustreiche Unternehmen des Angriffs einer Oertlichkeit, welche durch die heutigen Infanterie-
waffen vertheidigt wird, kann vermöge des vorbereitenden Massenfeuers der
Artillerie zu einer leichten Arbeit gemacht werden (St. Privat). Dazu
kommt, daß die Artillerie in ihrer großen Schußweite jetzt ein Mittel besitzt,
durch Wirkung von den Flügeln oder durch Ueberschießen der eigenen
Truppen bis zum letzten Augenblicke mitzuwirken, während in früheren
Zeiten es sehr schwierig war, die Artillerie so aufzustellen, daß sie den Angriff
wirksam vorbereiten und in der Ausführung auch unterstützen konnte.

Während daher vor Beginn des neunzehnten Jahrhunderts die Mitwirkung der Artillerie der Vertheidigung besonders zu Gute kam, ist heutzutage, vermöge der Beweglichkeit, Wirkungsweite und großen Zerstörungskraft des gezogenen Geschützes die Artillerie zu einem bedeutungsvollen
Angriffsmittel geworden, ohne daß ihr Werth für die Vertheidigung dadurch
verringert wäre.

Schließlich sei noch erwähnt, daß die Artillerie vermöge ihrer Beweglichkeit und weithin reichenden Feuerkraft auch den Werth einer wichtigen
Verfolgungswaffe gewonnen hat und zugleich im Laufe dieses Jahrhunderts
ein geschätzter Kampfgenoß der großen Kavalleriekörper geworden ist.

Gedruckt in der Königlichen Hofbuchdruckerei von E. S. Mittler & Sohn,
Berlin SW., Kochstraße 68—70.

Lightning Source UK Ltd.
Milton Keynes UK
UKHW012047040219

336748UK00009B/1107/P